Etude Paulaus-Lefur, Porte Maillot
Vente Lochour, 4 février 2000 n°135

2000 0163

LE PATISSIER ROYAL PARISIEN.

II.

LE PATISSIER ROYAL PARISIEN,

OU

TRAITÉ ÉLÉMENTAIRE

ET PRATIQUE

de la Pâtisserie

ANCIENNE ET MODERNE,

DE L'ENTREMETS DE SUCRE,
DES ENTRÉES FROIDES ET DES SOCLES;

SUIVI D'OBSERVATIONS UTILES AUX PROGRÈS DE CET ART,
D'UNE SÉRIE DE PLUS DE SOIXANTE MENUS,

ET D'UNE REVUE CRITIQUE DES GRANDS BALS DE 1810 ET 1811.

Composé par M. A. CARÊME, *de Paris*,

CHEF-PATISSIER DES GRANDS EXTRAORDINAIRES.

OUVRAGE ORNÉ DE 70 PLANCHES DESSINÉES PAR L'AUTEUR,
COMPRENANT PLUS DE 250 SUJETS.

TOME DEUXIÈME.

PARIS,

J. G. DENTU, IMPRIMEUR-LIBRAIRE,

RUE DU PONT DE LODI, N° 3, PRÈS LE PONT-NEUF.

1815.

LE PATISSIER ROYAL PARISIEN.

SIXIÈME PARTIE,

CONCERNANT LES ENTRÉES FROIDES,

Comme aspics, salades de volaille, magnonnaises de poissons, salmis chauds-froids, galantines de volaille et d'anguille, pains de foie gras et autres; les socles de sain-doux et de beurre, avec un traité de leurs décorations, et des bordures de plats en gelée, en œufs, en racines et en pain; le tout suivi d'observations.

CHAPITRE PREMIER.

OBSERVATIONS SUR LE FROID.

Cette belle partie caractérise nos grands bals; elle en est la plus considérable, et lorsque le froid, la pâtisserie et les entremets de douceur sont bien rendus, ces trois belles parties distinguent l'homme à grands talens, dont le génie industrieux embellit et finit tout ce qu'il entreprend.

Le fond du froid consiste dans une belle préparation générale, dans les cuissons à point et de bon assaisonnement, dans ces bonnes gelées clarifiées bien limpides et de deux couleurs seulement, dont une doit être blanche, et l'autre d'une belle couleur décidée. (La couleur émeraude est celle par excellence) (1). Il consiste encore dans de jolies sauces

---

(1) Je ne vis jamais cette teinte de gelée aussi belle que par M. Laguipière. Voici sa manière de procéder: il fait fondre du beau sucre en poudre et sans mouillement, ensuite le laisse se colorer peu à peu sur de la cendre rouge, ce qui demande un quart d'heure de temps. Lorsqu'il est d'un beau rouge ombré, vous le mouillez avec un demi-verre d'eau et le mettez sur un feu plus ardent; après quelques minutes d'ébulli-

magnonnaises, l'une blanche et l'autre d'un beau vert pistache à la ravigotte; dans le beurre de Montpellier d'un vert très-tendre et de haut goût; dans les grosses pièces et les entrées parées avec soin, glacées avec une jolie glace blonde, le tout dressé avec art, décoré le plus simplement possible avec de la truffe, du blanc de volaille, de la langue de bœuf à l'écarlate; dans de beaux croûtons de gelée placés avec goût, formant des bordures riches et élégantes. Assurément, voilà les choses essentielles pour obtenir de beaux froids.

C'est pourquoi cette belle partie réclame un homme très-intelligent, doué d'un goût parfait, dont le talent fera briller toutes ces belles préparations; lesquelles, au contraire, deviennent très-défectueuses lorsqu'elles tombent dans des mains peu propres à ce beau travail.

Lorsqu'on a tous les avantages que je viens de décrire ci-dessus, on doit y joindre pour le complément, de beaux socles bien blancs, profils mâles et élégans, décoration simple et correcte (1); des aspics légèrement colorés, bien transparens, décoration mâle et de deux couleurs seulement; des pains de foie gras, de volaille ou de gibier, bien lisses et bien mœlleux, joliment glacés et ornés de gelée; des galantines garnies d'une bonne farce, bien nuancées de truffes entières et en petits dés, avec de la langue de bœuf ou de veau à l'écarlate et de la tétine de veau. Glacez bien le tout avec décoration légère.

Les chauds-froids de poulets dressés en pyramides, et masqués d'une sauce bien transparente, on leur donnera pour couronnement une belle truffe noire, surmontée d'une crête double et très-blanche. Sur les places éminentes, placez çà et là de petits groupes de gelée ha-

---

tion, vous obtenez un caramel très-clair et d'un beau rouge ombré qui ne ressemble en rien à ce caramel amer que l'on fait noircir à grand feu, et que l'on appelle vulgairement *jus de singe*.

(1) Faites ensorte que vos socles ne soient pas trop grands, qu'ils aient seulement deux pouces de diamètre de plus large que l'objet qui doit être placé dessus. Cela est infiniment plus distingué que ces grands socles qui sont faits sans précision, et trop larges de quatre à cinq pouces. Ces sortes de grosses pièces sont matérielles et du plus mauvais ton.

DES ENTRÉES FROIDES ET DES SOCLES.

chée. Ce petit ornement est des plus distingués, et joue l'effet du diamant; ajoutez à cela une jolie bordure de gelée ou de légume bien claire, placée avec goût; voilà assurément une entrée du meilleur ton, et des plus distingués.

Les salmis chauds-froids se dressent de la même manière et se finissent de même.

Les noix de veau se parent de leur belle forme, et se décorent de leur tétine, dont vous formez un ornement agréable et que vous laissez dans son blanc naturel. Vous glacez le reste de la noix, et la décorez de gelée seulement.

Les côtes de bœuf se parent de leur forme naturelle et se garnissent de leurs os, que l'on aura soin de ratisser afin de les rendre bien blancs; ornement de gelée.

Les filets de bœuf se parent de forme longue et carrée, glacés et décarrés avec de la gelée.

Les galantines de volailles ou de gibier, doivent être de leur grosseur et de leur forme ordinaire, glacées et décorées de gelée.

Les salades de poulets doivent se dresser comme les fricassées chaud-froid; et, au lieu de mettre pour couronnement une truffe, vous y mettez la moitié d'un œuf surmonté d'un cœur de salade quelconque, et saucé d'une belle magnonnaise blanche ou verte; mettez une bordure d'œufs ou en beurre de couleur.

Les galantines d'anguilles doivent se dresser en forme de bastion, et se placer sur un lit de beurre de Montpellier; elles se décorent de gelée; mettez une bordure en gelée ou en beurre de couleur.

Les darnes de saumon doivent être conservées de leur couleur naturelle ou masquées de beurre de Montpellier. Décorez le dessus avec de la gelée, avec de la truffe, du blanc de volaille ou de langue à l'écarlate; faites ensorte que votre décoration ne soit que d'une seule couleur; bordure en beurre de couleur et de gelée.

Les salades de filets de solles se dressent en couronne dans des bordures de gelée moulées; il en est de même des salades de filets de turbots, de truites, de saumons, de barbus, de tanches, de brochets, de perches; mais lorsque les perches sont entières, vous les masquez d'une sauce magnonnaise blanche que vous décorez avec de la truffe seulement.

Les croustades de pain se garnissent d'une blanquette de volaille aux truffes, chaud-froid, ou d'une escalope chaud-froid, de filets de levreaux liés au sang, de mauviettes et autre gibier.

Voilà une idée du froid par excellence; les amateurs l'estiment et les artistes le pratiquent. Cette manière de décor flatte autant la vue que le goût.

Le froid est tout par lui-même ou il n'est rien. L'homme à talens en fait ressortir toutes les beautés; l'homme médiocre l'appauvrit et le rend insipide. J'ai toujours remarqué dans nos grands bals, que les entrées froides, quoique très-brillantes et très-élégamment dressées, laissaient encore très souvent quelque chose à désirer.

Voici comment. Lorsque le froid tire à sa fin, le manque de gelée se fait sentir, de manière que nos dernières entrées sont pauvres de bordures. C'est pourquoi nous devrions faire cette remarque en commençant à croûtonner nos bordures de gelée; mais il en est bien autrement, et, au lieu d'économiser, nous faisons briller nos premières entrées, et finissons par être petits et mesquins, lorsque vient la fin.

Voici l'exemple d'un extraordinaire qui peut, à l'avenir, éviter ces sortes de contrariétés et de désagrémens. Ce grand bal (1), un des plus brillans, fut donné à l'Élysée-Bourbon, à l'occasion du mariage de la princesse de Wurtemberg.

---

(1) Il fut donné dans les appartemens de l'Elysée-Bourbon, dont le magnifique jardin fut comme enchanté en un moment : une illumination des plus brillantes et du meilleur goût, des ponts, des chaumières, des pavillons et des grottes embellissaient ce délicieux séjour; le tout fut d'une grande beauté. L'orchestre de l'Académie royale de musique fit retentir les airs de sa douce harmonie, et les danseurs de ce grand théâtre exécutaient un ballet sur la pelouse. Enfin le fameux Forioso fit son ascension au milieu d'un feu d'artifice des plus distingués. Cette belle fête a produit une illusion générale.

DES ENTRÉES FROIDES ET DES SOCLES.

Ce grand bal fut l'un des mieux servis et des mieux commandés que j'aie vus depuis dix ans. M. Robert était le contrôleur, et le fameux Laguipière, le chef de cuisine.

M. Riquette (1) et moi nous fûmes chargés du froid dont voici une idée : Vingt-quatre grosses pièces, parmi lesquelles quatorze socles où étaient placés six jambons, six galantines et deux hures de sanglier ; six longes de veau à la gelée, plus soixante-seize entrées diverses, dont six de côtes et filets de bœuf à la gelée, six de noix de veau, six de cervelles de veau dressées dans des bordures de gelée moulée, six de pain de foies gras, six de poulets à la reine en galantine, six d'aspics garnis de crêtes et rognons, six de salmis de perdreaux rouges chaud-froid, six de fricassées de poulets à la Reine chaud-froid, six de magnonnaises de volaille, six de darnes de saumon au beurre de Montpellier, six de salades de filets de soles, six de galantine d'anguilles au beurre de Montpellier.

Maintenant voilà mon avis. Nous composions nos bordures ainsi : Pour les darnes de saumon, des bordures de beurre rose très-tendre ; pour les tronçons d'anguilles, des

---

(1) M. Riquette, parisien, est un cuisinier distingué, parlant et écrivant bien sa langue (chose peu commune chez les hommes de bouche) ; aussi fut-il surnommé le *beau parleur*. Cette qualité et ses grands talens lui firent beaucoup d'ennemis. Il partit en 1808 pour Saint-Pétersbourg, où il devint bientôt l'un des premiers chefs et maître-d'hôtel de la bouche impériale. Il y est justement considéré et jouit paisiblement des fruits de son travail ; il est très-heureux, enfin il joue un grand rôle.

Il me semble, en ce moment, entendre quelques-uns de ses détracteurs me dire : mais ce M. Riquette se prenait de vin (Eh bon Dieu ! s'il fallait expatrier tous ceux qui s'enivrent, combien de gens seraient du voyage !). Voilà bien le langage de la médisance et de la plate jalousie, qui insulte toujours les vrais talens, en ridiculisant l'homme supérieur, et en lui imputant des torts qu'il n'a pas ! Si un artiste s'oublie par fois à ce point, c'est, je présume, plutôt par dépit que par habitude, ou plus encore par l'accablante pensée de se voir en butte aux propos calomnieux de l'envie et de la perfidie des hommes médiocres.... O pensée affligeante ! il est donc vrai que les grands talens sont presque toujours forcés de quitter leur belle patrie, s'ils ne veulent devenir la victime de leurs lâches persécuteurs ! Détracteurs du vrai talent, c'est en vain que votre perfide audace prétend anéantir l'homme industrieux. L'industrie vit partout, et dans tous les pays le talent trouva toujours un appui. Si la calomnie le rend obscur un moment, c'est pour ajouter bientôt encore à ses succès.

bordures de beurre à la ravigotte vert tendre ; pour les salades de filets de solles, des bordures d'œufs, et pour les magnonnaises de volailles, des bordures de même sorte : pour les chauds-froids de poulets et de gibier, des bordures de racines et de truffes bien glacées. Toutes ces bordures, ornées d'un peu de gelée, font le plus riche effet possible. La décoration des entrées était en gelée seulement ; de manière que le reste de nos entrées et nos grosses pièces furent étoffées et brillantes de gelée. De mâles croûtons de gelée en formaient les bordures, et notre froid fut d'un beau fin. Je vais donner des détails plus substantiels sur cette importante partie faite dans de grandes circonstances.

J'ai exécuté dernièrement à-peu-près les mêmes travaux à l'Hôtel-de-Ville pour le grand bal que la ville de Paris a donné au Roi.

CHAPITRE II.

TRAITÉ DE L'ASPIC, OU GELÉES GÉNÉRALES.

Après avoir nettoyé et flambé deux poules, vous troussez les pattes en dedans et les mettez dans une petite marmite avec une sous-noix de veau ou quelques autres parures. Mettez trois pieds de veau désossés, ou seulement trois jarets de veau avec les deux poules ; puis quatre grandes cuillerées de bouillon, une feuille de laurier, un peu de thym et de basilic, et un fort bouquet de persil et ciboules. Placez le tout sur un fourneau ardent, et ayez soin de l'écumer bien parfaitement : après quoi vous placez la marmite sur l'angle du fourneau, afin que la gelée ne fasse que mijoter pendant quatre heures ; ou, si le four a été chauffé long-temps d'avance, mettez la gelée dedans. Aussitôt que vous l'avez écumée, elle cuit beaucoup mieux.

L'aspic étant cuit, vous le passez à la serviette. Vous faites réduire à moitié une cuillerée à ragoût de bon vinaigre à l'estragon, avec une pincée de mignonnette, quatre clous de géroffle et quelques parures de champignons (on

DES ENTRÉES FROIDES ET DES SOCLES. 7

peut supprimer le vinaigre). Vous versez la gelée par-dessus en la tirant à clair, et l'ôtez de dessus le fourneau. Vous fouettez quatre blancs d'œufs avec un verre de bon vin blanc et autant de blond de veau. Ce mélange étant bien mousseux, vous le joignez à la gelée, que vous replacez sur un fourneau ardent, et la remuez continuellement (avec le fouet à prendre les blancs) jusqu'à ce que l'ébullition ait lieu : alors vous la placez de nouveau sur l'angle du fourneau. Couvrez et placez sur le couvercle une douzaine de charbons ardens, afin de faire monter le blanc d'œuf à la surface de la gelée, que vous laissez mijoter pendant trente à quarante minutes : après quoi elle doit se trouver limpide ; ce qui n'arrive pas toujours, malgré tous les soins que l'on est susceptible de porter à cette partie de l'opération, et cela provient quelquefois de ce que la gelée est trop forte (alors elle a trop réduit à la cuisson) ; aussitôt que cela arrive, voici ce qu'il reste à faire : Vous tournez deux citrons bien sains de manière à ne laisser que la chair, que vous coupez par lames, et les fouettez avec quatre blancs d'œufs et deux cuillerées à ragoût de bon consommé de volaille ou de bouillon. Après avoir passé l'aspic à la serviette, vous le fouettez de rechef avec le mélange de blancs d'œufs, et sur un feu ardent. Lorsque l'ébullition s'opère, vous le mettez sur l'angle du fourneau, et le couvrez de feu, comme la première fois. Trente minutes s'étant écoulées, vous passez la gelée par une serviette fine et ouvrée, que vous aurez attachée aux quatre pieds d'une chaise renversée. Lorsqu'elle se trouve passée, vous la versez doucement sur le blanc d'œuf qui est comme comprimé sur la serviette ; ce qui fait que la gelée, en filtrant de nouveau à travers, se trouve clair-fin. Cependant, lorsqu'elle est limpide dès la première fois, on ne doit pas la repasser une seconde ; mais il est important de placer du feu sur un grand plafond pour en couvrir la gelée pendant qu'elle passe à la serviette, afin de hâter cette opération, ce qui ne peut avoir lieu lorsque la gelée refroidit : cet inconvénient arrive en ne la couvrant pas.

On doit avoir le soin de goûter la gelée dès qu'elle commence à bouillir et lorsque les blancs y sont mêlés, afin d'y joindre un peu de sel, si cela était nécessaire; mais il faut bien observer que l'aspic doit se trouver doux de sel, ce qui le rend d'un goût parfait; car cette gelée doit être moelleuse et appétissante, mais non pas âpre et piquante : de même elle devient insipide, lorsqu'elle est fade d'assaisonnement. Il faut encore avoir l'attention de la dégraisser bien parfaitement avant que de vouloir la clarifier. Avant cette opération, on doit aussi essayer la consistance de la gelée en en mettant un peu dans un petit moule sur de la glace pilée. Une demi-heure après, lorsqu'elle se trouve prise par la congellation, on observe sa consistance : si elle est mollette au toucher, on doit la laisser réduire convenablement, en la clarifiant; et, dans le cas contraire, il faut la rendre plus délicate en y mêlant un peu de consommé.

CHAPITRE III.

TRAITÉ DU BEURRE DE MONTPELLIER.

Lavez bien à l'eau fraîche une forte poignée de cerfeuil, une vingtaine de branches d'estragon, et le même volume de pimprenelle, puis une pincée de ciboulettes. Cette verdure étant égouttée, vous la faites blanchir dans de l'eau bouillante avec du sel, afin de la conserver bien verte, et, après cinq ou six minutes d'ébullition, vous ôtez la ravigotte avec l'écumoire, et la mettez refroidir dans de l'eau fraîche. Dans l'eau qu'elle a blanchie, vous mettez huit œufs durcir; puis vous pressez fortement la ravigotte, afin d'en extraire le liquide. Vous la pilez parfaitement; vous y joignez une vingtaine de beaux anchois épluchés et bien lavés, deux cuillerées à bouche de câpres fines, les jaunes d'œufs durs et une petite gousse d'ail. Pilez ce mélange cinq bonnes minutes; mêlez-y huit onces de beurre fin, une pincée de gros poivre, du sel fin et un peu de muscade râpée; le tout bien broyé. Vous y amalgamez un verre plein de bonne huile d'Aix et le quart de vinaigre à l'estragon; ce qui doit vous donner un beurre velouté, moelleux et d'un goût exquis. Mais pour le rendre plus appétissant encore, vous y mêlez un peu d'essence de vert d'épinards

DES ENTRÉES FROIDES ET DES SOCLES.

(passé au tamis de soie), afin de le colorer d'un beau vert pistache. On doit avoir la précaution d'y mêler ce vert peu à peu, afin que le beurre soit d'un vert pâle. Vous goûtez si l'assaisonnement se trouve du haut goût : alors vous le passez par l'étamine fine, ou par un tamis de crin ordinaire, en le foulant avec la cuillère de bois : après cela vous le mettez dans une petite terrine sur la glace pour le raffermir, et vous vous en servez de suite.

L'assaisonnement de ce beurre délicieux réclame des connaissances que la pratique seule peut donner; car il faut avoir le goût exquis pour le rendre dans sa perfection, afin qu'aucun des assaisonnemens qui le composent ne se trouve dominante. Cependant il est facile d'adoucir l'excès du vinaigre en ajoutant un peu d'huile, de même la fadeur de l'huile, en y mêlant du vinaigre et du sel.

Beurre de Montpellier aux écrevisses.

Celui-ci diffère singulièrement du précédent; mais il n'est pas moins agréable au palais et à la vue. D'abord vous faites huit onces de beurre d'écrevisses comme je l'ai démontré au traité des farces fines, (*Voyez* la 2e partie de cet ouvrage, 1er volume); ensuite vous pilez une vingtaine de beaux anchois épluchés et lavés avec six jaunes d'œufs durs et une petite gousse d'ail. Vous y mêlez du beurre d'écrevisses, du sel, de la magnonnaise, un peu de muscade. Le tout bien amalgamé, vous y joignez un verre de bonne huile d'Aix, et le quart de vinaigre à la ravigotte ou à l'estragon, et un peu de rouge végétal, afin de colorer le tout d'un beau rose tendre : après quoi vous le passez à l'étamine, et le placez à la glace dans une petite terrine : l'opération est terminée.

CHAPITRE IV.

TRAITÉ DES SAUCES MAGNONNAISES.

Sauce magnonnaise blanche.

METTEZ dans une moyenne terrine deux jaunes d'œufs (les plus blancs possibles), une forte pincée de sel blanc et le quart d'une cuillerée (à bouche) de vinaigre à l'estragon. Avec une cuillère de bois, vous remuez promptement ce mélange; et sitôt qu'il est lié, vous y joignez une demi-cuillerée à (bouche) d'huile d'Aix. Au fur et à mesure que cette sauce se lie, vous y mêlez quelques gouttes de vinaigre, ensuite de l'huile, et ainsi de suite, en ayant soin de la travailler continuellement en la frottant contre les parois de la terrine. C'est de ce frottement qu'elle reçoit sa blancheur et son velouté. A mesure qu'elle prend du volume, vous mettez un peu plus d'huile à-la-fois, ainsi que du vinaigre et un peu de gelée d'aspic; mais, en commençant, il est de rigueur d'en mettre peu à-la-fois, sinon cette sauce devient liquide, et souvent, par ce manque de soin, elle se décompose, tandis qu'en ajoutant peu-à-peu l'huile et le vinaigre, on la voit progressivement prendre du corps, et faire l'effet d'une crême ferme et veloutée. Enfin, après y avoir amalgamé deux verres d'huile, un demi-verre de gelée d'aspic et le vinaigre nécessaire pour la rendre appétissante et agréable au palais, vous l'employez de suite.

Pour faire cette sauce avec sûreté, on doit avoir le soin de se placer dans le garde-manger ou autre lieu frais, et de mettre toute la promptitude possible dans le mouvement de la cuillère; car plus cette sauce est faite promptement, plus elle produit d'effet et mieux elle réussit. Lorsqu'elle est finie et qu'elle se trouve ferme, vous y mêlez quelques gouttes d'eau fraîche, ce qui la blanchit singulièrement.

Lorsque cette sauce attend, après qu'elle est terminée, quelquefois elle se décompose en partie : alors elle perd ce velouté qui la rend si appétissante, et paraît ne pouvoir plus servir. Cependant il est facile de remédier à cet accident aussitôt qu'il arrive. Voici ce qui reste à faire : Vous mettez une cuillerée de béchamel froide avec un jaune d'œuf dans une terrine, plus une cuillerée de la sauce magnonnaise (avec la cuillère de bois), et vous remuez vivement ce mélange, qui devient lisse et velouté. Vous y mêlez, par partie, la sauce magnonnaise, qui redevient par ce travail ce qu'elle était premièrement : alors vous servez de suite.

DES ENTRÉES FROIDES ET DES SOCLES.

Second procédé pour faire la magnonnaise blanche.

Mettez dans une moyenne terrine une cuillerée à ragoût de velouté ou de béchamel froide, avec une cuillerée à bouche de beurre tiède seulement, une bonne pincée de sel blanc et quelques gouttes de bon vinaigre. Vous travaillez cette sauce comme la précédente, en la frottant continuellement contre les parois de la terrine; et, à mesure qu'elle se lie, vous y joignez tour à tour de l'huile, de la gelée d'aspic et du vinaigre, toujours peu à-la-fois; et, en quinze minutes, vous obtenez une sauce magnonnaise qui ne le cède en rien à la première que j'ai décrite.

Sauce magnonnaise à la ravigotte.

Vous épluchez une bonne poignée de cerfeuil, puis de l'estragon, de la pimprenelle et peu de ciboulette. Le tout bien lavé, vous le blanchissez pendant cinq à six minutes à l'eau bouillante, dans laquelle vous aurez mis un peu de sel; après quoi, vous la rafraîchissez, l'égouttez et la pressez fortement. Vous la pilez bien parfaitement, en y joignant une cuillerée de sauce magnonnaise; ensuite vous passez le tout par le tamis de soie, et vous mêlez cette ravigotte dans une sauce magnonnaise que vous aurez de tout point marquée et travaillée comme celle décrite ci-dessus. Vous l'employez de suite. Si vous la trouvez d'un vert trop pâle, vous y mêlez un peu d'essence de vert d'épinards, afin de la rendre d'un beau vert pistache.

Sauce provençale.

Mettez dans une moyenne terrine deux cuillerées de moutarde fine, deux jaunes d'œufs et du sel. Vous y mêlez du vinaigre et de l'huile, comme dans les sauces magnonnaises, puisque c'est la même dans laquelle on ajoute seulement de la moutarde : voilà toute la différence.

A propos de sauce magnonnaise, l'auteur de l'*Almanach des Gourmands* nous dit que les puristes en cuisine ne sont pas d'accord sur la dénomination de ces sortes de ragoûts. (D'abord ce n'est point un ragoût, mais bien une sauce.) Les uns disent *mayonnaise*; d'autres *mahonnaise*, et d'autres *bayonnaise*. Je veux bien que ces mots soient usités par les cuisiniers vulgaires; mais moi, je proteste que jamais, dans nos grandes cuisines (c'est là que résident les puristes), ces trois mots ne sont cités, et que nous dénommons toujours cette sauce par l'épithète de *magnonnaise*. Mais, comment se fait-il que M. Grimod de la Reynière, qui ne manque pas de logique, n'ait pas vu, au premier coup-d'œil, que *magnonnaise*, venant du verbe manier, est le nom propre qui caractérise cette sauce? Elle ne reçoit réellement son existence que par le maniement continuel qu'elle éprouve dans sa préparation; or, je le répète, le mot *magnonnaise* est bien véritablement le nom propre de la chose; et j'en reste plus convaincu encore, lorsque je considère que ce n'est qu'à force de manier des corps liquides ensemble (comme on le voit aisément dans les détails de la recette de cette sauce), que l'on finit par obtenir une sauce veloutée très-moelleuse et très-appétissante, unique dans son genre, puisqu'elle ne ressemble en rien aux autres sauces qui ne s'obtiennent que par les réductions du fourneau.

Voilà ce qu'il fallait méditer avant que de vouloir changer le langage des vrais praticiens; car les arts et métiers ont une langue technique qui leur est particulière et que les littérateurs gourmands ne sauraient changer sans faire tort à leurs connaissances éminentes dans le grand art alimentaire. Maintenant, nous allons procéder à la description des entrées froides.

CHAPITRE V.

MAGNONNAISES DE FILETS DE SOLLES DANS UNE BORDURE DE GELÉE, n° 1.

Après avoir levé les filets à trois moyennes solles, vous les lavez à l'eau fraîche et les égouttez sur une serviette; après cela, vous enlevez la peau et les parez légèrement. Placez-les à mesure dans un grand plat à sauter, où vous aurez mis huit onces de beurre clarifié. Tous les filets étant ainsi préparés, vous semez légèrement du sel fin dessus et les placez sur un fourneau modéré ou dans le four doux. Lorsqu'ils blanchissent, vous les retournez sens dessus dessous, et les laissez encore mijoter quelques minutes. Vous les égouttez sur une serviette. Lorsqu'ils sont froids, vous les parez en coupant chaque filet en trois ou en quatre, afin de donner à chaque partie deux pouces et demi; ensuite, vous les placez dans un moyen plat de terre ou autre, et les assaisonnez de persil en branche, d'un oignon émincé menu ou d'une échalotte, de sel, mignonette, huile et vinaigre; couvrez-les d'un rond de papier, et laissez-les dans cet état pendant quelques heures. Dans ce laps de temps, vous masquez le fond d'un plat d'entrée de gelée d'aspic (que vous préparez comme il est dit au traité de

---

SUJETS DE LA PLANCHE XXXIII.

Le n° 1 représente la magnonnaise de filets de solles dans une bordure de gelée moulée.

Le n° 2, l'aspic de blanc de volaille garni d'une macédoine.

Le n° 3, la poularde en galantine à la gelée.

Le n° 4, la magnonnaise de poulets à la Reine.

Le n° 5, les perdreaux en galantine et à la gelée.

Le n° 6, le salmi chaud-froid de perdreaux.

Le n° 7, la croustade de pain garnie des escalopes de levreaux chaud-froid.

Le n° 8, la noix de veau à la gelée.

Le n° 9, le pain de foies gras sur un socle de sain-doux historié.

cette gelée), et la placez sur un grand plat de terre dans lequel vous aurez mis de la place pilée. Vous mettez pareillement à la glace un moule rond-uni de sept pouces de diamètre et de deux de hauteur. Ce moule doit avoir un cylindre de cinq pouces de largeur, de manière que le moule se trouve n'avoir réellement qu'un pouce d'épaisseur, ce qui va produire une couronne de gelée très-légère et très-élégante. C'est un avantage pour un grand nombre d'entrées froides, comme on le verra par la suite. Enfin ce moule étant placé droit dans de la glace pilée, vous l'emplissez de gelée d'aspic. Une heure après, vous la trempez promptement dans de l'eau chaude, et le versez bien vite sur la gelée qui se trouve prise dans le plat d'entrée. Vous égouttez de nouveau vos filets de solles sur une serviette, en ayant soin d'ôter le persil et les petites parties d'oignons ; ensuite, vous les dressez en couronne dans le cylindre de gelée ; placez au pourtour de la gelée une bordure de mâles croûtons encore de gelée. (*Voyez* l'effet du dessin.) Préparez la moitié seulement de l'une des sauces magnonnaises décrites précédemment, que vous versez dans le milieu des filets. Servez de suite ; autrement, vous aurez l'attention de placer cette entrée sur de la glace.

Voilà ce qui s'appelle une magnonnaise de filets de solles à la gelée. On emploiera les mêmes procédés pour la préparation des magnonnaises de filets de brochets, de carpes, de perches, de tanches, de barbots, de turbots, de cabillauds, de truites et de saumons.

Salade de filets de solles.

Vous préparez vos filets comme les précédens. Vous faites durcir huit œufs ; et, après les avoir rafraîchis, vous coupez chacun d'eux en quatre ou en huit parties pour en former ensuite une bordure dans le genre des dessins n° 7, 8, 11 et 12 de la planche 46 ; mais, pour les placer avec grâce, vous remplissez avant le fond du plat d'entrée, de feuilles jaunes de laitue que vous aurez émincées menu et assaisonnées comme une salade ordinaire. Vous en mettez assez pour qu'elle masque le fond du plat d'un bon pouce d'épaisseur ; ensuite, vous égouttez les filets de solles, et les posez sur la laitue en formant une couronne dans laquelle vous versez une sauce magnonnaise ; ou, si vous voulez, vous masquez de cette sauce le poisson que vous servirez de suite : sans cela, vous devez attendre pour la saucer, à moins qu'on ne soit dans l'hiver. Alors, le cas est tout différent, parce que le froid est propice à ces sortes d'entrées qui conservent long-temps toute leur fraîcheur, tandis que, dans l'été, un quart-d'heure d'attente suffit pour les rendre méconnaissables.

On fait également des salades de toutes les sortes de poissons décrits précédemment.

Le peu de salade que je mets sous les filets sert à donner du ton et de l'élégance à ces sortes d'entrées. On emploie également la romaine, la chicorée, l'escarole et le céleri, de même qu'on sauce encore ces sortes de salades avec de l'huile, du vinaigre, du sel, du poivre, et une poignée de ravigotte hachée fine et blanchie ; le tout bien mêlé, vous en masquez le poisson.

On peut ajouter dans cette sauce de la gelée d'aspic hachée fine.

CHAPITRE VI.

ASPICS DE BLANCS DE VOLAILLE GARNIS D'UNE MACÉDOINE,
n° 2.

La première fois que j'ai servi cet aspic, ce fut à l'empereur des Russies à l'Elysée-Bourbon. Cette entrée est très-appétissante, tant par sa bonne mine que par sa qualité, et sur-tout si on la sert pendant la primeur des légumes et racines potagères.

Premièrement, vous préparez la gelée d'aspic telle que nous l'avons démontré dans le deuxième chapitre de cette partie. Vous préparez de petites carottes, navets, haricots verts et culs d'artichauts, de même qu'il est indiqué à l'article macédoine à l'huile ; ensuite, vous mettez deux cuillerées (à ragoût) d'aspic dans un moule d'entrée à cylindre et uni que vous aurez placé droit dans de la glace pilée. Aussitôt que la gelée se trouve frappée par le froid, vous placez dessus une légère décoration que vous disposez avec du blanc de volaille ou de la langue à l'écarlate, ou avec de petits cornichons bien verts. (Pour la placer avec ordre, voyez l'effet des dessins, numéros 1, 2 et 3 de la planche 34). Cette opération terminée, vous versez légèrement quelques gouttes d'aspic sur la décoration, afin de la fixer sans la déranger, et cinq à six minutes après, vous recommencez la même cérémonie. Au bout du même laps de temps, vous versez doucement deux cuillères (à ragoût) de gelée que vous laissez congeler; alors, la décoration se trouve comprimée au milieu de l'épaisseur de la gelée, sur laquelle vous posez en couronne dix filets de poulets nouveaux que vous aurez sautés au beurre clarifié. Chaque filet doit être coupé au milieu de sa longueur, et paré en carré long. Sur-tout ayez l'attention de placer vos blancs de volaille de manière qu'ils soient tous éloignés des parois du moule que vous remplissez à moitié de gelée. Sitôt qu'elle sera prise, vous le remplissez d'aspic et le masquez d'un couvercle de casserole sur lequel vous placez de la glace pilée. Une bonne demi-heure après, vous trempez promptement le moule dans de l'eau chaude, et le retournez de suite sur un plat d'entrée que vous posez sur la glace. Vous mettez dans le plat de l'aspic (c'est-à-dire à l'entour) de la gelée hachée, afin de soutenir une bordure de beaux croûtons de gelée que vous coupez net, et placez dans le même genre que le dessin l'indique.

Lorsque vous êtes prêt à servir, vous remplissez le milieu de l'aspic de la petite macédoine que vous aurez sautée dans un peu de sauce magnonnaise blanche.

On garnit également cet aspic avec des filets de perdreaux, de lapereaux, cailleteaux, pigeonneaux, et de toutes sortes de filets de poissons.

Aspics de crêtes et rognons de coq garnis d'une blanquette de volaille.

Vous préparez la gelée selon la coutume. Vous en mettez

deux cuillerées (à ragoût) dans le même moule que ci-dessus. Lorsqu'elles sont prises, vous posez dessus de petits rognons (cuits bien blancs), comme le dessin du n° 3 de la planche 34 le représente. Cette décoration est l'une de celles qui convient le mieux à cette opération. Elle fait plus d'effet que toutes les autres. Ensuite vous versez par dessus un peu de gelée; et lorsqu'elle est congelée, vous en mêlez encore, afin de fixer la décoration telle que vous l'avez placée. Après cela, vous versez dans le moule deux cuillerées à ragoût d'aspic; et, dès qu'elles sont prises, vous achevez d'emplir le moule presque entièrement. Aussitôt que la gelée commence à se prendre, vous y faites entrer droites une douzaine de crêtes blanches, ce qui fera bon effet. Couvrez l'aspic d'un couvercle masqué de glace pilée; et, pendant sa congélation, vous coupez par le milieu, dans l'épaisseur, huit filets de poularde sautés ou cuits à la broche. Vous les détaillez avec un petit coupe-pâte rond de quinze à dix-huit lignes de diamètre. Ensuite vous sautez cette blanquette dans une petite terrine avec du sel, du poivre, de l'huile et du vinaigre. Vous la placez avec symétrie dans le milieu de l'aspic que vous aurez renversé sur son plat d'entrée, et bordé de croûtons de gelée. Au moment du service, vous masquez la blanquette avec une sauce magnonnaise blanche ou à la ravigotte, et vous servez de suite.

On garnit pareillement cet aspic de ris d'agneau, de veau ou de cervelle; dans ce dernier cas, on remplace les crêtes et rognons par un émincé de ris de veau et de langue de veau à l'écarlate. On fait encore ces sortes d'aspics seulement des filets de poissons dénommés précédemment.

Petit aspic à la moderne.

Ayez huit petits moules en timbales de deux pouces et demi de diamètre sur trois de hauteur, et tout-à-fait droits. Vous les décorez dans le genre des grands, et les garnissez de même. Quand vous êtes prêt à servir, vous les renversez, en plaçant un aspic au milieu du plat, six au tour, et le huitième sur l'aspic du milieu. Vous les entourez d'une bordure de gelée ou de beurre de couleur.

Atelet de crêtes et rognons à la gelée.

Vous préparez l'aspic selon la règle. Vous mettez cinq moules à atelet dans de la glace pilée très-fine, et versez dans chacun deux cuillerées (à bouche) d'aspic. Etant pris, vous posez dessus des rognons de coq, que vous fixez en y versant un peu de gelée ; ensuite vous emplissez les moules presqu'entièrement ; aussitôt que la gelée commence à se prendre, vous enfoncez droites dedans des crêtes, et les couvrez de glace.

Vous emplissez le fond d'un plat d'entrée d'aspics, que vous faites prendre à la glace; au moment du service, vous trempez promptement les atelets dans de l'eau chaude, et les renversez sur un petit couvercle de casserole, pour les placer ensuite sur le plat. Vous en mettez d'abord trois à côté les unes des autres ; et, cinq minutes après, vous placez les deux autres par dessus et en travers. Après avoir bordé cette entrée de croûtons de gelée, vous pouvez verser aux quatre coins des trois premiers atelets un peu de sauce magnonnaise.

Atelet d'aspic garni de blanc de volaille et de truffes.

Vous commencez à garnir vos moules de même que ci-dessus. Vous les décorez avec de la truffe, ou, pour mieux faire, vous placez tout simplement un petit rond de blanc de volaille (que vous aurez coupé rond avec un coupe-pâte de quinze lignes de diamètre), un de truffes, un de volaille, un de truffes et presque droits. L'atelet étant ainsi garni, vous le remplissez d'aspics ; et, lorsqu'il sera renversé, sa décoration sera de petits croissans noirs et blancs formés naturellement par le placement de sa garniture.

Les cinq atelets étant ainsi garnis, vous les renversez de la même manière qu'il est démontré ci-dessus ; garnissez-les d'une bordure de croûtons de gelée et de magnonnaise.

Atelet d'aspic garni de blanc de volaille à l'écarlate.

Vous procéderez de même que ci-dessus ; avec cette dif-

DES ENTRÉES FROIDES ET DES SOCLES.

férence que vous garnissez ces atelets avec des blancs de poularde coupés en carrés longs, d'un pouce de large sur dix-huit lignes de longueur, et de langues de veau à l'écarlate, coupées de la même manière.

On peut remplacer les blancs de poularde par des ris de veau.

On emploie les mêmes procédés pour les atelets de filets de solles à l'écarlate, ou des filets de brochets, de perches, de grondins, de barbus, de turbots, de cabillauds et de carlets.

CHAPITRE VII.

DES GALANTINES DE VOLAILLE ET DE GIBIER.

Galantine de poularde à la gelée, n° 3.

Hachez une demi-livre de noix de veau avec une livre de lard gras et huit onces de noix de jambon cuit. Vous y mêlez une once de sel épicé, deux jaunes d'œufs et deux cuillerées à bouche de fines herbes blanchies avec autant de truffes hachées fines. Cet assaisonnement bien amalgamé, vous mettez la farce dans une terrine ; vous épluchez une livre et demie de truffes bien mûres. Coupez chaque truffe en quartiers ; ayez une belle langue de veau à l'écarlate et bien rouge. Otez-en la peau, et coupez-la dans sa longueur, et en six filets seulement. Coupez de même en gros lardons d'un pouce carré, une livre de gras de jambon cru ou de gras de porc frais.

Flambez, épluchez et désossez, selon la règle, une moyenne poularde du Mans, peu grosse et bien en chair. Lorsqu'elle est désossée, vous l'élargissez sur une serviette ; vous enlevez avec le couteau la moitié des chairs de l'estomac, de même que celle des cuisses. Ensuite vous placez ces parties de chair aux endroits où la peau est presque visible, afin que la surface se trouve garnie de la même épaisseur. Semez dessus le sel épicé (1) nécessaire à l'as-

---

(1) Après avoir désossé la poularde, vous la pesez, et si elle pèse deux livres de chair, alors vous mettez quatre gros de sel épicé par livre, et semez ce sel pour son assaisonnement.

SIXIEME PARTIE.

saisonnement; élargissez par dessus la moitié de la farce, sur laquelle vous placez la moitié des truffes, de la longe et du gras de jambon, en ayant soin de bigarrer les couleurs. Assaisonnez légèrement de sel épicé. Couvrez le tout avec la moitié du reste de la farce, que vous masquez ensuite du reste des truffes, du gras et de la longe, que vous assaisonnez un peu. Vous recouvrez le tout avec la farce restante; après cela, vous reformez la poularde dans son état primitif; et avec l'aiguille à brider, vous cousez le tour de la peau de manière à ce que toute la garniture se trouve contenue dans la poularde, que vous formez ronde ou un peu ovale. Cette partie de l'opération terminée, vous enveloppez la poularde de bardes de lard. Vous la mettez dans un morceau de linge fin, que vous serrez fort aux deux extrémités avec de la ficelle, et coupez ensuite les bouts du linge qui excède le lien. Vous placez un lien de ficelle au milieu de la poularde pour la conserver dans sa forme actuelle; placez encore deux ficelles à droite et à gauche de la première; mais observez bien que ces liens doivent être à peine serrés.

Vous foncez de bardes de lard une casserole ovale ou ronde. Si la poularde est de forme ronde, vous placez la galantine dedans, et mettez à l'entour quatre oignons, quatre carottes tournées, un fort bouquet de persil et de ciboules assaisonnées de thym, laurier, basilic et de quatre clous de gérofle. Ajoutez les ossemens de la poularde, deux jarrets de veau ou deux pieds, assez de bouillon ou de consommé de volaille pour masquer la surface de la galantine, puis un verre de vin de Madère sec, ou de bon vin blanc, et deux cuillerées (à bouche) de vieille eau-de-vie. Couvrez le tout d'un rond ou ovale de papier beurré, et faites partir cette cuisson sur un feu ardent; après quoi vous la faites mijoter doucement pendant trois heures, et l'ôtez du feu. Une heure après, vous ôtez la galantine avec soin; vous la placez du côté de l'estomac sur un plat de terre un peu bombé, et la pressez légèrement dans le linge pour en exprimer le peu de mouillement qu'elle contient. Placez par dessus un couvercle, sur lequel vous posez un

DES ENTRÉES FROIDES ET DES SOCLES.

pied de huit à dix livres, afin de donner plus de largeur à la poularde; ensuite vous passez la gelée par le tamis de soie; ôtez-en toute la partie grosse; laissez-la reposer un bon quart-d'heure; tirez-la à clair, et clarifiez-la selon les moyens donnés à l'article général des gelées.

La galantine étant froide, vous la découvrez et la ressuyez légèrement avec une serviette, et en ôtez toutes les ficelles. Vous la parez un peu si cela est nécessaire, et la glacez bien parfaitement avec une glace blonde. Placez-la ensuite sur un plat d'entrée; mettez dessus une rosace de gelée, comme le dessin du n° 3 l'indique; entourez-la de gelée hachée, et ensuite de croûtons de gelée que vous coupez avec un coupe-pâte rond, de dix lignes de diamètre, et servez.

On procédera selon ces mêmes détails pour confectionner les galantines de poulets, de dindons, perdreaux, cannetons et faisans.

Cependant on confectionne encore cette galantine de deux manières distinctes. La première consiste à couper en petits dés des truffes, du lard blanchi ou de la tétine, de la langue à l'écarlate et des pistaches mondées; le tout mêlé dans une farce à quenelle de volaille (si la galantine est de gibier, alors vous préparez la farce à quenelle de gibier), et en garnissez toutes sortes de galantines. L'autre manière est à peu près la même; puis vous employez encore la farce à quenelle; mais vous coupez en lardons les garnitures indiquées ci-dessus, au lieu de les couper en dés, et garnissez la galantine, en la masquant d'un lit de farce, sur laquelle vous rangez vos lardons avec ordre. Vous les recouvrez de farce, que vous masquez de lardons comme la première fois, et recommencez deux fois encore la même opération, en employant tous les lardons et la farce. Pour le reste du procédé, ce sont les mêmes détails que j'ai démontrés précédemment. Ces deux manières de confectionner les galantines sont usitées également dans nos grandes cuisines; mais je préfère les procédés que j'ai employés pour la garniture de la première galantine détaillée. Cette manière est meilleure sans doute, puisqu'elle rend l'intérieur de la galantine plus séduisant à la vue, plus appétissant et plus agréable à savourer. Ces gros filets de truffes, de langue écarlate et de gras de jambon, sont incontestablement de meilleure mine que ces petits dés et petits lardons.

Galantine de perdreaux rouges aux truffes, n° 5.

Après avoir levé toutes les chairs d'un petit levreau, vous conservez les filets, et pesez le reste de la chair que vous hachez avec le double de lard gras et huit onces de jambon. Ensuite vous ajoutez le sel épicé nécessaire à l'assaisonnement, et un jaune d'œuf. Vous désossez trois beaux perdreaux rouges; vous les élargissez sur une serviette. Egalisez l'épaisseur des chairs, et assaisonnez-les convenablement. Placez sur chacun d'eux un sixième de la farce, que vous élargissez pour recevoir des moitiés de truffes (six morceaux dans chacun d'eux), que vous enveloppez dans de la crépine de porc frais. Entr'elles, vous placez une escalope de filets de levreaux conservés pour cet effet. Assaisonnez-les un peu, et masquez-les du reste de la farce. Cousez les peaux des perdreaux pour leur donner leur forme première. Enveloppez-les de bardes de lard, et ensuite de linge. Ficelez-les pour les maintenir de belle forme; mettez-les dans une casserole foncée de lard; faites le même assaisonnement que ci-dessus avec les carcasses du gibier, et faites-les mijoter doucement une couple d'heures. Laissez-les presque refroidir dans leur cuisson; après cela, vous les égouttez; et, dès qu'ils sont froids, vous les parez légèrement et les glacez. Ensuite vous les placez sur le plat en forme de triangle, et les ornez de gelée comme le dessin l'indique. Vous les entourez de gelée hachée et d'une bordure riche de croûtons de gelée.

On peut, en place de levreau, employer la chair de trois perdreaux; ces sortes de galantines sont d'un manger exquis.

On peut faire dans ce même genre les galantines dénommées ci-dessus, en employant des filets de poulardes en place de gibier.

DES ENTRÉES FROIDES ET DES SOCLES.

Faisans en galantine à la parisienne.

Ayez un foie gras de Strasbourg ; faites le dégorger et blanchir selon la coutume ; coupez chaque moitié en quatre filets que vous parez. Pilez deux de ces filets avec les parures et la chair d'un perdreau rouge et autant de lard gras. Assaisonnez le tout de haut goût ; ajoutez-y deux jaunes d'œufs et des fines herbes passées au beurre, le tout bien broyé. Vous passez cette farce par le tamis à quenelle ; vous désossez avec soin un faisan bien mortifié et bien en chair ; vous le placez sur une serviette et l'assaisonnez de haut goût. Vous placez dessus la moitié de la farce, sur laquelle vous posez trois filets de foies gras, et entre chacun d'eux des truffes, seulement coupées par moitié. Mettez le sel épicé nécessaire ; recouvrez le tout avec la moitié de la farce restante. Posez dessus les foies gras des moitiés de truffes ; assaisonnez de nouveau, et masquez du reste de la farce ; puis avec l'aiguille à brider, vous réformez le faisan dans son état primitif, et terminez cette galantine comme nous l'avons démontré dans la préparation et la cuisson des précédentes. Mettez les ossemens du gibier, et donnez trois petites heures de cuisson.

CHAPITRE VIII.

DES SALADES ET MAGNONNAISES DE VOLAILLE.

Salades de poulets à la Reine.

Faites cuire dans une poêle ou à la broche quatre jolis poulets à la Reine, et dès qu'ils sont refroidis, dépecez-les. Levez les cuisses que vous détachez du croupion, en coupant droit la moitié du solilemne, de manière que le croupion se trouve avoir seize à dix-huit lignes de largeur. Ensuite vous coupez les filets en mettant le poulet sur le dos, afin qu'en appuyant légèrement le couteau droit, la chair se trouve coupée lisse, ce qui ne réussit pas toujours en mettant le poulet sur le côté. Vous posez le cou du poulet sur la table, en tenant le poulet droit ; alors vous détachez l'estomac d'un coup de couteau; vous parez l'estomac de trois petits pouces de longueur, ensuite vous coupez le croupion de la même longueur; vous le parez de manière qu'il n'ait plus que son épaisseur, et le dégagez de toutes les fibres intérieures qui se séparent des os. Vous laissez la peau dessus; vous ôtez cette même peau du reste des membres, que vous parez légèrement; mais ayez l'attention de dégager et de ratisser le bout des petits os des ailes et des cuisses, et les ailerons parés proprement.

Vous procéderez de la même manière pour dépecer les trois autres poulets; après quoi, vous les sautez dans une terrine, avec du sel, de la mignonnette, de l'huile, du vinaigre, des branches de persil lavé, un oignon émincé ou une charlotte; enfin, recouvrez-les d'un rond de papier, et laissez-les dans cet assaisonnement pendant quelques heures. Faites durcir huit œufs égaux en grosseur, et rafraîchissez-les en les épluchant. Vous lavez six belles laitues; enfin, une demi-heure avant le service, vous égouttez la volaille sur une serviette, en la séparant des petites parties de persil et d'oignons. Après cela, vous effeuillez les laitues, et conservez les cœurs très-petits; émincez les feuilles menues, et assaisonnez-les comme une salade ordinaire, que vous versez dans le plat d'entrée. Vous commencez à placer dessus, et en couronne, les huit cuisses de poulet; dans leur milieu, vous mettez les ailerons, et, par dessus les cuisses, vous posez les croupions et deux estomacs seulement. Vous les surmontez de filets en couronne, le plus serré possible, en observant d'en placer un à plat, et l'autre dans le sens contraire, c'est-à-dire sens dessus dessous, et ainsi de suite, ce qui fait un bien meilleur effet qu'en posant à plat les huit filets qui ne s'accordent jamais, puisqu'ils sont quatre à droite et quatre à gauche. Vous posez par dessus les deux estomacs; on doit avoir le soin de tenir cette entrée très-étroite et très-élevée, afin de lui donner cette élégance qui caractérise ces sortes d'entrées, comme l'indique le dessin du n° 5. Vous faites une bordure d'œufs coupés en huit, et entre chaque quartier, vous placez droits les petits cœurs de laitue, chaque cœur coupé en quatre et même en six ; puis vous placez la moitié d'un œuf dans lequel vous posez droit un cœur de laitue, et le mettez sur la salade pour en faire le couronnement. (*Voyez* l'effet du dessin.) Ensuite vous mêlez dans une moyenne terrine une bonne pincée de cerfeuil et quelques feuilles d'estragon et de pimprenelle, le tout haché et blanchi, du sel, du gros poivre, de l'huile et du vinaigre à la ravigotte, et une bonne cuillerée de gelée d'aspic haché menu. Le tout bien amalgamé, vous masquez avec la salade, que vous servez de suite.

Magnonnaise de volaille à la gelée.

Vous cuisez et dépecez quatre poulets selon les procédés décrits ci-dessus, et les assaisonnez encore de même, avec de l'huile, du vinaigre, des branches de persil et un oignon émincé. Vous les laissez en cet état une couple d'heures. Pendant ce laps de temps, vous mettez de la gelée d'aspic à la glace, et préparez la sauce magnonnaise blanche, telle qu'elle se trouve enseignée au chapitre IV. Une heure avant le service, vous égouttez les poulets sur une serviette, et les sautez ensuite dans une terrine avec le quart de la magnonnaise. Vous les posez sur de la glace pilée pendant une demi-heure, en les sautant de temps en temps. Après cela, vous les dressez dans le même ordre que nous l'avons démontré dans l'article précédent, mais sans aucune espèce de salade, et toujours en donnant à cette entrée le plus de hauteur possible. Vous garnissez de gelée hachée le bord du plat, et ensuite de gros croûtons de gelée, dans le genre de ceux que nous avons dessinés aux numéros 1, 2, 3, 4, 5 et 6 de la planche 45e. Au moment du service, vous maniez la magnonnaise avec la cuillère à sauce, afin de la rendre mollette, pour en masquer bien lisse la volaille, ce qui ne peut avoir lieu si cette sauce se trouve trop liée ; mais dans ce cas, on la ramollit, en y mêlant une cuillerée (à bouche) de consommé froid, ou de bouillon, ou de gelée liquide, ou simplement de l'eau.

La magnonnaise de volaille à la ravigotte se prépare absolument de la même manière que celle indiquée à la gelée ; elle ne diffère que par la magnonnaise verte, qui remplace la blanche.

Salade de volaille à la magnonnaise.

Cette entrée n'est autre chose que la salade de volaille, que nous avons analysée ci-dessus; mais celle-ci diffère cependant beaucoup par le coup-d'œil que lui donne la sauce magnonnaise avec laquelle vous la masquez, c'est-à-dire que vous la saucez avec une magnonnaise blanche ou verte ; c'est la seule différence.

Sautés de poulets en salade à la magnonnaise.

Après avoir levé et paré les filets de six poulets gras, vous les sautez au beurre comme pour le sauté au suprême. Vous les égouttez sur une serviette, et les mettez refroidir légèrement pressés entre deux couvercles de casserole. Pendant ce temps, vous mettez les douze filets mignons (que vous avez gardés à cet effet) à la Conti, avec des truffes ou avec de la langue à l'écarlatte, et les placez au fur et à mesure dans un plat à sauter, en leur donnant la forme d'un petit fer à cheval. Lorsqu'ils sont sautés, vous les refroidissez, comme les gros filets, entre deux couvercles. Ensuite vous parez légèrement tous vos filets; vous émincez six cœurs de belles laitues, que vous assaisonnez comme de coutume. Versez-les sur un plat d'entrée, et formez-en une espèce de couronne, sur laquelle vous dressez les filets de volaille, en mettant un filet de Conti entre les gros, et ainsi de suite, ce qui produit un bon effet; mais on doit avoir l'attention de dresser cette jolie entrée très-ronde, et la plus étroite possible; après quoi vous l'entourez d'une riche bordure de croûtons de gelée d'aspics. Vous mettez dans le milieu une magnonnaise-ravigotte ou blanche.

Cependant si vous mettez la magnonnaise blanche, vous glacez légèrement les filets non Conti, mais vous les conserverez blancs si vous les sautez à la magnonnaise-ravigotte.

Sautés de poulets à l'écarlate, sauce magnonnaise.

Vous préparez douze filets de poulets, comme il est dit ci-dessus; mais ne séparez point des filets les filets mignons. Pendant le temps qu'ils sont à refroidir, vous parez douze filets de langues à l'écarlate, de la même forme que ceux de poulets, mais ceux-ci un peu moins épais. Ensuite vous parez légèrement ceux de poulets, puis vous masquez le fond d'un plat d'entrée avec de la gelée hachée, sur laquelle vous dressez les filets en couronne, en les mêlant alternativement roses et blancs. Ensuite vous garnissez le tour du plat de mâles croûtons de gelée, et versez dans le milieu de l'entrée une sauce magnonnaise blanche ou verte.

Sautés de poulets aux truffes à la magnonnaise.

Après avoir marqué dix filets de petites poulardes ou de poulets, comme je l'ai dit ci-dessus, vous marquez de la même forme, mais plus minces, dix filets de truffes cuites au vin de Champagne, ou si elles sont crues, vous les faites mijoter dix minutes dans du vin de Madère ou de Champagne, mais après qu'elles sont parées. Vous parez aussi et glacez les filets de poulardes; vous masquez de gelée hachée le fond d'un plat d'entrée, et dressez dessus la couronne de filets en les plaçant alternativement l'un de truffes, l'autre de volaille, et ainsi de suite. Vous garnissez l'entrée d'une riche bordure de gelée, et versez dans le milieu des filets une sauce magnonnaise blanche : servez de suite.

Sautés de poulets aux truffes à la gelée.

Sautez comme de coutume dix filets de poulets à la Reine, et les mettez refroidir entre deux couvercles. Parez de même forme et de même épaisseur dix filets de truffes bien noires et bien cuites au vin de Madère. Après avoir paré les filets de poulets, vous les dressez dans un moule à aspic, uni et à cylindre, et presque droit, en les mêlant tour-à-tour noirs et blancs. Remplissez ensuite le moule de gelée d'aspics; placez le tout sur de la glace pilée; garnissez également de gelée le fond d'un plat d'entrée, et la faites prendre à la glace; une demi-heure avant le service vous trempez vivement le moule dans de l'eau chaude, et renversez l'aspic sur le milieu d'un plat garni de gelée; garnissez l'aspic d'une belle bordure de gelée; versez dans le milieu des filets une sauce magnonnaise, ravigotte ou blanche, et servez.

Cette manière de mouler les filets donne infiniment d'éclat et d'élégance à cette jolie entrée froide. J'ai monté également, dans le même genre, des filets de perdreaux, de lapereaux, de pigeons et de cailles; mais je les mêlais de filets Conti ou de langues à l'écarlate ou de truffes.

Sautés de poulardes à la Macédoine, sauce magnonnaise.

Dix filets de volaille étant préparés selon la règle, vous les dressez en couronne, en mettant entre chacun d'eux une moitié de cul d'artichauts paré de même que les filets; vous garnissez le plat d'une riche bordure de racines, comme je les ai figurés par les dessins de la planche 46e; et, au moment du service, vous versez dans le milieu des filets une petite macédoine, que vous préparez comme je l'ai démontré pour la macédoine à l'huile; mais ayez soin de la dresser en rocher, et de la masquer ainsi que les filets avec une sauce magnonnaise blanche ou verte.

On met également entre chaque filet de volailles, des filets de truffes ou de langue à l'écarlate.

CHAPITRE IX.

DES CHAUDS-FROIDS DE VOLAILLE ET DE GIBIER.

Salmi chaud-froid de perdreaux à la gelée.

Faites cuire à la broche six perdreaux rouges; quand ils sont froids, vous levez les cuisses, les ailes et l'estomac; vous en séparez les peaux et les parez parfaitement. Ressuyez-les avec une serviette, et placez-les dans une moyenne casserole; ensuite vous mettez dans une casse-

DES ENTRÉES FROIDES ET DES SOCLES.

role les débris des ossemens avec un verre de bon vin du Rhin, un autre blanc de Bourgogne, une feuille de laurier, cinq ou six échalottes : couvrez et placez la casserole sur un fourneau modéré. Le tout étant à moitié réduit, vous y joignez une grande cuillerée à pot de blond de veau : le tout en parfaite ébullition, vous placez la casserole sur l'angle du fourneau. Une heure après que ce fumet a doucement bouilli, vous le dégraissez avec soin; vous le passez sans pression à la serviette fine, et le replacez sur le feu dans une moyenne casserole, en y joignant deux cuillerées à pot d'espagnole clarifiée. Quand le tout est bouillant, placez-le sur l'angle du fourneau; une demi-heure après, dégraissez l'espagnole, que vous placez de suite en plein fourneau, et remuez-la sans cesse avec une cuillère de bois, afin de la réduire promptement, et en même temps pour l'empêcher de déposer au fond de la casserole; mais, pour la clarifier brillante, vous la laissez par intervalle sans la remuer, en y mettant chaque fois une cuillerée à bouche de gelée d'aspic. Lorsqu'elle est réduite à point (un peu liée), vous la passez dans une petite casserole, et la remuez de temps en temps avec une cuillère à sauce, pour qu'elle se refroidisse bien lisse. Quand elle est tiède encore, vous en versez le quart sur les membres des perdreaux, que vous remuez en mouvant légèrement la casserole, et la placez sur la glace pendant une demi-heure; ensuite vous commencez à dresser les cuisses en couronne serrée, sur laquelle vous placez de la même manière les dix filets, et par-dessus trois estomacs, et sur ceux-ci les deux derniers estomacs, ce qui donne beaucoup de grâce à l'entrée. Couronnez-la par une belle truffe cuite au vin de Champagne et sans être pelée; vous placez dessus une grosse crête double cuite bien blanche; ensuite travaillez la sauce, en la vanant avec la cuillère; et, si elle se trouve trop liée, vous la remettrez un instant sur le feu, afin de tiédir seulement les parois de la casserole; mais si, dans le cas contraire, elle n'est point assez liée, vous la remettez sur la glace, ce qui la ressaisit promptement. Enfin pour que cette sauce soit bonne à masquer, elle doit quitter difficilement la cuillère, en formant cependant un cordon lié et très-lisse : alors vous masquez avec précaution la surface du salmi, dont vous aurez ôté la truffe, que vous replacez ensuite. Votre entrée, pour être d'un beau fini, doit avoir une physionomie lisse et brillante : c'est alors qu'elle aura l'éclat dont elle est susceptible. Garnissez l'entrée d'une jolie bordure de racines ou de gelée d'aspics, et servez.

Salmi chaud-froid de perdreaux aux truffes à la gelée.

Vous préparez ce salmi comme le précédent; mais ne mettez que quatre perdreaux. Vous joignez à la sauce un fumet de truffes; et, en dressant l'entrée, vous placez, entre chaque membre de gibier, une lame de truffe cuite au vin ou dans la sauce du chaud-froid : telle est la seule différence de cette entrée avec l'autre.

On procédera de la même manière pour la confection des chauds-froids de faisans, de bécasses, de pluviers, de canards sauvages, de sarcelles, de grives, et autre menu gibier.

Filets de bécasses aux truffes à la gelée.

Faites cuire à la broche cinq bécasses; lorsqu'elles sont froides, vous levez les filets sans faire d'estomac, de sorte que les filets doivent se trouver entiers. Vous pilez les chairs des cuisses avec quelque légère parure de truffes et de champignons; vous mettez dans une casserole les ossemens du gibier, un verre de bon vin blanc, un peu de parure de truffes, une feuille de laurier, des échalottes. Le tout placé sur le feu, vous le réduisez des trois-quarts; vous le passez à la serviette, et travaillez avec ce fumet deux cuillerées à pot d'espagnole clarifiée; vous terminez cette sauce selon les procédés donnés ci-dessus pour le chaud-froid de perdreaux.

Cette sauce étant passée à l'étamine, vous en versez la moitié dans une casserole, dans laquelle vous délayez la chair du gibier que vous avez pilé. Placez le tout sur un fourneau modéré, en remuant le coulis avec une cuillière de bois; dès qu'il est presque bouillant, vous le passez en purée par l'étamine, et le laissez refroidir. Pendant ce temps, vous dressez sur un plat d'entrée les dix filets de bécasses en couronne élevée et étroite, et en joignant, entre chaque filet, une lame de truffe parée, de la même forme que les filets. Vous versez au milieu de cette couronne la purée de gibier, en la rendant le plus bombé possible, afin de la détacher des filets. La sauce étant froide, vous la travaillez avec la cuillère pour la rendre lisse et déliée; puis vous en masquez les filets et la purée de gibier. Garnissez le tour de l'entrée d'un cordon de gelée hachée, afin d'y placer ensuite, avec plus d'aisance, une jolie bordure de mâles croûton de gelée; vous pouvez masquer de gelée hachée la surface du coulis de gibier, ce qui fait bon effet, de même que vous pouvez servir cette entrée sans cette addition.

On procédera, selon les détails donnés ci-dessus, pour des entrées de filets, de perdreaux rouges, de faisans, de sarcelles, de grives, de lapereaux de garenne, de levreaux et de filets de volaille, en garnissant l'intérieur de cette entrée d'une purée de volaille ou de gibier.

Chaud-froid de poulets à la gelée.

Après avoir légèrement flambé cinq beaux poulets à la Reine, vous les dépecez selon la règle pour fricasser; vous les laissez dégorger pendant une couple d'heures sur le fourneau, en observant que l'eau ne soit jamais plus que tiède; ensuite vous égouttez les poulets; vous les rafraîchissez à plusieurs eaux, et les mettez dans une casserole avec assez de bouillon pour les baigner aisément. Placez-les en plein fourneau, et laissez-les bouillir quelques minutes; après quoi vous les égouttez et les mettez de suite dans de l'eau fraîche. Quand ils sont refroidis, vous parez légèrement les membres de volaille, et les placez au fur et à mesure dans une casserole où vous aurez fait tiédir du beurre fin. Le tout étant ainsi paré, vous le placez sur un fourneau modéré pendant quelques minutes, en sautant souvent la fricassée, afin de roidir légèrement tous les membres de volaille : masquez-les ensuite d'une petite poignée de farine; sautez-le tout en tenant toujours la casserole sur le feu; et, après l'avoir ôtée, vous y mettez le mouillement dans lequel a été blanchie la fricassée, en le tirant à clair : le tout bien mêlé, vous placez la casserole sur le fourneau, et assaisonnez la fricassée de sel, d'une pointe de muscade, d'un bouquet composé de persil, ciboules, thym, laurier, basilic, de deux oignons dans lesquels vous fichez deux clous de gérofle, et d'une douzaine de champignons tournés; le tout étant en parfaite ébullition, vous placez la casserole sur l'angle du fourneau, et, trois-quarts d'heure après, vous dégraissez avec soin la fricassée de poulet qui doit se trouver cuite : alors vous enlevez avec une cuillère percée les membres de poulets, en les laissant bien s'égoutter, et vous les placez à mesure dans une casserole, que vous couvrez.

Vous faites réduire la sauce convenablement, vous l'ôtez de dessus le feu; et, deux minutes après, vous y mêlez une liaison de cinq jaunes d'œufs, en la remuant toujours avec une cuillère de bois, et vous y faites jeter quelque bouillon; après quoi vous la passez à l'étamine fine. Dès qu'elle est refroidie, vous en versez le tiers dans la fricassée, que vous sautez une fois ou deux seulement, et la placez sur de la glace pilée pendant une demi-heure : dressez ensuite cette fricassée de la même manière que je l'ai indiquée pour la magnonnaise de volaille. On donnera le plus de hauteur possible à cette entrée, que vous couronnez d'une belle truffe cuite au vin de Champagne, et non épluchée; mettez dessus une belle crête double et très-blanche. Cette opération terminée, vous travaillez la sauce en y joignant quatre cuillerées à bouche de gelée d'aspic tiède, ce qui doit la rendre très-lisse et un peu liée : alors vous en masquez bien également la surface de la fricassée (en ôtant la truffe, que vous replacez ensuite); vous la garnissez autour de gelée hachée et d'une belle bordure de croûtons de gelée : servez de suite.

Chauds-froids de poulets aux truffes.

Vous préparez cette fricassée de poulets à la Reine

DES ENTRÉES FROIDES ET DES SOCLES. 33

comme la précédente; et, en la dressant, vous y mêlez quelques moitiés de truffes. Après l'avoir saucée, vous placez çà et là sept ou huit truffes tournées rondes, ce qui produit bon effet; ensuite vous garnissez le tour de la fricassée de gelée hachée, et après cela de beaux croûtons de gelée aux truffes, ou de racines bien glacées : servez.

Observations sur les chauds-froids.

Il m'est arrivé d'avoir à faire, dans les grands extraordinaires, quatre entrées de chauds-froids; alors je sentis l'avantage que j'avais en dressant deux entrées avec les cuisses du côté droit (en mettant dix cuisses sur chaque entrée), sur lesquelles je plaçais en couronne les filets du côté gauche. Cet arrangement me donnait beaucoup de facilité pour dresser mes entrées avec grâce, attendu que les membres de poulets se trouvent par ce moyen tous du même côté; mais, comme on ne peut obtenir ces mêmes résultats que dans de grands extraordinaires (c'est pourtant un avantage marqué), j'ai démontré la manière que j'ai jugé la plus convenable à l'article salade de volaille.

Les mêmes observations s'appliquent généralement sur toutes les entrées de volailles ou de gibiers dépecés, c'est-à-dire que, lorsqu'on se trouve dans une grande affaire avoir plusieurs entrées de la même manière, on emploie les procédés décrits ci-dessus pour les dresser avec succès.

CHAPITRE X.
DES ENTRÉES DE VEAU, DE BŒUF ET DE MOUTON A LA GELÉE.

Noix de veau à la gelée, n° 7.

Ayez une belle noix de veau femelle, c'est-à-dire une noix de veau qui soit couverte d'une belle tétine; mais vous fixez cette même tétine (1) sur le milieu de la noix

(1) Lorsque cette tétine se trouve par trop petite, on en ajoute une seconde que l'on place de manière qu'elle n'en forme plus qu'une à la cuisson.

de veau avec l'aiguille à brider, en y passant deux fois de la ficelle, que vous serrez à peine; ensuite vous parez légèrement la noix de veau, que vous garnissez de lardons de jambon maigre et gras, ou de langue à l'écarlate et de lard; vous placez ces lardons perpendiculairement. Vous mettez dans une moyenne braisière des bardes de lard, sur lesquelles vous posez la noix de veau, ses parures, deux jarrets ou deux pieds de veau, une poule, deux carottes, quatre oignons, un fort bouquet assaisonné, deux cloux de gérofle, un peu de sel, un demi verre de vin de Madère sec ou d'eau-de-vie, et trois cuillerées à pot de bouillon. Couvrez le tout de bardes de lard et d'un rond de papier beurré; placez la braisière sur un fourneau ardent, et, lorsque l'ébullition a lieu, vous le mettez sur des cendres rouges, afin que la noix de veau ne fasse que mijoter pendant deux bonnes heures : vous mettez également du feu sur la braisière.

La noix de veau étant cuite, vous la laissez presque refroidir dans son fond; et lorsqu'elle n'est plus que tiède, vous l'égouttez sur un plat, en observant que la tétine ne se trouve point déformée. Ensuite vous passez le fond de la cuisson à la serviette fine; et après l'avoir parfaitement dégraissé, vous le clarifiez selon la règle, en y joignant un verre de vin blanc. Mettez cette gelée prendre à la glace; la noix de veau étant bien froide, vous parez la surface de la tétine (dont vous ôtez la surface), afin de la rendre lisse et très-blanche. Vous la parez ensuite sur sa largeur et épaisseur, dans le genre des dessins n° 7 de la planche 33. Vous parez légèrement la noix de veau de belle forme et toujours en conservant dans son entier la forme que vous avez donnée à la tétine; ensuite, glacez la surface de la noix sans toucher à la tétine, afin de lui conserver sa blancheur, ce qui fait en partie la beauté de cette entrée.

Vous hachez la moitié de la gelée (qui doit être parfaitement congelée); vous la versez sur le plat d'entrée, et posez dessus la noix de veau, dont vous décorez ensuite la tétine avec de la gelée et de la truffe seulement, ou de la

DES ENTRÉES FROIDES ET DES SOCLES. 35

langue à l'écarlate. Vous parez avec le reste de la gelée, de mâles croûtons que vous placez en bordure. Servez de suite.

Noix de veau au beurre de Montpellier.

Vous préparez cette noix de veau comme la précédente; et lorsqu'elle est parée et glacée, vous la posez sur un lit de beurre de Montpellier, et la garnissez d'une jolie bordure de gelée, de racines ou de beurre de couleur.

Noix de veau au beurre d'écrevisses.

Vous parez légèrement une belle noix de veau, et la piquez de lardons de jambon et de lard; vous la serrez dans sa largeur avec une ficelle, afin de la rendre de forme ronde; puis vous la faites cuire, comme il est dit ci-dessus. Etant froide, vous la parez légèrement en lui donnant le plus de grâce possible, et tenant sa surface un peu bombée. Après l'avoir glacée, vous roulez un cordon de beurre d'écrevisses que vous avez mis rafraîchir à la glace. Vous roulez ce beurre de la grosseur du petit doigt, et le placez ensuite sur la noix de veau, en le faisant tourner en forme de volute (ou de limaçon, c'est la même chose); vous le fixez sur la noix en l'appuyant et en le rendant étroit dans sa largeur, de manière que le vide du limaçon se trouve avoir un bon doigt de largeur, que vous remplissez avec de la gelée hachée en diamant; vous garnissez le tour de la noix de veau de gelée hachée, et d'une riche bordure de croûtons de gelée. Cette noix de veau n'a pas besoin de tétine.

Noix de veau à la Périgord.

Après avoir légèrement paré une noix de veau comme pour piquer, vous la garnissez de gros lardons de truffes; mais vous placez ces mêmes truffes avec ordre et symétrie, de manière à en former une rosace, ou une palmette, ou tout simplement une espèce de damier. La noix de veau étant ainsi garnie, vous l'enveloppez de barde de lard, et la ficelez légèrement, afin de la conserver de belle forme; vous la faites cuire comme les précédentes. Etant froide, vous la parez convenablement et la glacez, après quoi, vous coupez avec un coupe-racine de huit lignes de diamètre, des lardons de truffes cuites au vin de Champagne, ou dans la cuisson de la noix de veau. Donnez à ces lardons vingt lignes de longueur; ensuite, vous coupez avec le même coupe-racine la noix de veau, de manière à en emporter des petits ronds entre les lardons qui se trouvent cuits avec la noix de veau. Dans ces petits trous, vous placez droit des lardons de truffes disposés à cet effet, en observant qu'ils excèdent d'un petit pouce la surface de la noix de veau. Vous la posez sur un plat d'entrée garni de gelée hachée fine, et vous masquez également le dessus de la noix de veau de la même gelée, de manière que les lardons de truffes excèdent à peine l'épaisseur de cette gelée, ce qui donne beaucoup de grâce à cette entrée. Vous la garnissez d'une riche bordure de croûtons de gelée mêlés de croûtons de truffes; c'est-à-dire, que vous placez tour-à-tour un croûton de gelée, un croûton de truffes glacées, et ainsi de suite; ou tout simplement une jolie bordure de gelée, ou une de truffes seulement. Servez.

Cotelettes de veau à la gelée.

Parez légèrement huit petites cotelettes de veau, que vous piquez de lardons de jambon et de lard gras, ou de langue de veau à l'écarlatte. Vous les placez dans une casserole foncée de bardes de lard, et les masquez encore de bardes de lard. Vous placez par-dessus les parures, deux carottes, deux oignons, deux clous de gérofle, un fort bouquet garni de thym, laurier et basilic; un peu de sel, un verre de vin blanc, un demi d'eau-de-vie, et deux cuillerées à pot de bouillon; couvrez le tout d'un papier beurré, et placez la casserole sur le feu. Quand elle est en parfaite ébullition, vous placez du feu dessus et dessous, de manière que les cotelettes ne fassent que bouillonner légèrement pendant deux bonnes heures; après quoi vous les égouttez. Lorsqu'elles sont presque froides, vous les pressez entre deux plafonds, en mettant dessus un poids de six livres. Quand elles sont tout-à-fait refroidies, vous les parez bien parfaitement; vous les glacez et les dressez sur un plat garni de gelée hachée, mais vous les placez le filet de la cotelette en haut, ce qui fait une jolie entrée.

Vous décorez légèrement le dessus de chaque cotelette avec de la gelée; vous les entourez d'une belle bordure de croûtons de gelée, et vous servez.

Cotelettes de veau à la Belle-Vue.

Vous piquez six cotelettes de lardons de truffes et de langue de veau à l'écarlate; mais vous les garnissez en formant, avec ces mêmes lardons, un quadrille. Vous faites cuire, et parez vos cotelettes de la manière qu'il est indiqué ci-dessus; après cela, vous les glacez et les passez dans un petit plat à sauter, où vous aurez fait prendre de la gelée froide sur les cotelettes, afin de les rendre brillantes. Placez-les un moment sur la glace, après quoi vous présentez le plat à sauter sur le feu, le temps nécessaire pour détacher la gelée. Vous détachez les cotelettes avec la pointe du couteau, et les parez promptement de la gelée qui excède le diamètre de cotelette. Vous la dressez sur un plat garni de gelée hachée, et toujours en observant de placer les filets des cotelettes en haut, et du côté qu'elles se trouvent le plus masqué de gelée, ce qui produit de l'effet. Vous garnissez cette entrée de mâles croûtons de gelée.

Cervelle de veau à la magnonnaise.

Après avoir mondé cinq cervelles de veau, vous les faites dégorger pendant quelques heures dans l'eau fraîche; vous les égouttez et les placez sur une écumoire pour les déposer de-là dans une casserole d'eau bouillante, où vous aurez joint une petite poignée de sel et un demi verre de vinaigre à l'estragon. Après qu'elles ont bouilli en cet état pendant un bon quart-d'heure, vous enlevez les cervelles avec l'écumoire. Ayez l'attention de les conserver entières, et laissez-les refroidir dans une terrinée d'eau fraîche. Ensuite, vous foncez et entourez de bardes de lard, une casserole (à riz de veau), assez grande pour contenir aisément les cervelles; vous les masquez de lames de chair de citron.

Couvrez le tout de bardes de lard et d'un rond de papier beurré. Ajoutez un bouquet assaisonné de deux oignons piqués de deux clous de gérofle, et un fond de poêle ou seulement du bouillon et du dégraissé de poêle, en assez grande quantité pour que la surface des cervelles se trouve un peu masquée par le dégraissé. Le tout en parfaite ébullition, vous placez la casserole sur la paillasse, en observant que les cervelles mijotent doucement pendant une bonne heure; vous les laissez presque refroidir dans leur cuisson, et les égouttez ensuite sur une serviette. Vous les séparez par moitiés, et les parez légèrement; vous les dressez en couronne sur un plat d'entrée; vous les garnissez autour de gelée hachée, et d'une riche bordure de croûtons de gelée. Sur l'entre-deux de chaque moitié de cervelle, vous placez un croissant de gelée que vous coupez avec un coupe-pâte rond de vingt lignes de diamètre.

Ensuite vous versez dans le milieu de la couronne, une sauce magnonnaise blanche ou à la ravigotte, et vous servez.

Salades de cervelles de veau.

Préparez cinq cervelles de veau, selon les procédés indiqués ci-dessus. Vous les dressez en couronne sur un plat d'entrée, dont vous aurez garni le fond de laitue émincée et assaisonnée en salade. Garnissez de même de laitue le tour des cervelles et ensuite d'une bordure élégante d'œufs, ornée de cœurs de laitue et de filets d'anchois. Au moment du service, vous masquez les cervelles d'une sauce magnonnaise à la ravigotte, ou vous versez tout simplement cette sauce dans le milieu des cervelles. Servez.

Cervelles de veau au beurre de Montpellier.

Après avoir préparé le beurre de Montpellier (*Voyez* cet article Chapitre III), vous le dressez en couronne sur le plat d'entrée, et posez par-dessus huit moitiés de cervelles cuites et parées selon la règle; mais au fur et à mesure que vous placez les cervelles, vous mettez entre chacune d'elles un croûton de beurre de Montpellier, que vous avez paré semblable aux croûtons pour les sautés de volaille. Pour parer ce beurre convenablement, vous le faites glacer dans une terrine garnie d'eau, et de morceaux de glace lavés; vous pouvez border ces espèces de croûtons de filets d'anchois. Vous garnissez cette entrée d'une belle bordure de mâles croûtons de gelée d'aspic. Servez.

Les cervelles de veau au beurre de Montpellier aux écrevisses, se préparent de même que les précédentes, avec cette différence que l'on emploie du beurre de Montpellier aux écrevisses.

Cervelles de veau à la gelée.

Vous préparez la moitié de la recette du beurre de Montpellier; vous garnissez de gelée le moule à cylindre pour bordures; aussitôt que cette gelée est frappée par la glace, vous la démoulez sur un plat d'entrée que vous posez sur de la glace pilée. Vous placez dans le cylindre de gelée une cervelle entière, que vous masquez avec le beurre de Montpellier (que vous aurez préparé à la glace), afin d'en remplir le cylindre; ensuite, vous posez sur ce beurre trois cervelles entières cuites selon la coutume, et très-blanches. Vous les ornez dessus avec des filets de gelée ou de gelée hachée, et garnissez le plat d'une bordure de gelée ou de beurre de couleur : servez.

Balotines d'agneau en galantine à la gelée.

Désossez une épaule d'agneau. Vous la garnissez de la même manière que nous l'avons détaillé au chapitre des galantines de volaille : vous la faites cuire selon la même règle. Ayez soin de donner à cette balotine une belle forme ronde. Lorsqu'elle est presque refroidie, vous l'égouttez de sa cuisson et la pressez légèrement entre deux couvercles; ensuite, vous la parez, la glacez et la placez sur de la gelée hachée, dont vous aurez garni un plat d'entrée. Vous décorez le dessus d'une jolie rosace de filets de gelée ou d'une double étoile; vous la garnissez d'une riche bordure de croûtons de gelée, et vous servez.

On fait également des galantines de carrés de mouton en forme de carbonnade.

SIXIEME PARTIE.

Filets de mouton à la gelée.

Levez les filets de deux beaux carrés de moutons; vous les piquez de moyens lardons assaisonnés de fines herbes, et les placez ensuite dans une casserole ovale, garnie de bardes de lard; ajoutez toutes les parures de mouton, deux carottes tournées, deux oignons garnis de deux clous de gérofle, un bon bouquet de persil assaisonné, un peu de sel et gros poivre, un verre de vin de Madère et deux cuillerées à pot de consommé ou bouillon, le tout couvert de bardes de lard et d'un rond de papier beurré. Lorsque l'ébullition a lieu, vous placez la casserole feu dessus et dessous, de manière que les filets ne fassent que mijoter pendant deux grandes heures. Vous ôtez la casserole du feu et laissez presque refroidir les filets dans leur cuisson; vous les égouttez et les pressez légèrement entre deux couvercles. Lorsqu'ils sont parfaitement froids, vous les parez convenablement et coupez chaque filet au milieu, afin d'obtenir, par ce moyen, quatre filets d'égale longueur. Après les avoir masqués de glace, vous en posez deux sur un plat d'entrée, sur lesquels vous posez les deux autres en travers. Vous ornez le dessus de filets de gelée en forme de palmes, et les entourez de gelée hachée et d'une riche bordure de croûtons de gelée : servez.

On prépare également des filets de chevreuils, de sangliers et autre gibier de la même manière.

Cotelettes de moutons à la gelée.

Piquez dix cotelettes de beau mouton de lardons de lard et de jambon. Vous foncez une moyenne casserole ronde de bardes de lard; vous y placez les cotelettes avec ordre, et les couvrez de lard. Vous mettez par-dessus les parures de mouton, deux carottes tournées, deux oignons, deux clous de gérofle, un bouquet garni, un peu de sel et de mignonnette, un verre de Madère ou de bon vin blanc, et deux petites cuillerées (à pot) de consommé. Couvrez d'un rond de papier beurré, et donnez deux heures de cuisson, en ayant soin que cela ne fasse que mijoter. Les cotelettes

DES ENTRÉES FROIDES ET DES SOCLES.

étant presque froides, vous les égouttez de leur cuisson, et les pressez un peu entre deux couvercles sur lesquels vous placez un poids de six à huit livres. Dès qu'elles se trouvent très-refroidies, vous les parez joliment et les glacez. Vous les dressez sur le plat garni de gelée hachée, mais toujours en plaçant les filets en haut ; vous les décorez de gelée, et les entourez de gelée hachée et de mâles croûtons de gelée.

Langues de mouton à la magnonnaise.

Après avoir blanchi douze langues de mouton, vous les parez et les placez dans une casserole foncée de bardes de lard ; ajoutez les parures, deux carottes, deux oignons, deux clous de gérofle, un fort bouquet assaisonné de sel et gros poivre, un bon verre de Madère ou autre, et deux cuillerées de consommé. Couvrez le tout de lard et d'un rond de papier. Donnez trois heures de cuisson ; et, lorsque les langues sont presque froides, vous les égouttez et les mettez en pression entre deux plafonds, afin de leur donner autant de largeur possible. Quand elles sont entièrement froides, vous ôtez la peau et les parez en leur donnant toute la grâce dont elles sont susceptibles. Vous les glacez et les dressez en couronne sur un plat d'entrée ; vous les entourez de gelée hachée et d'une belle bordure de croûtons de gelée. Au moment du service, vous versez au milieu une sauce magnonnaise blanche ou à la ravigotte.

On les sert à la gelée, en supprimant la magnonnaise. Pour les langues de mouton à l'écarlate, vous ne mettez que dix langues ; et entre chacune d'elles, vous placez un filet de langue de veau à l'écarlate, paré de la même forme que les langues de mouton. Dans le milieu de la couronne, vous introduisez de la gelée hachée.

Langues de mouton au beurre de Montpellier.

Vous préparez dix langues de la même manière que ci-dessus ; mais, au lieu de les mettre en pression à plat, vous mettez celles-ci sur le côté, afin de les rendre étroites ; et, après les avoir parées et glacées, vous dressez au mi-

lieu du plat d'entrée une couronne de beurre de Montpellier d'un pouce d'épaisseur, de quatre de hauteur et cinq de diamètre; ensuite vous placez à l'entour de cette couronne, et à un pouce de distance, une bordure du même beurre, ce qui soutient les langues que vous placez droites à l'entour de la couronne. Vous ornez les langues de gelée, et placez entre chacune d'elles une crête découpée avec des filets de langue de veau à l'écarlate ou de truffes. Garnissez le tour de gelée hachée, d'une bordure de racines, de beurre de couleur ou de gelée.

Langue de mouton au beurre de Montpellier aux écrevisses.

Vous préparez dix langues de mouton comme les précédentes. Vous garnissez le plat d'entrée de beurre de Montpellier aux écrevisses, que vous disposez en couronne de sept pouces de diamètre, de deux de hauteur et d'un de largeur; alors vous posez les gros bouts des langues sur cette couronne, de manière que les bouts minces des langues se trouvent dans le milieu de la couronne. Vous les couvrez ensuite au milieu avec un peu de beurre aux écrevisses, que vous parez en formant un petit dôme de trois pouces de diamètre. Vous le masquez ensuite de gelée hachée, ce qui donne de l'éclat, et entre les gros bouts de langue, vous placez un crouton de gelée. Vous garnissez le tour de l'entrée de gelée hachée et d'une riche bordure de gelée.

Côtes de bœuf à la gelée.

Parez légèrement une côte de bœuf à trois côtes d'épaisseur. Vous la garnissez de lardons de jambon et de lard assaisonnés; vous l'entourez de bardes de lard, et la ficelez légèrement pour la conserver d'une belle forme. Vous la ficelez également sur son épaisseur, afin de la tenir le plus épais possible; ensuite, vous la mettez dans une casserole ovale avec des parures de veau et de bœuf, un verre de Madère, un demi d'eau-de-vie, trois cuillerées à pot de consommé, deux carottes tournées, deux oignons garnis de clous de gérofle, un bon bouquet assaisonné d'un peu de sel et gros poivre, un papier beurré. Donnez quatre heures de cuisson, en observant que l'ébullition soit douce, et laissez la côte dans sa cuisson. Dès qu'elle n'est plus que tiède, vous l'égouttez et la pressez un peu entre deux couvercles. Quand elle est parfaitement refroidie, vous la parez, avec l'attention de ne point en détacher l'os que vous parez et ratissez très-blanc. Vous glacez la côte ; vous la placez sur un plat d'entrée, que vous aurez garni de gelée hachée : mettez dessus une légère décoration de gelée, et entourez-la d'une belle bordure de gelée.

Filets de bœuf à la gelée.

Vous parez légèrement un beau filet de bœuf ; vous le piquez de lardons de jambon et de lard, et les roulez ensuite en volute en commençant par le gros bout. Vous le serrez d'une ficelle pour le conserver rond, et l'entourez de bardes de lard. Vous ficelez encore pour le maintenir de belle forme, et le placez dans une casserole ronde avec le même assaisonnement que ci-dessus. Vous donnez la même cuisson, et lorsque le filet est presque froid, vous l'égouttez et le pressez légèrement entre deux couvercles. Dès qu'il se trouve refroidi, vous le parez convenablement, le glacez, le posez sur un plat : décorez le dessus de gelée. Vous le garnissez autour encore de gelée hachée et d'une bordure de mâles croûtons de gelée.

On dispose aussi ce filet d'une autre forme, comme nous l'avons représenté par le dessin du n° 8 de la planche 31. Après l'avoir piqué, vous le ployez en deux dans sa longueur, et le ficelez afin de le tenir d'un carré long ; voilà toute la différence.

CHAPITRE XI.

DES CROUSTADES A LA MODERNE.

Croustade de pain garnie d'une escalope de levreaux chauds-froids.

Vous préparez cette croustade de la même manière que je l'ai démontré au chapitre de la planche 31 ; et, après l'avoir vidée, vous la garnissez de deux cuillerées de farce fine, que vous élargissez afin d'en masquer l'intérieur. Vous la mettez quelques minutes au four pour seulement faire prendre la farce; lorsqu'elle est froide, vous la garnissez d'une escalope que vous préparez ainsi :

Après avoir levé les filets de deux levreaux, vous les parez en escalope et les placez au fur et à mesure dans un plat à sauter; masquez-les ensuite de beurre tiède, d'un peu de sel fin et d'un rond de papier.

Vous mettez dans une casserole les débris des gibiers, avec sept à huit échalottes, une feuille de laurier, une pointe d'ail, deux cuillerées à pot de bouillon, et quelques champignons ou des parures de truffes, le tout en parfaite ébullition. Vous placez la casserole sur l'angle du fourneau; et, une heure après, vous passez le fumet à la serviette; ensuite, vous faites réduire un verre de bon vin blanc avec quelques échalottes, une demi-feuille de laurier, deux clous de gérofle : vous y joignez deux cuillerées (à pot) d'espagnole clarifiée et le fumet de gibier. Le tout en ébullition, vous placez la casserole sur l'angle du fourneau, et laissez doucement bouillir la sauce pendant une bonne heure. Vous la dégraissez et la passez à l'étamine. Versez-la ensuite dans une moyenne casserole, et réduisez-la à grande ébullition sur un feu ardent en la remuant continuellement avec une cuillère de bois. Lorsqu'elle se trouve assez réduite, ce que vous voyez aisément en la versant de la cuillère (elle doit former une espèce de cordon lié et très-brillant), vous la passez à l'étamine dans une casserole à bain marie. Vous sautez l'escalope sur un feu modéré, et après l'avoir égouttée de son beurre, vous y versez la moitié de la sauce en remuant la casserole, afin de mêler le tout parfaitement. Dès que l'escalope est froide, vous la versez dans la croustade avec ordre. Vous travaillez le reste de la sauce avec deux cuillerées de gelée à peine tiède; et quand elle se trouve bonne à masquer, vous la versez sur l'escalope et servez.

On peut garnir le bord du plat de croûtons de gelée, de racines ou de beurre de couleur.

DES ENTRÉES FROIDES ET DES SOCLES. 45

On prépare encore cette escalope d'une autre manière, en faisant cuire les filets entiers entre des bardes de lard, ou dans du beurre seulement avec une feuille de laurier, et sur des cendres rouges, afin que le gibier ne fasse que mijoter, ou dans le four doux. Dès que les filets sont froids, vous les parez en escalope, et les saucez de la même manière que ci-dessus : voilà toute la différence.

On peut également garnir cette croustade d'une escalope de lapereaux, de mauviettes, de grives ou de filets de cailles, de pigeons, de bécassines, de perdreaux, de canards sauvages, de sarcelles, et autre menu gibier. On garnit aussi cette croustade d'une blanquette de volaille aux truffes ou aux champignons.

CHAPITRE XII.

DES PAINS DE FOIES GRAS, DE VOLAILLE ET DE GIBIER.

Pains de foies gras.

PESEZ une livre de foies gras de chapons, que vous aurez parfaitement parés et fait dégorger. Pesez ensuite dix onces de panade (*Voyez* les farces à quenelles), et huit de beurre fin ou de lard râpé. Vous commencez à bien piler la panade; vous y mêlez le beurre, et ôtez ce mélange du mortier, dans lequel vous broyez les foies parfaitement. Ensuite vous y joignez la panade, et pilez le tout pendant un bon quart d'heure, en y mêlant cinq jaunes d'œufs, une once de sel épicé, deux cuillerées de fines herbes passées au beurre, et une de velouté. Le tout bien amalgamé, vous le passez au tamis à quenelle, et mettez cette farce dans une terrine. Vous y mêlez deux onces de tétine blanchie et coupée en petits dés, deux de langue à l'écarlate, et deux de truffes. (On peut mettre également deux onces de cornichons; mais il est encore mieux de n'en pas mettre.) Vous versez cette préparation dans un moule d'entrée à cylindre, que vous aurez masqué convenablement de petites bandes de lard très-minces, afin que l'intérieur se trouve bien uni. Vous tapez le moule pour que la farce en prenne bien les formes. Vous masquez le dessus encore de lard, et placez ce moule dans une casserole de quatre pouces plus large. Alors vous y versez assez d'eau bouillante pour que le moule soit presqu'entièrement baigné. Vous posez le tout sur des cendres rouges. Mettez également sur le couvercle des cendres rouges, de manière que l'eau ait toujours le même degré de chaleur, presque bouillante : car la moindre ébullition ferait gonfler la farce, qui alors se décompose en partie. Il en résulte les plus grands inconvéniens, tant pour la qualité du pain de foie que pour sa physionomie. Il est donc de la plus grande nécessité de soigner le bain marie, afin d'éviter l'ébullition. Deux bonnes heures après, vous retirez le moule et le mettez à la glace, ou dans un lieu frais. Lorsque le pain de foie est bien refroidi, vous faites chauffer le moule sur le fourneau pour avoir l'aisance de sortir le pain de foie, en retournant le moule sur un couvercle de casserole. Alors vous ôtez le moule et les bardes de lard qui masquent le pain de foie, que vous glacez ensuite dessus et autour, avec de la glace un peu chaude et bien blonde.

Vous posez le pain de foie sur un plat d'entrée où vous aurez fait prendre plein le fond de gelée. Vous garnissez de gelée hachée le bord du plat, et ensuite de mâles croûtons de gelée ; après ce, vous ornez le dessus avec de la gelée en petits croûtons et hachés. Servez.

On emploie les mêmes procédés que ci-dessus pour confectionner des pains de volailles, en remplaçant les foies par une livre de chair de filet de volaille ; de même, pour les pains de gibier, en employant une livre de chair de levreau, de lapereau ou perdreau. On ajoutera, dans ces sortes de farces, deux onces de beurre de plus que dans la précédente ; ou bien vous le remplacez par du velouté, ou par de l'espagnolette bien réduite, ce qui donne encore plus d'onction à ces pains de volaille ou de gibier.

DES ENTRÉES FROIDES ET DES SOCLES. 47

CHAPITRE XIII.

OBSERVATIONS SUR LA DÉCORATION DES ASPICS.

Pour orner ces sortes d'entrées convenablement, on doit ne composer leur décor que d'une seule couleur, ou de deux au plus, comme je l'ai indiqué par les n°s 1, 2 et 3. Le n° 1 est le dessus d'un aspic à cylindre, orné d'une couronne dont les feuilles sont de blancs de volaille, et les petits boutons, de truffes. On peut mettre les feuilles en truffes, et les boutons de blancs de volaille; ou les feuilles de cornichons, et les boutons de blancs de volaille; ou les boutons de truffes et les feuilles de langue à l'écarlate, de manière que la décoration ne se compose toujours de deux seules couleurs. On emploie les mêmes détails pour la couronne du n° 2, mais en ne composant cette couronne que d'une seule couleur, à moins cependant qu'on ne veuille mêler les feuilles, en en plaçant alternativement une blanche, une rouge, et ainsi de suite; ou une noire, une blanche, ou une blanche, une verte, ce qui produit encore assez bon effet. La décoration du n° 3 se compose d'une couronne de petits rognons cuits bien blancs; on fait encore la même décoration avec des queues d'écrevisses (ou de crevettes). Ces trois derniers ornemens sont préférables aux précédens; mais on ne peut pas toujours donner les mêmes décorations. Ces trois dessins appartiennent à la haute cuisine, et attestent le bon goût, tandis que les cuisiniers médiocres composent leurs décors d'une infinité de petits

SUJETS DE LA PLANCHE XXXIV.

Les n°s 1, 2 et 3 représentent trois décorations d'aspics.
Le n° 4, les truites à la magnonnaise et à la gelée.
Le n° 5, la darne de saumon à la magnonnaise.
Le n° 6, les perches historiées à la magnonnaise.
Le n° 7, le bastion d'anguilles en galantine.
Le n° 8, la darne de saumon au beurre de Montpellier.
Le n° 9, la galantine d'anguilles roulées glacées, ornées de champignons.

détails qui ne signifient rien. Le pire de ce genre ridicule, c'est qu'ils amalgament toujours cinq à six couleurs pour former une seule décoration, ce qui devient réellement insipide et dégoûtant; mais j'espère, à l'avenir, que ce genre sera entièrement proscrit.

Pour rendre nos décorations d'un beau transparent, nous devons observer qu'il est important de ne foncer le moule que de quatre lignes au plus de hauteur de gelée, sur laquelle nous plaçons les ornemens; qu'il faut masquer ensuite de la même épaisseur de gelée, de manière que l'aspic étant renversé, a tout l'éclat dont cette jolie entrée est susceptible.

J'ai toujours remarqué que, quand la décoration se trouvait placée dans une gelée blanche (les huit lignes seulement, et le reste du moule rempli d'aspic colorié), elle produisait infiniment plus d'effet que dans la gelée de couleur.

CHAPITRE XIV.

LA DARNE DE SAUMON AU BEURRE DE MONTPELLIER.

Ayez une belle darne de saumon de cinq à six pouces de largeur; ratissez-en les écailles; et, après l'avoir lavée et ressuyée, vous la placez droite, et la piquez d'une douzaine de cornichons tournés et bien verts. Vous remplissez le vide avec une grosse carotte que vous parez convenablement, et l'entourez de bardes de lard. Vous masquez entièrement la darne de bardes de lard, et la placez sur une couenne de la même largeur. Vous la ficelez afin de la maintenir dans cet état; après quoi vous la placez dans une casserole, où vous versez une marinade cuite, que vous composez ainsi :

Mettez dans une casserole un bon morceau de beurre, trois oignons et trois carottes amincies, une petite poignée de persil en branches, du thym, du basilic, deux feuilles de laurier, quatre clous de gérofle, une forte pincée de gros poivre, et posez le tout sur un feu modéré pendant quinze à vingt minutes, en ayant soin de remuer avec une cuil-

DES ENTRÉES FROIDES ET DES SOCLES. 49

lière de bois, afin de colorer légèrement les racines. Vous y mettez deux bouteilles de bon vin blanc, le sel nécessaire, et vous versez cette marinade cuite sous la darne de saumon, que vous placez sur un feu doux pour qu'elle ne fasse que frémir pendant une petite heure. Vous la laissez refroidir dans sa cuisson; vous l'égouttez ensuite, la parez légèrement dessus et autour, et ne laissez que la chair rouge.

Vous masquez le fond d'un plat d'entrée de beurre de Montpellier (*Voyez* cet article), sur lequel vous placez la darne, que vous masquez autour seulement avec le même beurre. Vous l'ornez de dents-de-loup formées de lames de truffes; et, à la pointe de chacune d'elles, vous placez un petit bouton de langue à l'écarlate, de manière que cet ornement fasse l'effet du dessin n° 8 de la planche précédente. Ensuite, vous posez sur la darne une rosace de gelée d'aspic, et garnissez le tour de l'entrée d'une bordure de petits oignons à la chivri, comme le dessin l'indique. Servez.

On sert également cette darne de saumon glacée et posée simplement sur un lit de beurre de Montpellier; on orne le dessus de gelée, et on la garnit d'une riche bordure de mâles croûtons de gelée. On peut encore placer la darne de saumon à plat sur le lit de beurre; elle produit volontiers un meilleur effet en cet état que lorsqu'on la dresse debout.

Darnes de saumon à la magnonnaise.

Vous préparez une belle darne de saumon, selon les procédés décrits ci-dessus; après l'avoir parée, vous la glacez légèrement, et la placez sur un plat d'entrée, dont vous aurez masqué le fond d'une sauce magnonnaise blanche ou verte. Vous garnissez le vide de la darne avec la même sauce; vous garnissez le dessus d'une palmette de gelée, et le tour d'une bordure de beaux croûtons de gelée. Servez.

On peut également masquer entièrement la darne de la sauce magnonnaise, et l'orner ensuite avec des truffes, des cornichons et de la langue à l'écarlate.

CHAPITRE XV.

TRUITES A LA MAGNONNAISE, n° 4.

Ayez trois petites truites pour entrée; et, après les avoir vidées, vous les ficelez pour maintenir la tête seulement; vous les faites cuire dans du vin rouge, avec l'assaisonnement décrit ci-dessus pour la marinade cuite. Ayez soin qu'elles ne fassent que mijoter pendant douze ou quinze minutes. Dès qu'elles sont refroidies, vous les égouttez les dépouillez et les parez convenablement. Vous les placez sur un plat d'entrée, et les masquez d'une sauce magnonnaise blanche. Vous les décorez, comme le dessin l'indique, avec des truffes ou avec des cornichons, des filets d'anchois ou de langue à l'écarlate; mais toujours en observant de ne composer les ornemens que d'une seule couleur. Ensuite vous garnissez le tout d'une bordure de croûtons de gelée, et servez.

On peut également masquer ces truites d'une magnonnaise à la ravigote.

Perches historiées à la magnonnaise, n° 6.

Ayez trois perches d'égale grosseur; et, après les avoir habillées, vous leur ficelez la tête seulement. Vous les mettez dans une casserole ovale avec du persil en branches et de l'eau de sel (faites fondre dans deux pintes d'eau une forte poignée de sel, et tirez ensuite l'eau à clair). Vous les couvrez d'un papier ovale et beurré, et les faites doucement mijoter pendant quinze minutes. Dès qu'elles sont froides, vous les égouttez, les parez, les placez sur le plat, les masquez d'une sauce magnonnaise blanche ou verte, et les décorez dans le même genre que les truites : vous les garnissez d'une bordure de gelée.

On sert aussi ces sortes d'entrées masquées simplement de magnonnaises sans les historier.

CHAPITRE XVI.

GALANTINE D'ANGUILLE EN BASTION A LA GELÉE.

Après avoir dépouillé une belle anguille de Seine, vous la désossez, avec l'attention de ne point percer la peau; vous l'élargissez ensuite sur une serviette, et la masquez légèrement de farce à quenelle de brochets, sur laquelle vous placez des filets de truffes, de langue écarlate et de cornichons de trois lignes carrées. Vous les masquez d'un peu de farce, et roulez l'anguille dans sa forme première, en la cousant avec l'aiguille à brider et de la ficelle; après quoi vous l'entourez de bardes de lard, et la roulez dans une demi-serviette, que vous liez aux deux extrémités. Vous la cousez sur la longueur, afin que l'anguille, par ce moyen, soit contenue d'une forme parfaite, ce qu'on ne peut obtenir, en liant la serviette comme on le fait ordinairement. Enfin, la galantine ainsi préparée, vous la mettez dans une poissonnière avec une marinade cuite, comme je l'ai indiqué pour la cuisson de la darne de saumon au beurre de Montpellier. (*Voyez* cet article.) Vous faites doucement mijotter l'anguille pendant trente à quarante minutes, et la laissez refroidir dans sa cuisson. Après cela, vous l'égouttez et la parez légèrement, en la coupant en huit tronçons, dont un de six pouces de longueur, et les sept autres de trois pouces. Vous les glacez, et les placez sur un lit de beurre de Montpellier, en mettant le plus long au milieu, et les autres à l'entour; ensuite vous placez sur chacun deux une bordure de petits croûtons de gelée, et mettez dans le milieu de ces petits croûtons un peu de gelée hachée. Garnissez l'entrée d'une riche bordure de mâles croûtons de gelée ou de beurre de couleur, et servez.

On sert pareillement cette entrée au beurre de Montpellier aux écrevisses.

Galantines d'anguille en forme de volute, n° 9.

Vous préparez cette anguille de la même manière que la précédente; après l'avoir roulée dans la serviette, vous la tournez en forme de volute à l'entour d'un dôme de quatre pouces de hauteur sur trois de diamètre. Vous placez l'anguille ainsi tournée sur le dôme, dans une serviette que vous nouez légèrement, afin de la maintenir de belle forme. Vous la faites cuire dans une casserole ronde avec une marinade cuite : lorsqu'elle est froide dans sa cuisson, vous l'égouttez, la désenveloppez et la dressez sur un plat, dont le milieu sera garni de beurre de Montpellier formant le dôme, afin qu'elle conserve sa bonne tournure; ensuite, vous la glacez, et placez dessus de gros champignons glacés comme le dessin l'indique, ou vous remplacez ces champignons par de grosses perles que vous préparez ainsi : Faites raffermir à la glace, sur un couvercle de casserole, du beurre de Montpellier élargi sur six lignes d'épaisseur; vous le détaillez avec un petit coupe-pâte de neuf lignes de diamètre, et placez au fur et à mesure les perles, ce qui fait un meilleur effet que les champignons.

Cette opération terminée, vous garnissez l'entrée d'une belle bordure de croûtons de gelée, et servez.

Anguilles en galantine à la magnonnaise.

Vous préparez une anguille de même que nous l'avons démontré pour l'anguille en bastion; et lorsqu'elle est froide, vous la coupez en dix morceaux de trois pouces de longueur; mais vous les coupez en forme de losanges, afin qu'elles fassent plus d'effet. Vous dressez l'anguille ainsi : vous en placez quatre tronçons sur le plat, de manière qu'ils forment un losange parfait; vous en placez encore trois dans le même ordre, puis vous en mettez deux par dessus, sur lesquels vous placez le dernier, de manière que le tout se trouve en parfaite harmonie. Ensuite vous le masquez d'une sauce magnonnaise blanche ou verte, et garnissez le tour d'une riche bordure de gelée ou de beurre de couleur.

Galantines d'anguilles en arcade au beurre de Montpellier aux écrevisses.

Vous désossez et farcissez une moyenne anguille selon

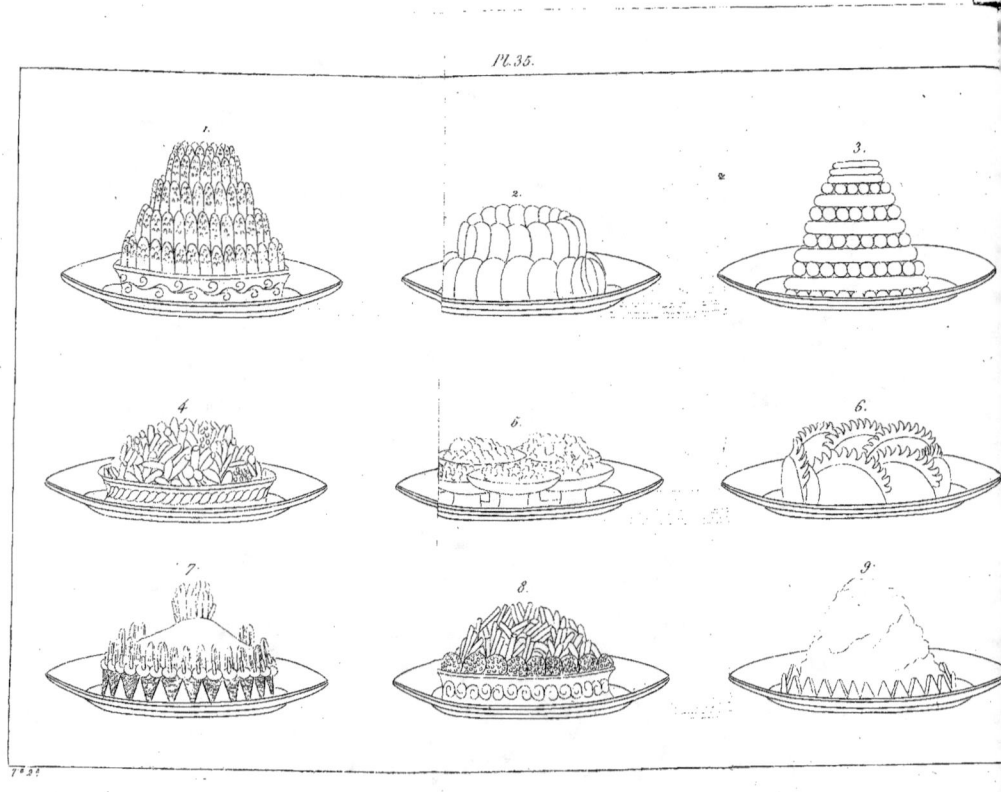

la règle ; vous la coupez au milieu, et l'entourez ensuite de bardes de lard et d'une serviette, que vous liez comme de coutume. Vous placez vos deux moitiés d'anguille dans une casserole ovale, en leur donnant la forme d'un fer à cheval, et les entourez de fragmens de carottes, afin de les maintenir dans cet état. Vous les faites cuire selon la règle ; lorsqu'elles sont froides, parées et glacées, vous les dressez droites sur du beurre de Montpellier, à côté l'une de l'autre, de manière que les deux ne forment qu'une arcade, que vous ornez de queues d'écrevisses, de truffes et de gelée. Vous garnissez le tour d'une bordure de gelée.

CHAPITRE XVII.

DES ENTREMETS FROIDS DE LÉGUMES ET RACINES.

Buisson d'asperges en croustade, n° 1.

Après avoir détrempé quatre jaunes d'œufs de pâtes à nouille, vous en formez une abaisse longue de dix-neuf pouces de longueur sur dix-huit lignes de largeur. Avec toutes les parures, vous faites une abaisse ronde de six pouces de diamètre ; vous collez la bande autour pour en former une croustade, que vous pincez et décorez légèrement, et, après l'avoir dorée, vous la mettez sécher au four doux : ensuite, vous placez au milieu une belle asperge, que vous entourez de six autres de neuf pouces de lon-

---

SUJETS DE LA PLANCHE XXXV.

Le n° 1 représente le buisson d'asperges en croustade.
Le n° 2, les culs d'artichauts à la provençale.
Le n° 3, la pyramide de salsifis à l'huile.
Le n° 4, la macédoine à l'huile et en croustade.
Le n° 5, les culs d'artichauts à la gelée.
Le n° 6, les culs d'artichauts à l'écarlate.
Le n° 7, la salade à la parisienne.
Le n° 8, la croustade garnie de chou-fleurs et de haricots verts.
Le n° 9, les chou-fleurs à la maguonnaise et à la gelée.

gueur. Vous les entourez avec douze belles asperges de huit pouces de longueur, à l'entour desquelles vous en placez seize autres de sept pouces de longueur. Enfin, vous les entourez encore de deux ronds d'asperges, les unes longues de six pouces, et les dernières de cinq. Mais, pour dresser ces asperges avec grâce, *Voyez* l'effet du dessin n° 1 : cet entremets se mange à l'huile ou à la magnonnaise.

On doit avoir l'attention de cuire ces asperges à grande ébullition, afin de les obtenir bien vertes; aussitôt qu'elles sont presques cuites (c'est-à-dire un peu fermes), vous les refroidissez à l'eau fraîche.

Culs d'artichauts à la magnonnaise, n° 2.

Après avoir effeuillé huit beaux artichauts, vous les tournez parfaitement ronds, et au fur et à mesure que vous en avez un de tourné, vous avez soin de le frotter avec la moitié d'un citron, et le jetez dans l'eau fraîche. Les huit artichauts ainsi préparés, vous les mettez dans une moyenne casserole d'eau bouillante, avec deux onces de beurre, le suc de deux citrons et du sel convenablement. Quand ils sont en parfaite ébullition, vous placez la casserole sur l'angle du fourneau : couvrez les artichauts d'un rond de papier beurré, et laissez-les mijoter. Dès l'instant qu'ils sont tendres au toucher, vous les égouttez, en otez le foin, et les parez au tour. Vous les faites mariner dans une terrine avec de l'huile, du vinaigre, du sel, du gros poivre; et deux heures après, vous les égouttez et vous coupez chaque artichaut par moitié, mais l'une un peu plus grosse que l'autre ; ensuite, vous coupez les grosses moitiés par le milieu, les placez en couronne sur le plat d'entremets; après quoi, vous coupez les autres moitiés en deux, et les posez en couronne sur l'autre, comme le représente le dessin n° 3 de la planche précédente.

Au moment du service, vous versez au milieu une magnonnaise très-blanche ou verte.

On peut ajouter une bordure de gelée ou de racines.

DES ENTRÉES FROIDES ET DES SOCLES.   55

Pyramide de salsifis à l'huile, n° 3.

Ayez une botte de salsifis bien égaux en grosseur ; et au fur et à mesure que vous les ratissez, vous les jetez dans une terrine d'eau où vous aurez mis du vinaigre et un peu de sel. Quand ils sont ainsi préparés, vous les égouttez et les sautez dans une grande casserole où vous aurez fait tiédir quatre onces de beurre avec le suc de deux citrons, ou deux cuillerées de bon vinaigre. Ce procédé conserve la blancheur des salsifis, sur lesquels vous versez assez d'eau presque bouillante, pour emplir la casserole que vous placez sur le feu. Vous ajoutez une petite poignée de sel ; et, dès que l'ébullition a lieu, vous placez la casserole sur l'angle du fourneau. Couvrez les salsifis d'un rond de papier beurré : laissez les mijoter sans interruption ; et, quand ils sont tendres au toucher, vous les laissez refroidir dans leur cuisson. Vous les égouttez, et les sautez avec de l'huile, du vinaigre à l'estragon, du sel et du gros poivre, et les laissez mariner une couple d'heures ; ensuite, vous les parez de manière à pouvoir les dresser dans le genre du dessin n° 3 de la planche ci-dessus. Versez dans le fond du plat de l'huile et du vinaigre, ou saucez le tout d'une magnonnaise blanche.

On sert encore les salsifis en petites bottes, qu'on lie avec des filets d'anchois. On place ces petites bottes droites et en couronnes, au milieu desquelles vous versez une magnonnaise verte. (*Voyez* cet article.)

Macédoine à l'huile et en croustade, n° 4.

Ayez cinq carottes bien rouges, que vous coupez par parties de huit lignes de longueur ; coupez également cinq beaux navets bien sains : détaillez le tout en petites colonnes avec un coupe-racine de trois lignes de diamètre. Vous les faites blanchir quelques minutes à l'eau bouillante avec une pincée de sel ; et après les avoir rafraîchies à l'eau froide, vous faites cuire les carottes séparément dans du bouillon avec une pointe de sucre. Faites de même pour les navets; mais ayez soin de les égoutter un peu fermes de cuisson.

Quand ils sont froids, vous les mêlez dans une terrine avec des pointes d'asperges et des haricots verts coupés de huit lignes de longueur et blanchies un peu fermes de cuisson : ajoutez une bonne cuillerée de moyens pois (cuits à l'anglaise) et une de haricots blancs.

Vous assaisonnez la macédoine avec de l'huile, du vinaigre à l'estragon (1), une pointe de muscade et gros poivre, du cerfeuil haché très-fin, une petite gousse d'échalotte hachée et blanchie, trois cuillerées de gelée d'aspic. Sautez le tout quatre à cinq fois, afin de mêler parfaitement l'assaisonnement. Lorsqu'il est prêt à servir, vous dressez la macédoine en rocher dans une petite croustade, comme il est indiqué pour le buisson d'asperges. Servez de suite.

On peut ajouter, sur le bord de la croustade, une couronne de petites parties de chou-fleurs cuits bien blancs; on peut également ajouter dans cette macédoine des concombres, des champignons, des culs d'artichauts. Vous détaillez ces légumes en petits dés ou en colonnes, comme les carottes.

On sert également cet entremets sur le plat d'entremets, entouré d'une bordure de racines, comme il est dit aux entrées froides, ou bien vous faites seulement une couronne de chou-fleurs.

Après avoir mariné la macédoine avec de l'huile, du vinaigre, du sel et du poivre, vous l'égouttez sur une serviette, et la sautez ensuite avec deux petites cuillerées de bonne magnonnaise. Vous la dressez comme de coutume, et la masquez parfaitement de sauce magnonnaise, dans laquelle vous versez la macédoine en pyramide. (*Voyez* cet article.)

---

(1) Il est important de remarquer que le vinaigre ne doit être mis qu'au moment de servir l'entremets; tandis qu'en le mettant d'avance, son acide rend bientôt terne et livide la couleur pritanière des haricots verts et des pointes d'asperges. Lorsque cela arrive, la macédoine perd tout son mérite.

DES ENTRÉES FROIDES ET DES SOCLES. 57

Culs d'artichauts à la gelée, n° 5.

Tournez et faites cuire dix culs d'artichauts comme il est indiqué à l'article du n° 3. Lorsqu'ils sont froids, vous parez très-ronds les six plus beaux, et coupez les quatre restans avec un coupe-racine de quinze à dix-huit lignes de diamètre; de manière que chaque cul d'artichaut doit vous donner trois ronds, que vous rendez égaux d'épaisseur. Vous placez ces ronds deux par deux sur le plat d'entremets, dans lequel vous aurez fait prendre assez de gelée d'aspic pour remplir le fond. Ensuite vous placez sur ces petits socles (qui doivent être placés à distance égale), les six artichauts, de manière à former la coupe, comme le représente le dessin du n° 5.

Vous hachez de la gelée d'aspic, et en garnissez l'intérieur des six culs d'artichauts; servez.

On garnit le plat d'une bordure de gelée ou de racines.

Les culs d'artichauts à la macédoine se préparent de même que les précédens; mais vous les garnissez en pyramide d'une grande cuillerée de macédoine préparée, comme il est décrit ci-dessus au n° 5, ou tout simplement de petits haricots verts à l'huile (de six lignes de longueur) ou de pointes d'asperges.

Avant de dresser cet entremets, vous pouvez faire mariner les artichauts dans un assaisonnement de sel, mignonette, huile et vinaigre à l'estragon, et vous les égouttez, au bout de deux heures, sur une serviette.

Culs d'artichauts à l'écarlate, n° 6.

Après avoir tourné et fait cuire quatorze culs d'artichauts, comme les précédens, vous coupez chacun d'eux d'un tiers de leur diamètre. Vous les posez droits sur le côté coupé, en les accouplant deux par deux, et les placez en couronne dans cet état sur le plat d'entremets, dans le genre du dessin n° 6.

Vous coupez sept lames de langue de bœuf à l'écarlate, et les découpez demi circulaires et à dents-de-loup. Vous placez chacune d'elle dans l'entre deux des culs d'artichauts. (*Voyez* l'effet du dessin.) Ensuite vous coupez en petits dés les parures des artichauts et les parures de langue, que vous sautez dans une magnonnaise à la ravigotte. Versez le tout dans la couronne ou dans le milieu de l'entremets.

On peut également masquer les culs d'artichauts d'une magnonnaise blanche, et y placer ensuite les crêtes de langue.

On sert tout simplement cet entremets à l'huile et à la ravigotte hachée très-fine.

On met encore au milieu de ces culs d'artichauts une bonne macédoine, ou des pointes d'asperges, ou des haricots verts à l'huile.

On peut encore mettre la crête de truffes.

Salade à la parisienne, n° 7.

Vous préparez de même qu'il est dit pour la macédoine, n° 5, des carottes, des navets, des pointes d'asperges et des haricots verts. Vous les sautez dans une petite terrine avec de l'huile, du vinaigre à l'estragon, du sel, du poivre, du cerfeuil et une pointe d'échalotte hachée.

Vous coupez par parties de vingt lignes de longueur une bettrave rouge et trois grosses pommes de terre cuites à l'eau. Vous les coupez droites en lames de huit lignes d'épaisseur, et coupez chaque lame en deux angles parfaits. Vous placez sur le plat d'entremets une couronne de six pouces de diamètre avec les angles de pommes de terre. Vous placez entre chacune d'elles les angles de betterave, de manière que le tout forme une bordure pleine de vingt lignes de hauteur. Pour lui donner de la consistance, vous emplissez le fond du plat de gelée d'aspic, que vous faites prendre à la glace, après quoi vous percez le milieu à trente champignons avec un coupe-racine de deux lignes de largeur. Vous placez dans ces petits trous une pointe d'asperge de douze lignes de longueur, des haricots verts, de petites colonnes de carottes, ou de betteraves rouges; ensuite vous trempez vos champignons dans une grande cuillerée de gelée d'aspic un peu prise, et les placez au fur

DES ENTRÉES FROIDES ET DES SOCLES.

et à mesure sur la bordure des betteraves. Ce peu de gelée rend les champignons comme glacés, ce qui fait un fort bel effet. Au moment du service, vous sautez la macédoine et la versez dans la couronne. Vous la masquez légèrement d'une sauce magnonnaise blanche, et placez droits dans l'intérieur de la couronne des cœurs de petites laitues coupées par quartiers ou par moitiés ; mais vous conservez la plus entière, que vous fichez au milieu de la macédoine dressée en pyramide ; servez de suite.

Vous pouvez également faire la bordure avec des œufs durcis, coupés en quatre ou en huit, et placés dans le genre des bordures dessinées n°s 7, 8, 9, 10, 11 et 12 de la planche 46.

De même vous remplacez les cœurs de laitues par de petites feuilles de céleri, de chicorée ou d'escarole.

Mais lorsque vous ferez une bordure d'œufs, vous l'attacherez au plat, en y versant de la gelée, comme il est décrit ci-dessus. Vous masquerez la macédoine d'une magnonnaise verte.

Croustade garnie de chou-fleurs et de haricots verts, n° 8.

Vous préparez une croustade, comme il est indiqué au premier article de ce chapitre ; et, après avoir cuit vos haricots bien verts, vous les sautez dans une terrine avec de l'huile, du vinaigre à l'estragon, du sel, du gros poivre et une pointe de muscade, du persil et un peu d'échalotte hachée et blanchie. Au moment du service, vous en versez la moitié dans la croustade, sur le bord de laquelle vous placez une couronne de petits chou-fleurs égaux en grosseur ; vous versez le reste des haricots, en les dressant le plus haut possible. Servez.

Chou-fleurs à la magnonnaise et à la gelée, n° 9.

Vos chou-fleurs étant épluchés, vous les jetez dans de l'eau bouillante avec beurre et du sel, et les retirez du feu étant fermes de cuisson. Vous les laissez refroidir dans leur eau, ce qui achève de les cuire ; et, après les avoir égouttés, vous les marinez une couple d'heures avec de l'huile, du vinaigre, du sel et de la mignonnette. Au moment du service, vous dressez l'entremets le plus élevé possible. Vous le masquez d'une magnonnaise blanche, et placez à l'entour une bordure de beaux croûtons de gelée d'aspic.

Buisson de haricots verts à l'huile et en croustade.

Ayez des haricots verts fins et aussi égaux en grosseur et longueur qu'il sera possible. Lorsqu'ils sont gros, on doit alors les fendre dans leur longueur. Enfin quand ils sont épluchés, vous les jettez dans une grande poêle d'office, pleine d'eau bouillante, avec une petite poignée de sel. Aussitôt qu'ils sont cuits, ce que vous voyez aisément quand ils sont tendres sous la dent, et même un peu verts cuits, vous les égouttez et les versez de suite dans une casserolée d'eau fraîche. Dès qu'ils sont froids, vous les égouttez dans une passoire, et ensuite sur une serviette. Vous les sautez dans une terrine avec de l'huile, du vinaigre, du sel, de la mignonnette, du persil haché et blanchi et de l'échalotte. Quand l'assaisonnement est parfait, et au moment du service, vous dressez en pyramide vos haricots dans une petite croustade toute pareille à celle décrite pour la buisson d'asperges, ou tout simplement dans le plat d'entremets.

CHAPITRE XVIII.

LONGE DE VEAU A LA GELÉE.

Après avoir fait cuire une longe de veau selon la règle, vous la mettez entre deux plafonds et un poids de dix grammes par dessus, afin de la rendre bien unie. Lorsqu'elle est froide, vous la parez convenablement, la glacez et la posez sur un plat de grosses pièces. Vous garnissez la

---

SUJETS DE LA PLANCHE XXXVI.

Les n°s 1, 2, 3 et 4 sont des jambons de différentes formes et décorés de gelée.

Le n° 5 représente une longe de veau à la gelée.

Le n° 6, une dinde en galantine à la gelée.

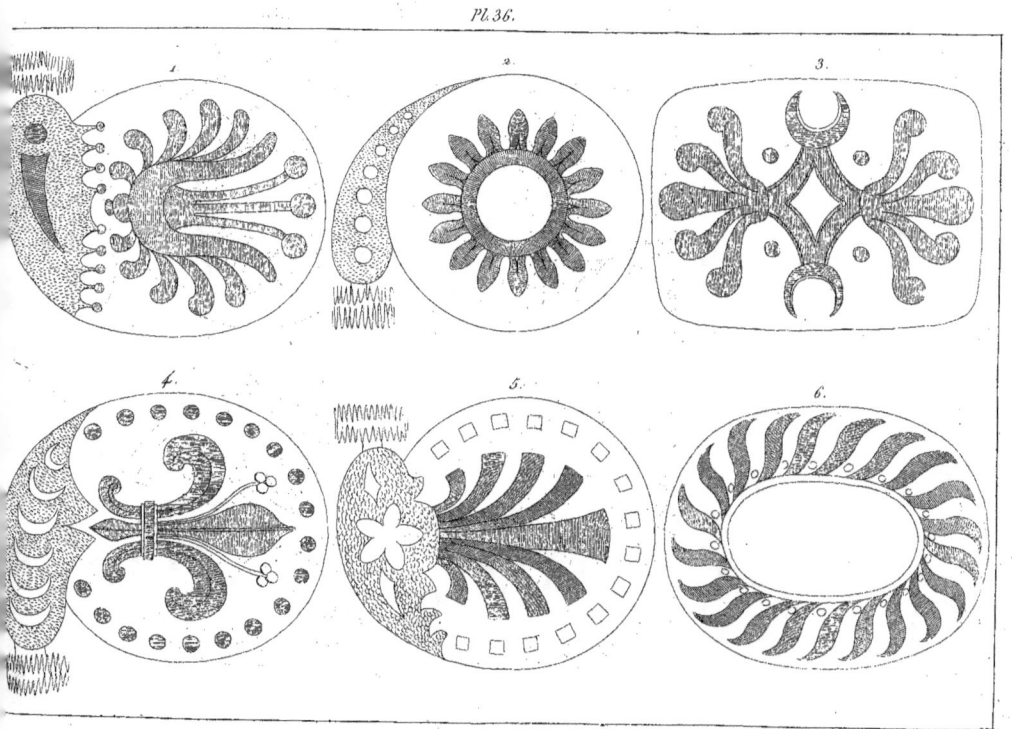

Pl. 36.

DES ENTRÉES FROIDES ET DES SOCLES. 61

hauteur de gelée hachée et de gros croûtons de gelée ; vous la décorez encore de gelée par dessus, dans le genre des dessins n°s 1, 2, 3, 4, 5 et 6, avec quelques légers changemens.

Dinde en galantine à la gelée.

Vous préparez et faites cuire cette galantine de la même manière que je l'ai indiqué pour la poularde en galantine (*Voyez* cette entrée), avec cette différence que vous désossez une grosse dinde bien en chair et peu grosse. Donnez-lui quatre heures de cuisson, et laissez-la presque refroidir dans sa cuisson, après quoi vous l'égouttez et la pressez légèrement entre deux petits plafonds. Lorsqu'elle est parfaitement refroidie, vous la parez, la ressuyez avec une serviette, et la glacez bien également. Vous la posez sur un grand plat ovale garni de gelée hachée ; et, après l'avoir ceint d'une riche bordure de mâles croûtons de gelée, vous ornez le dessus également de gelée ; on sert ces sortes de grosses pièces sur des socles, comme on le verra par la suite.

Jambons de Bayonne à la gelée.

Ayez un bon jambon de Bayonne dont la chair sera rose et d'un bon goût. Vous le parez parfaitement en coupant le *combien* et le grand os au milieu. Vous ôtez la palette et toute la surface de dessous, et parez amplement le tour du gras. Vous le mettez désaler douze heures dans de l'eau fraîche, si c'est un jambon de primeur, sinon vous le laissez vingt-quatre heures, en le changeant d'eau plusieurs fois. Ensuite vous le mettez dans une serviette, que vous nouez serrée, et le mettez cuire dans une grande braisière ou marmite pleine d'eau, avec des aromates ou non. Lorsqu'il est en parfaite ébullition, vous le faites bouillonner doucement sans discontinuer pendant cinq à six heures. Vous le sondez vers la fin de sa cuisson, en le perçant avec une lardoire : si elle en sort aisément, vous le retirez du feu ; mais dans le cas contraire, vous le laissez encore mijoter pour achever de cuire. Etant tiède, vous l'égouttez, dénouez la serviette, et observez si la couronne ne s'est pas dérangée. Alors vous nouez de nouveau la serviette; vous le posez sur un grand plat de terre un peu bombé, et mettez par dessus un plafond, sur lequel vous placez un poids de douze à quinze livres. Le jambon étant bien froid, vous le parez avec soin, en découpant la couronne (qui reste au manche), selon la décoration que vous voulez placer dessus, comme, par exemple, le représentent les n°s 3, 4, 5 et 6. J'ai voulu, en dessinant ces quatre numéros, donner une idée des formes dont les jambons sont susceptibles d'être parés, attendu qu'il s'en trouve de très-longs et d'autres très-larges, quoiqu'ils soient tous des jambons de derrière; car ceux d'épaule ne sont pas propres à former de grosses pièces. Vous le masquez de glace, et le mettez au four doux, où vous ferez mieux de le glacer avec la pelle rouge, parce que le four donne quelquefois une mauvaise apparence au gras qui se ratatine et se déforme entièrement. Enfin, vous présentez la pelle rouge au-dessus du jambon, à huit ou dix pouces de distance, de manière que la glace rougisse sans se moucheter de parties noirâtres; mais lorsqu'on ne veut pas se donner tout cet embarras, on glace le jambon deux fois avec la glace bien chaude et un peu liée. Vous le placez sur un plat ovale, et l'entourez de gelée hachée et de mâles croûtons de gelée. Vous l'ornez dessus d'une jolie palmette ou rosace, comme les dessins l'indiquent. On sert également ces jambons sur des socles.

CHAPITRE XIX.

OBSERVATIONS SUR LES SOCLES, EN GÉNÉRAL.

Ces deux grosses pièces doivent aisément donner une haute idée de ces sortes de pièces froides, qui réclament

---

SUJETS DE LA PLANCHE XXXVII.

Le n° 1 représente un buisson de truffes sur un socle de sain-doux, historié de pâte d'office de couleur.

Le n° 2, une dinde en galantine à la gendarme, sur un socle décoré en pastillage.

DES ENTRÉES FROIDES ET DES SOCLES. 63

toute l'adresse d'un praticien habile; elles ont assurément toute l'élégance dont elles sont susceptibles; j'ose même dire qu'elles sont d'un genre nouveau : les socles sur-tout sont d'un goût tout-à-fait moderne, car je les ai composés de même que les huit dessins qui succèdent à ceux-ci. Le socle du n° 1, formant une coupe légère et élégante, convient parfaitement bien pour recevoir, comme le dessin l'indique, un buisson de belles truffes ou de grosses écrevisses de Seine; mais le socle du n° 2 est plus mâle, et convient mieux pour recevoir une grosse pièce froide, comme le dessin l'indique. Cette dinde en galantine est ornée de cinq atelets : celui du milieu est garni d'une grosse truffe et d'une crête double; les quatre autres sont garnis de langues à l'écarlate et de ris de veau masqués de beurre de Montpellier, ornés ensuite, comme les dessins le représentent, avec des truffes, des cornichons, des filets d'anchois et de la langue à l'écarlate. Un grand nombre de cuisiniers font des socles, mais fort peu les font bien. Cela est facile à concevoir, attendu qu'ils n'ont aucune notion du dessin : aussi en fait-on de toutes les formes, et tous plus baroques les uns que les autres. J'en ai vu d'un ridicule outré, comme, par exemple, en forme de temple, dont les colonnes étaient ceintes de bandes de papier de couleur; mais ces espèces de temple n'avaient pas le sens commun, puisqu'ils manquaient totalement des proportions nécessaires. Quelle bizarrerie d'ailleurs de vouloir placer un jambon ou une galantine du poids de huit à douze livres sur six à huit colonnes de sain-doux, qui font l'effet de bougies, dont une petite planche, de quelques lignes d'épaisseur, forme l'entablement! Voilà de ces idées pauvres et vides de sens; mais n'en parlons plus.

J'en ai vu encore en forme de champignons, sur lesquels on plaçait une grosse pièce qui se trouvait avoir douze fois plus de volume que le socle fragile qui la supportait à peine.

Mais, encore une fois, n'en parlons plus, et occupons-nous désormais de nos socles mâles et élégans, qui attestent le vrai beau du genre moderne.

SIXIEME PARTIE.
Traité du sain-doux.

Pour le socle du n° 1, vous hachez menu six livres de graisse de rognons de mouton (vous séparez les nerfs et les peaux), que vous mettez dans une moyenne marmite avec une grande cuillerée à pot d'eau bouillante ou non; placez le tout sur un feu modéré. Quand ce mélange est en parfaite ébullition, vous posez la marmite sur des cendres rouges, afin qu'il ne fasse que mijotter pendant trois à quatre heures; après quoi vous mettez la marmite sur un feu modéré, afin d'achever la réduction de l'eau que vous avez joint pour faciliter la fonte de la graisse. Vous l'ôtez du feu dès qu'elle ne pétille plus, ce qui indique que l'eau est tarie entièrement. Pendant que cette réduction s'opère, vous avez soin de remuer de temps en temps avec une cuillère de bois, afin que la graisse ne s'attache pas au fond; vous la pressez en l'appuyant contre les parois de la marmitte; ensuite vous la passez par une serviette avec pression, et passez de la même manière six livres de sain-doux bien fait et fondu; le tout mêlé ensemble dans une grande terrine, que vous entourez de glace pilée, si c'est dans l'été; mais, dans l'hiver, cela devient inutile. Vous remuez continuellement le sain-doux avec un fouet à biscuit, en y mêlant par intervalle le suc de deux citrons pour le faire blanchir. Ayez soin d'appuyer sur les parois de la terrine, afin que toute la masse se rafermisse également, car il est très-essentiel que ce mélange ne soit point mêlé de petites parcelles dures, qui se serait formées sur les parois de la terrine faute de soin : quand cela arrive, le sain-doux n'est plus aussi agréable à travailler; puis sa surface n'est plus lisse, ce qui rend les filets des moulures difficiles à profiler : enfin, lorsque le sain-doux se trouve assez ferme pour ne pouvoir plus le remuer avec le fouet, vous le travaillez avec une cuillère de bois. Lorsqu'il est de la consistance du beurre ferme, vous parez deux pains de mie; avec l'un vous formez le pied de la coupe, et avec l'autre vous formez la coupe, que vous fixez sur son pied par le moyen de longues che-

DES ENTRÉES FROIDES ET DES SOCLES.

douzaines d'atelets pour le service de la table de l'empereur de Russie. L'un de ces deux modèles représentait un caducée porté sur une petite boule, ornée de deux ailes plus fortes que celle du caducée, le tout de deux pouces de hauteur; l'autre se composait d'une ancre, sur laquelle était un trident entrelacé de deux cornets d'abondance garnis de fruits. Voilà ce me semble des motifs qui se rattachent fortement à la table.

Une chose qui m'a étonné souvent, c'est de voir des atelets de vermeil : je ne vois pas à quoi sert cette dorure. Elle ne convient pas du tout à ces sortes d'ornemens qui, je pense, ne doivent pas être autrement qu'en argent mat, attendu que notre service est en argenterie et non pas en vermeil; l'argent, d'ailleurs, fait bien plus d'effet, et se détache parfaitement des garnitures dont il fait l'ornement.

Une chose qui m'étonne encore, c'est de voir une douzaine d'atelets de la même forme. Je pense au contraire, que douze atelets devraient se composer de six manières diverses, afin de rendre par-là, leur effet plus pittoresque qu'ils ne le sont ordinairement; car, lorsque nous avons douze atelets à garnir pour une forte godard ou chambord, nous nous donnons la peine de les varier autant que possible pour qu'ils produisent plus d'effet. Pourquoi les atelets ne seraient-ils pas de divers modèles?

Les n°˙ 7 et 8 sont pour les atelets d'entrées à la Villeroy et à l'aspic, tels que devraient être ces sortes d'atelets, attendu qu'ils sont servis de côté, tandis que les grands au contraire sont toujours servis droits ou un peu inclinés.

Parlons un peu de la manière de composer, de garnir et de placer les atelets.

Etant au moment du service, vous égouttez sur une double serviette toutes sortes de garnitures, comme on va le voir. Vous commencez à garnir un atelet dans le genre du dessin n° 1er, c'est-à-dire, vous commencez par une moyenne écrevisse, après, vous mettez une grosse crête double renversée, que vous soutenez par une grosse quenelle à la Villeroy, sur laquelle vous placez un beau champignon.

Vous garnissez de cette façon : Vous commencez par

un joli petit ris d'agneau piqué glacé, sous lequel vous placez une belle truffe, que vous soutenez par une grosse écrevisse. Ensuite, vous en garnissez un autre dans le genre du dessin n° 3 ; vous le commencez par un rognon de coq, puis une belle crête, une truffe bien noire et cinq queues d'écrevisses non épluchées, que vous piquez en les plaçant en forme de rosace.

Après cela, vous en garnissez encore un en commençant par un petit pigeon innocent, puis une écrevisse et une croquette de riz garnie d'un salpicon ; vous en garnissez un autre avec un filet mignon Conti en couronne, placé sur une grosse quenelle de volaille ; ensuite une large crête et une truffe épluchée.

Vous en garnissez une sixième avec un petit ris d'agneau à la Saint-Cloud, une belle écrevisse et une truffe large et mince, et une quenelle à la Villeroy.

Si c'est pour une forte chambord, alors vous répétez a même garniture pour les six autres atelets, ainsi que les précédens, et les placez en commençant par le premier garni. Vous finissez par le dernier. On peut encore ajouter à la garniture de ces atelets des culs d'artichauts et de gros champignons avec de grosses crevettes.

Voilà une idée de la bonne manière de garnir nos atelets qui, assurément, caractérisent nos grosses pièces de cuisine. On ne peut se dissimuler que cette garniture étant placée avec goût, produira tout l'effet désirable, ce dont les artistes sont de tout temps jaloux. En effet, les chambords et les godards sont incontestablement le type du beau des grosses pièces de cuisine ; car cette riche et abondante garniture qui les distingue d'une manière si éclatante, leur donne une physionomie vraiment admirable. C'est alors que je voudrais que l'artiste orfèvre vît l'effet que les atelets doivent produire ; c'est alors qu'il conviendrait que mes remarques sont de quelqu'utilité sous le rapport de l'art.

Pl. 50.

LE PATISSIER ROYAL PARISIEN.

SEPTIÈME PARTIE,

COMPRENANT LES ENTREMETS DE DOUCEUR,

Tels que gelées de fruits et de liqueurs, macédoines de fruits transparentes, gelées fouettées, blancs-mangers, fromages bavarois, crêmes glacées à la française, au bain marie, à la Plombière, à la Chantilly, et à la pâtissière; les pommes de rainette en suédoise, méringuées, au beurre, au riz et en beignets; des beignets à la d'Angoulême, à la française et autres, comme de fruits et de crême, des poudings et des tartes à l'anglaise.

CHAPITRE PREMIER.

DE LA CLARIFICATION DU SUCRE ET DE LA COLLE DE POISSON.

Observation préliminaire.

Pour obtenir des gelées de fruits et de liqueurs savoureuses transparentes, et sur-tout d'un goût exquis, il faut

SUJETS DE LA PLANCHE L.

Le n° 1 représente une corbeille garnie d'une gelée d'oranges dans leur écorce, ornée de feuilles d'orangers.

Le n° 2, une coupe garnie de quartiers d'orange à la Bellevue, ornée de feuilles d'orangers.

Le n° 3, une gelée rose-blanche formée dans un moule d'un nouveau genre.

Le n° 4, un blanc-manger au café Moka.

Le n° 5, une gelée verte et blanche formée dans un moule en grappes de raisin.

SEPTIEME PARTIE.

beaucoup de temps, et des détails tellement minutieux qu'ils sont l'âme de ces sortes d'entremets aimables; car c'est réellement de l'amalgame des différentes matières qui composent ces délicieuses recettes, que dépend leur qualité. C'est donc le point essentiel de la parfaite réussite. Mais il en est bien autrement : un grand nombre de personnes traitent cette partie sans façon, mêlant la colle et le sucre à peu près; et ce sont précisément ces causes qui rendent si souvent ces gelées détestables : car, si on met une once et demie ou deux onces de colle de poisson pour un entremets renversé, lorsqu'une once est vraiment suffisante, certes ces sortes de gelées, loin d'être agréables au palais, empâtent la bouche, collent les lèvres; ce qui n'arrive que trop souvent.

Mais il est encore un autre inconvénient qui n'est pas moins nuisible à la chose, c'est de trop sucrer les gelées, qui deviennent par-là insipides par leur fadeur, parce que la douceur du sucre affaiblit l'arome des fruits et liqueurs qui parfument ces délicieux entremets, que l'on déguste toujours avec un nouveau plaisir dès qu'ils sont suaves et délicats.

Cependant il est bon de remarquer que, plus le fruit a d'acide, plus on doit sucrer et coller afin d'en adoucir l'âcreté; comme, par exemple, les gelées de citrons, d'oranges demandent plus de sucre et de colle qu'aucune autre gelée.

Mais, d'un autre côté, plus l'arome du fruit est doux, et moins on doit mettre de sucre et de colle. Il en est de

---

Suite des sujets de la planche L.

Le n° 6, une gelée formée dans de petits moules en forme de clochers.

Le n° 7, une gelée à la moderne renversée sur un socle de petite pâtisserie.

Le n° 8, un fromage bavarois en surprise et aux macarons amers.

Le n° 9, une gelée formée dans un moule à la parisienne.

Le n° 10, une gelée formée dans un moule cannelé.

DES ENTREMETS DE DOUCEUR.

même des liqueurs et vins fins, qui servent habituellement à ces préparations. Ces gelées ne souffrent point de fadeur; elles doivent, au contraire, être relevées par quelques esprits susceptibles d'aiguillonner le goût exquis de la gourmandise; autrement, une gelée dont le sucre absorbe la saveur, devient insipide au palais du gourmand, seul appréciateur du vrai beau et parfait fini.

Les gelées de framboises et de fraises, par exemple, ont besoin, attendu la douceur agréable de leur fruit, d'être rehaussées en goût par l'acide du jus de deux citrons bien sains; et peut-être ferait-on bien d'employer de cet acide dans un grand nombre d'entremets qui, par la nature de l'arome qu'ils portent, laissent trop souvent quelque chose à désirer.

Cette observation ne doit pas être perdue de vue par nos jeunes praticiens; elle s'appuie sur des faits incontestables, puisque la dose de sucre et de colle que nous sommes obligés de mêler dans ces gelées les rend plus insipides et plus fades encore.

Cependant, avec de l'attention, des soins, et sur-tout une juste combinaison, on servira ces sortes de gelées dans toute leur beauté, et d'une saveur délicieuse.

Voilà le but que je vais tâcher d'atteindre en décrivant cette partie.

On doit encore observer qu'il faut, lorsque le temps est pluvieux ou seulement humide, forcer en colle de poisson (d'un sixième de plus que de coutume), parce que ce temps influe singulièrement sur ces gelées, dont la congélation ne peut réellement s'obtenir comme dans un temps sec, et même pendant les chaleurs de l'été; car dans cette saison la glace congèle ces entremets d'une manière satisfaisante.

Enfin, il est important de remarquer que les gelées qui se composent de vins et de liqueurs spiritueuses, doivent être un peu moins collées et sucrées que celles de fruits dont on extrait soi-même les sucs : cela est tout simple, puisque ces liqueurs et ces vins sont déjà sucrés par eux-mêmes, tandis que les fruits n'ont que leur suc naturel.

SEPTIEME PARTIE.

Clarification du sucre.

Mettez, dans un moyen poêlon d'office, le quart d'un blanc d'œuf: fouettez-le; dès qu'il commence à blanchir, vous y joignez deux verres et demi d'eau filtrée, et une livre de beau sucre cassé par petits morceaux. Remuez le tout, et placez le poêlon sur un feu modéré. Aussitôt que l'ébullition commence à avoir lieu, vous placez le poêlon sur l'angle du fourneau, afin que le sucre jette parfaitement son écume. Pour faciliter cette partie de l'opération, vous ajoutez deux cuillerées d'eau fraîche; et, après dix minutes d'ébullition, vous ôtez l'écume. Jetez encore, par intervalle, deux cuillerées d'eau filtrée, afin que le sucre se dépouille à fond de son écume. Lorsque celle-ci devient légère et blanchâtre, le sucre est clarifié, vous le passez dans le coin d'une serviette mouillée, ou par un tamis de soie qui ne doit servir qu'à cette opération, de même que le vase dans lequel vous le déposez.

Remarque. On doit observer le sucre après l'avoir mis sur le feu; car dès que l'écume se trouve chassée par l'ébullition, on risque d'en perdre une partie. Il ne faut pas l'écumer quand il commence à bouillonner, cela trouble la clarification.

Si vous voulez obtenir un sirop bien blanc, lorsque le sucre commence à jeter sa première écume, vous versez dessus le jus d'un citron bien sain. Cette addition blanchit singulièrement le sucre.

On doit observer aussi que deux verres et demi d'eau filtrée et le quart d'un blanc d'œuf sont suffisans pour clarifier une livre de beau sucre; trop de blanc d'œuf nuit encore à l'opération.

Moyens de clarifier la colle de poisson blanche, et en peu de temps.

Pour un entremets renversé, prenez une once quatre gros de colle en feuilles; après l'avoir coupée par petites parties, vous la lavez à plusieurs eaux tièdes. Mettez-la dans un moyen poêlon d'office avec cinq verres d'eau filtrée, et placez-la sur le feu. Aussitôt qu'elle est en pleine ébullition, vous placez le poêlon sur l'angle du fourneau, de manière que l'ébullition soit toujours forte. Vous avez le soin d'ôter l'écume au fur et à mesure qu'elle paraîtra ; et, lorsque la réduction s'est opérée des trois quarts (ce qui vous donne un bon verre de colle), vous passez votre colle de poisson dans le coin de la serviette, au-dessus d'un vase bien propre.

Remarque. Maints cuisiniers mettent, en la clarifiant, le zeste d'une écorce de citron, et cela pour ôter, disent-ils, le mauvais goût de la colle de poisson : idée vulgaire. La bonne colle n'a point de goût, elle est fade seulement ; on doit, par exemple, avoir l'attention de la flairer en l'achetant, afin de la rejeter si elle porte un goût de poussière ; mais, dans les bonnes maisons d'épicerie, cela n'arrive jamais.

Revenons à notre écorce de citron, qui devient plus nuisible qu'on ne se l'imagine. Elle donne toujours à la colle une teinte jaunâtre ; et, par ce triste résultat, lorsqu'on met cette colle dans une gelée de citron blanche, de marasquin, de kirschwasser ou d'anisette, et dans tant d'autres liqueurs blanches par elles-mêmes, cette teinte jaune est très-visible, et finit par altérer la beauté de ces sortes de gelée, dont tout le mérite consiste dans leur extrême blancheur.

La belle clarification du sucre et de la colle peut être considérée comme l'ame de la réussite des jolies gelées de fruits et de liqueurs.

Maintenant nous allons décrire successivement les préparations de ces sortes d'entremets.

Gelées de violettes printanières.

Après avoir clarifié douze onces de beau sucre, selon les procédés indiqués ci-dessus, vous épluchez deux petits paquets de belles violettes fraîchement cueillies ; vous les jetez avec une pincée de graines de cochenille dans le sirop presque bouillant. Couvrez hermétiquement l'infusion, afin que le parfum des fleurs ne s'évapore pas ; et, lorsque le sucre n'est plus que tiède, vous le passez au tamis de soie. Vous y mêlez un demi-verre de bon kirschwasser, et une once de colle presque froide clarifiée selon la règle. Remuez ce mélange légèrement avec une cuillère d'argent; ensuite vous pilez dix livres de glace, que vous placez dans un grand tamis ou dans une grande terrine. Vous incrustez votre moule d'entremets au milieu de cette glace, en ayant soin qu'il en soit entouré d'une égale épaisseur et jusque près du bord. Après avoir versé la gelée dans le moule, vous le couvrez avec un couvercle de casserole sur lequel vous mettez un peu de glace.

Trois heures de temps suffisent pour la congélation de ces sortes de gelées.

Etant prêt à servir, vous prenez une casserole assez grande pour y faire entrer le moule aisément; vous l'emplissez à la moitié d'eau chaude, où l'on ne puisse tenir la main qu'avec peine. Alors vous y plongez le moule avec promptitude, en ayant soin que l'eau passe par-dessus la gelée. Renversez aussitôt la gelée sur son plat en enlevant le moule. Cette partie de l'opération exige une extrême agilité.

Remarque. On doit, de rigueur, avoir la précaution de ne point déposer les gelées de fleurs et de fruits rouges dans aucun vase étamé; de même, de ne point les toucher avec des cuillères d'étain ou de cuivre étamé, parce que ces sortes d'ustensiles rendent toujours ces gelées d'un violet terne. Par cet inconvénient, au lieu de conserver leur belle couleur primitive, qui fait tout leur mérite et leur beauté, elles deviennent de très-pauvre mine. Tels sont les suites et résultats de l'inexpérience ou du manque de soin.

On fait également cette gelée de cette manière : Vous broyez les fleurs dans un mortier; vous les mettez dans le sirop tiède seulement, et laissez l'infusion se faire pendant cinq à six heures; après quoi vous la passez à la serviette fine, et la mettez avec la colle et le kirschwasser. A l'égard de la colle de poisson, pour en obtenir une once clarifiée, il faut en employer deux gros en plus, attendu la perte qui se fait par la clarification. Cette observation s'applique à toutes les gelées en général.

DES ENTREMETS DE DOUCEUR.

Gelées printanières à la rose.

Clarifiez douze onces de beau sucre ; versez dedans une trentaine de belles roses effeuillées, et une pincée de graine de cochenille. Couvrez parfaitement l'infusion ; dès qu'elle n'est plus que tiède, passez-la au tamis. Joignez-y un demi-verre d'eau de rose distillée et un demi-verre de kirchwasser, puis une once de colle de poisson clarifiée.

Pour le reste du procédé, *Voyez* la recette précédente.

Remarque. Le peu de cochenille que l'on met sert à donner du ton à ces jolies choses qui, sans cela, seraient en quelque sorte privées de leur couleur séduisante.

On procédera de même que ci-dessus pour préparer des gelées de jasmins, de tubéreuses, de jonquilles et d'œillets. Pour une gelée d'entremets, on emploiera seulement quatre onces de l'une de ces fleurs effeuillées.

Gelées de fleur d'orange nouvelle.

Après avoir épluché deux onces de fleur d'orange fraichement cueillie, vous la jetez dans le sirop (douze onces de sucre) presque bouillant, et la couvrez hermétiquement. Lorsque l'infusion est presque froide, vous la passez au tamis de soie ou à la serviette ; vous y joignez une once de colle clarifiée et le jus de trois oranges ou de trois citrons. Pour le reste du procédé, *Voyez* la gelée de violette.

Gelées de fleur d'orange au caramel.

Lorsque vos douze onces de sucre sont clarifiées, vous en faites cuire la moitié au caramel, c'est-à-dire que vous lui laissez prendre couleur sur un feu modéré ; aussitôt qu'il est teint d'un beau jaune rougeâtre, vous le retirez du feu, et jetez dedans une once quatre gros de fleur d'orange cueillie du jour ; mais vous la mêlez au caramel avec une cuillère d'argent : lorsque ce mélange est froid, vous y versez deux verres d'eau filtrée et toute bouillante. Laissez ainsi le caramel se dissoudre sur des cendres rouges ; ensuite, vous passez ce sirop au tamis ou à la chausse, s'il est nécessaire. Lorsqu'il est passé, vous mêlez avec cette infusion le reste du sucre et une once de colle clarifiée : moulez la gelée comme de coutume.

Gelées de fleur d'orange au vin de Chamgagne rosé.

Après avoir clarifié dix onces de sucre, vous jetez deux onces de fleur d'orange, nouvellement cueillies, dans ce sirop presque bouillant. Couvrez-le parfaitement; lorsque l'infusion est presque froide, passez-la au tamis de soie. Mêlez-y une once deux gros de colle et un verre et demi de bon vin de Champagne rosé : terminez l'opération de la manière accoutumée.

CHAPITRE II.

DES GELÉES DE FRUITS.

Gelées de fraises.

Pesez une livre de bonnes fraises épluchées que vous presserez légèrement, et jetez-les dans quatre onces de sirop très-clair : couvrez l'infusion, et laissez lui passer la nuit. Le lendemain matin vous la filtrez à la chausse. Pendant ce temps, vous clarifiez huit onces de sucre selon la règle; mais dès l'instant qu'il est presque clarifié, vous jetez dedans une pincée de graines de cochenille pour le teindre d'un beau rose ; après l'avoir passé au tamis, vous y joignez une once de colle de poisson et le suc de deux citrons bien sains, ensuite vous y mêlez le fruit. Remuez légèrement la gelée, que vous aurez soin de mouler de suite, et mettez-la à la glace. Observez sur-tout que le sucre et la colle ne doivent être que tièdes lorsque vous les mêlez ensemble. Cette remarque s'applique généralement à toutes les gelées d'entremets.

Observation. Lorsqu'on n'a pas le temps de passer le fruit à la chausse, on jette tout simplement les fraises dans le sirop en ébullition, avec une pincée de graines de cochenille ; vous couvrez l'infusion et la laissez refroidir. Vous terminez la gelée en y joignant la colle nécessaire.

Lorsque la saison permet de mêler aux fraises une livre

de groseilles blanches, on supprime le suc de citron et la cochenille.

La gelée de framboises se prépare de point en point comme la précédente, avec cette différence que vous employez une livre de framboises et une livre de groseilles blanches.

Gelées de groseilles rouges.

Egrenez une livre de belles groseilles rouges bien transparentes (c'est-à-dire bien claires), puis quatre onces de framboises; et, après en avoir pressé le jus, vous le filtrez à la chausse, et le mêlez avec douze onces de sucre et une once de colle clarifiée. Pour le reste du procédé, vous suivrez les détails donnés à la gelée de violette.

Observation. On met une pincée de graines de cochenille dans le sirop lorsque les groseilles sont trop nouvelles, parce qu'elles ne donnent pas assez de couleur à la gelée.

La gelée de groseilles blanches se prépare de la même manière que la précédente, en y joignant des framboises blanches; mais cette sorte de gelée a toujours une petite teinte un peu ombrée.

Gelées de cerises.

Otez les noyaux et les queues à deux livres de belles cerises bien claires et d'une bonne maturité. Ajoutez quatre onces de groseilles rouges égrenées; pressez ce fruit pour en exprimer le jus, que vous filtrez ensuite à la chausse; après quoi vous le mêlez avec trois quarterons de sucre clarifié selon la règle, et une once de colle de poisson. Vous terminez l'opération de la manière accoutumée.

La gelée de merises se prépare de même.

Gelées des quatre fruits.

Ayez quatre onces de belles cerises, quatre de framboises, quatre de fraises, et huit de groseilles rouges. Pressez le tout et faites filtrer ensuite ce jus par la chausse; vous le mêlerez après cela dans la dose de sirop et de colle nécessaire à l'opération (comme ci-dessus). Finissez la gelée selon la règle.

Gelées de verjus.

Egrenez deux livres de beau verjus; ensuite pilez une poignée d'épinards : joignez-y le verjus. Le tout étant parfaitement broyé, filtrez-le à la chausse, ce qui doit vous donner une liqueur d'un vert très-tendre et très-clair. Alors vous la mêlez dans douze onces de sucre et huit gros de colle clarifiée. Vous terminez la gelée de la manière accoutumée.

Gelées de raisin muscat.

Après avoir égrené deux livres de raisin muscat rose et de bonne maturité, vous le pressez fortement pour en exprimer le suc, que vous filtrez ensuite à la chausse. Vous le mêlez avec dix onces de sucre, une de colle de poisson clarifié et le jus de deux citrons. Suivez le reste du procédé comme il est désigné à la gelée de violette.

Gelées d'épine-vinettes.

Vous égrenez deux livres d'épine-vinette grosse, claire et bien mure; le sirop (douze onces) étant en ébullition, vous y versez le fruit; après quelques bouillons, vous couvrez l'infusion, et la passez au tamis de soie. Quand elle est presque froide, vous y joignez une once de colle de poisson, et terminez l'opération selon la règle.

Gelées de grenades.

Egrenez cinq belles grenades bien mûres et d'un fruit agréable; exprimez-en le jus en pressant fortement les grains sur un tamis de crin : filtrez ce jus à la chausse, et mêlez-le avec le sirop, que vous aurez teint légèrement de rose avec quelque graines de cochenille; ensuite joignez-y la colle nécessaire, et finissez la gelée de la manière accoutumée.

Gelées d'abricots.

Otez les noyaux de dix-huit abricots de plein-vent de bon fruit, et rouges en couleur; cuisez-les six par six dans le sirop que vous aurez soin de tenir un peu plus léger que de coutume. Le fruit étant cuit, vous le passez à la serviette pour en exprimer le suc autant que possible : vous y joignez le sirop que vous aurez passé au tamis de soie ; et, après y avoir mêlé la colle nécessaire, vous terminez le procédé comme de coutume.

La gelée de pêches se prépare de même que ci-dessus.

Gelées d'ananas.

Ayez un bel ananas bien mûr et d'un bon fruit ; vous le coupez menu, et le jettez dans le sirop en ébullition : laissez-lui jeter quelques bouillons, et passez-le au tamis de soie, lorsqu'il est presque froid. Joignez-y un peu de caramel pour teindre la gelée d'un beau jaune, puis le jus de deux citrons et une once de colle de poisson clarifiée. Pour le reste du procédé, voyez la gelée de violette.

Lorsque le fruit est bien mûr, on le presse fortement, et ensuite on le filtre à la chausse ; la gelée en est plus claire.

Gelées d'oranges de Malte.

Vous exprimez le jus de douze oranges et de deux citrons bien sains : ayez soin d'ôter les pepins qui pourraient se trouver dans le jus, parce qu'ils donneraient de l'amertume à la gelée. Ensuite vous zestez, aussi mince que possible, le zeste de deux belles oranges bien douces : vous versez le jus et le zeste dans la chausse ; et quand il est filtré, vous le mêlez dans le sirop que vous aurez teint d'un beau rose avec de la cochenille. Vous y joignez aussi deux gros de colle clarifiée, et suivez le reste du procédé de la manière accoutumée.

Gelées d'oranges en écorces.

Choisissez dix belles oranges bien faites, dont l'écorce sera fine et foncée en couleur ; vous les coupez avec un coupe-racine de quinze lignes de diamètre, de manière que le bouton de la queue de l'orange se trouve parfaitement au milieu du petit couvercle de l'orange, que vous enlevez avec le coupe-racine. Ensuite, avec une petite cuillère à café, vous videz peu à peu les oranges, en les dégarnissant en grande partie de la pelure blanche qui renferme le jus du fruit. Au fur et à mesure que vous avez une orange vidée, vous la plongez dans une grande terrine pleine d'eau fraîche, afin que l'écorce se raffermisse et reprenne sa fraîcheur primitive. Vous faites filtrer la chausse, pendant que vous videz une autre orange comme la première, et vous avez les mêmes attentions pour vider le reste des oranges; sept oranges sont suffisantes pour un entremets. Ayez soin, en les vidant, de ne point percer l'écorce avec la cuillère. Lorsque cela arrive, on remédie à ce petit accident en bouchant la place endommagée avec un peu de beurre (afin que la gelée ne fuie pas); mais, pour cela, il faut que le dommage soit peu de chose, sinon vous recommenceriez à vider des oranges autant que vous en auriez de percées.

Lorsque le jus est filtré à la chausse, vous y joignez le suc de deux citrons, et finissez la gelée de même que la précédente en y mêlant le sirop et la colle; ensuite vous mettez les écorces d'orange dans un grand tamis, et les entourez de glace pilée très-fine : mais vous les placez à deux bons pouces de distance entr'elles, afin de faciliter la congélation; ensuite vous garnissez les oranges de leur gelée. Lorsqu'elles sont prêtes à servir, vous replacez sur chacune d'elles le petit couvercle de l'écorce que vous avez ôtée pour les vider. Après les avoir ressuyées, vous en mettez six sur une serviette damassée, pliée correctement, placée sur le plat d'entremets. Vous élevez la septième orange sur le milieu des six autres, et entremêlez avec goût entre chaque orange des feuilles d'oranger, de laurier rose ou de lierre.

Mais pour servir ces oranges d'une manière riche et brillante, vous les dressez dans une petite corbeille de pâte d'office (rose ou de pastillage) comme le représente le dessin du n° 1er de la planche 56e; et pour qu'elles soient plus brillante encore, vous couvrez les oranges seulement (et toujours dans la corbeille) avec une cloche de sucre filé dans un moule formant le dôme.

Gelées d'oranges à la Belle-vue.

Vous préparez vos oranges comme les précédentes; et

lorsqu'elles sont prêtes à servir, vous coupez (avec un couteau bien tranchant) chaque orange en quatre quartiers ; de manière que la gelée étant bien claire fait le plus joli effet possible. Cette manière de servir la gelée d'orange est sans contredit la plus appétissante.

Toutes vos oranges étant coupées par quartiers, vous les dressez sur une serviette avec des feuilles de verdure ; mais pour les servir d'un genre plus distingué, vous les dressez dans une coupe en pâte d'office (au sucre rose ou jaune), comme le représente le dessin du n° 2 de la planche 50e.

Gelées d'oranges en rubans.

Vous préparez sept coques d'oranges de la même manière que ci-dessus, avec moitié seulement de la dose de leur gelée. Vous préparez autant de blanc-manger (*Voyez* cet article), c'est-à-dire que vous pilez huit onces d'amandes douces avec dix amandes amères. Alors vous délayez avec deux verres et demi d'eau, puis vous passez avec pression le lait d'amandes à la serviette. Vous y mêlez six onces de beau sucre en poudre et une bonne demi-once de colle clarifiée. Le tout étant bien amalgamé, vous le passez de rechef à la serviette ; et après avoir placé les coques à la glace, vous versez dans chacune d'elles une cuillerée à bouche de blanc-manger. Dès qu'il se trouve congelé, ce que vous voyez aisément en posant le bout du doigt dessus le blanc-manger, alors vous versez par-dessus une cuillerée et demie de gelée d'orange ; aussitôt que celle-ci est prise, vous la masquez avec deux cuillerées de blanc-manger ; lorsqu'il est congelé, vous versez dessus deux cuillerées de gelée d'orange : vous finissez d'emplir les oranges en y versant alternativement du blanc-manger et de la gelée d'orange. Lorsqu'elles sont prêtes à servir, vous les coupez par quartiers et les dressez dans une coupe en pâte d'amandes, comme je l'ai indiqué par le n° 2 de la planche 50e.

Remarque. On garnit encore ces coques de gelée blanche et de gelée rouge légèrement colorée ; de même on teint le blanc-manger d'un beau rose tendre avec de la cochenille, ou d'un vert pistache très-tendre, ou du vert d'épinards.

Ces sortes de gelées en rubans font un fort joli effet : on garnit encore les coques d'oranges de blanc-manger seulement : alors ce sont des oranges en surprise.

Gelées d'oranges en petits paniers.

Ce n'est autre chose que la gelée ordinaire, que l'on fait prendre dans des coques d'oranges, auxquelles on a donné la forme d'un petit panier. En les vidant on forme l'anse ; on les dresse sur de petits gradins de pâte d'office, ce qui produit un joli effet.

Gelées de citrons.

Ayez douze citrons bien sains et bien juteux. Après les avoir coupé en deux, vous en exprimez le suc, et le filtrez à la chausse. Observez de ne point laisser de pepins dans le jus, parce qu'ils donneraient de l'amertume à la gelée. Vous clarifiez quatorze onces de beau sucre selon la règle ; lorsque l'écume commence à blanchir, vous y jettez deux cuillerées du jus des citrons, ce qui doit le blanchir. Ensuite vous clarifiez une once deux gros de belle colle de poisson ; et lorsque le sirop et la colle ne sont plus que tièdes, vous les mêlez ensemble ; après quoi vous y joignez le fruit : versez la gelée dans un moule d'entremets, qui doit être placé à la glace. Lorsque la gelée est prête à servir, vous la démoulez de la manière accoutumée.

La beauté de la gelée de citron consiste à être très-blanche. C'est par cette raison qu'on ne met point de zeste dans cette préparation, car son addition donne toujours à la gelée une petite teinte jaunâtre.

Remarque. Pour la gelée de citron en écorce, vous procédez absolument de la même manière que nous l'avons indiqué pour la gelée d'orange en écorce, avec cette différence que vous viderez des citrons bien faits et d'une écorce bien jaune.

On prépare également des gelées de citron à la Belle-vue, en rubans et en petits paniers. Vous procédez encore, pour ces sortes de gelées, de même que pour les gelées d'oranges

DES ENTREMETS DE DOUCEUR.

à la Belle-vue, en rubans et en petits paniers, comme il est indiqué plus haut.

Gelées de bigarades.

Après avoir zesté aussi mince que possible le zeste de deux bigarades bien saines et bien jaunes, vous pressez dessus le jus de cinq citrons, et laissez le tout filtrer à la chausse. Vous mêlez ce fruit dans quatorze onces de sucre et une once deux gros de colle clarifiée. Vous terminez la gelée comme il est indiqué pour la gelée de violettes.

Gelées de vanille au caramel.

Clarifiez douze onces de sucre; et après l'avoir passé au tamis de soie, vous en mettez la moitié dans un petit poêlon d'office, avec deux gousses de vanille bien givrée. Vous faites cuire ce sucre sur un feu modéré; aussitôt qu'il commence à se teindre d'un jaune rougeâtre, vous le retirez du feu, et versez dedans deux verres et demi d'eau filtrée. Après avoir couvert le poêlon, vous le placez sur des cendres rouges, pour faire fondre le sucre peu à peu, et lorsqu'il est parfaitement dissous, vous le filtrez à froid à la chausse. Ensuite vous y mêlez un demi-verre de kirschwasser, une once de colle clarifiée et le reste du sirop. Vous terminez la gelée selon la règle.

On pourrait encore faire infuser la vanille dans le sirop, que l'on aurait teint d'un beau rose avec de la cochenille. Cette couleur est préférable à la précédente.

Gelées au café Moka.

Mettez quatre onces de café Moka dans un moyen poêlon d'office, et torrifiez-le sur un feu modéré, c'est-à-dire que vous le colorez sur un feu doux, en ayant soin de le remuer continuellement, afin de lui donner une couleur égale. Lorsqu'il est brûlé d'un beau jaune rougeâtre, vous en retirez le huitième; vous jetez le reste dans trois verres d'eau filtrée et presque bouillante. Couvrez parfaitement l'ébullition et la laissez refroidir. Pendant ce temps, faites bouillir un demi-verre d'eau : en le retirant du feu, vous y jetez le huitième du café qui sera moulu; et pour précipiter le marc, vous y joignez un peu de colle de poisson. Quand il est bien reposé, vous le tirez à clair et le mêlez avec l'infusion, que vous aurez passée au tamis de soie. Vous faites filtrer cette liqueur à la chausse, et la mettez ensuite avec douze onces de sucre clarifié, une de colle et un demi-verre de kirschwasser. Terminez l'opération de la manière accoutumée.

Cette gelée doit être d'une teinte de café à l'eau légèrement coloré et très-clair.

On la colore encore en faisant cuire le quart du sucre au caramel; alors on supprime l'infusion du café moulu, de même qu'on la fait toute blanche.

Gelées au thé heysven-skine.

En clarifiant douze onces de sucre, vous le colorez rose avec une pincée de grains de cochenille; et, après l'avoir parfaitement écumé, vous jetez dedans deux gros de thé heysven. Couvrez l'infusion, et laissez-la refroidir. Vous y joignez un demi-verre de kirschwasser, un verre d'eau, et la filtrez à la chausse; après quoi vous y joignez la colle nécessaire, et suivez le procédé comme il est dit à la gelée de violettes.

Gelées d'essence d'angélique verte.

Après avoir lavé et bien essuyé deux onces de racines d'angélique, vous la coupez par parties, et la jetez dans le sirop (douze onces de sucre) tout bouillant, en y joignant une once de graines d'angélique concassée. Couvrez parfaitement l'infusion. Lorsqu'elle est froide, mêlez-y un demi-verre de kirschwasser, et passez l'infusion au tamis de soie. Faites filtrer le tout à la chausse; ensuite ajoutez-y une once de colle de poisson.

Pour le reste, suivez les procédés décrits.

Cette gelée doit être colorée d'un vert extrêmement léger et transparent.

Gelées d'essence de menthe.

Le sirop (douze onces de sucre) étant presque en ébullition, vous jetez dedans douze gros de menthe frisée, nouvellement cueillie, et le zeste de deux beaux citrons bien sains. Couvrez l'infusion, et lorsqu'elle n'est plus que tiède, faites dissoudre un demi-gros d'essence de menthe poivrée dans un verre d'eau tiède. Mêlez-y un demi-verre de kirschwasser ; après quoi vous finissez la gelée, en y mêlant une once de colle clarifiée, et l'infusion que vous aurez passée au tamis de soie ou à la chausse, s'il est nécessaire.

Gelées au parfait amour.

Zestez aussi mince que possible un cédrat et deux citrons bien sains ; vous les mettez infuser avec six clous de gérofle concassés dans le sirop (douze gros de sucre) presque bouillant ; vous y joignez une pincée de graines de cochenille, afin de colorer la gelée d'un rose tendre. L'infusion étant froide, vous y mêlez un demi-verre de kirschwasser, et la filtrez à la chausse ; ensuite vous y mettez une once de colle. Terminez l'opération de la manière accoutumée.

Gelées au punch.

Jetez dans le sirop presque bouillant le zeste de deux citrons bien sains ; couvrez l'infusion, et pendant qu'elle se refroidit, filtrez à la chausse le suc de cinq citrons, que vous aurez pressés légèrement. Ensuite vous passez l'infusion au tamis de soie. Vous y mêlez un verre de bon rac ou de rum, et une once de colle clarifiée, après quoi vous terminez la gelée comme de coutume (*Voyez* la gelée de violette).

Gelées au zeste d'orange.

Frottez sur un morceau de sucre de trois quarterons le zeste de quatre belles oranges de Malte bien douces, bien rouges en couleur et d'une écorce très-fine. Ayez soin de râper très-légèrement, afin de n'employer que la superficie de la couleur de l'orange, attendu que le peu de blanc de l'écorce que vous pourriez y mettre donnerait de l'amertume à la gelée. Enfin, au fur et à mesure que le sucre se colore, vous le ratissez avec un couteau ; et faites dissoudre ce sucre d'orange dans deux verres d'eau filtrée, que vous aurez fait tiédir. Vous le faites filtrer à la chausse avec le suc de six citrons, et pendant ce temps, vous clarifiez le reste du sucre qui n'a pas été teint du zeste. Dès qu'il n'est plus que tiède, vous le mêlez avec une once de colle de poisson, après quoi vous ajoutez la liqueur qui sera filtrée, et une petite infusion de cochenille, pour colorer la gelée d'un rose clair.

Pour le reste du procédé, *Voyez* la gelée de violettes.

Gelées au zeste de cédrats.

Vous râpez comme ci-dessus le zeste de deux moyens cédrats ; vous faites dissoudre ce sucre dans deux verres d'eau filtrée, et le passez à la chausse avec le suc de quatre citrons bien sains. Après avoir clarifié le reste de douze onces de sucre (sur lequel vous avez râpé le cédrat), vous en prenez le quart dans un petit poêlon, et le cuisez au caramel, afin de donner une jolie couleur jaune à la gelée. Vous la finirez en mettant avec le fruit le sirop et une once de colle de poisson.

Gelées au zeste de citrons-bergamotte.

Râpez sur un morceau de sucre de douze onces le zeste de quatre citrons bien jaunes, dont l'écorce sera fine et d'une odeur agréable. Au fur et à mesure que la surface du sucre se colore, vous le ratissez avec le couteau. Ensuite vous mettez ce sucre de citron fondre dans deux verres d'eau tiède, et le filtrez à la chausse avec le jus de trois citrons bien sains. Vous clarifiez le reste des trois quarterons de sucre ; après quoi vous en faites cuire le quart au caramel, afin de teindre la gelée d'un beau jaune ; et, lorsque le sirop et la colle (une once) ne sont plus que tièdes, vous les mêlez ensemble. Vous y joignez le fruit, et terminez le reste du procédé selon la manière indiquée pour la gelée de violettes.

Gelées au zeste de bigarades.

Ayez trois bigarades bien jaunes et bien fines. Râpez

leur zeste sur un morceau de beau sucre de trois quarterons ; ensuite faites dissoudre le sucre teint du fruit dans un verre d'eau tiède, et filtrez-le à la chausse avec le suc de quatre citrons ; pendant ce temps, vous clarifiez le reste du sucre, en y jetant une pincée de graines de cochenille. Vous mêlez le sirop et la colle (une once) n'étant plus que tiède ; ensuite joignez-y la couleur, et la gelée sera faite.

Gelées aux quatre zestes.

Vous la préparez comme les précédentes, avec cette différence que vous râpez la moitié du zeste d'un cédrat, la moitié d'une belle orange, celle d'un beau citron et le zeste d'une petite bigarade.

CHAPITRE III.

DES GELÉES DE VINS ET DE LIQUEURS.

Gelées de vin de Champagne rosé.

Clarifiez douze onces de sucre avec une douzaine de graines de cochenille, et passez-le au tamis de soie. Mêlez-le avec la colle (une once) à tiède ; après quoi, joignez deux verres de bon vin de Champagne rosé, ce qui vous donnera une gelée savoureuse et d'un beau rose transparent. Ensuite moulez-la selon la règle.

On procédera de même que ci-dessus pour confectionner des gelées de vins de Madère secs, Malaga, muscats, d'Alicante, de Constance, de Frontignan, de Tokai, de Calabre, et autres vins de liqueurs.

On ne mettra pas de cochenille dans les vins qui seront assez forts en couleur pour colorer la gelée.

Gelées de marasquin.

Après avoir clarifié trois quarterons de bon sucre royal, vous le mêlez avec une once de colle de poisson à tiède ; et vous y joignez un verre et demi de vrai marasquin d'Italie. Le reste du procédé se termine comme de coutume.

Remarque. Les gelées d'anisette de Bordeaux (1), de kirchwasser, et autres liqueurs tant exotiques qu'indigènes, se font de même que les précédentes, comme, par exemple, les eaux d'or, d'argent, de la côte, de gérofle et de cédrat, puis les crêmes de fraises, de cacao, de Moka, de Pomone, d'Arabie, de Barbade, de vanille, de menthe, de Malte, de rossolis, de scubac et vespétro.

CHAPITRE IV.

DES MACÉDOINES DE FRUITS TRANSPARENS.

Observation préliminaire. Voici la forme du moule que je proposerai pour ces sortes d'entremets. On fera faire un moule en forme de dôme, du diamètre de six pouces et demi et de quatre pouces de hauteur. Ce moule pourra être cannelé, comme je l'ai indiqué par le dessin du n° 9 de la planche 50e. Ensuite on fera faire un second petit dôme de quatre pouces et demi de diamètre sur trois moins un quart de hauteur ; ce moule aura à son ouverture (tout près du bord) quatre petites oreilles, de dix-huit lignes de longueur, et formant la croix. Chaque oreille sera pliée au bout, de deux lignes, pour fixer convenablement ce petit dôme au grand. Ces oreilles serviront à soutenir le second dôme dans le grand, afin que ce dernier se trouve rempli en partie par le volume du petit qui, par ce moyen, ne laissera plus au grand que douze lignes de vide dans toute sa circonférence.

J'ai représenté l'effet de ces deux moules, qui n'en font réellement qu'un, par le dessin indiqué ci-dessus. Le petit moule est la partie ombrée ; maintenant je vais procéder à la description de ces jolis entremets.

Macédoines de fruits rouges à la gelée de fraises.

Après avoir préparé la gelée de fraises, comme nous

---

(1) Ces gelées réussissent assez bien ; mais celles dites de Hollande se brouillent entièrement à l'amalgame ; c'est pourquoi cette gelée est fort peu employée.

DES ENTREMETS DE DOUCEUR.

l'avons indiqué précédemment pour la recette de cette gelée, vous placez le grand dôme bien droit dans dix livres de glace pilée. Vous posez le petit dôme dans le grand, que vous remplissez de gelée. Pendant sa congélation, vous épluchez une vingtaine de fraises ananas et autant de petites fraises ordinaires bien roses, puis autant de belles framboises blanches, une douzaine de belles grappes de groseilles blanches et autant de rouges (n'égrainez point les groseilles); lavez tous ces fruits et égouttez-les sur une serviette. Ayez soin de les toucher le moins possible, afin de leur conserver leur fraîcheur primitive; ensuite, lorsque la gelée est prise, comme pour la renverser, vous remplissez aux trois quarts le petit dôme avec de l'eau chaude, pour le détacher de la gelée, ce qui s'opère en un clin-d'œil. Alors vous l'enlevez avec attention du grand dôme, qui, par ce moyen, se trouve vide de tout le volume du petit.

Vous placez dans la gelée et au milieu, deux grappes de groseilles blanches, que vous entourez d'une couronne de fraises ananas, ensuite une couronne de framboises blanches; puis vous versez dessus deux ou trois cuillerées de gelée conservée, et la laissez se congeler. Vous continuez à garnir l'intérieur de la gelée, en plaçant sur les framboises une couronne de fraises ordinaires, ensuite une couronne de groseilles blanches. Vous garnissez le milieu de ces fruits avec le reste des framboises, des groseilles blanches et des petites fraises; vous y joignez trois cuillerées de gelée, et continuez à placer sur les groseilles blanches une couronne des fraises ananas, ensuite une de groseilles rouges. Vous placez au milieu le reste des fruits, et achevez de remplir le moule de gelée. Le tout étant frappé par la glace, vous trempez le dôme dans une casserole d'eau chaude, et le retirez de suite, en plaçant dessus un plat d'entremets, que vous retournez. Vous enlevez le moule avec promptitude; alors vous voyez au milieu de la gelée transparente les fruits que vous y avez groupés avec symétrie.

L'ensemble de cet entremets est d'un effet délicieux. On pourra également préparer ces sortes de macédoines dans le même genre que les aspics ordinaires ; alors en emploiera tels moules que l'on jugera à propos.

Macédoine de fruits à la gelée de verjus.

Préparez la gelée de verjus selon les procédés décrits à la recette de cette gelée. Remplissez le moule de même que ci-dessus ; et pendant sa congélation, pelez une belle pêche rouge en couleur, et coupez-la par quartiers. Vous en faites autant d'un gros abricot de bon fruit et coloré autant que possible, puis d'un brugnon bien mûr, coupé en quatre ; ensuite vous épluchez une douzaine de guignes, autant de bigarreaux et de belles cerises. Lorsque la gelée est prise suffisamment, vous en détachez le petit dôme, comme il est dit ci-dessus. Vous garnissez l'intérieur de la gelée en plaçant au milieu un bigarreau, que vous entourez de guignes ; vous y placez une seconde couronne en groupant les quartiers droits le long de la gelée. Vous garnissez le milieu avec le reste des quartiers du fruit. Vous faites une dernière couronne en plaçant une cerise et un bigarreau. Suivez le même procédé pour garnir le reste de la couronne. Tous les fruits étant placés, vous remplissez le moule du zeste de la gelée conservée à cet effet. Quand vous êtes prêt à servir, vous renversez la gelée, en suivant les procédés indiqués pour la gelée de violettes.

Cette gelée est d'un effet plus pittoresque que la précédente.

On pourrait également faire cette macédoine, en y joignant quelques fraises, framboises et groseilles ; on pourrait garnir le moule d'une gelée de raisin muscat ; on pourrait aussi garnir le moule d'une macédoine de fruits rouges, mêlés d'une gelée de verjus ou d'une autre gelée blanche.

Macédoine de prunes à la gelée d'épine-vinettes.

Remplissez le moule (décrit précédemment) de gelée d'épine-vinettes (*Voyez* la manière de faire cette gelée) ; et durant sa congélation, séparez en deux six belles prunes de Monsieur, six reine-claudes, douze mirabelles bien jaunes, et quelques petites grappes d'épine-vinettes, avec une vingtaine de gros grains de raisin noir ou muscat rose. Vous finissez le reste du procédé, en plaçant et mêlant le fruit avec goût.

Macédoine d'oranges rouges à la gelée de cédrats.

Garnissez le moule de gelée de cédrats, comme je l'ai décrit à cet article; et pendant que la gelée se forme, vous tournez, comme pour compote, quatre moyennes oranges dont le fruit sera rouge. Ensuite vous les coupez par quartiers, dont vous aurez soin d'ôter les pepins. La gelée étant prise, vous garnissez l'intérieur du fruit, que vous placez avec symétrie; après quoi vous achevez de garnir le moule avec le reste de la gelée, et terminez l'opération de la manière accoutumée.

Macédoine d'hiver de fruits à l'eau-de-vie.

Ayez en fruits à l'eau-de-vie une pêche, un abricot, deux prunes de reine-claude, une poire, douze cerises, le double de gros grains de verjus, quelques framboises, des grains de cassis, et quelques petits abricots verts. Egouttez parfaitement ces fruits sur une serviette; placez-les avec goût dans la gelée qui sera d'une liqueur quelconque. Quand au reste du procédé, suivez les détails décrits pour la macédoine de fruits rouges.

Fin des gelées et des macédoines de fruits.

Remarque. On pourrait, ce me semble, dans le moule que j'ai décrit pour les macédoines de fruits, faire des gelées transparentes d'un genre nouveau. On garnirait, par exemple, le grand moule, comme ci-dessus, de gelée de citron blanche; et lorsqu'elle serait prise, on ôterait le petit dôme; on remplirait le moule de gelée de citron jaune ou rose, ce qui ferait, je pense, un joli effet, sans altérer, en aucune manière, la qualité de la gelée, puisque ce serait toujours la même. Cependant, je ne vois pas pourquoi on n'y mettrait pas deux sortes de gelée; mais, pour les personnes susceptibles, on garnirait le grand dôme de gelée d'anisette blanche, et dans l'intérieur, on mettrait de la même gelée teinte en rose ; il en serait ainsi pour les gelées de vin de Champagne blanc et rosé, et pour les gelées en général.

On pourrait aussi changer la forme du moule indiqué, et lui donner une forme ronde et cannelée, en faisant toujours le petit moule de la même forme que le grand. On pourrait encore le faire octogone, et le petit du même genre.

CHAPITRE V.

DES GELÉES FOUETTÉES.

OBSERVATION. Ces sortes de gelées ont l'avantage d'être promptes dans leur préparation ; car, dès qu'elles sont fouettées, on les moule seulement cinquante minutes ; après quoi, on peut les démouler et les servir ; et, bien sûrement, en cinq quarts-d'heure, on peut facilement préparer entièrement une gelée fouettée. D'un autre côté, cette manière de travailler les gelées est très-agréable ; car, du moment qu'une gelée n'est pas assez claire pour être servie transparente (et cela arrive quelquefois en dépit de nos soins), on doit alors fouetter cette gelée qui n'en sera pas moins dégustée avec plaisir. Par ce moyen, nous nous sauvons de quelques réprimandes non méritées. Cependant, une gelée limpide est bien plus distinguée que celle qui est fouettée : la première a plus de mérite que l'autre.

Manière de procéder.

Après avoir préparé la gelée de fraises telle que je l'ai indiquée précédemment à l'article de cette recette ; vous en versez le quart dans le moule qui doit être mis à la glace ; et dès l'instant que cette gelée est légèrement prise, vous ôtez le moule de la glace où vous placez un petit bassin (ou une petite poêle d'office) dans lequel vous versez le reste de la gelée ; puis, avec un fouet de rameaux de buis, vous remuez doucement la gelée de même que si vous fouettiez des blancs d'œufs, ce qui bientôt opérera le même effet sur la gelée qui, par ce travail, devient mousseuse, et blanchit comme le font les blancs fouettés ; enfin, lorsque les globules d'air (car c'est l'air qui, comprimé par le travail que la colle de poisson éprouve, fait mousser la gelée) se trouvent petits comme la tête d'une épingle, la gelée est transformée en une crème veloutée et très-blanche. C'est dans ce moment que vous la versez dans le moule, que vous replacez de suite à la glace, afin que la gelée soit frappée en trois quarts-d'heures ; après quoi, vous la démoulez selon la règle. *Voyez* à cet effet la gelée de violettes.

Il est important de verser la gelée aussitôt qu'elle est au degré où je l'ai indiquée précédemment ; car, si on attend quelques minutes seulement, quoi qu'en la fouettant toujours, elle épaissit au point qu'elle ne prend plus les formes du moule, et par ce résultat, lorsque vous renverserez cette gelée, elle sera toute difforme par les cavités d'air qui se sont faites en versant la gelée trop prise dans le moule.

Il est facile de s'apercevoir que les gelées fouettées ne sont autre chose que les gelées ordinaires que l'on fouette sur la glace ; ainsi on pourra, par les mêmes procédés, travailler toutes les gelées décrites dans les chapitres précédens.

Il est important de remarquer que la gelée se comprime quelquefois trop vite par le grand froid de la glace ; alors, vous y mêlez, par intervalle, une cuillerée d'eau plus que tiède, ce qui facilite l'opération.

J'ai l'habitude de masquer le fond du moule d'un petit pouce de hauteur, de gelée à clair (comme j'ai fait ci-dessus), et je fouette le reste de la même gelée ; ce n'est pas sans raison, car ces gelées ont un rapport parfait avec les fromages bavarois ; alors par ce peu de gelée transparente, je distingue l'une de l'autre ; et, à cette marque particulière, les convives ne peuvent s'y tromper. Autrement, il arrive souvent qu'étant à table, on prend la gelée fouettée pour le fromage bavarois.

On doit remarquer que ces sortes de gelées demandent à être un peu moins collées que les autres.

CHAPITRE VI.

BLANCS-MANGERS.

Observation. Ces délicieux entremets sont fort estimés des gourmands ; mais, pour cela, ils doivent être extrêmement moelleux et bien blancs. Avec ces deux qualités (si rares à rencontrer), ils seront toujours préférés à tant d'autres crêmes, et même aux gelées transparentes, et cela, parce que l'amande est saine, nourrissante, et contient beaucoup de parties huileuses, balsamiques, propres enfin à adoucir l'acrété des humeurs.

Blanc-manger ordinaire.

Jetez dans l'eau bouillante une livre d'amandes douces et une vingtaine d'amandes amères ; après les avoir émondées, vous les laissez tremper dans une terrine d'eau fraîche, afin qu'elles dégorgent, ce qui les blanchit singulièrement. Vous les égouttez dans un tamis, et les essuyez ensuite, en les frottant dans une serviette. Vous les pilez dans un mortier extrêmement propre, et les mouillez peu à peu avec une demi-cuillerée d'eau chaque fois, afin qu'elles ne tournent pas à l'huile. Lorsqu'elles sont parfaitement pilées, qu'on ne voit plus aucun fragment d'amandes, vous les ôtez du mortier, pour les mettre dans une terrine bien propre. Vous délayez ces amandes peu à peu avec une cuillère d'argent, et cinq verres d'eau filtrée ; ensuite, vous étalez une serviette unie sur un plat ovale, vous versez le blanc-manger dans la serviette que vous tordez à deux fortement, pour exprimer la quintessence du lait d'amandes, et vous y mettez douze onces de sucre cristallisé et cassé menu. Ce sucre étant dissous, vous passez de nouveau le blanc-manger à la serviette ; ensuite, vous mêlez dans le lait d'amandes une once de colle clarifiée, et un peu plus que tiède, afin qu'elle s'unisse bien parfaitement au blanc-manger, que vous versez dans un moule.

Le moule, avant cette opération, doit être placé dans dix

livres de glace pilée ; et deux heures après, lorsqu'il est prêt à servir, vous démoulez l'entremets, en suivant les procédés décrits à la gelée de violettes.

Ce blanc-manger ainsi servi, sera dégusté avec délices ; il excitera, par sa blancheur, les désirs de la gourmandise.

Remarque. Pour faire du blanc-manger au rum, vous joignez dans la préparation décrite ci-dessus, un demi-verre de bon rum ou de rac; de même que pour le faire au marasquin, vous y mêlez un demi-verre de cette agréable liqueur.

Pour un entremets de petits pots, vous préparez les deux tiers de la recette précédente ; cependant vous y mettez un peu moins de colle, parce que ce blanc-manger étant en petits pots, doit être plus délicat que pour être moulé ; celui-ci devant se soutenir en sortant du moule.

Blanc-manger au cédrat.

Râpez sur un morceau de sucre royal de trois quarterons le zeste d'un moyen cédrat, en ayant soin de ne pas anticiper sur la peau blanche, afin que l'arome du fruit n'ait point d'amertume ; ensuite vous ratissez du sucre toutes les parties colorées par le zeste. Enfin vous partagez ce sucre en deux parties égales, c'est-à-dire que vous pesez six onces de sucre blanc et six onces de sucre au zeste de cédrat. Vous pilez, comme ci-dessus, une livre d'amandes, et les mouillez avec cinq bons verres d'eau filtrée. Après en avoir extrait le lait d'amandes à la serviette, vous séparez ce liquide en deux parties égales : dans l'une vous mettez les six onces de sucre blanc, et dans l'autre le sucre au cédrat. Dès que ces sucres sont fondus, vous passez séparément ces deux sortes de blanc-manger; vous mêlez dans chacun d'eux une demi-once de colle de poisson clarifiée, et commencez à verser dans le moule d'entremets, qui sera placé à la glace, six lignes d'épaisseur de blanc-manger blanc : aussitôt qu'il est prêt, vous versez dessus six lignes de blanc-manger coloré au zeste de cédrat (il doit être d'un jaune clair). Quand il est pris, vous versez dessus autant de blanc-manger blanc que la première fois, et ainsi alternativement du jaune et du blanc. Enfin, lorsque vous êtes prêt à servir, vous démoulez ce blanc-manger comme de coutume.

On peut, sans faire toutes ces façons, mettre ce sucre au cédrat dans la préparation toute entière, ce qui colorera le blanc-manger d'un jaune pâle.

On procédera de même que ci-dessus pour du blanc-manger à l'orange, en râpant le zeste de deux oranges. Il en sera de même pour le zeste au citron et pour le zeste à la bigarade.

Blanc-manger à la vanille.

Coupez par petites parcelles une gousse de vanille ; faites cuire au caramel six onces de sucre, dans lequel vous mêlez la vanille, et la laissez refroidir. Ensuite vous le faites dissoudre avec un verre d'eau chaude, et placez le poêlon sur des cendres rouges, pour qu'il se fonde plus aisément. Vous pilez une livre d'amandes, comme nous l'avons indiqué pour le blanc-manger ordinaire ; vous les mouillez avec trois verres d'eau seulement ; et après en avoir exprimé le lait d'amandes, que vous partagez en deux parties égales, vous mêlez dans l'une le sirop à la vanille, que vous passez au tamis de soie, et dans l'autre, six onces de sucre dissous dans un verre d'eau tiède, et passé au tamis de soie. Ensuite vous ajoutez dans chaque partie une demi-once de colle, et garnissez le moule comme le précédent, c'est-à-dire un lit de blanc-manger blanc, ensuite un jaune, et ainsi de suite.

Si vous l'aimez mieux, vous mêlez le sirop de vanille dans toute la préparation.

Le blanc-manger aux anis se prépare de même que le précédent, avec cette différence que vous mêlez au caramel quatre gros d'anis verts étoilé, en place de vanille ou de graine de coriandre.

Blanc-manger au café Moka.

Torréfiez deux onces de vrai café Moka ; et après l'avoir

moulu, vous le versez dans un verre d'eau bouillante. Laissez faire l'infusion ; et quand le mare est déposé, vous le tirez à clair. Vous mettez dedans six onces de sucre et une demi-once de colle clarifiée ; ensuite vous pilez une livre d'amandes comme de coutume, et la délayez avec trois verres d'eau filtrée. Après en avoir exprimé le lait d'amandes, vous le séparez en deux parties ; dans l'une, vous versez le café, et dans l'autre, vous mêlez une demi-once de colle et six onces de sucre fondu dans un verre d'eau tiède. Garnissez le moule comme le précédent. Voyez-en l'effet par le dessin du n° 4 de la planche 50e.

Blanc-manger au chocolat.

Faites dissoudre dans un verre d'eau bouillante quatre onces de bon chocolat à la vanille avec quatre onces de sucre. Pilez une livre d'amandes, et mouillez-les avec trois verres d'eau ; après en avoir extrait le lait d'amandes, vous le séparez en deux parties égales ; dans l'une, vous mêlez le chocolat avec quatre gros de colle, et dans l'autre, vous versez six onces de sucre fondu dans un verre d'eau tiède, avec quatre gros de colle. Vous terminez l'opération de la manière accoutumée.

Blanc-manger aux pistaches.

Après avoir émondé quatre onces de belles pistaches, vous les pilez comme les amandes, avec une demi-once de cédrat confit. Ensuite vous délayez ces pistaches avec un verre d'eau, en pressant fortement le lait de pistaches à la serviette. Vous y mêlez six onces de beau sucre et une demi-once de colle. Vous pilez une livre d'amandes comme de coutume, et la délayez avec trois verres d'eau. Après avoir exprimé le lait des amandes à la serviette, vous le séparez en deux parties égales ; dans l'une, vous versez le lait de pistaches, en y joignant assez d'essence de vert d'épinards pour teindre ce blanc-manger d'un beau vert pâle, et dans l'autre partie, vous versez six onces de sucre fondu dans un verre d'eau tiède, avec une demi-once de colle de poisson. Pour le reste du procédé, suivez les détails décrits à la recette de la gelée de violettes.

Blanc-manger aux avelines.

Emondez une livre d'amandes d'avelines ; et, après les avoir lavées, vous en mettez la moitié tremper deux heures dans de l'eau fraîche. Essuyez parfaitement l'autre moitié, que vous versez dans une moyenne poêle d'office, et la placez sur un feu modéré, en remuant continuellement les avelines avec une cuillère d'argent. Ausitôt qu'elles sont colorées bien également d'un beau jaune clair, vous les ôtez du feu et les laissez refroidir. Ensuite vous pilez ces amandes, en y mettant de temps en temps une demi-cuillerée d'eau, afin qu'elles ne tournent pas à l'huile. Etant bien broyées, vous les ôtez du mortier pour les délayer dans une terrine avec deux verres et demi d'eau filtrée. Pressez-les à la serviette, afin d'en exprimer le lait d'avelines, où vous mettez six onces de sucre. Quand ce sucre est dissous, vous passez de nouveau le lait d'amandes à la serviette ; après quoi vous y joignez une demi-once de colle clarifiée. Vous préparez le reste des amandes de la même manière que les précédentes. Vous les mouillez, sucrez et collez de même, ce qui vous donnera un blanc-manger très-blanc ; et l'autre partie sera légèrement colorée d'un jaune clair. Finissez le reste du procédé selon la règle.

On peut également ne faire ce blanc-manger que d'une seule et même couleur, en mêlant les amandes torréfiées avec les blanches, ou en donnant couleur à la livre entière, ce qui donne un entremets très-agréable.

Blanc-manger aux fraises.

Epluchez une bonne assiette de fraises bien mûres et d'une odeur agréable, et pressez-les dans une serviette claire, pour en exprimer le suc, que vous mêlez dans la préparation décrite pour le blanc-manger ordinaire (*Voyez* cet article) ; à cette différence près, que vous y mettez un verre d'eau de moins, si vous avez obtenu un verre de jus de fraises ; ce qui arrive quand elles sont d'une parfaite maturité. Pour le reste de l'opération, vous procéderez comme de coutume.

On pourrait ajouter une petite infusion de cochenille, afin de colorer ce blanc-manger d'un beau rose.

Pour le blanc-manger aux framboises, on procédera comme il est dit ci-dessus, en employant des framboises bien mûres au lieu de fraises; mais on ajoutera aux framboises une poignée de groseilles rouges et bien mûres.

Blanc-manger à la crême.

Après avoir préparé les trois quarts seulement de l'une des recettes décrites ci-dessus, vous les placez sur la glace dans un bôl de terre de pipe ou dans une terrine. Vous remuez ce blanc-manger avec une grande cuillère d'argent; aussitôt qu'il commence à prendre, en devenant lié et coulant, vous l'ôtez de la glace, et mêlez dedans une assiette de bonne crême fouettée. Remuez bien ce mélange, afin d'affaisser en partie la crême, qui, par ce moyen, donne au blanc-manger un velouté, un moelleux qu'il n'a réellement pas ordinairement. Ensuite vous le moulez de la manière accoutumée.

On pourrait, par mon procédé, ajouter de la crême fouettée dans tous les blancs-mangers décrits précédemment; mais on observerait de ne marquer que les trois quarts des recettes décrites. Ces sortes de blancs-mangers ne pourraient être que d'une seule couleur, ce qui plaira toujours aux amateurs de ces bons entremets.

Blanc-manger sans colle et sans glace.

Préparez la moitié de la dose de la recette du blanc-manger ordinaire sans y mettre de colle. Fouettez un peu quatre blancs d'œufs dans un grand poêlon d'office; et quand ils commencent à blanchir, versez-y le blanc-manger, que vous placez sur des cendres rouges. Vous continuez à fouetter le mélange avec un fouet à biscuit. Par ce travail, le blanc d'œuf se mêle intimement à la préparation, qui se change bientôt en une crême liée, fouettée et moelleuse. Dès que vous voyez que la crême est d'un corps parfaitement égal, vous la versez de suite dans une casserole d'argent, ou dans des petits pots, et la laissez refroidir, ou la servez chaude.

Ce blanc-manger ne peut se servir que dans de petits pots ou dans une casserole d'argent.

Lorsqu'on voudra faire un entremets de pots de blanc-manger, n'importe de quelle saveur, on préparera seulement les deux tiers de l'une des recettes décrites dans ce chapitre.

CHAPITRE VII.

FROMAGE BAVAROIS AUX NOIX VERTES.

Après avoir épluché vingt-six belles noix vertes, vous les pilez et les mouillez de temps en temps d'un peu d'eau, afin qu'elles ne tournent pas à l'huile. Ensuite vous les mettez dans une petite terrine, et les délayez peu à peu avec deux verres de crème presque bouillante, dans laquelle vous aurez fait dissoudre huit onces de sucre. Laissez faire l'infusion pendant une heure, après quoi vous la passez à l'étamine fine. Ajoutez à la crème six gros de colle clarifiée et un peu tiède; vous versez la préparation dans un dôme de fer-blanc du diamètre de dix pouces, et de quatre seulement de profondeur; ou versez-le dans un grand bôl de terre de pipe, ou dans une moyenne terrine que vous placez dans dix livres de glace pilée. Au bout de quinze minutes, vous commencez à remuer la crème avec une grande cuillère d'argent, et continuez par intervalle. Du moment qu'elle commence à se lier, vous la remuez sans discontinuer, afin qu'elle soit d'un corps très-lisse et coulant. Alors vous ôtez la préparation de la glace. Vous y mêlez par parties un fromage à la Chantilly, bien égoutté, et du même volume que le moule d'entremets qui doit vous servir; vous remuez parfaitement ce mélange, afin d'affaisser la crème fouettée qui, par ce moyen, vous donne un fromage bavarois d'un moelleux et d'un velouté parfait. Vous le versez dans le moule que vous aurez placé dans la glace, et après une bonne demi-heure de congélation, vous pouvez démouler le fromage.

Il est important de le verser dans le moule aussitôt après y avoir mêlé la crême fouettée; car le moindre retard nuit singulièrement à l'opération, et cela vient de ce que la crême fouettée fait prendre précipitamment le fromage qui devient tellement lié, qu'en le versant dans le moule, il ne peut plus en prendre les formes, tandis que le contraire a lieu si l'on moule le fromage aussitôt que la crême est parfaitement amalgamée.

Fromage bavarois aux avelines.

Émondez quatre onces d'amandes d'avelines; et après les avoir lavées à l'eau fraîche, égouttez-les et essuyez-les dans une serviette. Versez-les dans un grand poêlon d'office, sur un feu modéré, en les remuant sans cesse avec une cuillère d'argent. Dès qu'elles sont colorées d'un beau jaune, elles sont alors assez torréfiées, et vous les ôtez du feu. Vous les laissez refroidir, après quoi vous les pilez comme de coutume, en y joignant quelques gouttes d'eau pour les empêcher de tourner à l'huile. Étant parfaitement broyées, vous les délayez dans une petite terrine, avec deux verres de lait preque bouillant, où vous aurez fait fondre huit onces de sucre fin. Une heure après, vous passez l'infusion à l'étamine fine; vous y mêlez six gros de colle clarifiée; vous faites prendre la préparation à la glace, de même que ci-dessus; et quand elle commence à se lier, vous y mêlez une bonne assiette de crême fouettée. Vous moulez votre fromage bavarois selon la règle, et démoulez de même.

Fromage bavarois aux amandes amères.

Après avoir émondé, lavé et égoutté trois onces d'amandes douces et une once d'amères, vous les pilez bien parfaitement en y joignant peu à peu deux cuillerées d'eau; ensuite vous les ôtez du mortier pour les délayer dans une terrine avec deux verres de lait presqu'en ébullition, dans lequel vous avez fait dissoudre huit onces de sucre en poudre. Donnez une heure d'infusion, et passez ensuite à l'étamine fine. Vous y mêlez six gros de colle un peu tiède;

placez la préparation sur la glace, dans un bôl ; dès l'instant qu'elle commence à se lier, vous y joignez une assiette de crême fouettée, et terminez le procédé comme de coutume.

Fromage bavarois aux pistaches.

Emondez quatre onces de pistaches bien vertes, et après les avoir lavées et égouttées, vous les pilez avec une once de cédrat confit ou le zeste de citron râpé sur du sucre ; ajoutez huit amandes amères. Le tout bien pilé, vous le délayez avec deux verres de bon lait presque bouillant, et huit onces de sucre en poudre. Vous donnez une petite heure d'infusion, après quoi vous la passez à la serviette ; ajoutez six gros de colle clarifiée, et assez d'essence de vert d'épinards pour la colorer d'un beau vert pistache. Placez la préparation dans un bôl à la glace, et quand elle commence à se lier, mêlez-y un fromage à la crême ; vous moulez et démoulez le fromage bavarois selon les procédés décrits ci-dessus.

Fromage bavarois au parfait amour.

Coupez aussi mince que possible le zeste de deux citrons bien sains et le reste d'un petit cédrat. Jetez-les ensuite dans deux verres de lait en ébullition ; ajoutez-y six clous de gérofle concassé, huit onces de sucre, et après une heure d'infusion, vous passez le tout à l'étamine. Vous y joignez six gros de colle et assez d'infusion de graines de cochenille pour teindre la préparation d'un beau rose. Mettez-la dans un bôl à la glace. Du moment qu'elle commence à se lier, vous y mêlez un fromage à la crême, après quoi vous terminez le reste de l'opération de la manière accoutumée.

Fromage bavarois à l'essence de menthe.

Ayez une once de menthe frisée et cueillie du jour. Quand vos deux verres de lait ont bouilli, vous y jetez la menthe avec le zeste d'un citron bien sain. Lorsque l'infusion n'est plus que tiède, vous y mêlez un demi-gros d'essence de menthe poivrée, et huit onces de sucre en poudre. Après quelques minutes d'infusion, vous passez le tout à l'étamine, et y ajoutez six gros de colle; placez la préparation dans un bôl à la glace, et lorsqu'elle commence à se lier, vous y mêlez le fromage à la Chantilly. Terminez comme il est indiqué pour le fromage bavarois aux noix vertes.

Fromage bavarois à l'anis étoilé.

Ayez deux gros d'anis vert, deux d'anis étoilé, un demi-gros de graines de fenouille, et autant de graines de coriandre, le tout concassé. Vous les jetez dans deux verres de lait presque bouillant, où vous aurez fait dissoudre huit onces de sucre en poudre. Donnez une heure d'infusion; passez la préparation à l'étamine fine ou à la serviette. Mêlez six gros de colle; placez-la dans un bôl à la glace; aussitôt qu'elle commence à se lier, vous y joignez le fromage à la crême. Pour le reste du procédé, *Voyez* le fromage bavarois aux noix vertes.

Fromage bavarois au Moka.

Prenez quatre onces de café Moka : mettez-le dans un poêlon d'office sur un feu modéré, et remuez-le continuellement pour le colorer d'un beau jaune rougeâtre. Dès l'instant que les grains deviennent huileux, le café est torréfié; vous le jetez dans deux verres de lait en ébullition; couvrez bien l'infusion, et quand elle n'est plus que tiède, passez-la à la serviette. Vous y mêlez huit onces de sucre en poudre et six gros de colle. Le tout parfaitement mêlé, vous le passez de nouveau à la serviette; vous placez la préparation dans un bôl à la glace, et dès qu'elle commence à prendre, vous y mêlez une assiette de crême fouettée. Terminez le procédé comme de coutume.

Fromage bavarois au café à l'eau.

Après avoir brûlé quatre onces de café Moka, comme le précédent, vous le moulez et le jettez ensuite dans deux verres d'eau bouillante; mais vous le versez peu à peu, afin d'éviter le flot de la mousse. Donnez un moment d'ébullition; aussitôt que la mousse a disparu, mêlez-y un petit morceau de colle de poisson. Laissez-le s'éclaircir; après quoi vous tirez l'infusion à clair. Vous y joignez huit onces de sucre en poudre et six gros de colle clarifiée. Le tout bien mêlé, vous passez la préparation à la serviette, et la mettez dans un bôl à la glace ; et quand elle commence à se lier, vous y amalgamez un fromage à la crême fouettée, et finissez l'opération de la manière accoutumée.

Fromage bavarois au chocolat.

Coupez par petites parties quatre onces de chocolat à la vanille ; vous le faites fondre dans un verre d'eau en ébullition, et le laissez bouillir sur un feu doux pendant cinq minutes, en le remuant continuellement avec une spatule. Lorsqu'il est parfaitement dissous, vous y joignez un verre de bonne crême bouillante, six onces de sucre en poudre et six gros de colle clarifiée ; ensuite vous passez le tout à l'étamine. Laissez refroidir la préparation ; mettez-la dans un bôl à la glace, et remuez-la avec la cuillère d'argent. Du moment qu'elle commence à prendre, vous y mêlez un fromage à la Chantilly, et suivez le reste du procédé comme je l'ai décrit précédemment.

Fromage bavarois au cacao.

Vous brûlez, de la même manière que le café, quatre onces de cacao ; vous le concassez dans un mortier, et le mettez le plus promptement possible dans deux verres de lait bouillant, avec une demi-gousse de vanille et autant de canelle fine. Couvrez l'infusion, et dès qu'elle n'est plus que tiède, vous la passez à la serviette ; vous y mêlez huit onces de sucre, six gros de colle. Le tout bien amalgamé, vous le passez de nouveau ; après quoi, vous placez la préparation dans un bôl à la glace, et quand elle commence à se lier, vous y mêlez un fromage à la crême. Pour le reste du procédé, *Voyez* le fromage aux noix vertes.

Fromage bavarois au thé.

Faites infuser dans deux verres de lait bouillant deux gros de bon thé. Couvrez l'infusion, et lorsqu'elle n'est

DES ENTREMETS DE DOUCEUR.

plus que tiède, faites-y fondre huit onces de sucre en poudre et six gros de colle clarifiée. Ensuite passez-la à la serviette, et mettez-la dans un bôl à la glace. Quand elle commence à prendre, mêlez-y la crême fouettée nécessaire à l'opération, que vous suivez selon les procédés décrits.

Fromage bavarois au caramel.

Mettez dans un petit poêlon d'office quatre onces de sucre en poudre, que vous faites fondre sur un feu modéré, en le remuant; et lorsqu'il se colore d'un beau jaune rougeâtre, vous le mouillez d'un verre d'eau, et le laissez dissoudre. Lorsqu'il est parfaitement fondu, vous y mêlez quatre onces de sucre, un verre de crême et six gros de colle. La préparation n'étant plus que tiède, vous la mettez dans un bôl à la glace; aussitôt qu'elle commence à se délier, vous y joignez le fromage à la crême; ensuite vous moulez et démoulez l'entremets comme de coutume.

Fromage bavarois à la fleur d'orange grillée.

Vous faites cuire au caramel, comme ci-dessus, quatre onces de sucre, et lorsqu'il a atteint une belle couleur blonde, vous y mêlez une cuillerée à bouche de fleur d'orange pralinée, et la laissez refroidir; après quoi, vous faites dissoudre le caramel avec un verre d'eau bouillante. Quand il est bien fondu, vous le laissez devenir tiède; vous y joignez un verre de bonne crême, quatre onces de sucre et six gros de colle. Passez le tout à la serviette, et placez ensuite la préparation dans un bôl à la glace. Du moment qu'elle commence à se lier, vous y amalgamez une bonne assiette de crême à la Chantilly. Pour le reste de l'opération, vous suivez les procédés indiqués.

Fromage bavarois à la fleur d'orange pralinée.

Faites bouillir deux verres de lait, et ôtez-les du feu en versant dedans une bonne cuillerée à bouche de fleur d'orange pralinée. Couvrez l'infusion; lorsqu'elle n'est plus que tiède, mêlez-y huit onces de sucre en poudre et six gros de colle. Vous passez la préparation à la serviette, et la placez dans un bôl à la glace ; aussitôt qu'elle commence à prendre, vous y amalgamez la crème fouettée. Pour le reste de l'opération, *Voyez* le fromage bavarois *aux noix vertes*.

Fromage bavarois aux macarons amers.

Après avoir écrasé quatre onces de macarons amers, vous les versez dans deux verres de lait en ébullition, avec six onces de sucre. Couvrez l'infusion, et du moment qu'elle n'est que tiède, joignez-y six gros de colle clarifiée, et passez-la ensuite à la serviette. Placez la préparation à la glace, et lorsqu'elle commence à prendre, mêlez-y le fromage à la crème. Terminez le reste du procédé selon la règle.

Autre manière. Vos macarons étant écrasés, vous les mêlez dans quatre onces de sucre cuit au caramel, que vous faites dissoudre ensuite avec un verre d'eau bouillante ; après quoi vous y mêlez quatre onces de sucre en poudre, un verre de crème et six gros de colle clarifiée. Vous terminez le procédé de la manière accoutumée.

Lorsqu'on manque de macarons amers, on y supplée en pilant une demi-once d'amandes amères, que l'on ajoute à quatre onces de macarons doux.

Après avoir renversé le fromage, et, au moment de le servir, vous semez dessus et autour, du macaron doux écrasé ; vous placez dessus une couronne de macarons entiers. Voyez-en l'effet par le dessin du n° 8 de la planche 50. Cette manière de servir ce délicieux entremets le distingue des autres, et le rend en quelque façon en surprise.

Fromage bavarois à la vanille.

Mettez dans trois verres de crème bouillante une gousse de vanille bien grasse et bien givrée ; placez l'infusion sur l'angle du fourneau et laissez-la réduire d'un tiers ; mêlez huit onces de sucre en poudre et six gros de colle de poisson. Le tout parfaitement mêlé, et n'étant plus que tiède, vous passez la préparation à la serviette, après quoi vous la mettez à la glace : aussitôt qu'elle commence à se lier, vous y joignez le fromage à la Chantilly.

Fromages bavarois au zeste de cédrat.

Prenez un morceau de sucre du poids de huit onces; vous râpez dessus le zeste d'un cédrat, et, au fur et à mesure que le sucre se colore, vous le ratissez afin d'en séparer l'arome du fruit qui s'y attache par le frottement.

Ayez soin de ne point enticher la peau blanche du cédrat, parce qu'elle donnerait de l'amertume à l'entremets; enfin, lorsque le cédrat est parfaitement décoloré, jetez le sucre dans deux verres de lait presque bouillant; couvrez l'infusion, et, quand elle n'est plus que tiède, mêlez-y six gros de colle clarifiée; après quoi vous la passez à la serviette; vous la placez dans un bôl à la glace, et, dès qu'elle commence à prendre, vous y joignez un fromage à la crême. Pour le reste du procédé, *Voyez* le fromage bavarois premier article de ce chapitre.

On emploiera les mêmes procédés pour confectionner les fromages bavarois au zeste de citron, en râpant le zeste de trois citrons bien sains; au zeste de bigarade, en employant le zeste de deux bigarades bien jaunes; et aux oranges, en employant le zeste de deux belles oranges de Malte rouges en couleur.

CHAPITRE VIII.

DES FROMAGES BAVAROIS PRINTANIERS.

Fromages bavarois aux violettes.

Vous épluchez quatre petits paquets de violettes cueillies du jour; vous les jetez dans huit onces de sucre clarifié et en ébullition, avec une pincée de graines de cochenille, afin de colorer l'infusion que vous couvrez. Lorsqu'elle n'est plus que tiède, vous y mêlez six gros de colle; ensuite vous passez la préparation à la serviette et la placez dans un bôl à la glace; lorsqu'elle commence à prendre, vous y mêlez un fromage à la Chantilly, et finissez selon la règle.

Fromages bavarois aux roses.

Prenez une trentaine de belles roses fraîchement cueillies ; et, après les avoir épluchées, jetez-les avec une pincée de graines de cochenille dans huit onces de sucre clarifié et bouillant. Couvrez l'infusion, et, lorsqu'elle n'est plus que tiède, joignez-y six gros de colle de poisson ; ensuite passez la préparation à la serviette, après quoi vous la mettez à la glace. Du moment qu'elle commence à se lier, vous y mêlez le fromage à la crême. Terminez comme de coutume.

Fromages bavarois à l'œillet.

Epluchez une petite botte (deux onces) de petits œillets rouges à ratafiat. Vous les jetez dans huit onces de sucre clarifié et bouillant, avec dix clous de gérofle concassé et une pincée de graines de cochenille. Couvrez l'infusion, et, lorsqu'elle est tiède encore, passez-la à la serviette ; après quoi vous y joignez six gros de colle. Remuez la préparation, et placez-la dans un bôl à la glace. Aussitôt qu'elle commence à se lier, vous y amalgamez un fromage à la crême. Moulez et démoulez l'entremets, comme il est décrit plus haut.

On peut également confectionner ces sortes d'entremets aux jonquilles, au jasmin et aux tubéreuses.

Fromages bavarois à la fleur d'orange nouvelle.

Epluchez deux onces de fleur d'orange cueillie du jour. Vous la faites infuser dans huit onces de sucre clarifié et bouillant. Lorsqu'elle est presque froide, vous la passez à la serviette. Ajoutez six gros de colle à la préparation que vous placez à la glace ; et quand elle commence à prendre, vous mettez la crême fouettée nécessaire. Terminez l'opération de la manière accoutumée.

CHAPITRE IX.

DES FROMAGES AUX FRUITS.

Fromage bavarois aux fraises.

Après avoir épluché deux livres et demie de fraises, vous les passez en purée par l'étamine fine ; vous y mêlez huit onces

DES ENTREMETS DE DOUCEUR.   123

de sucre en poudre, et lorsque ce sucre est dissous, vous y joignez six gros de colle. Placez-la ensuite sur la glace, et du moment que la préparation commence à prendre, vous y incorporez le fromage à la Chantilly. Pour le reste du procédé, *Voyez* le fromage bavarois aux *noix vertes*.

Fromage bavarois aux framboises.

C'est absolument la même manière de procéder que pour le précédent, avec cette différence que vous employez une livre de framboises avec quatre onces de groseilles.

Pour conserver la préparation d'un beau rose, il est important de ne point la déposer ni la toucher avec aucun ustensile d'étain ou étamé.

Fromage bavarois aux groseilles rouges.

Egrainez une livre de groseilles rouges bien douces, et quatre onces de framboises. Pressez le tout à l'étamine fine, afin d'exprimer la quintessence du suc, dans lequel vous mêlez huit onces de sucre fin et six gros de colle. Le tout étant parfaitement amalgamé, vous mettez la préparation dans un bôl à la glace, et dès qu'elle commence à se lier, vous y mêlez une assiette de crême fouettée. Finissez comme il est décrit plus haut.

Fromage bavarois aux quatre fruits.

Ayez quatre onces de groseilles, quatre de cerises, quatre de framboises et quatre de fraises. Pressez le tout à l'étamine fine pour exprimer le jus, dans lequel vous joignez huit onces de sucre fin et six gros de colle. Le tout parfaitement mêlé, vous placez la préparation à la glace; aussitôt qu'elle commence à prendre, vous y joignez la crême fouettée nécessaire. Pour le reste du procédé, *Voyez* le fromage bavarois aux *noix vertes*.

On emploiera les mêmes procédés que ci-dessus pour faire un fromage bavarois aux cerises, en exprimant le suc d'une livre de cerises avec quatre onces de framboises.

Fromage bavarois aux abricots.

Prenez dix-huit beaux abricots de plein-vent, d'une

bonne maturité et rouges en couleur. Après les avoir coupés menus, vous les faites cuire dans huit onces de sucre clarifié. Lorsqu'ils sont réduits en marmelade parfaite, vous les passez en purée à l'étamine. Vous y joignez six gros de colle clarifiée et un verre de bonne crème. Remuez la préparation et placez-la ensuite à la glace. Lorsqu'elle commence à prendre, vous y mettez la crème fouettée. Vous terminez l'opération de la manière accoutumée.

On peut également mêler les abricots avec huit onces de sucre en poudre, et, une heure après, les passer à cru par l'étamine fine.

On procédera de même que ci-dessus pour confectionner le fromage bavarois aux pêches, en employant quinze pêches de vigne.

Fromage bavarois aux prunes mirabelles.

Otez les noyaux de cent prunes vraies mirabelles; vous les faites cuire dans huit onces de sucre clarifié. Lorsqu'elles sont réduites à point, vous passez la marmelade en purée par l'étamine fine; après quoi, vous y mêlez six gros de colle clarifiée. Placez la préparation à la glace, et du moment qu'elle commence à se lier, amalgamez la crème fouettée nécessaire. Pour le reste du procédé, agissez selon la règle.

Pour le fromage bavarois aux prunes de reine-claude, on emploiera trente-six de ces prunes bien mûres; on procédera absolument de la même manière que ci-dessus.

On peut passer ces sortes de fruits par l'étamine, sans les faire cuire.

Fromage bavarois à l'ananas.

Après avoir épluché un moyen ananas, vous le coupez menu et le faites cuire dans huit onces de sucre clarifié. La marmelade étant parfaitement cuite, vous la passez en purée par l'étamine fine; après quoi vous y mêlez six gros de colle, et placez ensuite la préparation à la glace. Lorsqu'elle commence à prendre, vous y joignez un fromage à la Chantilly. Moulez et démoulez l'entremets, comme il est indiqué au fromage bavarois aux *noix vertes*.

Fromage bavarois au melon.

Ayez un moyen cantaloupe de bon fruit, d'un goût exquis et rouge en couleur. Coupez-le par tranches; ôtez-en l'écorce et les pepins. Coupez-le menu, et faites-le cuire ensuite dans huit onces de sucre clarifié; faites-le réduire en une marmelade parfaite, que vous passez en purée par l'étamine fine. Vous y joignez six gros de colle; remuez la préparation et placez-la à la glace. Quand elle commence à se lier, vous y mêlez une assiette de crème fouettée. Finissez l'opération comme de coutume.

Fromage bavarois au marasquin.

Faites bouillir deux verres de crème double; ajoutez-y huit onces de sucre et six gros de colle; passez le tout à l'étamine et placez la préparation à la glace. Au moment où elle commence à se lier, vous y mêlez peu à peu un demi-verre de vrai marasquin d'Italie. Après cela, vous y amalgamez la crème fouettée nécessaire. Terminez l'opération de la manière accoutumée.

Pour le fromage bavarois au rum, on procédera comme ci-dessus, avec cette différence qu'on emploie un demi-verre de bon rac ou de rum.

On fait également des fromages bavarois aux crèmes de Moka, de cacao, de pomone, de fraises, de vanille, de menthe, de Barbade, d'Arabie et autres liqueurs fines.

Fromage bavarois au punch.

Faites infuser le zeste de deux citrons dans huit onces de sucre clarifié; ajoutez le suc de trois citrons bien sains, et six gros de colle. Passez le tout à la serviette, après quoi vous placez la préparation à la glace. Lorsqu'elle commence à se lier, vous y mettez un demi-verre de bon rac ou de rum, puis la crème fouettée. Finissez le procédé comme de coutume.

Fin des fromages bavarois.

On met également ces sortes de fromages bavarois en

petits pots pour en faire un entremets. On préparera la moitié de l'une des recettes décrites précédemment ; puis on emplira les sept petits pots au moment où l'on aura mêlé la crème fouettée à la préparation.

CHAPITRE X.

DES CRÈMES FRANÇAISES.

Crème au café Moka.

Mettez dans un moyen poêlon d'office quatre onces de café vrai Moka, et torréfiez-le sur un feu modéré. Quand il est coloré, et que les grains de café deviennent huileux, vous le jetez dans cinq verres de lait tout bouillant. Couvrez l'infusion, et lorsqu'elle n'est plus que tiède, passez-la à la serviette. Mêlez-y dix onces de sucre en poudre et un grain de sel. Prenez huit jaunes d'œufs, que vous délayez peu à peu avec l'infusion. Placez le tout sur un feu modéré, en le remuant continuellement avec une cuillère de bois, afin que la crème se lie sans grumeaux ; et du moment qu'elle commence à s'épaissir et à s'attacher légèrement à la cuillère, donnez-lui un bouillon seulement et passez-la de suite à l'étamine fine. Quand elle n'est plus que tiède, mêlez six gros de colle clarifiée. Dès qu'elle est refroidie, versez la crème dans un moule d'entremets (que vous aurez légèrement frotté avec un peu d'huile d'amandes douces), qui sera incrusté dans dix livres de glace pilée, et couvrez la crème d'un rond de papier ou d'un couvercle de casserole. Deux petites heures après, détachez légèrement le pourtour de la crème du moule, et renversez-la sur le plat d'entremets, en enlevant le moule.

Cette manière de démouler la crème, sans avoir besoin de tremper le moule à l'eau chaude, vient de ce qu'il a été à peine huilé intérieurement de quelques gouttes d'huile d'amandes douces. Par ce moyen, la crème quitte aisément le moule, et sa surface est toute aussi brillante que quand elle est démoulée à l'eau chaude. Cependant l'eau chaude sert en quelque sorte à dépouiller l'entremets d'une pe-

DES ENTREMETS DE DOUCEUR.

fite teinte terne, occasionnée quelquefois par le moule.

Néanmoins, cette manière d'huiler les moules a quelque chose d'aimable, en ce qu'au moment du service on démoule son entremets en très-peu de temps.

On huile également les moules des blancs-manger, des fromages bavarois et des gelées fouettées, mais jamais pour les gelées transparentes; car ces dernières, par ce procédé, conservent à leur surface le peu d'huile du moule, ce qui leur donne toujours quelque chose de louche. Cela est facile à concevoir, l'huile étant un corps gras.

Crême française au café à l'eau.

Après avoir moulu quatre onces de café brûlé selon la règle, vous le faites infuser dans un verre d'eau bouillante. Quand il est déposé, vous le tirez à clair; ensuite vous faites cuire quatre onces de sucre au caramel, comme de coutume. Vous y versez le café et le placez sur des cendres rouges, afin qu'il se fonde doucement. Le sucre étant parfaitement dissous, vous le versez peu à peu dans huit jaunes d'œufs, en remuant le mélange. Ajoutez quatre verres ds lait bouillant et six onces de sucre, après quoi vous faites prendre la crême sur un feu modéré, en la remuant toujours avec la cuillère de bois; aussitôt qu'elle commence à frémir, vous la passez à l'étamine fine, et lorsqu'elle est tiède encore, vous y mêlez six gros de colle clarifiée, puis vous terminez l'opération comme la précédente.

Crême française au cacao.

Torréfiez, de même que le café, quatre onces de cacao; vous le concassez dans un mortier, et le mettez de suite infuser dans cinq verres de lait en ébullition, avec une demi-gousse de vanille, et le même volume de canelle fine. Couvrez l'infusion, et quand elle est presque froide, passez-la à la serviette; ensuite mêlez-la peu à peu avec huit jaunes d'œufs, dix onces de sucre et un grain de sel; vous faites prendre la crême comme il est dit ci-dessus; et, après l'avoir passée à l'étamine, vous y mêlez six gros de colle de poisson, et suivez le reste du procédé selon la règle.

SEPTIÈME PARTIE.

Crême française au chocolat.

Cassez menu quatre onces de chocolat à la vanille; vous le faites dissoudre dans un verre d'eau bouillante et à petit feu. Ensuite, versez-le par parties dans huit jaunes d'œufs, que vous remuez, en ajoutant huit onces de sucre et quatre verres de lait bouillant; placez le tout sur un feu modéré, en remuant la crême sans discontinuer. Aussitôt quelle commence à se lier, vous lui donnez un léger bouillon, et la passez à l'étamine fine; quand elle est presque froide, vous y mêlez six gros de colle clarifiée, puis vous moulez et démoulez la crême de la manière accoutumée.

Crême française au thé heysven-skine.

Lorsque votre lait (cinq verres) est en ébullition, vous y versez deux gros du meilleur thé; couvrez l'infusion, que vous passerez à tiède par la serviette; ensuite, vous la mêlez par intervalle dans huit jaunes; ajoutez dix onces de sucre et un grain de sel; faites prendre la crême comme de coutume, et après l'avoir passée à l'étamine, mêlez six gros de colle. Terminez l'opération de la manière décrite précédemment.

Crême française à la fleur d'orange.

Jettez dans cinq verres de lait bouillant, une once de fleur d'orange pralinée; couvrez l'infusion, et, lorsqu'elle n'est plus que tiède, mêlez-y dix onces de sucre, un grain de sel et huit jaunes d'œufs; faites prendre la crême selon la règle, et passez-la à l'étamine; ajoutez six gros de colle, et finissez le procédé de la manière indiquée.

Crême française à la fleur d'orange grillée.

Faites cuire au caramel six onces de sucre; et, du moment qu'il est coloré d'un beau blond rougeâtre, mêlez-y une once de fleur d'orange pralinée, et la laissez refroidir. Vous le faites dissoudre sur un feu modéré avec un verre d'eau bouillante; ensuite vous le mêlez dans huit jaunes d'œufs, quatre onces de sucre, quatre verres de lait et un grain de sel; vous faites prendre la crême sur un feu modéré, et, après l'avoir passée à l'étamine, vous y joignez six gros de colle, et terminez l'opération comme de coutume.

Crême française au caramel anisé.

Faites cuire six onces de sucre au caramel, et, après l'avoir ôtez du feu, mêlez-y deux gros d'anis vert, et deux d'anis étoilé. Lorsqu'il est refroidi, vous le faites fondre avec un verre d'eau bouillante; vous le versez par parties dans huit jaunes d'œufs que vous remuez à mesure: ajoutez quatre onces de sucre, quatre verres de lait presque bouillant, et un grain de sel. Faites prendre la crême comme il est dit précédemment; ensuite passez-la à l'étamine, et mettez-y six gros de colle. Pour le reste du procédé, voyez la première crême de ce chapitre.

Crême française aux macarons amers.

Ecrasez quatre onces de macarons amers, et faites-les infuser dans cinq verres de lait en ébullition. Couvrez l'infusion; et, quand elle n'est plus que tiède, versez-la peu à peu dans huit jaunes d'œufs avec huit onces de sucre et un grain de sel. Placez le tout sur un feu modéré, en remuant continuellement la crême avec une cuillère de bois. Aussitôt qu'elle commence à frémir, vous la passez à l'étamine. Ajoutez six gros de colle, et finissez l'opération comme de coutume.

Lorsqu'on manque de macarons amers, on y supplée, en employant quatre onces de macarons doux, avec une demi-once d'amandes amères pilées.

On fait également cette crême au caramel, en mêlant les macarons dans quatre onces de sucre cuit au caramel, ce qui rend cet entremets plus aimable.

Crême française aux pistaches.

Après avoir pilé quatre onces de pistaches (émondées) avec une once de cédrat confit et huit amandes amères, vous jetez le tout dans cinq verres de lait presque bouillant. Couvrez l'infusion, et dès qu'elle n'est plus que tiède, passez-la à la serviette avec pression ; ensuite versez-la peu à peu dans huit jaunes, que vous aurez soin de remuer : ajoutez dix onces de sucre et un grain de sel; faites prendre la crême de la manière accoutumée; après l'avoir passée à l'étamine, et lorsqu'elle n'est plus que tiède, mettez-y six gros de colle, et assez d'essence de vert d'épinards passés au tamis de soie pour la colorer d'un beau vert pistache. Terminez le reste du procédé, selon la règle.

Crême française aux avelines.

Emondez quatre onces d'amandes d'avelines, lavez-les, et égoutez-les sur une serviette, après quoi vous les placez dans un poêlon d'office, sur un feu modéré; colorez-les bien blondes et aussi égales que possible. Quand elles sont refroidies, vous les pilez et les mouillez légèrement d'une cuillerée de lait; ensuite, vous les jetez dans cinq verres de lait presque bouillant. Couvrez l'infusion, et lorsqu'elle n'est plus que tiède, passez-la à la serviette, et versez-la dans huit jaunes d'œufs, que vous remuez parfaitement; vous ajoutez dix onces de sucre, un grain de sel, et faites prendre la crême comme il est indiqué : passez-la à l'étamine, et joignez-y six gros de colle. Pour le reste du procédé, suivez les détails décrits.

On procédera de même que ci-dessus pour confectionner la crême aux amandes, en employant six onces d'amandes douces et une demi-once d'amandes amères.

Crême française à la vanille.

Jetez une gousse de vanille, dans six verres de lait en ébullition; placez l'infusion sur l'angle du fourneau, et laissez-la doucement réduire d'un sixième; après quoi vous y mêlez dix onces de sucre et un grain de sel. Vous la versez peu à peu dans huit jaunes, que vous remuez à mesure; ensuite vous faites prendre la crême sur un feu modéré, selon la manière ordinaire; et, après l'avoir passée à l'étamine, vous y joignez six gros de colle. Pour le reste

DES ENTREMETS DE DOUCEUR.

de l'opération, voyez le premier article de ce chapitre.

On peut également ajouter dans cette crême quatre onces de sucre cuit au caramel.

Crême française à la fleur d'orange nouvelle.

Epluchez deux onces de fleur d'orange nouvellement cueillie; vous la faites infuser dans cinq verres de lait bouillant. Couvrez l'infusion, et lorsqu'elle n'est plus que tiède, versez-la dans huit jaunes d'œufs, avec dix onces de sucre en poudre et un grain de sel; ensuite vous faites prendre la crême sur un feu modéré, et, du moment qu'elle se lie, donnez-lui un léger bouillon. Passez-la à l'étamine; dès qu'elle est presque froide, mêlez-y six gros de colle, et terminez le procédé de la manière accoutumée.

Crême française au parfait amour.

Râpez sur un morceau de sucre du poids de dix onces, le zeste de deux beaux citrons bien jaunes et bien sains, et le zeste d'un moyen cédrat. Ayez soin de râper légèrement, afin d'obtenir l'arome du fruit sans amertume. Ensuite, vous jetez ce sucre dans cinq verres de lait presque bouillant, avec dix cloux de gérofle concassé. Couvrez l'infusion; et, lorsqu'elle est presque froide, versez-la par parties dans huit œufs avec un grain de sel; faites prendre la crême selon la règle, après quoi vous la passez à l'étamine, et y joignez six gros de colle. Pour le reste du procédé, suivez les détails décrits.

Crême française aux quatre zestes.

Ayez un morceau de sucre du poids de dix onces, sur lequel vous râpez la moitié d'un beau citron, celui d'une belle orange de Malte, puis celui d'une bigarade, et la moitié du zeste d'un beau cédrat. Faites infuser le tout dans cinq verres de lait presque bouillant; couvrez l'infusion, et, dès qu'elle n'est plus que tiède, versez-la peu à peu dans huit jaunes d'œufs avec un grain de sel; faites prendre la crême comme de coutume, et passez-la à l'étamine : ajoutez six gros de colle, et terminez l'opération de la manière accoutumée.

Crême française à l'orange.

Choisissez deux belles oranges douces, et dont l'écorce sera fine et foncée en couleur. Vous râpez légèrement le zeste sur un morceau de sucre de dix onces; mais sur-tout ayez soin de ne point effleurer la peau blanchâtre qui se trouve sous le zeste de l'orange, parce que cette peau donnerait de l'amertume à la crême. Ensuite, vous faites infuser ce sucre dans cinq verres de lait en ébullition, et quand l'infusion est presque froide, vous la mêlez avec huit jaunes d'œufs et un grain de sel. Placez le tout sur un feu modéré, en remuant continuellement la crême, avec une cuillère de bois ; aussitôt qu'elle commence à vouloir bouillir, passez-la à l'étamine. Lorsqu'elle est tiède, vous y mêlez six gros de colle, et vous suivez le reste du procédé de la manière accoutumée.

Crême française au cédrat.

Râpez sur un morceau de sucre de dix onces le zeste de deux moyens cédrats bien sains ; mêlez ce sucre avec huit jaunes d'œufs et un grain de sel ; ensuite, mêlez-y peu à peu cinq verres de lait presque bouillant, mais en ayant soin de remuer parfaitement la crême que vous finissez de faire prendre sur un feu modéré. Vous la passez à l'étamine, et quand elle n'est plus que tiède, vous y joignez six gros de colle. Terminez l'opération selon la règle.

On procédera de même que ci-dessus pour confectionner la crême à la bigarade, en râpant le zeste de deux belles bigarades bien jaunes ; de même pour la crême aux citrons bergamottes, en employant le zeste de deux beaux citrons de cette espèce.

Crême française aux fraises.

Faites bouillir quatre verres de lait avec une pincée de graine de cochenille et dix onces de sucre. Vous versez ce lait dans huit jaunes, que vous remuez à mesure pour que la crème se prenne également. Ajoutez un grain de sel, et placez la crème sur un feu modéré, en la remuant toujours; aussitôt qu'elle commence à frémir, vous la passez à l'étamine; ensuite vous y mêlez six gros de colle, et pendant que la crème se refroidit, vous passez en purée à l'étamine fine une livre de belles fraises bien mûres, avec une poignée de groseilles. Lorsque la crème est froide, vous y amalgamez le fruit, après quoi vous la moulez selon la coutume.

Je ne mets pas de suite le fruit avec le lait, parce que cette crème est liée à l'œuf sur le feu; car si on mêlait inconsidérément le tout ensemble, l'acide du fruit ferait tourner la crème; et, d'un autre côté, vous conservez tout l'arome du fruit, en le mêlant à la crème froide.

Vous emploierez les mêmes procédés pour la crème aux framboises, avec cette différence, que vous exprimez le suc d'une livre de framboises, mêlé avec une poignée de fraises.

Crême française aux abricots.

Coupez menu quinze beaux abricots de plein-vent bien mûrs et bien rouges en couleur. Vous les faites cuire dans quatre onces de sucre clarifié. Etant desséchés, en une marmelade légère, vous la passez en purée à l'étamine; ensuite, vous faites bouillir quatre verres de lait avec six onces de sucre et un grain de sel, et les mêlez peu à peu avec huit jaunes, que vous aurez soin de remuer sans cesse, avec la cuillère de bois. Vous finissez de faire prendre la crème sur un feu modéré; après quoi, vous la passez à l'étamine. Vous y joignez six gros de colle; aussitôt qu'elle est foide, vous la versez doucement dans la marmelade d'abricots, que vous remuez au fur et à mesure, afin d'amalgamer parfaitement le tout. Pour le reste du procédé, suivez les détails décrits.

Pour la crème aux prunes de reine-claude, vous procédez de même que ci-dessus, avec cette différence que vous faites une petite marmelade de vingt-quatre de ces prunes bien mûres. Vous procédez encore de même, pour confectionner la crème aux prunes de mirabelle, en employant quatre-vingt de ces prunes.

Crème française au marasquin.

Faites bouillir quatre verres de lait; vous le mêlez peu à peu avec huit jaunes, dix onces de sucre et un grain de sel. Placez le tout sur un feu modéré, en remuant toujours la crème; aussitôt qu'elle se lie et commence à frémir, vous la passez à l'étamine, vous y joignez six gros de colle à tiède; et, quand elle est froide, vous y mêlez un demi-verre de vrai marasquin d'Italie. Pour le reste du procédé, agissez selon la coutume.

Pour la crème au rum, vous procédez comme pour la précédente, avec cette différence, que vous y mêlez un demi-verre de bon rac ou de rum.

Pour un entremets de l'une de ces crèmes en petits pots, on prépare seulement les deux tiers des recettes décrites précédemment.

Crème française à la crème fouettée.

Préparez seulement les deux tiers de l'une des crèmes contenues dans le chapitre précédent. Cependant, mettez-y la même dose de colle de poisson (six gros); faites prendre la crème dans un bôl à la glace, en la remuant toujours, dans le genre du fromage bavarois; aussitôt qu'elle se lie et devient coulante en quittant la cuillère, mettez-y une petite assiette de crème fouettée, et versez-la de suite dans le moule qui sera enfoncé dans la glace.

L'addition de cette crème fouettée rend la crème française plus aimable encore, et infiniment plus moelleuse.

Vous ajoutez pareillement de la crème à la Chantilly dans toutes les recettes décrites à la série des crèmes françaises, vulgairement nommées crèmes à l'anglaise. Je ne puis concevoir qu'elle est notre manie. Nous créons les choses et nous avons la bonhomie de leur donner des noms étrangers; mais pourquoi cette faiblesse? Est-ce par ton, tant pis: c'est n'en avoir pas; est-ce dans la croyance qu'elles seront mieux accueillies par nos compatriotes? Mais point

DES ENTREMETS DE DOUCEUR.   135

du tout. Cette pensée est d'autant plus chimérique que notre art n'est exercé nulle part dans l'Europe aussi bien que dans Paris, et cela, parce que le beau ciel de notre chère patrie produit en abondance toutes les substances nécessaires pour faire briller nos talens, avantage que notre position géographique nous donne incontestablement sur le reste du continent. Notre goût fin et délicat, qui ne peut déguster que des alimens parfaits et exquis, y contribue, sans contredit, beaucoup encore.

CHAPITRE XI.

DES CRÈMES AU BAIN MARIE.

Crême (au bain marie) à la vanille.

Jetez une gousse de vanille dans six verres de lait en ébullition, que vous faites réduire d'un sixième ; ensuite cassez dans une terrine dix jaunes et un œuf entier, que vous délayez en y mêlant dix onces de sucre et un grain de sel. Versez peu à peu l'infusion de vanille, et toujours en remuant les jaunes, afin de mêler parfaitement la crême que vous passez à l'étamine fine. Vous la versez doucement dans un moule d'entremets légèrement beurré intérieurement.

Ce moule doit être placé dans une casserole de neuf pouces au moins de diamètre ; elle doit contenir assez d'eau bouillante, pour que celle-ci se trouve à six lignes près du bord du moule. Placez avec soin cette casserole sur des cendres rouges ; couvrez-la de son couvercle sur lequel vous mettez sept à huit braises allumées.

Ajoutez de temps en temps un peu de feu à l'entour de la casserole, pour maintenir l'eau toujours à son même dégré de chaleur, c'est-à-dire presque bouillante. Il est important d'observer qu'elle ne doit point bouillir pendant la cuisson de la crême qui est d'une petite heure et demie. Avec ce soin on sera sûr d'obtenir une crême très-lisse, point essentiel de l'opération, tandis qu'en laissant inconsidérément le bain marie bouillonner, on ne peut obten qu'une crème d'une apparence mesquine; et cela vient de l'ébullition qu'elle reçoit par l'eau bouillante du bain marie.

Enfin, lorsque la crème est prise, ce que vous voyez aisément en y portant le bout du doigt, elle ne doit former qu'un seul et même corps, et se détacher facilement du pourtour du moule. Alors vous l'ôtez du bain marie; et quand elle n'est plus que tiède, vous placez le plat d'entremets sur le moule que vous retournez en posant l'un sur l'autre vous enlevez le moule et servez la crème qui doit être d'une mine appétissante.

Quand il arrive (n'importe par quelle cause) que la crème se trouve toute remplie à sa surface de petits globules d'air qui s'y sont fixés par l'ébullition du bain marie, vous faites bouillir un verre de crème, que vous versez peu à peu dans trois jaunes d'œufs. Vous les remuez sans cesse avec une cuillère de bois; vous y mêlez trois onces de sucre fin et un grain de sel, et faites prendre ce mélange sur un feu modéré, toujours en remuant. Dès que la crème s'attache à la cuillère et qu'elle est prête à bouillir, vous la passez à l'étamine. Au moment de servir la crème, vous la masquez parfaitement avec de la crème liée, ce qui cache en partie sa difformité.

Il est des personnes qui masquent également leur crème avec de la crème liée, quoiqu'elle ait parfaitement réussi au bain marie. Je la préfère servie de cette manière.

Crême (au bain marie) au chocolat.

Cassez par petits morceaux quatre onces de chocolat que vous faites fondre sur un feu modéré, en y mêlant un verre d'eau bouillante, une demie gousse de vanille et huit onces de sucre. Le tout parfaitement dissous, vous le mêlez dans cinq verres de lait en ébullition que vous retirez du feu; ensuite vous le versez par intervalle sur dix jaunes et un œuf entier, que vous remuez continuellement avec la cuillère de bois; ajoutez un grain de sel, et passez la crème à l'étamine, et faites-la prendre au bain marie, comme la précédente.

DES ENTREMETS DE DOUCEUR.

Crême (au bain marie) au cacao.

Torréfiez dans un poêlon d'office quatre onces de cacao; vous le concassez dans un mortier, et le versez de suite dans six verres de lait tout bouillant, avec la moitié d'une gousse de vanille, et autant de canelle fine. Couvrez l'infusion, et lorsqu'elle n'est plus que tiède, passez-la à la serviette, après quoi vous la mêlez peu à peu dans dix jaunes et un œuf entier, un grain de sel, et dix onces de sucre en poudre, lorsque le sucre est tout-à-fait dissous, vous passez la crême à l'étamine fine, et terminez le reste du procédé selon la règle.

Crême (au bain marie) au café Moka.

Vous torréfiez sur un feu modéré quatre onces de vrai café Moka; aussitôt que les grains deviennent huileux, vous les versez dans six verres de lait en ébullition. Couvrez l'infusion; quand elle n'est plus que tiède, vous la passez à la serviette, après quoi vous la versez peu à peu dans dix jaunes que vous aurez délayés avec un œuf, un grain de sel, et dix onces de sucre. Le tout parfaitement mêlé, vous le passez de nouveau à l'étamine fine, et terminez l'opération de la manière accoutumée.

Crême (au bain marie) au café à l'eau.

Torréfiez quatre onces de café; et après l'avoir moulu, versez-le doucement dans un verre d'eau en ébullition; laissez-le déposer; après quoi vous le tirez à clair en le versant dans un petit poêlon d'office, où vous aurez fait cuire quatre onces de sucre au caramel. Vous le placez sur des cendres rouges, afin de faire dissoudre le sucre, et par ce moyen, de conserver autant que possible le parfum du café, que vous aurez soin de couvrir hermétiquement. Ensuite, vous versez le café dans cinq verres de lait chaud, qui auront bouilli; vous mettez le tout dans dix jaunes qui seront délayés avec un œuf, six onces de sucre en poudre, et un grain de sel. Passez la crême à l'étamine; versez-la dans le moule, et faites-la prendre au bain marie, selon la règle.

Crême (au bain marie) au thé au caramel.

Jetez deux gros de bon thé dans six verres de lait tout bouillant; couvrez l'infusion et faites cuire quatre onces de sucre en caramel. Faites-le dissoudre avec un demi-verre d'eau bouillante; versez-le dans l'infusion que vous mêlez peu à peu dans dix jaunes, avec un œuf, six onces de sucre fin et un grain de sel. Le tout parfaitement amalgamé, vous passez la crême à l'étamine, et la terminez comme il a été dit ci-dessus.

Crême (au bain marie) au caramel à la vanille.

Faites cuire au caramel six onces de sucre; vous y mêlez une demi gousse de vanille coupée par petites parcelles, et le laissez refroidir; après quoi vous le faites fondre avec un verre d'eau bouillante, en le posant sur des cendres rouges. Couvrez l'infusion; le sucre étant dissous, vous le mêlez dans cinq verres de lait qui auront bouilli; puis, vous versez le tout sur dix jaunes que vous aurez mêlés avec un œuf, quatre onces de sucre et un grain de sel. Remuez bien le mélange, que vous passez de suite à l'étamis, et finissez la crême comme de coutume.

Crême (au bain marie) au caramel anisé.

Jetez dans cinq verres de lait en ébullition un gros d'anis vert et un gros d'anis étoilé; couvrez l'infusion; faites cuire six onces de sucre au caramel, et faites-les fondre avec un verre d'eau bouillante. Vous le versez dans l'infusion qui doit être presque froide; après quoi, vous la mêlez peu à peu avec dix jaunes que vous aurez délayés avec un œuf, quatre onces de sucre et un grain de sel. Remuez bien le mélange que vous passez à l'étamine fine. Vous suivez le reste du procédé de la manière accoutumée.

Crême (au bain marie) au caramel à la fleur d'orange.

Après avoir fait cuire six onces de sucre au caramel, vous y mêlez une bonne cuillerée à bouche de fleur d'orange pralinée. Lorsqu'elle est refroidie, vous y joignez un verre d'eau bouillante, et le faites dissoudre sur des cendres rouges ; ensuite vous le mêlez dans cinq verres de lait presque bouillant. Vous versez le tout dans dix jaunes d'œufs qui seront délayés avec quatre onces de sucre, un œuf entier et un grain de sel. Passez la crême à l'étamine, et finissez-la comme de coutume.

Crême (au bain marie) au caramel.

Faites cuire huit onces de sucre au caramel ; vous en versez peu à peu dans le fond du moule qui doit vous servir, et que vous aurez beurré selon la règle ; mais vous aurez soin de placer le moule sur des cendres chaudes, afin que le caramel puisse s'étendre sur toute la surface du fond du moule (qui sera à cylindre) ; ne versez dans le moule que le quart du sucre ; alors, vous faites fondre le reste du caramel, en y joignant un verre d'eau en ébullition ; lorsqu'il est dissous, vous le mêlez avec cinq verres de lait que vous aurez fait bouillir ; ensuite, vous délayez dans une terrine dix jaunes avec un œuf entier, quatre onces de sucre et un grain de sel. Joignez-y le lait peu à peu. Passez la crême à l'étamine, et suivez le reste du procédé comme il est indiqué.

Le peu de caramel qui masque le fond du moule, se fond au bain marie, et colore le dessus de la crême, ce qui la distingue des autres.

On peut également masquer de caramel le fond des moules dans lesquels on fera les crêmes : on pourrait encore ajouter au caramel une petite infusion de cochenille.

Crême (au bain marie) aux macarons amers.

Ecrasez quatre onces de macarons amers, que vous jetez dans six verres de lait en ébullition ; couvrez l'infusion ; aussitôt qu'elle n'est plus que tiède, versez-la peu à peu dans dix jaunes qui seront délayés avec un œuf, huit onces de sucre en poudre et un grain de sel. Le tout parfaitement mêlé ; vous passez la crême à l'étamine et la finissez selon la règle.

On peut ajouter quatre onces de sucre (des huit onces)

cuit au caramel, ce qui rend cette crême des plus agréables.

Crême (au bain marie) au parfait amour.

Vous frottez sur un morceau de sucre du poids de dix onces, le zeste d'un citron bien sain, et le zeste d'un cédrat; mais ayez soin de râper légèrement la superficie des fruits, afin que l'arome n'ait point d'amertume.

Jetez ce sucre dans six verres de lait tout bouillant avec dix clous de gérofle concassé; couvrez l'infusion, et quand elle n'est plus que tiède, mêlez-la par partie dans dix jaunes que vous aurez délayés avec un œuf entier et un grain de sel. Passez le tout à l'étamine, et terminez l'opération de la manière accoutumée.

Crême (au bain marie) au cédrat.

Ayez un morceau de sucre de dix onces, sur lequel vous râpez le zeste d'un beau cédrat. Jetez ce sucre dans six verres de lait en ébullition; couvrez l'infusion, et laissez-la presque refroidir, après quoi, vous la mêlez dans dix jaunes qui seront délayés avec un œuf et un grain de sel. Passez le tout à l'étamine, et finissez la crême comme de coutume.

On procède de même que ci-dessus pour les crêmes à l'orange, en râpant les zestes de deux oranges douces; pour la faire au citron, en râpant le zeste de deux citrons; et à la bigarade, en employant le zeste de deux bigarades bien jaunes.

Crême (au bain marie) à la fleur d'orange pralinée.

Jetez une once de fleur d'orange pralinée dans six verres de lait tout bouillant. L'infusion n'étant plus que tiède, vous la mêlez avec dix jaunes d'œufs, délayés avec dix onces de sucre, un œuf et un grain de sel. Passez ensuite la crême à l'étamine, et terminez-la selon la règle.

Crême (au bain marie) au marasquin.

Faites bouillir cinq verres et demi de lait, et mêlez-le

tiède avec dix onces de sucre, dix jaunes, un œuf et un grain de sel. Passez la crème à l'étamine, puis mêlez-y un demi-verre de vrai marasquin d'Italie.

On la prépare de même pour la faire au rum, en y joignant un demi-verre de bon rum ou de bon rac.

Crême (au bain marie aux) pistaches.

Pilez un quarteron de pistaches émondées avec une once de cédrat confit et huit amandes amères. Lorsqu'elles sont broyées, vous les jetez dans six verres de lait presque bouillant; couvrez l'infusion, et passez-la à tiède par la serviette, avec pression. Délayez dans une terrine dix onces de sucre en poudre, avec une cuillerée d'essence de vert d'épinards passés au tamis de soie, puis un œuf, dix jaunes et un grain de sel. Ajoutez peu à peu l'infusion à ce mélange, remuez bien, passez le tout à l'étamine, et continuez le reste du procédé selon la règle.

C'est pour cette crême, par exemple, qu'on doit avoir l'attention de conserver deux grandes cuillerées de la crême qu'on lie avec soin, afin qu'elle conserve sa couleur pistache; et, lorsque la crême est démoulée, vous la masquez de la crême liée; si vous ne la trouvez pas assez colorée après l'avoir liée sur le feu, vous y joindrez un peu de vert.

Crême (au bain marie) aux avelines.

Mettez dans un moyen poêlon d'office quatre onces d'avelines émondées; vous leur donnez couleur sur un feu modéré; lorsqu'elles sont blondes, vous les concassez dans un mortier, et les jetez de suite dans six verres de lait en ébullition. L'infusion étant presque froide, vous la passez à la serviette, puis vous la mêlez dans dix jaunes, que vous aurez délayés avec dix onces de sucre en poudre, un œuf et un grain de sel. La crême parfaitement mêlée, vous la passez à l'étamine, après quoi, vous la terminez comme de coutume.

La crême aux amandes se prépare de même que ci-dessus, avec cette différence, que vous employez quatre onces d'amandes douces que vous colorez également.

Toutes les crêmes décrites dans ce chapitre, se mettent en petits pots, et prennent de même au bain marie. Pour sept petits pots, vous en prendrez six d'infusion, n'importe laquelle ; vous y ajouterez quatre jaunes d'œufs et le sucre nécessaire.

CHAPITRE XII.

DES CRÊMES-PLOMBIÈRES.

Crême-plombière au marasquin.

Mettez dans une casserole huit jaunes et une cuillerée de farine de crême de riz ; ajoutez trois verres de bon lait presque bouillant ; placez le tout sur un feu modéré, en remuant toujours la crême avec une cuillère de bois. Lorsqu'elle commence à prendre, vous l'ôtez du feu, et la remuez parfaitement pour la délayer bien lisse ; après quoi, vous la cuisez sur un feu doux pendant quelques minutes. Cette crême doit être de la consistance d'une crême-pâtissière bien faite. Alors, vous y mêlez six onces de sucre en poudre et un grain de sel ; après l'avoir changée de casserole, vous la mettez à la glace ; mais ayez soin de la remuer de de temps en temps. En refroidissant, elle s'épaissit un peu. Lorsqu'elle est froide, et au moment du service, vous y mêlez un demi-verre de bon marasquin d'Italie, et ensuite une assiette de bonne crême fouettée bien égouttée. Le tout parfaitement amalgamé doit vous donner une crême veloutée, légère, et d'un moelleux parfait. Alors, vous dressez votre crême en rocher dans une casserole d'argent, dans de petits pots, dans une croûte de vol-au-vent glacé et couverte d'une sultane, ou simplement dans une croûte de tourte d'entremets ; dans un biscuit en puits, ou dans une coupe en abaisse en pâte d'amandes.

Pour faire cette crême au rum, on supprime le marasquin, qu'on remplace par un demi-verre de bon rum ou de rac.

On peut odorifer cette crême selon les infusions diverses

décrites pour les crêmes au bain marie, pour l'infusion seulement ; et dans trois verres et demi de lait, comme il est dit dans la recette précédente. On suivra d'ailleurs le reste du procédé, comme il est indiqué ci-dessus.

Crême-plombière aux fraises.

Épluchez une livre de belles fraises rouges et de bon fruit ; vous en ôtez le tiers, en prenant les plus grosses, et passez le reste en purée par l'étamine fine. Vous mêlez ce fruit dans la crême, qui sera de point en point préparée de même que la précédente (sans odeur) ; et, après y avoir ajouté la crême fouettée nécessaire, vous dressez votre crême en rocher, et placez dessus çà et là les fraises conservées.

On procédera de la même manière pour confectionner la crême aux framboises, en conservant les plus belles pour orner le dessus de la crême, où vous aurez mis le suc d'une demi-livre de framboises, et le jus de quatre onces de bonnes fraises. Cependant, on la sert encore sans mélange d'autres fruits.

Crême-plombière à la marmelade d'abricots.

Ayez quinze beaux abricots de plein-vent, rouges en couleur, et de bon fruit. Coupez-les menu, et faites-les cuire dans six onces de sucre clarifié ; quand ils sont réduits d'une marmelade parfaite, vous la passez en purée par l'étamine fine ; ensuite, vous cassez quatre jaunes d'œufs dans une casserole, que vous délayez avec une petite cuillerée de farine de crême de riz et un verre de bonne crême ou de lait ; puis, vous faites cuire cette crême, comme il est dit plus haut. Ajoutez-y un grain de sel et deux onces de sucre ; après l'avoir fait refroidir à la glace, mêlez-y la marmelade et la crême fouettée nécessaire.

Pour la crême-plombière aux prunes de mirabelle, vous employez un cent de vraies mirabelles, et suivez le reste du procédé décrit ci-dessus.

On peut également employer trente-six vraies reine-claudes pour confectionner une bonne crême-plombière aux prunes de ce nom.

On peut encore mêler dans ces sortes de crêmes, des marmelades de coings, de pêches, de pommes de rainette, d'ananas et de cantaloupes.

CHAPITRE XIII.

DES CRÈMES GLACÉES.

Crême glacée au citron.

Rapez sur un morceau de sucre du poids de dix onces le zeste de deux beaux citrons bien jaunes et bien sains ; faites dissoudre ce sucre dans six verres de lait bouillant. Couvrez l'infusion ; ensuite, cassez dans une terrine dix jaunes d'œufs (et un grain de sel) que vous délayez, en y versant peu à peu l'infusion que vous remuez parfaitement. Placez la crême sur un feu modéré, et remuez-la toujours avec une cuillère de bois ou une spatule. Dès qu'elle se lie (en s'attachant à la cuillère), et au premier signe d'ébullition, vous l'ôtez du feu, et la passez à l'étamine fine. Lorsqu'elle est froide, vous la versez dans une sarbotière, qui sera placée dans son seau rempli de glace pilée avec quelques poignées de sel marin. Couvrez la sarbotière qui doit être également entourée de glace, sur laquelle vous semez encore une couple de poignées de sel. Laissez le tout en cet état pendant un quart d'heure, après quoi, vous ôtez le couvercle de la sarbotière, puis avec le spatule, vous détachez la crême qui sera glacée aux côtés et au fond. Mêlez à cette préparation un petit fromage de crême fouettée ; recouvrez le tout ; ensuite, prenez la sarbotière par son anse, en la tournant de la main droite, puis de la gauche, et ainsi de suite, afin qu'elle se trouve toujours tournante durant quinze à vingt minutes. Vous séparez encore avec la spatule la crême qui sera congelée au côté et au fond de la sabotière ; mais vous l'amalgamez parfaitement au liquide, pour que la crême soit d'un seul et même corps. Recouvrez la sarbotière, et continuez de la tourner à

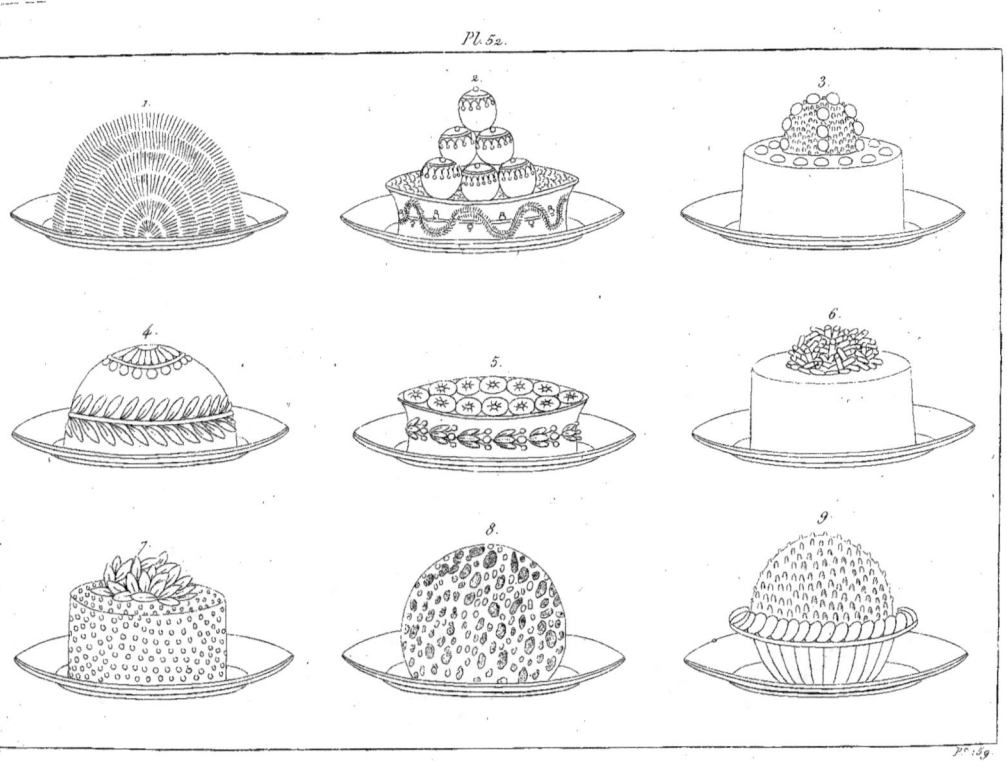

DES ENTREMETS DE DOUCEUR.

droite et à gauche pendant un quart d'heure; travaillez de nouveau la crême, en la détachant des parois et du fond de la sarbotière, et ayez le soin de le faire assez long-temps pour qu'elle soit d'un corps lisse et moelleux, quoique consistant. Alors, vous placez la crême dans un moule d'entremets à cylindre, avec l'attention de l'y appuyer, pour qu'elle en prenne parfaitement les formes. Incrustez de suite le moule dans la glace pilée; couvrez la crême d'un couvercle de casserole, sur lequel vous mettez de la glace. Etant prêt à servir, vous trempez avec prestesse le moule dans une casserole d'eau chaude, puis vous placez un plat sur la crême que vous retournez sens dessus dessous, en enlevant le moule promptement. Cette partie de l'opération réclame une extrême agilité, afin que la crême se fonde le moins possible.

On pourra servir cette crême glacée en pyramide, dans de petits pots, dans une casserole d'argent, ou dans une croûte de tourte, ou de vol-au-vent glacé et couverte d'une sultane légère, on la dressera simplement sur son plat en rocher, entourée de macarons ou de petits biscuits.

On suivra le procédé décrit ci-dessus, pour glacer toutes les crêmes possibles, comme, par exemple, les crêmes françaises, parce qu'elles se préparent de la même manière que cette recette. Cependant, on supprimera la colle de poisson des crêmes françaises; on pourra les glacer, sans aucun autre changement, car leur infusion est telle, qu'il me faudrait la répéter de point en point, si je continuais à décrire les crêmes glacées. Ainsi donc, on procédera selon les détails décrits pour les recettes des crêmes contenues dans ce chapitre.

On peut ajouter à ces préparations, deux onces de beurre frais, au moment où on les passe à l'étamine. Ce peu de beurre donne du moelleux aux crêmes glacées, et les rend plus suaves encore.

CHAPITRE XIV.

DES CRÊMES FOUETTÉES.

Crême fouettée au marasquin.

Mettez dans une terrine de grès deux pintes de bonne crême double nouvelle, que vous aurez mise deux heures d'avance dans de la glace pilée ; vous y mêlez une bonne pincée de gomme adraguant en poudre ; fouettez le mélange avec un fouet à biscuit pendant un bon quart d'heure, après quoi, la crême doit se trouver légère et très-ferme, sinon, elle ne serait pas bonne à ce travail.

Lorsqu'elle est parfaitement égouttée, vous la mettez dans une terrine propre, avec six onces de sucre en poudre. Le tout bien mêlé, et au moment de servir, vous y joignez le tiers d'un verre de bon marasquin ; vous servez le crême dans une croûte de tourte d'entremets ou de vol-au-vent glacé. Mettez une sultane dessus, ou dans des abaisses de pâtes d'amandes, ou simplement dans une casserole d'argent.

On procédera de même que ci-dessus pour la crême fouettée au rum, en y joignant le tiers d'un verre de bon rum.

Crême fouettée au Moka.

Après avoir brûlé deux onces de café Moka, vous le jetez de suite dans un verre d'eau bouillante. Couvrez l'infusion, et lorsqu'elle n'est plus que tiède, passez-la par le tamis de soie, dans un petit poêlon d'office. Vous y mêlez six onces de sucre en poudre ; placez le tout sur un feu modéré ; aussitôt que le sucre monte en boursoufflant, vous l'ôtez du feu, et avec la spatule, vous frottez le sucre sur les parois du poêlon, afin de le rendre gras, ce qui vous donnera le sucre au naturel, ou pour mieux dire, d'une cassonade blanchâtre, qui portera le goût de l'arome du café. Lorsqu'il est refroidi, vous pilez le sucre, et le passez au tamis de soie ; avec la poudre qui en résulte, vous odorifez la crême fouettée que vous aurez préparée comme la précédente. Servez.

Crême fouettée au café à l'eau.

Faites infuser dans un demi-verre d'eau, deux onces de café frais moulu ; et, après l'avoir tiré à clair, vous le versez dans deux onces de sucre cuit au caramel. Placez le tout sur des cendres rouges, et lorsque le sucre est dissous, laissez-le refroidir. Vous le mêlez ensuite à la crême, avec quatre onces de sucre en poudre.

Crême fouettée au chocolat.

Faites fondre quatre onces de chocolat dans un demi-verre d'eau bouillante, sur un feu modéré ; laissez-le refroidir, après quoi, vous le mêlez à la crême avec quatre onces de sucre fin.

Crême fouettée à la vanille.

Vous hachez très-fin une demi-gousse de bonne vanille ; vous la pilez avec deux onces de sucre, et passez le tout par le tamis de soie : ajoutez quatre onces de sucre en poudre ou sucre de vanille, avec lequel vous assaisonnez la crême fouettée, qui sera d'ailleurs préparée selon la règle.

Crême fouettée à l'orange.

Râpez sur un morceau de sucre du poids de six onces le zeste d'une belle orange de Malte, dont l'écorce sera fine et rouge en couleur. Ecrasez ce sucre très-fin ; mêlez-le à la crême que vous aurez fouettée de la manière accoutumée.

On emploiera les mêmes moyens pour les crêmes fouettées aux citrons, en râpant le zeste de deux citrons bien sains ; à la bigarade, en employant le zeste d'une belle bigarade bien jaune ; enfin au cédrat, en râpant le zeste d'un beau cédrat.

Crême fouettée aux quatre zestes.

Vous râpez sur un morceau de sucre de six onces, le

quart du zeste d'une orange, le quart de celui d'un cédrat, la moitié du zeste d'un citron, et le quart d'une bigarade. Ensuite vous écrasez le sucre, et l'amalgamez à la crême fouettée.

Crême fouettée aux fraises.

Épluchez trois quarterons de belles fraises bien rouges et d'une parfaite maturité; ôtez-en le tiers et les plus belles. Passez le reste par l'étamine fine avec pression pour en obtenir autant que possible le suc du fruit, que vous mêlez à la crême, en y joignant six onces de sucre en poudre et une petite infusion de graines de cochenille ou de carmin, afin de colorer la crême d'un beau rose. Dressez-la selon la règle, et placez dessus, çà et là, les fraises conservées à cet effet.

On procède comme ci-dessus, pour la crême aux framboises, avec cette différence que l'on emploie douze onces de bonnes framboises.

Crême fouettée à la rose.

La crême étant prise comme de coutume, vous y mêlez une cuillerée d'essence de rose, six onces de sucre en poudre et une petite infusion de cochenille ou de carmin, pour la teindre d'un rose tendre.

On la fait également sans la colorer.

On peut ajouter sur cette crême blanche de grosses fraises ananas : elles font bon effet.

Crême fouettée à la fleur d'orange pralinée.

Après avoir pulvérisé quatre gros de fleur d'orange pralinée, vous la mêlez avec six onces de sucre fin sur la crême, que vous aurez fouettée comme il est décrit; puis vous la servez.

Vous pouvez encore assaisonner cette crême avec deux cuillerées d'eau double de fleur d'orange.

Crême fouettée au caramel.

Faites cuire au caramel six onces de sucre. Lorsqu'il est

coloré d'un jaune rougeâtre, faites-le dissoudre en y versant un demi-verre d'eau bouillante, et laissez-le fondre sur des cendres rouges; après quoi, faites-le réduire, afin de rendre le sirop un peu épais. Laissez-le refroidir, et amalgamez-le à la crème qu'il colorera d'un beau jaune.

On peut ajouter au caramel, au moment où il atteint sa couleur à point, une petite cuillerée d'anis étoilé, ou bien de la fleur d'orange pralinée, ou une douzaine de macarons amers ou aux avelines écrasées. Sur ces dernières, on semerait quelques macarons concassés.

Crême fouettée printanière.

Délayez dans un bôl deux cuillerées d'essence de vert d'épinards passés par le tamis de soie. Délayez-le peu à peu, en y joignant un demi-verre de marasquin d'Italie; versez ce mélange à la crême avec six onces de sucre en poudre, ce qui bientôt va donner une crème d'un vert léger et d'une odeur agréable.

On peut remplacer la liqueur par le zeste de deux citrons bien sains, par le zeste d'une orange, d'un cédrat ou celui d'une belle bigarade.

On peut placer sur cette crème, çà et là, de grosses fraises ou framboises.

Crême fouettée aux pistaches.

Votre crème étant fouettée selon la règle, vous y mêlez six onces de sucre en poudre et deux cuillerées d'eau double de rose ou de fleur d'orange. Vous dressez votre crème en pyramide, et placez dessus avec symétrie des pistaches (quatre onces émondées), dont vous aurez coupé chacune dans leur longueur; vous les piquez légèrement dans la crème, afin qu'elles soient très-visibles, parce qu'elles doivent former le hérisson.

CHAPITRE XV.

DES CRÊMES-PATISSIÈRES.

Crême-pâtissière au cédrat.

Mettez dans une casserole six jaunes d'œufs et deux cuillerées (à bouche) de farine tamisée, ce qui vous donnera une petite pâte mollette, que vous délayez avec la spatule, en y versant peu à peu trois verres de crême bouillante et un grain de sel; tournez votre crême sur un feu modéré, et quand elle commence à s'attacher à la spatule, vous l'ôtez du feu pour la lier plus facilement. Lorsqu'elle est devenue consistante et très-lisse, vous continuez de la tourner sur un feu modéré pendant dix à douze minutes pour la cuire.

Ensuite vous faites cuire quatre onces de beurre d'Isigny à la noisette, c'est-à-dire qu'après l'avoir écumé et qu'il ne pétille plus, vous le laissez se colorer légèrement; puis vous le mêlez de suite dans la crême, que vous versez dans une terrine; alors elle se trouve faite. Râpez ensuite sur un morceau de sucre de quatre onces le zeste d'un cédrat. Ecrasez le sucre avec quatre onces de macarons doux, où vous comprendrez six macarons amers. Ajoutez ce mélange à la crême qui, alors, doit devenir moelleuse, quoique pourtant plus compacte que la bouillie ordinaire. Si vous la trouvez trop ferme, vous y mêlez un peu de crême; et, dans le cas contraire, vous y joignez deux jaunes d'œufs. Vous pouvez l'employer pour les articles décrits.

On procédera comme ci-dessus pour les crêmes-pâtissières à l'orange, à la bigarade, au cédrat et au citron, en râpant le zeste de l'un de ces fruits.

Crême-pâtissière au chocolat.

Après avoir marqué et fait cuire la crême comme la précédente, et y avoir mêlé le beurre indiqué, vous y amalgamez quatre onces de chocolat râpé, avec deux onces de sucre fin et quatre onces de macarons doux; puis vous employez la crème.

On parfume également ces sortes de crèmes à la fleur d'orange pralinée (une cueillerée), au rum et au marasquin; le tiers d'un verre de ces deux liqueurs suffit.

Crême-pâtissière au café Moka.

Torréfiez quatre onces de café selon la règle; aussitôt que les grains deviennent huileux, vous les versez dans trois verres de lait en ébullition. Couvrez l'infusion, et lorsqu'elle n'est plus que tiède, passez-la à la serviette. Versez-la peu à peu dans six jaunes d'œufs et deux cuillerées de farine passée au tamis. Mettez un grain de sel; tournez et cuisez la crème comme il est dit plus haut. Ajoutez-y quatre onces de beurre cuit à la noisette, quatre de sucre en poudre et quatre de macarons doux écrasés. Cette crème a parfaitement l'odeur de l'arome du café.

Crême-pâtissière aux avelines pralinées.

Lavez quatre onces d'amandes d'avelines; et, après les avoir égouttées, essuyez-les dans une serviette. Vous les mêlez ensuite dans un moyen poêlon d'office, où vous aurez fait cuire quatre onces de sucre au soufflé. Laissez jeter une douzaine de bouillons; puis remuez-les légèrement avec la spatule, afin que le sucre s'attache aux amandes. Dès qu'il se ternit, blanchit et tourne en cassonade, vous versez le tout sur le tour, et détachez avec soin le sucre adhérent à la spatule et au poêlon. Lorsque les amandes sont froides, vous y joignez deux onces de sucre en poudre, et l'écrasez avec le rouleau. Vous mettez ce mélange dans la crème, que vous préparez comme il est dit pour la crème au citron; mais vous observez que les avelines sont l'assaisonnement de cette crème qui sera d'un goût exquis.

On pralinera également quatre onces d'amandes douces pour faire la crème-pâtissière aux amandes ordinaires.

Crême-pâtissière à la vanille.

Jetez une gousse de vanille dans quatre verres de crème

bouillante. Placez l'infusion sur l'angle du fourneau, et laissez-la réduire d'un quart. Passez-la à la serviette, et versez-la peu à peu dans six jaunes d'œufs, que vous aurez délayés avec deux cuillerées de farine. Cuisez la crème comme de coutume ; après quoi vous y mêlez quatre onces de beurre (cuit à la noisette), quatre de macarons doux, quatre de sucre en poudre et un grain de sel.

Crême-pâtissière aux pistaches.

Emondez quatre onces de pistaches ; et après les avoir lavées, vous les pilez avec une once de cédrat confit et dix amandes amères. Le tout parfaitement broyé, vous y mêlez deux cuillerées d'essence de vert d'épinards passés au tamis de soie. Ensuite vous ajoutez six onces de sucre fin, quatre de macarons aux avelines ou autres, et la crème que vous aurez préparée selon la recette de la première crème de ce chapitre. Broyez parfaitement le tout, ce qui doit vous donner une crème d'une saveur agréable, et colorée d'un beau vert pistache, si vous croyez nécessaire d'y joindre un peu d'essence d'épinards ; mais vous en mettez peu à la fois, car il est important que cette crème soit d'un vert très-tendre.

Crême-pâtissière au raisin de Corinthe.

Après avoir épluché quatre onces de beau raisin de Corinthe, vous le lavez parfaitement à plusieurs eaux tièdes, et l'égouttez sur une serviette ; ensuite vous le faites mijoter quelques minutes avec deux onces de sucre clarifié. Vous versez peu à peu trois verres de crème presque bouillante sur six jaunes d'œufs délayés avec deux cuillerées de farine passée au tamis. Placez le tout sur un feu modéré, et cuisez la crème comme de coutume ; après quoi mêlez-y quatre onces de beurre fin, quatre de macarons doux et amers, deux de sucre en poudre, un grain de sel et le raisin. Le tout bien amalgamé, vous l'employez.

On procède de la même manière pour la crême-pâtissière au raisin muscat ; mais vous avez soin de séparer chaque grain en deux, et d'en ôter les pepins.

DES ENTREMETS DE DOUCEUR.

Crème-pâtissière à la moelle.

Ayez six onces de moelle de bœuf; séparez-en le tiers en ôtant le cœur de la moelle; hachez le tout séparément. Mettez la plus grosse partie dans une petite casserole, et faites-la fondre sur un feu modéré. Quand cette moelle est parfaitement dissoute, vous la passez à la serviette, et la remettez sur le feu pour lui donner une petite couleur à peine sensible, et la versez dans la crême, en y joignant le reste de la moelle hachée.

Vous aurez préparé la crême selon l'une des recettes quelconques décrites précédemment; seulement vous supprimez la dose de beurre indiquée, puisque la moelle la remplace.

CHAPITRE XVI.

OBSERVATIONS SUR LES SUÉDOISES DE POMMES.

CES sortes d'entremets, par leur tournure élégante, et surtout par cette jolie physionomie qui les distingue d'une manière si particulière, sont à coup-sûr le type du beau de l'entremets de douceur; aussi leurs détails exigent beaucoup d'idées et de goût; elles embellissent singulièrement les grandes tables et les buffets; elles signalent le chef; elles donnent du ton au reste de l'entremets qui compose cette belle partie.

Cependant les pommes au riz, au beurre et méringuées,

SUJETS DE LA PLANCHE LI.

Le n° 1 représente une suédoise de pommes formant le pont à colonnes.

Le n° 2, la double cascade.

Le n° 3, la grande cascade.

Le n° 4, le petit portique.

Le n° 5, le petit fort.

Le n° 6, la cascade d'hiver.

Le n° 7, la cascade jaillissante.

Le n° 8, la petite ruine antique.

ont sur elles la prééminence ; et cela ne m'étonne pas, quoique ces dernières soient moins jolies ; mais en revanche elles sont bien plus aimables à savourer, et cette seule différence vient de ce qu'elles sont servies en sortant du four.

Suédoise formant le pont à colonnes, n° 1.

Otez le cœur et pelez quarante pommes de rainette. Vous en coupez dix en lames un peu épaisses, et les parez en carrés longs. Au fur et à mesure, vous les jetez dans quatre verres d'eau fraîche, où vous aurez mis deux onces de sucre et le suc d'un citron. Par ce moyen, vous conservez la blancheur des pommes qui, sans le sucre et le citron, rougiraient dans l'eau ; ensuite vous égouttez les pommes pour les faire cuire dans six onces de sucre clarifié ; mais ayez soin de les retirer un peu fermes, afin qu'elles se conservent bien entières. Pendant leur cuisson, vous coupez huit pommes en petites colonnes avec un coupe-racine du diamètre de douze lignes, et les mettez à mesure dans l'eau de sucre ; vous les faites cuire dans le sirop comme les précédentes, et les égouttez sur un grand tamis où sont déjà les premières cuites. Vous coupez et parez le reste des pommes, et les faites cuire dans le reste du sirop avec le zeste d'un citron. Couvrez-les hermétiquement, afin que la vapeur de l'ébullition les atteigne et les fasse fondre bien également ; après quoi vous les remuez avec une grande cuillère de bois, et ne les quittez plus. La marmelade étant bien desséchée, vous y joignez un demi-pot de marmelade d'abricots, et continuez à cuire les pommes. Dès qu'elles quittent aisément le fond du poêlon, vous les passez par le tamis de crin, et placez la marmelade dans une terrine, que vous couvrez d'un rond de papier légèrement beurré. Ensuite vous parez une mie de pain demi-circulaire du diamètre de trois pouces et de quatre de longueur. Vous l'enveloppez de papier mouillé. Placez cette mie de pain sur le milieu d'un plat d'entremets, et masquez-la de la marmelade de pommes qui doit être froide ; mais disposez la marmelade de manière à former le petit pont (comme le dessin du n° 1 le représente), en ôtant la mie qui aura donné le cintre de l'arche, autour duquel vous placez en rosace de beaux grains de verjus ou de belles cerises confites; ensuite vous masquez le reste du pont avec les lames de pommes, et couvrez le dessus également, afin de lui donner bonne mine. Dressez dessus, et aux quatre coins du pont, quatre colonnes des pommes préparées à cet effet. Parez carrément des lames de pommes, que vous placez sur les colonnes, afin de former le tailloir, sur lequel vous mettez, pour couronnement, une belle cerise à l'eau-de-vie; et, avec de l'angélique, vous faites leurs petites pointes comme le dessin l'indique; mais pour grouper cet entremets avec aisance et sûreté, on doit, avant tout, observer les détails du dessin du n° 1 de la planche précédente. L'entremets étant dressé, vous l'enjolivez dessus, au tour et dessous le pont, avec des gelées de pommes, de groseilles de Bar ou autres.

Dans plusieurs extraordinaires, ayant manqué de gelée de pommes, j'y suppléais par un peu de gelées d'entremets, c'est-à-dire que j'avais soin de ne pas emplir tout à fait mes moules, afin d'avoir quelques cuillerées de gelée d'orange, de citron, ou autre rose et blanche. Alors je faisais congéler ce peu de gelée séparément, pour en orner mes suédoises. Mais cet avantage ne peut guères s'obtenir que pendant les froids de l'hiver; car dans l'été ces sortes de gelées se fondraient, et donneraient mauvaise mine aux entremets.

Par exemple, dans différentes grandes maisons, où j'obtenais la gelée de pommes nécessaire, je masquais entièrement mes suédoises de lames de gelée de pommes, ce qui donne à ces jolis entremets tout l'éclat dont ils sont susceptibles, et invitent les désirs de la gourmandise. Aussi j'ai toujours vu ces sortes de suédoises savourées avec plaisir: ce qui arrivera toutes les fois qu'on aura l'attention de cuire ces pommes dans un bon sirop, et d'ajouter, dans sa marmelade, de la marmelade d'abricots.

On emploie généralement pour orner ces sortes d'entremets, de l'angélique, des pistaches, des raisins de Corinthe, du verjus, des cerises, de l'épine-vinette et des groseilles de Bar ; de la marmelade d'abricots, des gelées de pommes, de groseilles, de coings et autres.

Suédoise formant la double cascade, n.° 2.

Vous préparez la grande coupe avec deux pommes que vous choisissez un peu ovales, afin de pouvoir donner deux pouces et demi de diamètre à la coupe, et préparez la seconde avec une grosse pomme que vous coupez au milieu de son diamètre. Vous coupez droites huit pommes avec un coupe-racine de la largeur de vingt lignes ; cuisez les pommes préparées dans six onces de sucre clarifié, et retirez-les du sirop un peu ferme de cuisson, afin de conserver les coupes de belle forme. Ensuite cuisez dans le sirop huit pommes que vous aurez coupées en petites colonnes avec un coupe-racine du diamètre de neuf lignes.

Cette opération terminée, vous versez le sirop dans vingt-quatre pommes émincées, que vous faites cuire en une marmelade parfaite, comme la précédente. Lorsqu'elle est froide, vous la passez au tamis, et la placez sur le plat d'entremets pour en former un socle de six pouces de diamètre sur quinze lignes de hauteur ; vous aurez incrusté au milieu trois des pommes rondes du gros diamètre, sur lequel vous placez encore trois autres pour servir de socle à la grande coupe, que vous y placez le plus droit possible. Ensuite vous mettez dans le milieu de cette coupe une pomme sur laquelle vous asseyez la petite coupe. Ayez soin que ces deux coupes soient placées bien droites, et parfaitement au milieu du socle, à l'entour duquel vous placez droites, ou un peu inclinées, les petites colonnes (de pommes) que vous aurez parées d'égale hauteur. Vous disposez sur chacune d'elles un beau grain de Corinthe, et en placez également une couronne sur les bords des coupes, en laissant entre les grains de raisin trois lignes de distance. Pour les jets d'eau, vous prenez de l'angélique (au Candi) que vous aurez amollie dans le sirop en cuisant les pommes. Vous la coupez de longueur convenable, et large de deux lignes ; vous placez ces petites bandes d'angélique

DES ENTREMETS DE DOUCEUR.

à huit lignes de distance entr'elles ; et pour leur donner tout l'éclat possible, vous les couvrez avec de petites parties de gelée de pommes, ce qui produit un très-bel effet. Vous masquez également de gelée de pommes le dedans des coupes et le dessus du socle qui, alors, forme un bassin où retombent les jets d'eau de la grande cascade. Ensuite vous garnissez le tour extérieur du bassin avec de petits groupes de gelée de groseilles rouges hachées, et de la gelée de pommes.

On peut mettre entre chaque petite colonne qui entoure le bassin, un filet d'angélique de la longueur des pommes, et d'une bonne ligne carrée. On peut orner les pieds des coupes, de raisin, de pistache ou d'angélique.

Ayez soin sur-tout de ne pas bigarrer vos suédoises par toutes sortes de couleurs. Ce genre n'appartient qu'au mauvais goût. Pour orner une jolie suédoise, il suffit seulement de placer légèrement des raisins de Corinthe, de l'angélique, de la gelée de pommes et de groseilles rouges, ou des pistaches et des grains d'épine-vinettes, puis de la gelée de pommes et de coings, ou bien des raisins de Corinthe seulement, avec des gelées de pommes et des groseilles de Bar, ou simplement des pistaches, ou des graines d'épine-vinettes, le tout placé légèrement et avec symétrie. On emploie de préférence les ornemens décrits ci-dessus, au verjus et aux cerises confites, parce que ces derniers sont trop volumineux.

Je l'ai dit plus haut ; pour grouper ces jolis entremets, on doit observer parfaitement les détails du dessin que l'on veut exécuter. Ces sortes de suédoises réclament des mains déjà habituées à ce genre de travail, sinon elles seront manquées du commencement à la fin. Il vaut mieux ne pas les entreprendre quand on ne se sent pas capable de s'en acquitter avec succès.

Je ne donnerai pas plus de détails sur les suédoises, attendu qu'elles se préparent toutes de la même manière ; seulement il faut avoir l'attention d'observer les dessins de la planche précédente, afin de disposer les pommes selon les formes que vous voulez représenter, et de soigner les pommes préparées à la cuisson, surtout pour les obtenir bien blanches. Vous devez, au fur et à mesure que vous les disposez, les mettre dans de l'eau avec du sucre et du jus de citron, et les faire cuire sur-tout dans un bon sirop avec le jus d'un citron; à mesure que vous les sortez du sirop, vous les égouttez sur un tamis, que vous couvrez d'un rond de papier, pour garantir les pommes de la poussière.

Les pommes de rainette seules conviennent pour ces sortes d'entremets.

Suédoise de pêches.

Vous faites blanchir dans huit onces de sucre clarifié douze moitiés de pêches, en les retirant aussitôt que la pelure peut s'enlever, afin de les conserver bien entières. Ensuite vous cuisez le sirop comme pour une gelée; vous en retirez la moitié, et versez dans le reste quatre pêches épluchées et coupées menu. Vous les faites cuire en une marmelade parfaite et un peu réduite, que vous passez par le tamis.

Vous faites douze croûtons de pain, que vous coupez dans la mie avec un coupe-pâte de vingt lignes de diamètre, et les saupoudrez de sucre passé au tamis de soie, en les glaçant au four ou à la pelle rouge, ou au sucre au cassé; mais alors vous les faites avant sécher au four.

Ensuite vous masquez le fond d'un plat d'entremets avec la marmelade, sur laquelle vous mettez les moitiés de pêches en couronne, en plaçant entr'elles un croûton de pain, afin de les soutenir. Sur le milieu de cette couronne, vous en disposez une seconde plus petite. Vous les ornez avec de l'angélique, du verjus, des cerises et de la gelée de groseilles et de pommes, ou bien des grains de raisin de Corinthe et des pistaches. Au moment du service, vous les masquez légèrement avec le sirop conservé à cet effet. On dresse également ces pêches dans une petite croustade, comme je l'ai indiqué par le n° 2 de la planche 50e.

Les pêches au gratin se préparent de même que les précédentes; mais vous les dressez dans une casserole d'argent ou dans une petite croustade, et les masquez de marmelade d'abricots. Vous les mettez glacer dans un four doux, et les servez.

On peut employer des brugnons en place de pêches, attendu que ces fruits sont d'une chair ferme.

CHAPITRE XVII.

DES POMMES MÉRINGUÉES.

Pommes méringuées en forme de hérisson, n° 1.

Ayez quarante pommes de rainette bien saines ; ôtez-en le cœur avec le vide-pomme ; ensuite tournez-en quinze, et mettez-les au fur et à mesure dans l'eau, comme pour les suédoises. Lorsque vous en avez déjà huit de tournées, vous les faites cuire dans six onces de sucre clarifié ; pendant ce temps, vous continuez à tourner le reste des quinze pommes, que vous faites cuire après avoir retiré les autres (un peu fermes) du sirop. Dès que ces dernières sont retirées du sucre, vous y jetez les vingt-cinq pommes que vous aurez épluchées et coupées en lames. Ajoutez le zeste d'un citron ; couvrez et placez le tout sur un feu modéré, et lorsque les pommes sont fondues, remuez-les avec la spatule, en les desséchant d'une marmelade parfaite.

SUJETS DE LA PLANCHE LII.

Le n° 1 représente des pommes méringuées en forme de hérisson.

Le n° 2, la suédoise de pêches en croustade.

Le n° 3, les pommes glacées méringuées.

Le n° 4, le pouding de pommes anglo-français.

Le n° 5, les pommes transparentes en croustade.

Le n° 6, les pommes glacées au beurre.

Le n° 7, le gâteau de riz historié.

Le n° 8, les pommes au riz, au beurre et au raisin de Corinthe.

Le n° 9, le pouding à la moëlle.

Le n° 10, le pâté de pommes à l'anglaise.

Vous les passez au tamis, en y joignant un demi-pot d'abricots. Lorsqu'elles sont froides, vous élargissez deux cuillerées de la marmelade sur un plat d'entremets, où vous placez les neuf plus grosses pommes tournées, dont vous aurez rempli le cœur de marmelade d'abricots; et entre chacune d'elles, vous mettez de la marmelade de pommes. Garnissez d'abricots l'intérieur des six pommes, dont vous en placez cinq sur les autres, et remplissez les vides de marmelade de pommes, sur laquelle vous placez la dernière pomme.

Avec le reste de la marmelade, vous masquez les pommes de manière que l'entremets forme un dôme parfait; ensuite vous prenez sur un couvercle deux blancs d'œufs bien fermes, où vous mêlez deux cuillerées de sucre en poudre. Le tout parfaitement amalgamé, comme pour les méringues ordinaires, vous en masquez les pommes le plus également possible; après quoi vous semez dessus, et partout, du sucre en poudre, et placez ensuite ou fichez sur toute la surface de l'entremets des filets d'amandes douces (chaque amande coupée en cinq filets bien égaux); vous les enfoncez peu, et les rangez avec ordre (*Voyez* l'effet du dessin) et à trois bonnes lignes de distance les unes des autres. L'entremets étant fini, vous semez dessus du gros sucre et le mettez au four chaleur molle, afin que les amandes se colorent d'un beau blond, ainsi que le méringué; mais plus encore pour que l'intérieur des pommes soit atteint par la chaleur. Servez en sortant du four.

Cet entremets est délicieux, et sa physionomie est toute particulière; mais il est long dans sa préparation, et réclame des soins vraiment minutieux.

On pourrait, en place de filets d'amandes, y joindre des pistaches, dont chacune serait coupée en six filets; alors, après avoir masqué les pommes de blanc d'œufs et de sucre, vous leur donnez couleur comme ci-dessus, en les sortant du four un peu blondes. Alors vous y plantez les filets de pistaches; mais pour les placer aisément, vous les posez au fur et à mesure que vous percez la méringue avec la pointe d'un atelet d'argent. L'entremets étant parfaitement garni de pistaches, vous le remettez dix minutes au four, et le servez de suite.

Pommes méringuées à la parisienne.

Après avoir ôté les cœurs de trente pommes de rainette, vous les pelez, et en tournez huit que vous faites cuire un peu fermes dans quatre onces de sucre clarifié. Pendant leur cuisson, vous émincez le reste des pommes, que vous versez dans le sirop avec le zeste d'un orange; couvrez et cuisez la marmelade selon la règle, et mêlez-y le tiers d'un pot d'abricots; passez-la ensuite au tamis.

Fouettez deux blancs d'œufs bien fermes, et mettez-les avec deux cuillerées de sucre fin. Formez de ce blanc d'œuf huit petites méringues entières, de la grosseur d'une belle noix ordinaire; et après les avoir glacées avec du sucre passé au tamis de soie, vous fichez sur huit moitiés une couronne de filets de pistaches. Vous les cuisez au four doux; lorsqu'elles sont colorées d'un beau blond, vous les placez de ce côté sur un plafond, et les faites sécher au four, en donnant couleur à l'intérieur de la méringue. Pendant leur cuisson avec le reste du blanc d'œuf, vous masquez légèrement la surface des huit pommes tournées, dont vous aurez garni le cœur avec de la marmelade de coings ou autres, où vous aurez mêlé quelques pistaches entières. Au fur et à mesure que vos pommes sont masquées, vous les placez sur de petits ronds de papier beurré, et les glacez parfaitement de sucre fin. Vous fichez correctement sur chaque pomme quatre couronnes de filets de pistaches, la pointe droite, chaque amande coupée en six filets seulement. Vous donnez à la première couronne dix-huit lignes de largeur, en écartant les pistaches entr'elles de trois lignes, et chaque couronne également à trois lignes de distance.

Les huit pommes ainsi préparées, vous les placez sur un plafond, et les mettez au four doux. Tandis qu'elles se colorent, vous mettez la marmelade de pommes sur le plat d'entremets, en formant un petit socle de sept pouces de diamètre, autour duquel vous placez droites des moitiés de pistaches. Vous le mettez au four, et lorsque les pommes méringuées sont colorées d'un beau jaune, vous placez la plus grosse sur le milieu de la marmelade de pommes. Vous mettez à l'entour les sept pommes, en les plaçant à égale distance. Ensuite, avec de la marmelade de coings ou autres, vous garnissez l'intérieur des méringues, et en placez une sur le milieu de chaque pomme, ce qui donne de l'élégance à ce joli entremets, qui sera aussi riche qu'appétissant, en le servant chaud ou froid.

On peut encore, après avoir placé les filets de pistaches, y joindre du gros sucre.

Pommes méringuées au raisin de Corinthe.

Vous préparez vos pommes comme les précédentes, et ajoutez dans la marmelade, après l'avoir passée au tamis, deux onces de beau raisin de Corinthe bien lavé. Garnissez les huit pommes tournées de marmelade d'abricots, dans laquelle vous aurez mêlé du raisin de Corinthe; ensuite méringuez-les comme il est indiqué ci-dessus; mais au lieu de les orner de filets de pistaches, vous semez en place du raisin de Corinthe, mêlé avec du gros sucre. Vous en mettez également sur les huit méringues, et suivez le reste du procédé selon les détails donnés précédemment.

On peut aussi faire ces pommes méringuées au gros sucre seulement.

Pommes méringuées au gros sucre et aux pistaches.

Epluchez vingt-quatre pommes de rainette coupées par quartiers; ensuite sautez-les dans une grande casserole, avec quatre onces de sucre en poudre, sur lequel vous aurez râpé le zeste d'un petit cédrat, deux onces de beurre tiède et le quart d'un pot de marmelade d'abricots. Placez la casserole sur un feu doux; couvrez-la et mettez dessus un peu de feu. Dès que vos pommes sont presque cuites à point, vous les versez sur un grand plafond, et choisissez pour les mettre de côté tous les quartiers qui se sont conservés entiers. Placez le reste au milieu du plat d'entremets, et groupez à l'entour les quartiers de pommes; vous les placez en forme de volute, en élevant l'entremets en

DES ENTREMETS DE DOUCEUR.

pointe. Vous fouettez deux blancs d'œufs bien fermes, que vous mêlez avec deux cuillerées de sucre en poudre, et en masquez avec ce mélange la surface de l'entremets. Après l'avoir saupoudré de sucre passé au tamis de soie, vous le masquez légèrement de gros sucre, mêlé avec des pistaches (chaque amande coupée en travers et en cinq parties seulement), et le mettre de suite au four chaleur douce. Servez-le étant coloré d'un beau blond.

On peut, à la place des pistaches, mêler au gros sucre des raisins de Corinthe parfaitement lavés, et ressuyés ensuite dans une serviette.

Pommes glacées méringuées.

Otez les cœurs et pelez trente-six belles pommes de rainette. Choisissez les dix plus hautes, que vous coupez droites avec un coupe-racine de vingt-deux lignes de diamètre. Ayez soin que le cœur des pommes se trouve parfaitement au milieu, et faites-les cuire un peu fermes dans six onces de sucre clarifié. Après cela, vous versez le sirop dans le reste des pommes que vous avez émincées, et les faites cuire comme de coutume, en desséchant un peu plus la marmelade, où vous mêlez le tiers d'un pot d'abricots; et après l'avoir passée au tamis, vous en mettez une cuillerée dans le plat d'entremets, en formant une couronne (de sept pouces de diamètre) sur laquelle vous placez droites les dix pommes tournées, de manière qu'elles forment un puits au milieu. Vous garnissez le cœur des pommes avec de la marmelade d'abricots, et avec le reste de la marmelade vous masquez le dessus et le tour des pommes; mais arrangez-vous de manière que le dessus soit bien uni et très-égal de hauteur, que le tour soit uni et droit comme le représente le dessin du n° 3 de la planche ci-dessus, de même que l'intérieur du puits doit être garni de marmelade, afin que les pommes ainsi masquées forment une couronne parfaite et vide au milieu.

Cette partie de l'opération terminée, vous mettez l'entremets au four doux; et dès l'instant qu'il commence à se colorer d'un rouge clair, vous fouettez deux blancs d'œufs bien fermes, et les mêlez avec deux cuillerées de sucre fin. Vous les versez dans le milieu des pommes; mais quand le puits est plein, vous avez soin de dresser le reste du blanc d'œuf, en formant une méringue bien bombée, sur laquelle vous semez du sucre écrasé un peu fin. Le sucre étant fondu, vous remettez les pommes au four. Ayez l'attention, en semant le sucre sur la méringue, de ne pas en mettre sur les pommes.

Enfin, la méringue étant bien renflée et de belle couleur, vous servez de suite l'entremets, qui sera bien accueilli par les gourmands.

La méringue, en cuisant, doit se séparer, et former plusieurs grignes dans le genre de la pâte à choux bien faite.

Autre manière de méringuer.

L'entremets étant dressé de la même manière que le précédent, vous le mettez au four doux; et fouettez un blanc d'œuf, que vous mêlez avec une cuillerée de sucre en poudre, et le versez sur un rond de papier, en formant une moitié de grosse méringue de trois pouces de diamètre, le plus élevé possible. Vous la masquez de sucre fin, et la mettez au four doux; pendant qu'elle se colore, vous fouettez de nouveau un blanc et demi, que vous mêlez avec une cuillerée et demie de sucre fin; puis avec le tiers de ce mélange, vous couchez dix-neuf petites moitiés de méringues de la grosseur d'une belle noix muscade. Vous les saupoudrez de sucre passé au tamis de soie. Ce sucre étant fondu, vous mettez les méringues à la bouche du four seulement; ensuite vous mêlez dans le reste du blanc d'œuf, deux cuillerées de marmelade de pommes et deux d'abricots. Le tout bien amalgamé, vous le versez dans le milieu de l'entremets tout bouillant, et le remettez au four de suite. La grosse méringue étant d'un beau jaune, vous l'ôtez du four avec les petites, que vous détachez avec soin du papier, en en renversant douze sur un petit plafond. Vous placez la plus grosse des sept autres au milieu de la grosse, et formez des six dernières une couronne, à l'entour de la première et à un bon pouce de distance. Remettez la grosse méringue à la bouche du four ; aussitôt que le petit soufflé est cuit, vous ôtez l'entremets du four ; puis vous enlevez la grosse méringue avec la lame du couteau, et la placez sur le milieu des pommes, où vous disposez en couronne les douze petites méringues conservées. Servez de suite.

On peut encore placer les petites méringues en croix sur la grosse, comme le dessin du n° 3 l'indique ; mais alors vous ne préparez que treize petites méringues.

On sert également ces pommes méringuées dans des casseroles d'argent ; c'est absolument la même manière d'opérer, à l'exception que vous formez les pommes en couronne dans une casserole, au lieu de les dresser sur un plat d'entremets. Le reste du procédé est le même.

CHAPITRE XVIII.

DES POMMES AU BEURRE ET GLACÉES.

Pommes au beurre.

Après avoir préparé trente pommes de rainette, comme les précédentes, vous dressez encore celles-ci de la même manière en couronne et en puits au milieu, et leur donnez pareillement couleur au four doux. Pendant ce temps, vous coupez six pommes par quartiers, c'est-à-dire chaque pomme en huit petits quartiers, que vous sautez sur un feu modéré avec deux onces de sucre fin, deux de beurre d'Isigny, et deux cuillerées de marmelade d'abricots. Le tout parfaitement mêlé, vous placez sur les pommes un couvercle chargé de feu ; aussitôt qu'elles sont cuites, vous les versez dans le milieu de l'entremets, en plaçant dessus les quartiers qui se sont conservés entiers. Servez de suite. Vous pouvez masquer légèrement l'entremets avec de la marmelade d'abricots ou de la gelée de groseilles rouges.

Pommes au beurre glacé au caramel.

Vous tournez très-rondes six pommes d'api bien égales de grosseur. Vous les faites cuire dans six onces de sucre clarifié; ensuite, dans le même sirop, vous cuisez huit pommes de rainette tournées, dont vous aurez ôté le cœur selon la règle. Après cela, vous versez le sirop dans vingt pommes de rainette pelées et émincées. Faites-les cuire en une marmelade un peu ferme, où vous ajoutez le quart d'un pot d'abricots, et passez-la au tamis. Ensuite vous garnissez l'intérieur des pommes de rainette avec deux cuillerées de beurre tiède mêlé avec deux de marmelade d'abricots. Vous les dressez sur un plat d'entremets, en formant la couronne comme il est dit pour les pommes meringuées précédentes, et leur donnez de même couleur à four doux. Étant prêt à les servir, vous faites cuire deux onces de sucre au caramel, dans lequel vous glacez les douze moitiés des pommes d'api; et au fur à mesure, vous les placez à plat et en couronne sur l'entremets qui devient par là d'une physionomie séduisante. Servez chaud.

On pourrait encore couper les pommes d'api en travers, puis on les glacerait dans du sucre cuit au cassé; et après les avoir glacées, on mettrait sur le milieu de chacune d'elles une belle cerise ou gros grain de verjus confit.

On pourrait aussi colorer le sucre rose avec de la cochenille, ou bien d'un beau jaune citron avec du safran.

On pourrait encore, en sortant les pommes du poêlon, semer sur le sucre des pistaches hachées ou des raisins de Corinthe mêlés de gros sucre.

Pommes au beurre à la minute.

Epluchez vingt-quatre pommes de rainette coupées par quartiers, et sautez-les dans une grande casserole avec six onces de sucre en poudre, sur lequel vous aurez râpé le zeste d'une orange, quatre onces de beurre tiède et le quart d'un pot d'abricots. Placez la casserole sur le fourneau, feu dessus et dessous. Les pommes étant cuites à point, vous les versez sur un grand plafond; ensuite vous choisissez les quartiers les plus entiers, que vous dressez droits dans un dôme beurré du diamètre de six pouces sur quatre de hauteur. Vous versez par dessus le reste des pommes et tout leur assaisonnement. Vous placez le plat d'entremets sur le dôme, que vous retournez aussitôt, et l'enlevez avec soin; alors vous masquez la surface des pommes avec de la marmelade d'abricots, de coings, de gelée de pommes ou de groseilles rouges. Servez.

On doit dresser cet entremets le plus vite possible, afin que les pommes n'aient pas le temps de se refroidir.

On peut semer sur cet entremets (au moment de le servir) des pistaches hachées ou des raisins de Corinthe mêlés de gros sucre. On prépare des poires de la même manière.

Pommes au beurre et à la gelée de pommes.

Otez les cœurs et tournez quinze pommes d'api, que vous faites cuire en deux fois dans six onces de sucre clarifié. Ensuite épluchez douze pommes de rainette coupées par quartiers. Versez dessus le sirop que vous aurez fait réduire au soufflé, puis deux onces de beurre tiède et le quart d'un pot d'abricots. Le tout étant bien mêlé, vous placez la casserole, feu dessus et dessous, et cuisez les pommes comme les précédentes. Pendant leur cuisson, vous coupez chaque pomme d'api en deux et en travers; vous les moulez dans un moule en dôme bien légèrement beurré; ensuite vous achevez d'emplir le moule en y versant les pommes au beurre. Vous renversez l'entremets sur son plat, et mettez, dans le milieu de chaque moitié de pomme d'api, une belle cerise ou un gros grain de verjus confit. Vous masquez parfaitement l'entremets de lames de pommes de Rouen, ce qui rend les pommes d'un glacé brillant. Servez de suite.

En place de pommes d'api, vous pouvez cuire au sirop dix pommes de rainette coupées par quartiers.

Pour les pommes au beurre et aux macarons, vous préparez et dressez l'entremets de même que le précédent; mais vous le masquez de marmelade d'abricots au lieu de gelée de pommes, et semez par dessus deux onces de macarons écrasés. Vous placez ensuite une cerise dans chaque milieu des pommes d'api, et servez.

On dresse également ces sortes de pommes au beurre

dans des casseroles d'argent, et toujours en procédant de même qu'il est décrit dans ce chapitre.

On dresse encore ces bons entremets dans des croûtes de vol-au-vent et de tourtes d'entremets glacés, ainsi que dans des croustades de pâte fine en forme de flan.

Pommes au beurre et à la crême.

Coupez par quartiers vingt pommes de rainette, et pelez-les en ôtant les cœurs; faites-en cuire la moitié au beurre, comme les précédentes, avec deux cuillerées de sucre fin, deux de marmelade d'abricots et trois de beurre tiède. Avec le reste des pommes, vous faites une marmelade dans laquelle vous mettez deux onces de sucre fin et deux cuillerées d'abricots; ensuite vous dressez les pommes au beurre dans un moule, comme il est indiqué ci-dessus. Le moule étant garni, vous mêlez le reste des pommes à la marmelade, que vous passez au tamis. Alors, avec cette marmelade, vous masquez bien également les pommes que vous avec placées dans le dôme, de manière que vous remplissiez le milieu d'une bonne crême-pâtissière toute bouillante. (*Voyez* cet article, 7ᵉ partie). Vous posez le plat d'entremets sur le moule, que vous retournez sens dessus dessous; et, après l'avoir enlevé, vous masquez légèrement les pommes avec un peu de crême que vous aurez conservée. Semez dessus l'entremets du macaron écrasé, et servez de suite.

On peut mettre dans le milieu de ces pommes toutes les sortes de crêmes décrites au chapitre des crêmes-pâtissières, comme, par exemple, au café, au chocolat, à la vanille, à l'orange, au cédrat et aux pistaches, ainsi qu'au raisin de Corinthe; mais, relativement à ces deux dernières, on semerait sur les pommes garnies d'une crême pistache, des pistaches hachées, et sur l'autre, des raisins de Corinthe.

CHAPITRE XIX.

DES POMMES EN CROUSTADE.

Pommes transparentes en croustade.

Après avoir dressé une petite croustade de flan de sept pouces de diamètre sur trois de hauteur, vous la garnissez de papier beurré, et l'emplissez de farine ou de graisse de bœuf hachée; et, après l'avoir décorée et dorée, vous la faites cuire de belle couleur; ensuite vous la dégarnissez, et l'emplissez à moitié de marmelade de pommes (trente) préparées selon la règle. Vous posez dessus huit pommes tournées (cuites très-blanches), une au milieu entourée des sept autres; ensuite vous garnissez les vides de la croustade de marmelade de pommes, de manière que ces pommes tournées se trouvent incrustées à moitié dans la marmelade.

Vous garnissez le cœur des pommes de marmelade d'abricots, et mettez une belle cerise par dessus; vous les masquez entièrement de nappes de gelée de pommes de Rouen, en sorte que la surface de l'entremets soit très-brillant. Après avoir glacé le bord et le tour de la croustade avec de la marmelade d'abricots; vous servez chaud ou froid.

Pommes en croustades et glacées au caramel.

La croustade préparée est cuite comme la précédente; vous la garnissez de huit pommes tournées, garnies intérieurement d'abricots et de marmelade de pommes (vingt-quatre). Puis, au moment du service, vous faites cuire quatre onces de sucre au caramel dans lequel vous glacez quatorze petites pommes d'api (tournées et cuites bien blanches), dont vous garnissez le dessus de l'entremets, de manière qu'elles soient tout-à-fait détachées de la croustade, que vous glacez extérieurement de marmelade d'abricots. Servez de suite.

On doit avoir l'attention de ressuyer les pommes avec une serviette, avant de les tremper dans le sucre.

Pommes en suédoise et en croustade, n° 2.

La croustade étant garnie comme la précédente, vous groupez dessus un buisson de petites pommes d'api (*Voyez* l'effet du dessin n° 2) tournées et cuites très-blanches. Vous les ornez de raisin de Corinthe et d'angélique ou de pistaches et de graine d'épine-vinettes, et les masquez ensuite de lames de gelée de pommes et de groseilles rouges.

On pourrait, ce me semble, faire un gros entremets d'une suédoise, en la dressant sur une croustade de même que celle-ci, déjà garnie, ce qui la rendrait beaucoup plus volumineuse qu'elle n'est représentée par les dessins de la planche des suédoises.

CHAPITRE XX.

POUDINGS ANGLO-FRANÇAIS.

Pouding aux pommes d'api.

OBSERVATION. Pour faire ces sortes d'entremets avec succès, il est nécessaire d'avoir un moule d'entremets, en forme de dôme profond de quatre pouces, et large de six; ce dôme doit être percé dans le même genre qu'une écumoire et le couvercle de même. Ce couvercle est un petit rond plié autour à carre vive, afin qu'elle emboîte parfaitement l'ouverture du dôme qui se trouve, par ce moyen, très-bien fermé.

Vous épluchez trente-six belles pommes d'api coupées par quartiers; vous les sautez dans une grande casserole, avec quatre onces de sucre fin (sur lequel vous aurez râpé le zeste d'une orange de Malte), et quatre onces de beurre tiède; placez la casserole feu dessus et dessous; aussitôt que les pommes sont cuites, vous les versez sur un plafond. Pendant qu'elles refroidissent, vous détrempez un litron de pâte à dresser un peu ferme; et après en avoir moulé la moitié, vous l'abaissez d'une ligne d'épaisseur. Alors, de cette abaisse, vous foncez le dôme, que vous aurez beurré un peu épais intérieurement. Ayez soin que la pâte ne se plie point, et qu'elle dépasse le bord du dôme dans lequel vous placez (en masquant toute l'abaisse) les quartiers de pommes les plus entiers. Vous finissez par y mettre le reste des pommes, et le fond de leur cuisson; ensuite, vous abaissez le reste de la pâte en deux parties très-minces. Vous mouillez légèrement le tour de la pâte qui excède le dôme, où vous posez une abaisse ronde, dont vous soudez les bords en l'appuyant sur la pâte mouillée, de manière que vous repliez ce bord de pâte sur l'abaisse (qui couvre les pommes). Appuyez le tout, afin de rendre très-égale la surface de la timbale (car c'est réellement une timbale); et après l'avoir légèrement humectée, vous la couvrez avec la dernière abaisse que vous appuyez parfaitement pour la souder; puis vous la parez en la coupant tout près du bord du dôme, que vous couvrez de son couvercle beurré. Il est facile de voir que la garniture doit emplir le dôme, mais non pas l'excéder.

Maintenant, vous mettez le dôme renversé au milieu d'une serviette que vous liez d'une ficelle, afin de contenir le dôme très-serré; ensuite, vous le mettez dans une marmite (large et profonde de neuf pouces) pleine d'eau bouillante; vous lui donnez une heure et demie d'ébullition, en ayant soin que l'eau bouille continuellement; après ce temps, vous dégagez le dôme, vous l'ouvrez, et placez dessus le plat d'entremets, puis vous le retournez et enlevez le moule de suite. Semez sur le pouding du sucre fin, et servez tout bouillant.

Ce dôme donne à cet entremets une forme parfaite, tandis que souvent le contraire à lieu, lorsque l'on sert simplement le pouding à même la serviette; cela ne peut être autrement, la pâte étant susceptible de se percer, parce qu'en la serrant dans la serviette, celle-ci fait des plis qui affaiblissent la pâte par place; mais un inconvénient plus grand encore, c'est que le dessous du pouding n'a jamais d'à-plomb; il penche toujours d'un côté, et cela finit par faire fendre la pâte. Telles sont les causes qui m'ont donné l'idée de ce moule.

Mais comme nous n'avons pas toujours sous la main

des dômes en fer-blanc, je vais décrire la manière ordinaire.

Vous préparez les pommes comme les précédentes, avec les trois abaisses de pâte fine, comme il est indiqué ci-dessus. Avec la plus grande, vous foncez un bôl de sept pouces de diamètre et beurré ; après l'avoir garni de pommes, vous le couvrez avec les deux abaisses comme il est dit plus haut. Ensuite, vous beurrez le milieu d'une serviette (de dix pouces de largeur), sur laquelle vous placez le bôl sens dessus dessous ; vous nouez la serviette avec une ficelle pour contenir le bôl fixe ; alors, vous le mettez à l'eau bouillante, et lui donnez une heure et demie d'ébullition. Etant prêt à servir, vous ôtez le bôl de la serviette ; vous placez dessus le plat d'entremets que vous renversez, et vous découvrez le pouding en ôtant le bôl ; saupoudrez-le de sucre fin, et servez de suite.

Par le moyen du bôl, on donne encore une belle forme bombée à son pouding ; mais lorsqu'on n'a pas le vaisseau, on fait encore des poudings. Alors, voici ce qui reste à faire. Vous préparez toujours vos pommes comme de coutume ; puis vous faites une seule et grande abaisse avec le litron de pâte. Vous la placez sur une serviette, en grande partie beurrée ; vous mettez le milieu de la serviette sur une terrine du diamètre du bôl, et commencez à garnir le creux de l'abaisse en plaçant dessus les pommes, de manière qu'elles soient très-bombées. Ensuite, vous mouillez le reste de la surface de l'abaisse, que vous relevez avec soin, en la plissant et la serrant comme une espèce de bourse dans laquelle sont contenues les pommes ; coupez la pâte que vous jugerez superflue. Vous liez la serviette en serrant le pouding, que vous jetez dans l'eau bouillante, et lui donnez une heure et demie d'ébullition. Pour le servir, vous remettez l'entremets dans la terrine, vous dénouez la serviette et l'étalez ; puis, vous dressez le pouding, en plaçant dessus un couvercle de casserole, et en inclinant la terrine. Vous l'enlevez, le glissez sur un plat, et le masquez de sucre fin.

Les résultats de ces trois manières de former les pou-

DES ENTREMETS DE DOUCEUR.

dings, sont les mêmes, puisqu'ils arrivent tous trois au même but.

Maintenant, nous allons décrire simplement les différentes manières de préparer les poudings en général.

Pouding de pommes de rainette au raisin muscat.

Pelez et ôtez les pepins de la pomme de rainette coupée par quartiers, et chaque quartier émincé en cinq parties égales. Après cela, vous sautez vos pommes dans une grande casserole avec quatre onces de sucre fin, sur lequel vous aurez râpé le zeste d'un beau citron bien sain, quatre de beurre tiède, et une demie livre de bon raisin muscat bien lavé; chaque grain doit être séparé en deux parties, et les pepins ôtés. Ensuite, vous placez la casserole feu dessus et dessous. Dès que les pommes sont bien échauffées, vous les versez sur un plafond, et préparez l'abaisse. Terminez l'opération de la manière accoutumée. Pour faire le pouding au raisin de Corinthe, vous supprimez le raisin muscat et le remplacez par huit onces de Corinthe.

Pouding de pommes à la crême.

Coupez par quartiers quinze pommes de rainette; épluchez-les; faites-les cuire comme les précédentes, dans une grande casserole avec trois onces de sucre en poudre et deux onces de beurre tiède; ensuite, préparez la moitié de l'une des recettes des crêmes-pâtissières (*Voyez* cet article 7e partie), et après avoir préparé l'abaisse de pâte fine, eslon la règle, placez-y les quartiers de pommes au fond et autour, de manière que vous versez la crême (froide) dans le milieu. Vous couvrez et finissez le pouding comme de coutume; lorsque vous êtes prêt à servir, vous le masquez légèrement de marmelade d'abricots, et semez dessus des macarons écrasés. Servez.

Pouding de pommes aux pistaches.

Epluchez trente pommes de rainette coupées par quartiers, et chaque quartier en quatre ou cinq. Ensuite, sautez-les dans une grande casserole avec six onces de sucre fin, sur lequel vous aurez râpé le zeste d'un cédrat, quatre de beurre tiède, quatre de pistaches bien vertes et entières; plus la moitié d'un pot d'abricots. Vous faites cuire vos pommes selon la règle; après quoi, vous terminez le pouding comme il est décrit au premier article de ce chapitre; au moment où vous allez servir, vous masquez l'entremets de marmelade d'abricots, et semez dessus des pistaches hachées.

Pouding de pommes aux cerises confites.

Préparez trente pommes, comme il est dit ci-dessus, et faites-les cuire de même, en y mêlant quatre onces de sucre en poudre, quatre de beurre tiède et un pot de belles cerises bien transparentes. Suivez le reste du procédé comme il est indiqué.

On peut en place de cerises, mettre un pot de beau verjus.

Pouding aux abricots.

Ayez trente-six beaux abricots de plein-vent bien rouges en couleur, et de bonne maturité; séparez-les en deux; ôtez les noyaux et roulez-les dans une grande terrine avec six onces de sucre en poudre. Ensuite, dressez-les dans l'abaisse qui sera disposée comme de coutume; vous les glacez avec ordre, et terminez le pouding de la manière accoutumée.

Le pouding de pêches ou de brugnons se prépare de même que le précédent, avec cette seule différence que vous employez l'un de ces fruits.

Pouding aux prunes de mirabelle.

Ayez deux cents vraies mirabelles; ôtez-en les noyaux sans les séparer. Ensuite, roulez-les dans une terrine avec quatre onces de sucre en poudre, et finissez l'opération comme de coutume.

Pour le pouding aux prunes de reine-claude, vous emploierez six vraies prunes de reine-claude et quatre onces de sucre; de même pour les prunes de Monsieur.

Vous faites également des poudings aux prunes de sainte-Catherine et aux petites prunes noires.

Pouding aux fraises.

Epluchez deux livres et demie de belles fraises et de bon fruit; lavez-les promptement et égouttez-les sur une serviette; ensuite, roulez-les dans une terrine avec six onces de sucre fin, et versez-les dans le pouding, qui sera foncé selon la règle. Terminez de même que de coutume.

Le pouding aux framboises se prépare de même, avec cette différence que vous employez vingt-quatre onces de framboises et seize de fraises.

Pouding aux cerises de Montmorenci.

Epluchez deux livres de belles cerises bien mûres, et roulez-les dans une grande terrine avec quatre onces de groseilles rouges égrainées et six onces de sucre en poudre. Suivez le reste du procédé selon la règle.

Vous pouvez mettre des framboises à la place des groseilles. Pour le pouding aux groseilles rouges, vous lavez deux livres de belles groseilles rouges bien transparentes; vous les égrainez et les roulez avec quatre onces de bonnes framboises et six onces de sucre.

On emploie également des groseilles blanches.

Pouding aux groseilles vertes et roses.

Ayez une livre de belles groseilles vertes et bien mûres, une autre livre des mêmes groseilles, mais roses et de bonne maturité; vous ôtez la fleur et la queue, et, avec le bec d'une plume, vous ôtez tous leurs pépins, après quoi vous roulez le tout avec six onces de sucre fin. Continuez le pouding comme il est indiqué.

On peut servir froids ou chauds toutes les sortes de poudings contenues dans ce chapitre; mais, dès qu'on voudra servir froids les poudings de pommes, on supprimera le beurre de leur préparation.

CHAPITRE XXI.

DES POUDINGS ANGLO-FRANÇAIS.

Poudings à la moelle.

Ayez douze onces de graisse de rognons de bœuf et six de moelle bien entière; après avoir ôté les petites peaux nerveuses de la graisse, vous la hachez très-fine, en y mettant la moelle, que vous examinez, afin qu'il ne s'y trouve quelques petits éclats d'os; ajoutez-y cinq onces de farine tamisée : le tout étant très-fin, vous le mettez dans une grande terrine, et y joignez quatre onces de sucre en poudre, cinq œufs, un demi-verre de lait, et le quart d'un verre de vieille eau-de-vie de Cognac. Délayez bien ce mélange avec une spatule; mêlez-y la moitié d'une noix-muscade râpée, une bonne pincée de sel fin, deux onces de cédrat confit coupé en filets, et six onces de beau raisin de Corinthe épluché et lavé, plus six onces de vrai muscat lavé, dont chaque grain sera séparé en deux et les pépins ôtés. Ajoutez trois belles pommes de rainette hachées très-fines, et la moitié d'un pot de marmelade d'abricots. Cette addition donne du moelleux au pouding. Le tout étant parfaitement amalgamé, vous le versez sur le milieu d'une serviette presque entièrement beurrée, et liez la serviette de manière que le pouding se trouve presque rond; au milieu de la serviette, où, pour mieux dire, au milieu du pouding, vous attachez avec une épingle le bout d'un cordon de quinze lignes de longueur, qui sera tenu après l'anneau d'un poids de dix livres (ce poids sert à contenir le pouding fixe à l'ébullition, point essentiel de l'opération); alors vous mettez le poids et le pouding dans une grande marmite pleine d'eau bouillante, que vous aurez soin de tenir toujours en ébullition sur un feu modéré pendant quatre bonnes heures. Arrangez-vous de manière que ces quatre heures expirent au moment de servir le pouding. Sortez-le de la serviette en le dressant sur un couvercle; puis, avec un couteau tranchant, vous enlevez la superficie

DES ENTREMETS DE DOUCEUR.

du pouding, afin d'en séparer les parties blanchies par l'ébullition, que vous couvrez d'un dôme, ou d'un bôl que vous retournez pour parer ensuite le dessous du pouding, sur lequel vous placez le plat que vous renversez. Otez le bôl, masquez l'entremets d'une sauce au vin d'Espagne, et servez de suite.

Vous marquez la sauce de cette manière : délayez dans une petite casserole quatre jaunes d'œufs avec une cuillerée de farine, deux onces de sucre fin, deux de beurre d'Isigny, un grain de sel et un bon verre et demi de Madère ou de Malaga. Tournez cette sauce sur un feu modéré; aussitôt qu'elle entre en ébullition, passez-la à l'étamine fine, et servez.

On doit, de préférence, servir cette sauce dans une saucière, et le pouding à découvert, ce qui le rend plus appétissant encore. Voyez-en l'effet dessiné au n° 8 de la planche précédente.

Observation. On doit choisir la graisse de manière qu'en la pressant sous le doigt elle devienne farineuse. On peut aussi supprimer la moelle, et la remplacer par six onces de graisse de bœuf.

Le poids que j'attache à la serviette sert, comme je l'ai déjà dit, à donner au pouding une cuisson plus parfaite; car sans ce poids le pouding penche toujours d'un côté ou de l'autre, et, par ce triste résultat, les raisins se portent aussi plus du côté penché que de l'autre; alors l'assaisonnement n'est plus le même, une partie de l'entremets est trop sucrée, et l'autre de mauvais goût. Le poids est donc le point essentiel de l'opération, au moins pour en avoir la sûreté.

J'ai dit aussi de lier la serviette de manière à donner au pouding une forme presque ronde; c'est-à-dire qu'étant contenu dans la serviette, et en le posant sur la table, il doit se maintenir presque rond, dans le genre du fromage de Hollande; et non pas s'affaiser, ce qui serait funeste à la préparation, qui se décompose aisément, dès que l'eau peut s'introduire dans son intérieur, ce qui arriverait indubitablement si le pouding se trouvait lié trop lâche.

On emploiera également le procédé du poids pour les poudings de fruits décrits ci-dessus.

Pouding au raisin de Corinthe et au cédrat.

Râpez sur un morceau de sucre de quatre onces le zeste d'un beau cédrat, et écrasez ce sucre en le versant dans une moyenue terrine avec un verre de vin de Madère, où vous mêlez douze onces de beau raisin de Corinthe parfaitement lavé ; ensuite hachez douze onces de graisse et six de moelle de bœuf, avec cinq onces de farine. Vous délayez ce mélange avec cinq œufs, un demi-verre de crême, une bonne pincée de sel fin, et la moitié d'une muscade râpée. Vous y mêlez les raisins et leur sirop ; après quoi vous terminez le pouding de la manière accoutumée.

On procédera de même pour le pouding au raisin muscat, en ôtant les pépins de douze onces de beau raisin muscat, et en râpant le zeste de deux citrons.

Pouding à la parisienne.

Hachez très-fin une gousse de bonne vanille bien givrée ; pilez-la avec quatre onces de sucre, et passez le tout par le tamis. Hachez très-fin douze onces de graisse de rognons de veau et six de moelle de bœuf avec six de farine de crême de riz ; ensuite délayez ce mélange dans une casserole, avec sept jaunes et deux œufs entiers, un demi-verre de crême, un demi-verre de vrai marasquin d'Italie, une pincée de sel fin et le quart d'une muscade râpée ; après cela vous y mêlez deux onces de pistaches entières, quatre de macarons doux concassés gros, le sucre à la vanille, et trente belles cerises confites égouttées, chaque cerise séparée en deux, puis six pommes d'api hachées fines : le tout bien amalgamé, vous versez le pouding sur la serviette, et finissez le reste du procédé selon la règle.

Pendant la cuisson, vous coupez en filets deux onces de pistaches (chaque amande en six) ; et, lorsque le pouding est tout paré, prêt à servir, vous semez dessus du sucre en poudre ; vous y fichez avec ordre les filets de pistaches,

DES ENTREMETS DE DOUCEUR.

dans le genre des pommes méringuées en hérisson. Servez promptement, et faites la sauce comme à l'ordinaire.

On peut, en place de cerises, y mettre le même nombre de beaux grains de verjus confit, et en place de pistaches entières, deux onces de cédrat confit et coupé en petits filets.

Pouding aux marrons et au rum.

Épluchez trente-six beaux marrons de Lyon cuits dans le four ou à la poêle; ôtez-en toutes les parties colorées par le feu; choisissez vingt moitiés bien entières, et pesez le reste du poids de quatre onces, que vous pilez parfaitement avec quatre de beurre d'Isigny. Passez le tout par le tamis de crin; ensuite vous délayez cette pâte de marrons avec trois onces de farine de riz, six jaunes et deux œufs entiers. Vous y mêlez quatorze onces de graisse de rognons de veau hachée, quatre de sucre fin, quatre de macarons amers concassés gros, quatre de beau raisin muscat (les pepins ôtés), les moitiés de marrons (chacune d'elles coupée en quatre parties), un demi-verre de crème, une pincée de sel fin, le quart d'une muscade râpée, et un demi-verre de rum de la Jamaïque ou de rac. Vous terminez l'opération comme il est indiqué pour le pouding à la moelle.

Vous préparez la sauce selon la règle, en y joignant un petit verre de rum.

Pouding de riz à l'orange.

Lavez à plusieurs eaux tièdes une livre de riz Caroline, et mettez-le à l'eau froide sur le feu. Du moment qu'elle bout, égouttez-la dans un tamis; ensuite faites-la cuire parfaitement avec du lait, six onces de beurre fin, et quatre de sucre fin, sur lequel vous aurez râpé le zeste de deux moyennes oranges douces. Lorsque le riz est bien crevé, et de consistance un peu ferme, vous y mêlez six onces de moelle hachée, quatre de raisin de Corinthe, deux de macarons amers, deux d'écorce d'orange confite (coupée en dés), six jaunes, trois œufs entiers, un demi-verre d'eau-de-vie d'Andaye, une pincée de sel : le tout bien amalgamé, vous le versez sur la serviette beurrée. Vous finissez le procédé comme de coutume, mais vous ne donnez que deux heures d'ébullition. Le pouding étant dressé sur son plat, vous le masquez avec deux onces de macarons écrasés, et le servez sans sauce.

On peut mettre du raisin muscat en place de celui de Corinthe.

On peut également supprimer la moelle, et la remplacer par quatre onces de beurre tiède : ajoutez de la muscade, si vous voulez.

Pouding français.

Epluchez deux livres de moyennes truffes (sans les laver) bien rondes, et les émincez en ronds de deux lignes d'épaisseur; sautez-les dans une casserole où vous aurez mêlé quatre onces de beurre tiède, une grande cuillerée de glace de volaille dissoute, un demi-verre de Madère sec; puis vous y joignez le sel nécessaire, avec une pincée de mignonette et une pointe de muscade râpée.

Vous foncez de pâte à dresser le dôme, comme nous l'avons indiqué pour le pouding aux pommes d'api; vous placez avec ordre les truffes dans le moule foncé, en y joignant tous leurs assaisonnemens. Couvrez le pouding de deux abaisses, comme il est démontré à celui de pommes d'api; et, après l'avoir enveloppé dans la serviette, donnez-lui une heure et demie de cuisson à l'eau bouillante. Servez-le en sortant de la marmite.

Ce délicieux pouding est digne du nom français que je lui donne; car les truffes, en cuisant de cette manière, sont d'un manger parfait; elles sont embaumées de leur arome, qui n'a pu s'évaporer à la cuisson, point éminemment nécessaire pour servir les truffes dans toute leur saveur primitive.

Pouding au cédrat et en timbales.

Coupez en lames la mie d'un pain à potage, sur lequel vous versez deux verres de lait en ébullition; desséchez le tout sur un feu modéré, en le remuant continuellement avec une spatule, ce qui doit vous donner une pâte mollette, dans le genre des choux à la Mecque; alors vous la broyez dans le mortier, en y joignant six jaunes et deux œufs; ensuite vous ôtez cette pâte du mortier pour la délayer dans une casserole, avec quatre onces de sucre en poudre (sur lequel vous avez râpé le zeste d'un cédrat), deux de macarons amers, trois de raisin de Corinthe, trois de raisin muscat (chaque grain séparé en deux et les pepins ôtés), six onces de moelle hachée très-fine, un demi-verre de vin de Madère sec, une pincée de sel fin, le quart d'une muscade râpée : le tout étant parfaitement amalgamé, vous le versez dans un moule beurré. Mettez le pouding au four chaleur modérée, et donnez-lui une heure et demie de cuisson. Vous le servez de belle couleur, et masqué de sucre en poudre.

On fait cuire également en timbales (au four) les six poudings décrits successivement avant celui-ci, de même qu'on fait ce dernier à la serviette.

CHAPITRE XXII.

PATÉS DE FRUITS OU TARTES A L'ANGLAISE.

Pâtés de pommes au raisin muscat.

Pelez vingt pommes de rainette coupées par quartiers, et chaque quartier émincé en six parties; sautez-les dans une grande terrine, avec quatre onces de sucre en poudre (sur lequel vous avez râpé le zeste d'un citron bien jaune), quatre de beurre tiède, quatre de beau raisin muscat épépiné.

Vous devez avoir un plat d'entremets de faïence brune et vernissée; il doit être creux et large de bord, dans le genre d'une assiette à soupe, mais au moins trois fois plus creux. Vous mouillez légèrement l'intérieur du plat, et posez sur son bord une bande de parures de feuilletage large de trois bons pouces, et de deux lignes d'épaisseur, de manière qu'elle retombe en partie dans le plat sur lequel vous l'appuyez; après quoi vous y versez le fruit, et l'arrangez de manière que ce qui excède le plat forme un dôme parfait, mais ayez soin que le bord du plat se trouve dégagé. Alors vous mouillez le dessus de la bande qui ceint le fruit ; vous le masquez d'une abaisse ronde (de feuilletage de deux lignes d'épaisseur), dont vous appuyez les bords sur la bande (dans le genre des tourtes d'entrées) ; ensuite vous humectez légèrement la surface de l'entremets avec du blanc d'œuf, que vous masquez de sucre tout simplement écrasé. Vous le mettez au four, chaleur modérée, et donnez cinq bons quarts d'heure de cuisson. Servez-le chaud, et bien blond : vous supprimerez le beurre pour servir froid.

On peut, en place de muscat, mettre du raisin de Corinthe, des cerises confites, du verjus, ou deux cuillerées d'abricots.

Pâtés aux abricots.

Le plat étant garni de sa bande de feuilletage, vous dressez dedans, avec ordre, dix-huit beaux abricots de pleinvent, de bon fruit ; vous les aurez séparés en deux, et roulés dans quatre onces de sucre en poudre et quatre de beurre tiède. Vous observez que le dessus soit bombé ; et terminez le reste du procédé comme il est dit ci-dessus.

Servez chaud, et de belle couleur.

Pour le servir froid, n'y mettez pas de beurre.

On suivra les mêmes soins et détails pour le pâté aux pêches et aux brugnons.

On emploiera encore les mêmes procédés pour confectionner des pâtés de prunes de mirabelle, de reine-claude, de sainte-Catherine, de Monsieur, de Damas et de petites prunes noires, de fraises, de framboises, de groseilles rouges et vertes, de cerises, de merises, de bigarreaux, de guignes, de poires et de pommes d'api.

Pâtés anglo-français.

Faites cuire quatre onces de riz Caroline, comme il est dit pour les pommes au riz décrites plus haut. Ce riz étant cuit doit être un peu mollet et de bon sucre ; ensuite vous

Pl. 53.

épluchez une livre de cerises de bonne maturité, et les roulez avec quatre onces de sucre en poudre. Le plat étant préparé de sa bande, vous versez dedans le quart du fruit que vous masquez avec le quart du riz, des cerises et du riz par-dessus. Répétez deux fois la même opération, et toujours en donnant à l'entremets une forme bombée. Vous continuez le procédé selon la règle.

Étant prêt à servir, vous masquez la croûte de marmelade d'abricots, et semez dessus du macaron concassé un peu gros.

On pourrait encore couvrir la croûte d'une jolie sultane.

On emploiera les mêmes procédés pour confectionner des pâtés de riz, en y mêlant les divers fruits indiqués ci-dessus.

Ou pourrait encore, ce me semble, garnir ces sortes de pâtés des deux appareils décrits au gâteau de Pithiviers anglo-français, et au gâteau anglo-français aux pistaches et aux avelines.

Voyez la troisième partie contenant les entremets de pâtisserie.

CHAPITRE XXIII.

POMMES AU RIZ HISTORIÉES.

Ces sortes d'entremets forment le parallèle des suédoises, tant par leur élégance que par leur forme ; aussi récla-

---

SUJETS DE LA PLANCHE LIII.

Le n° 1 représente les pommes au riz en dôme couronné d'une coupe.

Le n° 2, la corbeille de riz garnie de petits fruits formés de pommes.

Le n° 3, le turban de pommes au riz.

Le n° 4, les pommes au riz en gradin.

Le n° 5, les trois pyramides de pommes au riz.

Le n° 6, les pommes d'api au riz ornées de feuilles de biscuit aux pistaches.

Le n° 7, la casserole au riz garnie d'un ananas formé de pommes.

Le n° 8, les pommes au riz couronnées d'une crête de riz.

ment-elles de l'adresse et du goût, afin de leur donner cette tournure et cette bonne mine appétissante qui plait tant. Cependant on ne les sert volontiers que dans les grandes tables de cérémonie, et sur les buffets des grands bals ; mais nous avons certains entremets de pommes au riz, qui sont les dignes sœurs des pommes au beurre, glacées et méringuées : comme ces dernières, elles ont l'avantage d'être servies chaudes, glacées et méringuées.

Manière de préparer le riz.

Lavez à plusieurs eaux tièdes six onces de riz Caroline ; mettez-le sur le feu à l'eau froide ; aussitôt qu'il commence à bouillir, égouttez-le sur un tamis : après quoi vous le mettez dans une casserole avec quatre onces de beurre d'Isigny, quatre de sucre fin, deux de macarons amers, un grain de sel et trois verres de lait. Placez-le ensuite sur un feu modéré ; et, au moment que l'ébullition a lieu, mettez la casserole sur des cendres rouges, en ayant soin que le riz mijote pendant une bonne heure : remuez-le de temps en temps ; ensuite mêlez-y six jaunes d'œufs, ce qui lie le riz et le rend consistant, quoiqu'un peu ferme : puis vous l'employez. Lorsque l'on veut odorifer le riz au cédrat, alors sur les quatre onces de sucre (la dose de cette recette) vous râpez légèrement la moitié d'un zeste de cédrat, la moitié de celui d'une orange pour l'odorifer à l'orange, et ainsi de suite pour les zestes de citron ou de bigarade.

Pommes au riz en dôme couronné d'une coupe, nº 1.

Vous commencez à préparer six onces de riz comme il est dit ci-dessus ; et après avoir tourné douze pommes de rainette, vous les faites cuire dans quatre onces de sucre clarifié. Pendant leur cuisson, vous coupez une grosse pomme au milieu de son diamètre. Avec une moitié, vous disposez la coupe ; vous coupez l'autre avec un coupe-racine de dix-huit lignes de diamètre, pour former le pied de la coupe. Ensuite vous coupez deux pommes en petites colonnes avec un coupe-racine de huit lignes de largeur, et les faites cuire avec la coupe et son socle dans le sirop, que vous faites réduire ensuite comme une gelée de pommes.

Le riz et les pommes étant froides, vous beurrez légèrement un moule d'entremets en dôme cannelé, dont vous masquez parfaitement l'intérieur de riz, en lui donnant un petit pouce d'épaisseur, de manière que vous garnissez l'intérieur du riz de pommes tournées dont vous aurez rempli le cœur de marmelade d'abricots. Vous finissez d'emplir le moule avec le riz; après quoi vous renversez l'entremets sur son plat, en ôtant le moule que vous aurez fait chauffer un peu auparavant. Alors, avec le reste du riz, vous formez au milieu du dôme un petit socle de dix-huit lignes de hauteur sur trois pouces de diamètre, et, à l'entour, vous placez droites les petites colonnes de pommes; dessus vous mettez la coupe sur son pied. Vous en ornez le bord avec des grains de raisins de Corinthe; vous en posez également sur chacune des petites colonnes de pommes : ensuite vous colorez le reste du riz en y mêlant un peu d'essence de vert d'épinards passée au tamis de soie. Vous étalez ce riz mince sur un couvercle de casserole à peine beurré; et, après avoir passé la lame du couteau par-dessous, vous coupez ce riz en petits losanges, que vous placez sur le dôme, comme le dessin l'indique. (*Voyez* le n° 1 de la planche ci-dessus). Placez ensuite entre chaque côte un petit filet de riz que vous roulez le plus fin possible; ou si le dôme est uni, vous y placez les filets à distance égale, et entr'eux les petits losanges. Au moment du service, vous masquez le tout avec soin du sirop que vous avez fait réduire à cet effet, ce qui donne un beau glacé à l'entremets, que vous servez de suite.

Ce joli entremets se sert également chaud et froid.

Corbeille de riz garnie de petits fruits formés de pommes,
n° 2.

Après avoir préparé six onces de riz comme le précédent, vous le dressez sur le plat en forme de corbeille (*Voyez* le dessin), que vous ornez d'une mosaïque de petits filets d'angélique. Vous garnissez le tour du pied de petites colonnes de pommes; ensuite vous groupez dans la corbeille des petits fruits (*Voyez* le dessin), que vous avez disposés avec douze pommes de rainette bien saines, de manière à imiter des poires, des abricots, des figues et des petites pommes d'api; mais, après leur cuisson, vous colorez les figues, en les frottant avec un peu d'essence d'épinards, puis les abricots avec une petite infusion de safran, et les pommes d'api avec un peu de carmin. Pour imiter des grappes de raisin, vous placez dans les fruits de petites parties de riz, où vous fichez avec ordre de moyens grains de muscat. Pour former une grappe de ce fruit, vous en groupez une autre de grains de raisin de Corinthe; et, entre tous ces petits fruits, vous placez des feuilles de biscuit aux pistaches, d'angélique en losange, ou de riz teint d'un vert tendre.

On peut ajouter à ces fruits quelques fraises ananas ou autres, et quelques grappes de belles groseilles rouges placées çà et là.

Turban de pommes au riz, n° 3.

Faites cuire huit onces de riz comme de coutume : garnissez avec un moule uni (légèrement beurré) de cinq pouces de diamètre sur cinq de hauteur; placez dans l'intérieur six pommes coupées par quartiers et cuites au sirop, ensuite vous renversez le moule sur le plat d'entremets; et, après l'avoir enlevé, vous placez à l'entour, et un peu inclinés, (*Voyez* le dessin) des quartiers de pommes cuites blanches, et les ornez avec des grains de raisin de Corinthe. A l'entour du haut du riz, vous placez droites de petites bandes rondes de riz que vous aurez teintes d'un beau rose ou vert pistache très-tendre, ou bien vous placez tout simplement des filets d'angélique. Versez le sirop de pommes à l'entour de l'entremets que vous servez.

Pommes au riz en gradins, n° 4.

Préparez six onces de riz selon la règle; vous garnissez

DES ENTREMETS DE DOUCEUR.

avec un moule à gradin. Vous placez dans le milieu six pommes tournées cuites au sirop, et le cœur plein d'abricots. Le moule rempli de riz, vous renversez l'entremets sur son plat, puis vous l'ornez de filets d'angélique et de grains de raisin de Corinthe. Vous placez sur le milieu du riz une grosse pomme tournée et cannelée à côtes. Vous la couronnez avec des feuilles d'angélique préparées comme il est dit pour les suédoises ; mais avant d'orner le riz, vous le masquez avec le sirop dans lequel vous aurez cuit les pommes.

Les trois pyramides de pommes au riz, n° 5.

Vous faites cuire six onces de riz comme il est décrit plus haut, et le tenez très-serré ; vous tournez neuf pommes de rainette et les faites cuire au sirop. Lorsqu'elles sont froides, vous les garnissez et les entourez de riz, mais plus petites les unes que les autres, et les placez trois par trois comme le dessin le démontre. Ensuite vous couronnez les trois dernières d'un croissant de pommes ou d'angélique, et ornez l'entremets, comme il est indiqué, avec des pistaches et des raisins de Corinthe, et toujours après avoir masqué le riz avec le sirop devenu épais.

Pommes d'api au riz ornées de feuilles de biscuit aux pistaches, n° 6.

Après avoir préparé six onces de riz de la manière accoutumée, vous tournez dix-neuf pommes d'api d'égale grosseur, et les faites cuire dans quatre onces de sucre clarifié. Lorsqu'elles sont froides, vous les garnissez entièrement de marmelade d'abricots ou de coings ; après cela, vous placez le riz en pyramide sur son plat. Vous groupez à l'entour les pommes d'api comme il est enseigné par le dessin ; et, entre chacune d'elles, vous placez des feuilles de biscuit aux pistaches. Au moment de les servir, vous les masquez de sirop ; puis avec de petits filets de gelée de groseilles rouges, vous ornez chaque pomme pour imiter la fleur du fruit.

Casserole de riz garnie d'un ananas formé de pommes,
n° 7.

Vous faites cuire douze onces de riz Caroline avec de l'eau, du beurre, du sel, et avec les mêmes soins que j'ai indiqués pour les casseroles au riz d'entrée. (*Voyez* la 2ᵉ partie) : le riz étant prêt, vous le séparez en deux parties. De l'une vous formez un dôme plat du dessus et cannelé au tour; puis, de l'autre partie, vous formez un second dôme, le bord évasé, afin de former la coupe. Vous faites cuire ces deux petites casseroles au riz à four chaud, et leur donnez une belle couleur blonde. Vous les videz parfaitement, mais par dessous : alors vous emplissez le dôme cannelé avec du riz (six onces préparées selon la règle), et vous mettez au milieu des pommes coupées en quartiers. Vous retournez le moule sens dessus dessous sur son plat d'entremets : alors vous placez par dessus la coupe (comme le dessin l'indique); avec la pointe du couteau, vous coupez et ôtez le fond des deux casseroles au riz, qui se trouvent l'une sur l'autre, et garnissez ensuite le fond et les parois de la coupe, de manière qu'elle figure un vase, où vous placez le reste du riz en forme d'ananas un peu long, et groupez à l'entour de ce riz des demi-quartiers de pommes cuites dans du sucre au caramel, afin de les colorer en jaune et coupées en forme de tête de clous, de manière qu'ils imitent assez bien l'ananas, sur lequel vous placez une couronne d'angélique. Garnissez le pourtour de feuilles de biscuit aux pistaches; mais pour placer ces ornemens avec sûreté, *Voyez* l'effet du dessin. Au moment du service, vous masquez légèrement la surface de la croûte de la casserole au riz, avec de la marmelade d'abricots bien transparente, de même que l'ananas, et servez.

On peut servir cet entremets chaud ou froid.

Pommes au riz couronnées d'une crête de riz, n° 8.

Faites cuire six onces de riz selon la règle; tournez douze pommes de rainette, et coupez-les par quartiers; ensuite faites-les cuire dans quatre onces de sucre, que vous faites

DES ENTREMETS DE DOUCEUR.

réduire après cela en gelée. Le tout étant froid, vous garnissez un moule uni en dôme (légèrement beurré) avec les trois quarts de riz et vingt-quatre quartiers de pommes. Vous renversez l'entremets sur son plat, et placez sur le milieu du dôme une grande crête formée de riz (*Voyez* le dessin), et l'ornez de filets d'angélique, de belles cerises et verjus. Ensuite vous placez droits, à l'entour du dôme, les quartiers de pommes dont vous aurez eu le soin de choisir les plus égaux avant d'en mettre dans le riz. Au moment du service, vous masquez le tout avec le sirop, et servez.

CHAPITRE XXIV.

DES POMMES AU RIZ GLACÉES, MÉRINGUÉES, ET AUTRES.

Pommes au riz en croustade et méringuées.

Après avoir dressé et décoré une croustade (de pâte fine) de sept pouces de diamètre sur quatre de hauteur, vous la cuisez de belle couleur; pendant sa cuisson vous préparez six onces de riz comme de coutume, et huit belles pommes de rainette tournées et cuites très-blanches. Après avoir dégarni la croustade de la farine que vous y avez mise pour la faire cuire, vous y versez la moitié du riz que vous élargissez, et placez par dessus les pommes. Garnissez-les intérieurement d'abricots, couvrez-les avec le reste du riz que vous rangez très-uni; après quoi vous mettez l'entremets au four doux. Fouettez deux blancs d'œufs, mêlez-les avec deux cuillerées de sucre en poudre, et formez-en une grosse méringue de six pouces de diamètre. Vous la saupoudrez de sucre fin, et la placez sur un bout de planche : mettez-la au four, et lorsqu'elle a atteint une belle couleur, retirez l'entremets, que vous masquez de la méringue; puis avec le sirop vous glacez la croûte de la croustade, et servez de suite.

On sert également ce bon entremets dans une casserole d'argent, en procédant de point en point de même que ci-dessus.

On peut également servir cet entremets froid.

Pommes au riz en timbale glacée.

Vous foncez très-mince de pâte fine un moule d'entremets en dôme; ensuite vous masquez la pâte avec les trois quarts du riz (six onces comme de coutume). Versez, dans le milieu, huit pommes de rainette coupées par quartiers, que vous aurez fait cuire avec deux onces de sucre, deux de beurre d'Isigny et deux cuillerées de marmelade d'abricots. Couvrez le tout avec le reste du riz et une abaisse de pâte; après quoi vous mettez la timbale au four chaleur modérée, et lui donnez une belle couleur blonde. Vous la renversez sur son plat, et enlevez le moule; vous glacez la surface de marmelade d'abricots transparente, et servez.

On peut également méringuer cet entremets, en masquant la croûte de la timbale avec deux blancs d'œufs fouettés et mêlés avec deux cuillerées de sucre, le tout saupoudré de sucre fin : donnez une belle couleur.

Pommes au riz, à la vanille et aux macarons.

Vous préparez six onces de riz comme de coutume; mais vous y ajoutez une gousse de vanille, afin qu'il en prenne le délicieux parfum. Vous tournez sept pommes de rainette et les faites cuire selon la règle, dans deux onces de sucre en sirop; après quoi vous beurrez légèrement un moule en dôme, que vous garnissez par-tout avec les trois quarts du riz (ôtez la gousse de vanille), et placez dans l'intérieur les pommes tournées garnies d'abricots; recouvrez-les, en achevant d'emplir le moule que vous retournez de suite sur son plat. Vous masquez la surface du riz avec le sirop réduit, et semez par dessus des macarons doux écrasés. Servez de suite.

Cet entremêts doit être dressé en un clin-d'œil, afin qu'il soit encore tout bouillant.

Pommes au riz, au beurre et au raisin de Corinthe.

Vous faites cuire six onces de riz comme il est décrit; vous y joignez trois onces de beau raisin de Corinthe parfaitement lavé; ensuite vous tournez douze pommes d'api;

et les coupez par quartiers. Vous les faites cuire avec deux onces de beurre fin, deux de sucre en poudre et deux cuillerées de marmelade d'abricots.

Vous beurrez légèrement un moule à cylindre (le plus large possible), puis vous le garnissez avec le riz que vous renversez aussitôt sur le plat; et, après avoir glacé le riz de marmelade d'abricots, vous versez dans le cylindre les quartiers de pommes tout bouillans. Servez de suite. On peut mettre du muscat en place de raisin de Corinthe.

Cet entremets est représenté par le dessin du n° 8 de la planche 53°.

Gâteau de riz historié et glacé au froid.

Faites cuire huit onces de riz comme il est décrit, avec une gousse de vanille. Moulez-le dans un moule (beurré) en dôme. Renversez-le sur un plat; et, quand il est froid, masquez-le également de marmelade d'abricots bien transparente, et placez une décoration dessus et autour (*Voyez* le dessin du n° 9 de la planche 53°) avec des pistaches, de l'angélique, des raisins de Corinthe, du verjus et des cerises confites. Servez.

On peut également servir ce riz chaud en sortant de la casserole. Vous le formez dans le dôme, et le renversez de suite, après l'avoir masqué de marmelade d'abricots.

Gâteau de riz au caramel.

Vous préparez huit onces de riz de la manière accoutumée; mais vous faites cuire le sucre au caramel, et y mêlez une cuillerée de fleur d'orange pralinée. Lorsqu'il est froid, vous le faites dissoudre avec un demi-verre d'eau bouillante, et le versez ensuite dans le riz, que vous moulez comme le précédent; puis, après l'avoir renversé sur son plat, vous le glacez de sucre en poudre, que vous faites fondre en posant dessus le fer à glacer, ce qui donne une couleur brillante à la surface du gâteau, que vous servez de suite.

On peut, au lieu de glacer ce gâteau, le masquer de

marmelade d'abricots, et semer par-dessus des macarons amers pulvérisés.

Riz à la turque.

Lavez et blanchissez huit onces de riz Caroline, comme de coutume. Vous le faites cuire un peu ferme, avec quatre verres de lait, quatre onces de sucre (sur lequel vous avez rapé le zeste d'une bigarade ou d'un citron bergamotte), quatre de beurre d'Isigny, six onces de beau raisin de Corinthe bien lavé, et un grain de sel. Le riz étant presque assez crevé, vous l'ôtez du feu, pour y mêler huit jaunes d'œufs. Vous le versez dans une casserole d'argent ou dans une croustade, et le mettez au four doux pendant vingt minutes. Après cela, vous le soupoudrez de sucre, que vous faites fondre avec le fer à glacer, pour donner à la surface du riz une belle couleur rougeâtre. Servez de suite.

On glace de même ce riz sans le mettre au feu, c'est-à-dire, qu'après l'avoir versé dans la casserole d'argent, vous le glacez de suite et le servez tout bouillant.

Riz à l'indienne.

Vous préparez de même que ci-dessus, huit onces de riz; mais vous joignez dans celui-ci le tiers d'un verre de bon rum et une petite infusion de safran, afin de colorer le riz d'un beau jaune. Servez-le de même glacé, et dans une casserole d'argent.

Riz à la française.

Lavez et blanchissez huit onces de riz; vous le faites cuire avec quatre onces de beurre fin, quatre de sucre en poudre et quatre verres de lait. Ensuite vous y mêlez trois onces de macarons amers, une cuillerée de fleur d'orange pralinée en feuilles, deux onces d'écorce d'oranges confites, et coupées en dés, vingt-quatre cerises confites séparées en deux, et autant de gros grains de raisin muscat

DES ENTREMETS DE DOUCEUR.

épépinés et séparés en deux, le tout lié avec huit jaunes d'œufs. Après cela, vous versez le riz dans une casserole d'argent, et le masquez de gouttes de sucre cuit au caramel, ou bien de sucre en poudre. Semez par-dessus des pistaches hachées.

Riz à l'anglaise.

Vous faites cuire huit onces de riz, comme celui à la turque; mais en place de beurre, vous mettez dans celui-ci quatre onces de moelle de bœuf haché fine, quatre onces de sucre, trois de raisin muscat, et autant de Corinthe; le quart d'une muscade râpée, une pincée de sel, un demi-verre de vin de Madère, et huit jaunes; puis, vous dressez le riz en pyramide dans une casserole d'argent, et le masquez de macarons entiers.

CHAPITRE XXV.

DES ENTREMETS DE FRITURE.

OBSERVATION. Les entremets de friture en général, veulent être servis en sortant de la poêle, afin de conserver cette qualité croustillante qui les distingue d'une manière marquée; mais pour bien réussir, on doit se servir de friture neuve et lorsqu'elle est chaude à point, afin qu'elle saisisse de suite les pâtes, qui seront par ce moyen toujours claires et croquantes si elles sont bien faites; c'est ce que je vais tâcher de démontrer.

SUJETS DE LA PLANCHE LIV.

Le n° 1 représente des croquettes de châtaignes.
Le n° 2, la crême frite à la parisienne.
Le n° 3, les cannelons de fraises ananas.
Le n° 4, les cannelons de pâte d'amandes d'avelines.
Le n° 5, les beignets à la dauphine.
Le n° 6, les beignets de pommes glacées aux pistaches.
Le n° 7, les beignets de pêches glacés au gros sucre.
Le n° 8, les croquettes de riz en forme de poires.
Le n° 9, les beignets anglo-français.
Le n° 10, les petits diablotins de blanc-manger.

Pâte à frire ordinaire.

Mettez dans une petite terrine, douze onces de farine tamisée que vous délayez avec de l'eau à peine tiède, où vous avez fait fondre deux onces de beurre fin; vous inclinez la casserole et soufflez sur l'eau, afin de verser le beurre le premier. Vous versez assez d'eau de suite pour délayer la pâte de consistance mollette, et sans grumeaux; autrement lorsqu'on la rassemble trop ferme, la pâte se corde, et fait toujours mauvais effet à la poêle : elle est grise et compacte; ensuite, vous ajoutez assez d'eau tiède, pour que la pâte devienne coulante et déliée, quoique, pourtant, elle doit masquer un peu épais les objets susceptibles d'y être trempés. Enfin, elle doit quitter la cuillère sans efforts. Vous y mêlez une pincée de sel fin, deux blancs d'œufs fouettés bien fermes, et l'employez de suite.

Pâte à la provençale.

Vous mettez dans une terrine douze onces de farine, deux jaunes d'œufs, quatre cuillerées d'huile d'Aix, et assez d'eau froide pour délayer la farine (que vous remuez à mesure avec la spatule) en une pâte mollette, et semblable à la précédente; vous y joignez un grain de sel, deux blancs fouettés, et vous l'employez.

CHAPITRE XXVI.
CROQUETTES DE MARRONS ET AUTRES.

Faites griller cinquante beaux marrons de Lyon ou de Lucques; vous les épluchez, et en ôtez toutes les parties colorées par l'âpreté du feu. Ensuite, vous choisissez quatre moitiés bien entières (les véritables marrons se séparent naturellement en deux parties, ce qui les distingue de la châtaigne). Pilez le reste avec deux onces de beurre, et passez-les ensuite par le tamis de crin; alors vous délayez cette pâte dans une casserole, avec un verre de crème, deux onces de beurre, deux de sucre en poudre, et un grain de sel. Tournez cette crème sans la quitter sur un

DES ENTREMETS DE DOUCEUR.

feu modéré; desséchez-la deux minutes seulement, mêlez-y six jaunes d'œufs, et remettez-la une minute sur le feu. Alors la crème doit se trouver un peu consistante, mais non pas ferme. Versez-la sur un plafond, légèrement beurré, et l'élargissez. Couvrez-la également d'un rond de papier beurré. Lorsqu'elle est froide, vous prenez une moitié de marrons (conservés), que vous placez au milieu d'un peu de crème, du double de grosseur d'une moitié de marron, que vous enfermez, en roulant la crème dans le creux de la main pour en former une croquette très-ronde; vous la roulez ensuite sur de la mie de pain extrêmement fine. Vous employez ainsi les moitiés des marrons, en les masquant de crême. Toutes vos croquettes étant formées et roulées dans la mie de pain, vous battez cinq œufs entiers avec un grain de sel fin dans une petite terrine, où vous trempez les croquettes, et les égouttez un peu. Vous les roulez de nouveau sur la mie, et ensuite dans le creux de la main, afin de les rendre très-unies, et les placez au fur et à mesure sur un couvercle de casserole. Enfin, vous trempez tour-à-tour les croquettes dans l'œuf, et de là les roulez sur la mie de pain; après quoi, vous les versez dans la friture très-chaude. Si la poêle est grande, vous y mettez toutes les croquettes; sinon vous n'en mettez que la moitié, afin de les conserver bien rondes. Vous les remuez doucement avec la pointe d'un atelet, et les ôtez avec l'écumoire. Aussitôt qu'elles sont colorées d'un beau blond, égouttez-les sur une serviette double; ensuite, vous les saupoudrez de sucre fin, et les dressez en pyramide, comme le dessin l'indique. Servez tout bouillant.

On fait également avec cette crême de marrons, des croquettes en forme d'olives et de poires. On la coupe carrément, ou en rond, ovale et en losange; alors, au moment du service, vous trempez ces quatre dernières formes dans la pâte à frire décrite précédemment, et les faites frire de belle couleur. Vous les saupoudrez de sucre très-fin, puis vous les glacez au four ou avec la pelle rouge.

La pâte a cet avantage de pouvoir se glacer claire, tandis que les entremets pannés ne peuvent se glacer qu'à blanc.

Croquettes de pommes de terre à la vanille.

Faites cuire dans les cendres, vingt belles vitelottes, et, après les avoir épluchées, parez-les pour ôter le tour rougeâtre, afin de n'employer que le cœur de la pomme de terre. Alors, vous en pesez vingt-quatre onces, que vous pilez avec quatre onces de beurre fin et quatre de sucre en poudre. Vous délayez cette pâte dans une casserole avec deux verres de lait, dans lequel vous aurez fait infuser une gousse de vanille, un grain de sel, six jaunes d'œufs et quatre onces de macarons amers. Tournez le tout sur un feu modéré, et donnez quelques minutes d'ébullition ; alors la crème doit se trouver consistante, quoique douce au toucher, sinon vous y joindrez un peu de lait ; ensuite, vous la versez sur un plafond, la couvrez d'un rond de papier, et quand elle est froide, vous la disposez et la faites frire, comme il est dit pour les croquettes précédentes.

On peut odorifer ces sortes de croquettes au zeste d'orange, de citron, de bigarade et de cédrat, en râpant le zeste de l'un de ces fruits sur les quatre onces de sucre qui entrent dans l'appareil.

Croquettes de riz aux pistaches.

Faites cuire de même que pour les pommes au riz (*Voyez plus haut*) huit onces de riz, avec cinq verres de lait, quatre onces de beurre, quatre de sucre en poudre et un grain de sel. Pendant la cuisson, vous pilez parfaitement quatre onces de pistaches (émondées) avec huit amandes amères et une once de cédrat confit. Le riz étant cuit, vous y mêlez six jaunes d'œufs et quatre onces de macarons amers, et le laissez refroidir ; après quoi, vous y mêlez les pistaches et assez d'essence d'épinards pour colorer le riz d'un vert pistache. Vous disposez les croquettes, et les faites frire selon la règle.

Croquette de riz au café.

Après avoir torréfié trois onces de café Moka, vous le

jetez dans cinq verres de lait tout bouillant; couvrez l'infusion, et passez-la à la serviette quand elle est froide. Ensuite, vous la versez dans une casserole avec huit onces de riz (lavé et blanchi), quatre de beurre, quatre de sucre fin et un grain de sel. Faites cuire le riz selon la règle, mêlez-y trois onces de macarons doux et six jaunes d'œufs, et versez-le de suite sur un plafond. Lorsqu'il est froid, vous formez vos croquettes un peu plus grosses que les précédentes, en leur donnant la forme de poires. Vous les panez et les faites frire de la manière accoutumée, et après les avoir saupoudrées de sucre fin, vous les dressez comme le dessin l'indique. (*Voyez* le n° 8 de la planche ci-dessus.)

On peut également odorifer le riz à l'orange, au citron, au cédrat, à la bigarade, à la fleur d'orange pralinée, au caramel, aux macarons amers et au marasquin; on peut encore, en supprimant deux onces de sucre, ajouter quatre onces de beau raisin de Corinthe parfaitement lavé, ou raisin muscat.

Croquettes de nouilles au cédrat.

Vous détrempez et détaillez selon la règle, six jaunes de pâte à nouilles (*Voyez* cette détrempe première partie); vous les versez peu à peu dans quatre verres de lait en ébullition; et, après quelques bouillons, vous y joignez quatre onces de beurre, quatre de sucre fin, sur lequel vous avez râpé la moitié du zeste d'un cédrat. Faites mijoter pendant vingt-cinq minutes, pour que les nouilles renflent et deviennent moelleuses. Alors, vous y mêlez trois onces de macarons amers, six jaunes d'œufs et un grain de sel. Laissez refroidir l'appareil, et terminez l'opération selon les procédés décrits précédemment.

On procédera de même que ci-dessus, pour les croquettes de vermicelle, avec cette différence, que vous versez six onces de vermicelle dans le lait tout bouillant; puis, vous marquez le reste de l'appareil de la même manière.

CHAPITRE XXVII.

DES CRÈMES FRITES A LA PARISIENNE.

Crème frite au chocolat.

Vous préparez et faites prendre cette crème comme je l'ai indiqué au chapitre des crèmes au bain marie ; mais vous ajoutez dans l'appareil de celle-ci, six œufs entiers de plus ; et lorsqu'elle est froide, vous la coupez (avec soin, vu sa délicatesse) soit en losange, en rond, en carré, en ovale ou en carré long ; mais vous disposez ces formes mignonnes, c'est-à-dire, que vous ne leur donnez que deux pouces de longueur sur dix-huit lignes de largeur, et six lignes d'épaisseur.

Au moment du service, vous préparez la pâte à frire selon les procédés indiqués plus haut ; puis, la friture étant chaude, vous trempez au fur et à mesure les parties de la crème dans la pâte, et les faites frire de belle couleur. Après les avoir égouttées sur une serviette, vous les placez sur un plafond, et les saupoudrez de sucre très-fin. Vous les glacez avec la pelle rouge ou avec le four de campagne, et les dressez selon le dessin du n° 2 de la planche précédente.

On peut également servir cette crème sans être glacée, mais saupoudrée de sucre.

On suivra les mêmes procédés pour faire frire toutes les crèmes décrites dans le chapitre des crèmes au bain marie, comme par exemple au café, au caramel, aux macarons amers, à la vanille, à la fleur d'orange, à l'anis, au cédrat, au citron, à la bigarade, à l'orange, aux avelines, aux pistaches, au marasquin et au rum.

On panne également cette crème, c'est-à-dire qu'après avoir détaillé (coupé) la crème comme ci-dessus, vous la trempez dans six œufs battus. Vous l'égouttez et la masquez de mie de pain extrêmement fine ; vous la trempez une seconde fois dans l'œuf et la masquez de nouveau de mie, après quoi vous la faites frire de belle couleur, et la saupoudrez de sucre fin. Servez. On les glace aussi à la pelle rouge.

Cette crême étant pannée, est plus aisée à frire de belle forme que quand on la trempe dans la pâte ; mais cette dernière rend la crême plus aimable et plus moelleuse que quand elle est pannée; puis de cette manière, elle a l'avantage de pouvoir se glacer à la pelle rouge, ce qui rend cette crême plus brillante et plus appétissante encore, tandis qu'en le pannant on ne peut obtenir les mêmes résultats qu'imparfaitement.

Crême frite à la pâtissière.

Délayez dans une casserole six jaunes avec deux cuillerées de farine tamisée ; ajoutez-y trois verres de lait tout bouillant et un grain de sel. Vous tournez et cuisez la crême selon la règle ; ensuite vous y mêlez quatre onces de beurre fin, quatre de sucre en poudre, quatre de macarons doux et amers, une bonne cuillerée de fleur d'orange pralinée. Vous versez la crême sur un plafond beurré ; dès qu'elle est refroidie, vous la disposez absolument de la manière détaillée ci-dessus, pour faire frire la crême à la parisienne.

On peut frire également toutes les sortes de crêmes contenues dans le chapitre des crêmes-pâtissières.

On peut encore frire de la même manière les appareils de croquettes de marrons, de pommes de terre, de riz, de nouilles ou de vermicelle.

CHAPITRE XXVIII.

DES CANNELONS FRITS EN GÉNÉRAL.

Cannelons frits à la marmelade d'abricots.

Vous abaissez en carré long et aussi mince que possible un demi-litron de feuilletage tourré à douze tours ; ensuite vous mouillez légèrement la surface, et placez sur le bord et à distance égale, le quart d'une cuillerée de marmelade d'abricots, que vous allongez de deux pouces et demi ;

Vous pliez le bord de l'abaisse sur la marmelade, et la repliez encore une fois, afin que l'abricot se trouve parfaitement contenu par l'abaisse; alors vous coupez vos cannelons de trois petits pouces de longueur sur huit lignes de largeur. Vous appuyez chaque cannelon aux deux extrémités avec le dos du couteau, pour souder la pâte, afin que la marmelade ne puisse point fuir à la cuisson, et après avoir ainsi disposé trente-six cannelons, vous les versez dans la friture chaude. Dès qu'ils sont presque assez colorés, vous ôtez la poêle du feu pour faciliter la cuisson parfaite de la pâte, après quoi vous égouttez vos cannelons sur une serviette. Vous les saupoudrez de sucre fin, et les dressez dans le genre du dessin du n° 3 de la planche ci-dessus.

Vous procéderez de la même manière pour former des cannelons de marmelade de pêches, de prunes, de pommes, de poires, de groseilles de Bar et autres, de cerises et de verjus; mais vous aurez soin d'égoutter ces dernières de leur sirop.

Cannelons frits aux fraises.

Après avoir épluché deux cents belles fraises de bonne maturité, vous les roulez dans une petite terrine avec deux cuillerées de sucre en poudre. Ensuite vous faites une abaisse de feuilletage, toute semblable à la précédente; vous la mouillez légèrement, et placez dessus les fraises, cinq au bout l'une de l'autre, de manière que vous couvrez le fruit avec le bord de l'abaisse que vous roulez sur elle-même, afin que les fraises se trouvent au milieu de deux épaisseurs de pâte. Vous coupez vos cannelons de quatre pouces de longueur, et les placez à mesure sur un grand couvercle de casserole. Lorsque tout le fruit est en cannelons, vous faites frire de belle couleur, et les glacez à blanc avec du sucre fin, après quoi vous les dressez comme les précédens.

On peut pareillement faire des cannelons aux framboises et aux groseilles rouges et blanches.

DES ENTREMETS DE DOUCEUR.

Cannelons frits à la crême de Pithiviers.

Pilez parfaitement quatre onces d'amandes douces avec huit amandes amères; vous y mêlez quatre onces de sucre fin (sur lequel vous aurez râpé la moitié du zeste d'un citron), deux onces de beurre, deux jaunes, deux cuillerées de bonne crême double, une pincée de fleur d'orange pralinée et un grain de sel fin. Le tout bien amalgamé, vous faites une abaisse de feuilletage comme ci-dessus, formez et faites frire vos cannelons encore de même. Vous les saupoudrez de sucre et les dressez selon la coutume.

On fait également des cannelons garnis de toutes sortes de crêmes-pâtissières, telles qu'elles sont décrites dans le chapitre des crêmes dites *pâtissières*.

Cannelons frits à la pâte d'amandes d'avelines.

Après avoir torréfié six onces d'amandes d'avelines, vous les pilez bien parfaitement, en y mêlant un peu de blanc d'œuf, afin qu'elles ne tournent pas à l'huile; ensuite vous y joignez quatre onces de sucre fin et un demi-blanc d'œuf. Vous desséchez la pâte d'amandes selon la règle (*Voyez* la croquante d'amandes pour grosses pièces); vous la poussez à la seringue à massepin, et la divisez par petites colonnes de quatre pouces de longueur; au moment de servir, vous détrempez la pâte à frire ordinaire, et vous y trempez vos petites colonnes de pâte d'amandes. Ayez soin de les conserver bien droites en les mettant dans la friture un peu chaude. Vous leur donnez une belle couleur blonde, et après les avoir saupoudrées de sucre, vous les glacez soit au four, soit à la pelle rouge, et les dressez dans le genre du dessin du n° 4 de la planche précédente.

On peut également faire des cannelons de pâte d'amandes ordinaires et de noix vertes.

Cannelons à la pâte d'amandes de pistaches.

Après avoir émondé six onces de pistaches bien saines, vous les pilez avec six amandes amères, une once de cédrat confit, et les humectez d'un peu de blanc d'œuf. Ensuite vous y mêlez quatre onces de sucre en poudre, sans y remettre de blanc d'œuf, afin que la pâte soit ferme, attendu que vous ne la desséchez pas. Alors vous roulez vos pistaches sur une feuille de papier, et leur donnez la longueur et grosseur des cannelons aux avelines. Vous les trempez de même dans la pâte à frire; vous les faites frire de belle couleur et glacer au four ou à la pelle rouge; on peut également les faire en gimblettes.

Cannelons à la parisienne.

Vous préparez vingt pannequets (*Voyez* cet article); vous les garnissez de marmelade d'abricots ou de coings, et les roulez selon la règle, après quoi vous coupez chacun d'eux au milieu, et parez les deux extrémités; ensuite vous les pannez comme les croquettes de riz, et les faites frire de la manière accoutumée; après les avoir glacées, vous les servez de suite.

Cannelon à la parisienne au chocolat.

Vous préparez encore vingt pannequets; vous les masquez légèrement de crême-pâtissière au chocolat, et semez par-dessus des macarons écrasés, après quoi vous roulez vos pannequets. Vous les coupez au milieu, les trempez dans la pâte et les faites frire selon la règle. Servez-les glacés au four.

On garnit également ces sortes de cannelons avec toutes les crêmes possibles, de même qu'avec toutes les confitures désirables.

CHAPITRE XXIX.

DES BEIGNETS A LA DAUPHINE.

Prenez une livre de pâte à brioche, et l'abaissez aussi mince que possible en carré long. Placez sur le bord le quart d'une cuillerée de marmelade d'abricots, à deux pouces de distance encore autant, et ainsi de suite, pour garnir la longueur de l'abaisse. Après cela, vous mouillez légèrement la pâte à l'entour de la confiture, sur laquelle vous ployez le bord de l'abaisse, que vous appuyez sur elle-même, afin de contenir parfaitement la marmelade, pour qu'elle ne fuie pas à la cuisson.

Vous coupez vos beignets demi-circulaires avec un coupe-pâte de deux bons pouces de diamètre, et les placez au fur et à mesure sur un couvercle de casserole saupoudré de farine. Vous terminez de cette manière vingt-quatre beignets, et les versez dans la friture un peu chaude; alors vous voyez la pâte à brioche s'enfler et former autant de petits ballons. Les beignets étant colorés de belle couleur, vous les égouttez sur une serviette; vous les saupoudrez de sucre fin, et les dressez selon le dessin du n° 5 de la planche précédente. Servez de suite.

On peut garnir ces sortes de beignets de toutes les confitures possibles; on les coupe ronds avec un coupe-pâte de vingt lignes de diamètre.

Beignets (garnis de fraises) à la Dauphine.

Après avoir abaissé, comme il est dit ci-dessus, une livre de pâte à brioche, vous placez dessus (dans le genre de la confiture) trois belles fraises roulées dans du sucre en poudre, et à un bon pouce de distance trois autres, et ainsi de suite, afin de garnir l'abaisse dans sa longueur. Après cela, vous mouillez légèrement la pâte à l'entour des fruits, et détaillez vos beignets comme les précédens. Terminez-les et servez de même.

On procédera de la même manière pour confectionner des beignets de framboises et de fraises ananas.

Beignets (garnis d'abricots) à la Dauphine.

Ayez douze petits abricots de plein-vent et de bon fruit; séparez-les en deux, et faites-leur jeter un bouillon dans du sirop; égouttez-les et ôtez la pelure. Lorsqu'ils sont froids, vous faites une abaisse de pâte à brioche, et placez dessus vos moitiés d'abricots. Terminez l'opération de la manière accoutumée.

Vous emploierez les mêmes soins pour les beignets de pêches. Huit belles sont suffisantes, parce que vous les coupez par quartiers. Il en est de même des brugnons que vous choisissez bien mûrs.

Beignets (garnis de prunes) à la Dauphine.

Ayez vingt-quatre prunes vraies reine-claude, et de bonne maturité. Fendez-les un peu sur le côté pour en ôter les noyaux, en place desquels vous mettez un peu de sucre en poudre. Refermez les prunes, que vous masquez d'une abaisse de pâte à brioche aussi mince que possible. Faites frire vos beignets selon la règle; saupoudrez-les de sucre fin, et servez de suite.

On procède de même pour les beignets de prunes de mirabelles; mais alors vous choisissez cinquante belles prunes de ce fruit, que vous enveloppez séparément de pâte à brioche, ce qui vous donne cinquante petits beignets très-ronds.

Beignets (garnis de cerises) à la Dauphine.

Après avoir épluché douze onces de belles cerises de Montmorenci, vous leur faites jeter cinq à six bouillons avec leur jus, et quatre onces de sucre en poudre. Vous les égouttez, faites réduire le sirop à la nappe, et jetez dedans les cerises que vous laissez refroidir. Pendant ce temps, vous abaissez une livre de pâte à brioche; ensuite vous faites vos beignets comme de coutume, en garnissant chacun d'eux de cinq cerises. Faites frire de belle couleur, glacez à blanc et servez de suite.

On peut également faire ces beignets avec des cerises confites.

On emploie de même des cerises et des bigarreaux.

Beignets (garnis de raisin de Corinthe) à la Dauphine.

Epluchez et lavez parfaitement six onces de beau raisin de Corinthe. Vous le faites mijoter deux minutes seulement dans deux onces de sucre clarifié. Quand il est froid, vous en mettez des groupes (le quart d'une cuillerée) sur l'abaisse de pâte à brioche, et terminez vos beignets de la manière accoutumée.

DES ENTREMETS DE DOUCEUR.

Beignets (garnis de pommes d'api) à la dauphine.

Après avoir tourné douze petites pommes d'api, vous les masquez par moitié, et les faites cuire dans un bon sirop, où vous les laissez refroidir. Vous faites une abaisse de pâte à brioche comme de coutume, et de chaque moitié de pommes vous faites un beignet, ce qui vous en donnera vingt-quatre, que vous finirez et servirez selon la règle.

On peut encore employer des quartiers de pommes de rainette ou de poires, que l'on fait également cuire au sirop.

Beignets (garnis de crême) à la Dauphine.

Vous préparez le tiers de la dose de l'une des recettes décrites dans le chapitre des crêmes-pâtissières. Vous abaissez une livre de pâte à brioche, sur laquelle vous placez la crême (froide) par petites parties, afin que vos beignets se trouvent bien garnis de crême, et les détaillez comme de coutume. Après les avoir fait frire de belle couleur, vous les saupoudrez de sucre fin, et les servez.

On peut également garnir ces sortes de beignets avec un peu de l'une des crêmes au bain marie.

CHAPITRE XXX.

DES BEIGNETS DE FRUITS EN GÉNÉRAL.

Beignets de pommes en gimblettes glacées aux pistaches.

Ayez huit belles pommes de rainette, que vous coupez droites, avec un coupe-pâte de deux pouces six lignes de diamètre. Vous coupez chacune d'elles en quatre ronds d'égale épaisseur, et videz le milieu de ces ronds avec un coupe-pâte de quinze lignes de diamètre, de manière que vos pommes soient en gimblettes. Alors vous les sautez dans une terrine avec un demi-verre de bonne eau-de-vie et deux cuillerées de sucre en poudre, sur lequel vous aurez râpé le zeste d'une petite orange douce.

Deux ou trois heures après que vos pommes sont ainsi imbibées de leur assaisonnement, vous les égouttez sur une serviette; après quoi vous les trempez dans la pâte à frire ordinaire. Vous les faites frire de belle couleur et les égouttez sur une serviette; ensuite vous glacez le plus beau côté des beignets dans quatre onces de sucre cuit au cassé, et à mesure que vous les sortez du poêlon, vous semez légèrement dessus des pistaches (deux onces) hachées très-fines. Vous dressez l'entremets dans le genre du dessin du n° 6 de la planche ci-dessus.

On les fait également aux pommes d'api, de poires de beurré, de Saint-Germain et autres. On peut encore couper le fruit par quartiers, et les glacer seulement au sucre en poudre.

Beignets de pêches au gros sucre.

Prenez douze petites pêches de vigne bien mûres et de bon fruit. Séparez-les par moitié; ôtez la pelure; vous les sautez dans une terrine avec le même assaisonnement que ci-dessus. Deux heures après, vous les égouttez, les trempez tour-à-tour dans la pâte ordinaire, les faites frire de belle couleur, et les glacez dans quatre onces de sucre cuit au caramel. A mesure que vous les glacez, vous semez dessus une pincée de gros sucre cristallisé. Pour la manière de dresser l'entremets, *Voyez* l'effet du dessin du n° 7 de la planche précédente.

Les beignets de brugnons et d'abricots se préparent de même.

Vous pouvez glacer seulement au sucre en poudre et à la pelle rouge, les beignets décrits dans ce chapitre. On fait aussi des beignets de prunes de mirabelle et de reine-claude.

Beignets d'oranges de Malte.

Après avoir ôté parfaitement la pelure de six belles oranges douces, vous divisez chacune d'elles en six quartiers; ôtez-en les pepins, et sur-tout ayez soin qu'il n'y reste pas de pelure blanche; car cela donnerait de l'amertume aux beignets; ensuite vous jetez vos quartiers d'orange dans quatre onces de sucre clarifié, et les faites mijoter quelques minutes. Après les avoir égouttés, vous les trempez dans la pâte ordinaire, et faites frire de bonne couleur. Vous les saupoudrez de sucre fin, sur lequel vous aurez râpé le zeste d'une orange fine, ou bien vous les glacez au caramel ou au sucre fin et à la pelle rouge; mais je préfère le sucre au zeste d'orange.

CHAPITRE XXXI.

DES BEIGNETS ANGLO-FRANÇAIS.

Pour ces sortes de beignets, vous faites une pâte à frire de cette manière.

Mettez dans une casserole un verre et demi d'eau avec un grain de sel et deux onces de beurre fin. Faites bouillir ce mélange. Vous y mêlez (avec une spatule) peu à peu assez de farine tamisée, pour en former une pâte un peu ferme, que vous remuez et desséchez sur le feu pendant trois minutes; après cela, vous la changez de casserole, et la délayez avec une once de sucre fin, et assez d'œufs entiers pour la rendre molle et déliée, semblable à la pâte ordinaire; alors vous l'employez comme de coutume.

Vous coupez par lames un pouding à la moelle, que vous aurez préparé d'avance (en suivant la recette décrite au pouding à la moelle); mais vous le coupez lorsqu'il n'est plus que tiède, et le détaillez de carrés longs de deux pouces sur un de largeur, et de six lignes d'épaisseur. Vous les trempez dans la pâte ci-dessus, et les faites frire selon la règle; après les avoir égouttés, vous les glacez au sucre fin, et servez tout bouillant.

Pour les dresser, *Voyez* l'effet du dessin du n° 9 de la planche ci-dessus.

On peut également tremper ces sortes de beignets dans la pâte à frire ordinaire; alors, après les avoir saupoudrés de sucre, vous les glacez à la pelle rouge. On les coupe de toutes sortes de formes, comme rondes, ovales, carrées, en losanges et en croissans.

On emploie les mêmes procédés pour confectionner des beignets avec des poudings au raisin de Corinthe et au cédrat, à la parisienne, aux marrons et au riz à l'orange. Voyez les quatre recettes de ces poudings.

Beignets français de fruits à l'eau-de-vie.

Vous égouttez douze abricots confits à l'eau-de-vie, et les séparez par moitiés. Vous mouillez légèrement des ronds de pains à chanter de la largeur des fruits, que vous masquez dessus et dessous. Vous les trempez dans la pâte décrite ci-dessus, et les faites frire bien blonds; puis vous les saupoudrez de sucre fin, les dressez et servez de suite.

Si vous voulez les glacer à la pelle rouge, vous les trempez dans la pâte à frire ordinaire.

Vous procédez de la même manière pour préparer les beignets de toutes sortes de fruits à l'eau-de-vie, tels que pêches, prunes, poires, cerises, verjus et autres.

CHAPITRE XXXII.

DES BEIGNETS SOUFFLÉS.

Beignets soufflés à la vanille.

Mettez une gousse de vanille dans trois verres de lait bouillant; laissez-le réduire de moitié; ôtez la vanille et ajoutez au lait trois onces de beurre d'Isigny. Faites bouillir; mêlez-y assez de farine tamisée pour en former une pâte molle, que vous desséchez quelques minutes. Après cela, vous la changez de casserole, et la délayez avec trois onces de sucre fin, six jaunes et un grain de sel. Vous fouettez trois blancs d'œufs bien fermes, et les mêlez dans l'appareil avec une cuillerée de crême fouettée, ce qui doit vous donner une pâte consistante quoique mollette. Alors vous la roulez sur le tour (légèrement saupoudré de farine) de la grosseur d'une noix verte, en la plaçant à mesure sur un couvercle de casserole. Toute la pâte étant ainsi détaillée et roulée, vous la versez dans la friture peu chaude, afin qu'elle se renfle bien; vers la fin de sa cuisson, vous reu-

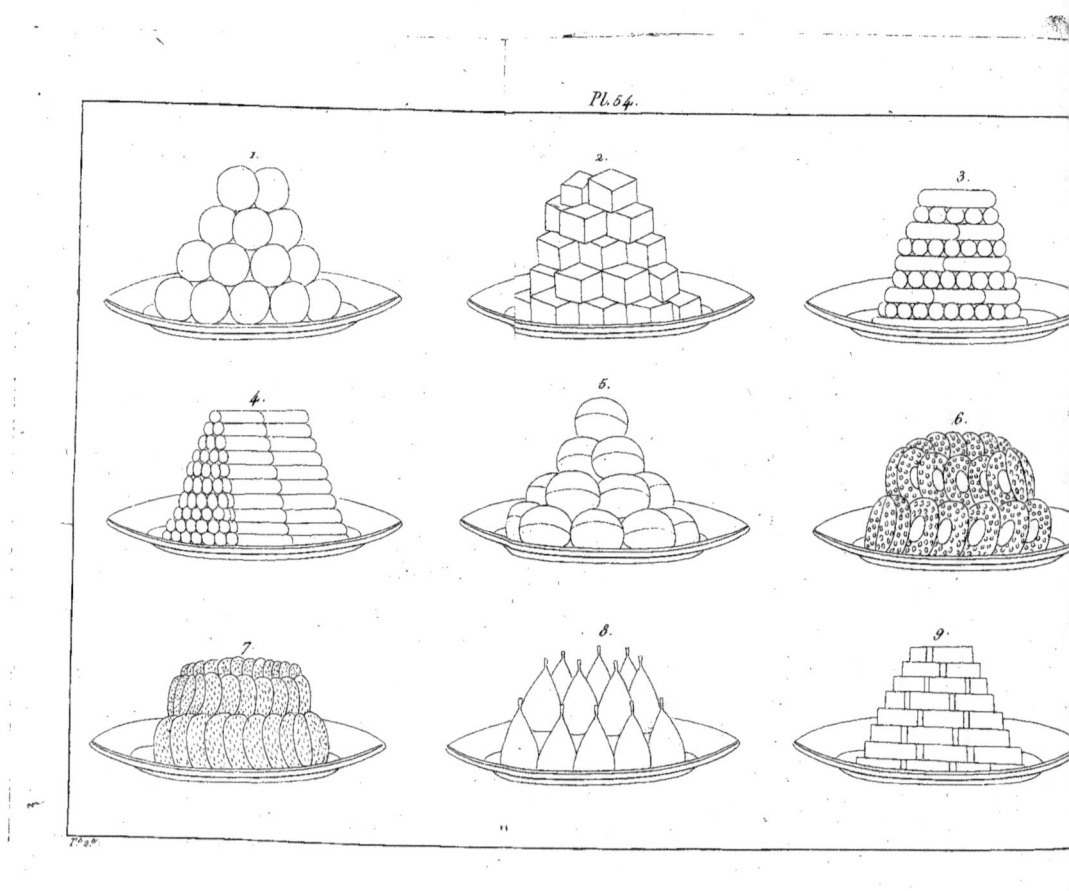

DES ENTREMETS DE DOUCEUR.

dez le feu plus ardent. Etant colorée de belle couleur, vous l'égouttez sur une serviette, et la saupoudrez de sucre fin, et servez de suite.

Vous variez les formes de cette pâte en croissant, en carré long et en gimblettes.

Grand beignet soufflé et seringué.

Vous préparez du même appareil que ci-dessus, et le mettez dans la seringue à massepins avec son étoile; après quoi vous la poussez dans la friture (peu chaude) en la plaçant en ziz zag, de manière que le tout se trouve d'un seul et même corps. Etant colorée bien blonde, vous l'égouttez avec attention sur la serviette, et la saupoudrez de sucre fin. Servez de suite.

On peut également marquer cet appareil avec de la farine de riz ou de marrons; la fécule de pommes de terre n'ayant pas assez de corps, vous la mêlez avec un peu de farine de froment.

Vous pouvez, après avoir seringué cette pâte, la diviser et en former de petites gimblettes, des croissans et autres genres.

On peut ajouter dans cet appareil des macarons pulvérisés, du zeste d'orange râpé sur le sucre, du citron, du cédrat, du zeste de bigarade ou de la fleur d'orange pralinée.

Petits diablotins de blanc-manger aux avelines.

Pilez bien parfaitement six onces d'amandes d'avelines (émondées); délayez-les avec trois verres de crême que vous aurez fait bouillir. Vous passez le tout à la serviette avec pression, pour en extraire autant que possible le lait d'amandes, que vous versez peu à peu dans deux grandes cuillerées de farine de crême de riz, que vous délayez sans grumeaux. Ajoutez trois onces de sucre fin et un grain de sel. Tournez cette crême sur un feu modéré, et desséchez-la trente à quarante bonnes minutes, ce qui doit vous donner une pâte ferme et extrêmement lisse. Versez-la sur un plafond beurré, et laissez-la bien refroidir. Ensuite vous la roulez par petites bandes, que vous coupez de la grosseur d'une aveline, en les roulant très-rondes et en les saupoudrant légèrement de farine. Le tout ainsi préparé sur quatre assiettes, vous en versez la moitié dans une petite passoire, que vous posez de suite dans la friture tellement chaude, que le feu doit y prendre (cette friture doit avoir brûlé pendant deux bonnes heures sur l'angle du fourneau), de manière que vos petits diablotins se trouvent colorés rouges ombrés en un clin-d'œil. Alors vous enlevez la passoire, et la renversez sur une serviette; vous roulez les diablotins dans du sucre en poudre, et les servez promptement sur des assiettes d'argent bien chaudes. Ensuite vous faites frire le reste de la même manière, et servez. On les sert également sans être sucrés.

Ces petits diablotins se servent quelquefois pour entremets, mais plus souvent encore pour assiette volante.

Les diablotins en cannelons.

Après avoir préparé l'appareil indiqué ci-dessus, vous le versez sur un plafond légèrement beurré; élargissez-le avec le couteau, en donnant à la crème six bonnes lignes d'épaisseur. Etant parfaitement froide, vous la détaillez en bandes de six lignes carrées, que vous coupez ensuite par petites parties de trois pouces de longueur; vous les roulez légèrement sur le tour saupoudré de farine, en les posant sur des couvercles de casseroles. A l'instant du service, vous trempez vos cannelons dans la pâte décrite ci-dessus, pour les beignets à la parisienne; puis vous les versez au fur et à mesure dans la friture un peu chaude. Etant de belle couleur, vous les égouttez sur une double serviette; et après les avoir saupoudrés de sucre passé au tamis de soie, vous les glacez au four ou à la pelle rouge. Servez.

Beignets de blanc-manger en gimblettes.

Vous préparez la crème de la même manière que la précédente. Quand elle est bien froide, vous la coupez avec un coupe-pâte de trente lignes de diamètre; et ensuite vous formez les gimblettes, en coupant le milieu avec un petit coupe-pâte de quinze lignes de largeur. Vous conservez les petits ronds que vous retirez des gimblettes, que vous masquez ensuite de mie de pain très-fine, en les touchant avec soin, afin de ne point les déformer; après cela, vous les trempez dans quatre œufs battus; vous les égouttez et les roulez de nouveau sur la mie de pain. Vous préparez de la même manière les ronds, en plaçant le tout sur des couvercles; puis au moment du service, vous les faites frire de belle couleur; et après avoir saupoudré le tout de sucre fin, vous dressez au milieu du plat les petits ronds, et à l'entour et dessus, vous placez les gimblettes avec goût. Servez de suite.

Beignets de blanc-manger en gimblettes glacées au caramel.

Les gimblettes étant disposées de la même façon que ci-dessus, à l'instant du service, vous les trempez les unes après les autres dans la pâte à frire ordinaire. Etant colorées d'un beau blond, vous les égouttez parfaitement, et les glacez ensuite dans du sucre cuit au caramel. Vous pouvez, à mesure que vous les sortez du poêlon, semer dessus du gros sucre ou des pistaches, ou de la fleur d'orange pralinée.

CHAPITRE XXXIII.

PANNEQUETS GLACÉS EN COURONNE.

Mettez dans une petite casserole deux onces de farine tamisée, quatre de sucre fin, quatre macarons amers et une bonne pincée de fleur d'orange pralinée. Ecrasez et délayez ce mélange avec dix jaunes d'œufs, quatre bons verres de crème double et un grain de sel, ce qui doit vous donner une pâte déliée plus claire que les crêpes ordinaires.

Vous clarifiez deux onces de beurre, dans lequel vous mettez une petite bouffette de papier; alors vous prenez cette bouffette, que vous passez sur le fond d'une poêle (de manière qu'elle se trouve bien légèrement beurrée).

Vous y versez une cuillerée de l'appareil, que vous élargissez sur le fond de la poêle, et la penchez çà et là, afin que la pâte soit très-mince. Aussitôt que le pannequet se trouve légèrement coloré, vous le retournez en l'enlevant avec le bout des doigts pour lui donner couleur des deux côtés; après quoi vous le retournez sur un grand plafond, et le masquez légèrement de marmelade d'abricots, sur laquelle vous semez des macarons écrasés. Alors vous roulez le pannequet sur lui-même d'un pouce de largeur; pendant ce temps, vous avez garni la poêle d'un second pannequet, que vous cuisez et garnissez de même que le premier, de manière que vous cuisez un pannequet pendant que vous garnissez l'autre; mais on doit avoir l'attention de poser la poêle sur un fourneau très-doux, sinon les pannequets seraient de mauvaise cuisson. Enfin, lorsque tout l'appareil est employé, vous coupez tous les pannequets de trois pouces de longueur, et les placez ensuite en couronne sur un plat d'entremets. Vous les saupoudrez de sucre fin, et les glacez avec la pelle rouge. Servez de suite.

Pannequets méringués à la Royale.

Vous préparez ces pannequets de même que les précédens; mais au lieu de les garnir d'abricots, vous les garnissez d'une crême-pâtissière au chocolat, et les roulez de même que ci-dessus. Vous aurez soin de conserver un grand pannequet sans être roulé ni garni. Vous coupez les autres de trois pouces de longueur, et les dressez en couronnes sur son plat d'entremets ou sur une petite abaisse de pâte d'office; ensuite vous coupez le pannequet conservé au milieu, et le posez sur la couronne; alors ce pannequet doit en prendre parfaitement la forme.

Vous masquez toute la surface de la couronne avec un blanc d'œuf fouetté bien ferme, et mêlé avec deux cuillerées de sucre fin. Vous semez dessus du sucre écrasé un peu gros; après quoi vous mettez l'entremets prendre couleur au four doux, et le servez d'une belle couleur blonde.

On peut garnir ce bon entremets avec toutes les sortes

DES ENTREMETS DE DOUCEUR.

de crêmes contenues dans le chapitre des crêmes-pâtissières.

On pourrait encore méringuer tous ces petits pannequets séparément, et les dresser ensuite comme de petits cannelons ordinaires.

On sert encore ces pannequets en forme de gâteaux de mille feuilles; alors à mesure que vos pannequets sortent de la poêle, vous les dressez à plat sur une petite abaisse de pâte d'office de six pouces de diamètre; mais quand vous en posez un, vous avez soin de le masquer de marmelade d'abricots, sur laquelle vous semez du macaron écrasé. Quand tous vos pannequets sont ainsi dressés, vous les méringuez de même que ci-dessus. Pour bien faire, on doit avoir la précaution de les former dans une petite poêle de six pouces de diamètre.

On peut également masquer ces entremets avec une sultane formée dans un moule uni de six pouces de largeur.

On pourrait encore, ce me semble, faire des beignets de cette manière; on poserait six de ces pannequets, comme il est indiqué ci-dessus, les uns sur les autres; puis, avec un coupe-pâte rond de vingt lignes de diamètre, vous coupez vos beignets, que vous trempez dans des œufs battus, et ensuite dans de la mie de pain. Vous recommencez une fois encore la même opération. Tous les pannequets étant préparés ainsi, vous les faites frire de belle couleur, et les glacez à la pelle rouge.

On peut également parer ces sortes de beignets en losanges, en croissans et en carrés longs.

Ici finit la série des entremets de sucre, partie importante de notre grande cuisine moderne; car ces brillans entremets se sont infiniment perfectionnés depuis une douzaine d'années; ceci ne peut nous être contesté.

Mais il nous faut faire encore quelqu'amélioration pour porter cette aimable partie à son dernier période. Nos crêmes sont, ce me semble, aussi suaves qu'elles peuvent l'être. Nos gelées ont toute la qualité et l'éclat dont elles sont susceptibles, et pourtant ce sont ces mêmes gelées qu'il importe de traiter d'une autre manière, pendant les chaleurs de l'été, saison réellement funeste à ces jolis entremets, et qui nous force d'en altérer la qualité, par l'addition de la colle que nous sommes alors contraints de mettre de plus, afin de les soutenir d'avantage, c'est-à-dire pour les empêcher de se fondre en un rien de temps, ce qui arriverait indubitablement si nous préparions ces gelées comme dans l'hiver, attendu que dans cette bonne saison une once de colle suffit pour une gelée, tandis que dans l'été, le moins que l'on puisse mettre, c'est douze gros. Ces quatre gros sont à coup sûr nuisible à la bonté des gelées, de tels fruits et liqueurs qu'elle puisse être. Voilà des faits incontestables, et rien n'est si facile que d'y remédier; cependant ce sont les amphytrions qui en feront les frais; et certes ils sentiront bientôt l'heureux effet de ce résultat important. Voici donc ce que je proposerais.

CHAPITRE XXXIV.

SUJETS DE LA PLANCHE LV.

D'ABORD on devrait nous faire en orfévrerie des petites coupes légères et élégantes, dans le genre des dessins figurés dans cette planche. Certainement cette dépense est modique, et ne peut être balancée avec les besoins urgens que nous en avons, sur-tout en raison de l'aimable issue qu'elle doit avoir. D'un autre côté, si l'on veut considérer le ton et l'élégance que cette nouvelle argenterie donnerait à nos tables opulentes, sans doute cela donnerait infiniment d'éclat au second service, où déjà nous mettons sur table des casseroles d'argent pour les entremets potagers. Si on a pu ajouter des casseroles d'argent pour conserver ces sortes d'entremets avec quelque avantage, il me semble que les gelées méritent au moins, sous plus d'un rapport, la même considération; car enfin l'entremets de sucre étant bien confectionné, fait les délices du second service; du moins telle est notre opinion d'après ce que nous avons vu et entendu dire par nos plus fins gastronomes.

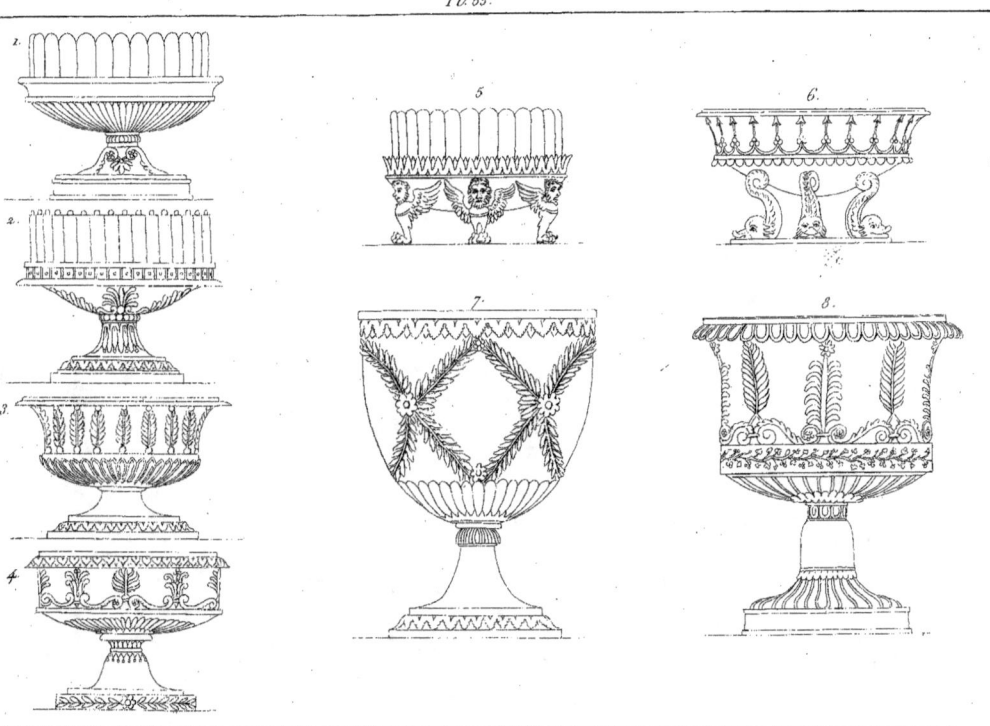

Pl. 55.

DES ENTREMETS DE DOUCEUR.

Les n°s 3 et 4 représentent trois coupes dont les palmes et les palmettes se trouvent découpées, et laissent voir un cristal dans lequel est déposé la gelée qui se trouve, par ce moyen, transparente. Alors elle se détache singulièrement de l'argenterie; car si, par exemple, la gelée est rose, rouge ou jaune, assurément elle doit faire ressortir la blancheur de la coupe; et l'argenterie, par sa blancheur, fait également briller les gelées, sur-tout si celles-ci sont traitées selon les règles. Par le résultat des cristaux, nos gelées auraient tout l'éclat dont elles sont susceptibles, et sur-tout cette délicatesse exquise qui en fait le vrai mérite.

Voilà une amélioration réelle que nous obtiendrons dès que nous ferons usage des cristaux. Ces mêmes cristaux seraient unis et aussi minces que possible, ce qui réclamerait quelques soins de la part de ceux qui mettraient les gelées à la glace, mais cela est la moindre des choses; et, lorsque les gelées seraient prises, on ressuyerait ces cristaux, que l'on poserait dans les coupes qui n'auraient que la largeur convenable pour les recevoir. Lorsqu'on le voudrait, pour les jours ordinaires, on servirait tout simplement la gelée dans le cristal. De même, les amphytrions qui ne voudraient faire que la dépense des cristaux, auraient également le plaisir de déguster des gelées suaves et parfaites.

Maintenant voici d'autres idées pour le service d'hiver. Les dessins des n°s 1, 2 et 5, sont encore trois coupes, mais d'un autre genre que les précédentes; celles-ci n'ont que huit à douze lignes au plus de bordure; alors nous renverserions nos gelées sur ces coupes, de même qu'on le fait ordinairement sur les plats d'entremets, de manière que ces mêmes gelées se trouveraient réellement à découvert, et auraient cette physionomie éclatante dont nous sommes tous jaloux. Elles feraient à coup-sûr plus d'effet étant dressées sur ces coupes, et donneraient par ce résultat plus d'élégance au second service; car il est à remarquer que les entremets de crème ou de gelée sont les moins apparens des mets qui composent le second service.

Nous avons, par exemple, des petites cocottes en argent pour mettre nos gelées d'entremets ; mais ces petits vases (car c'est ainsi qu'on devrait les dénommer, et non pas des cocottes) ont un inconvénient très-fâcheux, attendu qu'on est contraint de les enfoncer dans la glace pendant le temps de la congélation des gelées ; alors l'argenterie perd tout son brillant, et n'est plus que de pauvre mine, triste résultat qu'on ne peut éviter. Néanmoins voici un moyen bien simple. J'ai figuré par les dessins 7 et 8 deux de ces petits vases d'un nouveau genre, tels qu'ils doivent être exécutés par l'orfèvre, je veux dire de grandeur naturelle. Ces petits vases sont disposés de manière à contenir des cristaux dans lesquels on ferait prendre les gelées ; par ce procédé, l'argenterie n'a plus besoin d'être enfoncée dans glace ; elle conservera donc tout son éclat, avantage réel. D'un autre côté, nos gelées seraient transparentes, ce qui est important. Je crois, au surplus, que la forme de ces petits vases est plus élégante que celle de ces cocottes ordinaires ; car ceux-ci ont l'agrément d'être dégagés du pied, ce qui les rend commodes, tandis que les autres se trouvent matériels et avec des anses.

J'ai fait exécuter deux douzaines de ces petits vases par M. Odiot, pour la table de l'Empereur de Russie, pendant le séjour de S. M. à Paris.

LE PATISSIER ROYAL PARISIEN.

HUITIÈME PARTIE,

COMPRENANT LE PETIT FOUR ET LES CONFITURES.

CHAPITRE PREMIER.

OBSERVATIONS PRÉLIMINAIRES.

Cette aimable partie à encore singulièrement gagné depuis une quinzaine d'années. On peut même dire qu'elle est, en quelque sorte, arrivée à son dernier point de perfection, et cet heureux résultat appartient tout entier à notre pâtisserie moderne; aussi, ces petits fours font une riche partie du commerce de nos établissemens du jour, tandis que nos pâtissiers anciens ne savaient guère faire que le macaron et le biscuit. Encore, n'en avaient-ils point de débit, attendu que les confiseurs d'alors avaient la prééminence; mais, aujourd'hui, c'est tout le contraire, ce sont nos boutiques pâtissières qui l'emportent sur celles des confiseurs, et cela est tellement vrai, que maintenant le dessert se compose en grande partie des bonnes friandises que je vais décrire dans cette série de recettes, et non pas des sucreries de la rue des Lombards. Pour confectionner tous ces bombons avec succès, on doit nécessairement employer des sucres de première qualité, sûr moyen d'opérer selon la règle de l'art, et avoir l'attention de n'employer que des œufs frais, et surtout de les casser avec le soin de séparer exactement le blanc du jaune, sans aucune apparence de la plus petite nuance de ce dernier, attendu que ce peu de jaune influe singulièrement sur la réussite de ce genre de travail, et fait même manquer entièrement quelques-unes de ces recettes, telles que les petits soufflés, le massepain moelleux et seringué, le macaron soufflé et ordinaire, les petits biscuits à la fleur d'orange et aux avelines, les croquignoles à la Reine, et les petites méringues moelleuses.

Enfin, il est de la plus grande importance de casser ces œufs les uns après les autres, en mettant les blancs dans une assiette et les jaunes dans l'autre.

Maintenant, je vais décrire ces recettes telles qu'elles se succèdent à la cuisson.

CHAPITRE II.

TRAITÉ DES BISCUITS EN GÉNÉRAL.

Biscuits à la cuillère.

Cassez quatre blancs dans un petit bassin; mettez les jaunes dans une petite terrine, avec quatre onces de sucre en poudre, sur lequel vous aurez râpé le zeste d'un citron bien sain. Travaillez le tout avec une spatule pendant dix minutes, après quoi vous fouettez les blancs bien fermes; alors, vous en versez le quart dans les jaunes, que vous mêlez ensuite avec les blancs, en y joignant deux onces de farine séchée au four, que vous passez par le tamis. A mesure que vous l'amalgamez, remuez la pâte légèrement avec la spatule, afin de la rendre bien lisse, puis, vous couchez vos biscuits à la cuillère selon la règle, sur des demi feuilles de papier (à écolier), que vous ployez dans leur longueur, afin de ne donner que trois pouces de longueur aux biscuits, et la grosseur d'un doigt. Au fur et à mesure que vous en avez une feuille couchée, vous la posez sur une feuille de papier, sur laquelle vous aurez placé une demi livre de sucre passé au tamis de soie, de manière que vous commencez à masquer vos biscuits en faisant glisser doucement le sucre dessus. Après cela, placez-les sur des feuilles d'office, ou sur des plaques ou plafonds, et continuez la même manipulation pour employer la pâte, en observant de mettre au four les premières feuilles de biscuit, aussitôt que leur surface est devenue luisante par le moyen que le sucre se fond.

Vous devez enfourner vos biscuits dans un four d'une chaleur modérée, et laisser les bouchoirs entr'ouverts, afin de donner le temps aux biscuits de faire leur effet. Après sept à huit minutes de cuisson, vous fermez le four, et les retirez dès qu'ils sont colorés d'un beau blond rougeâtre; et, à mesure que vous les ôtez du four, vous avez soin de faire tenir les biscuits droits en ployant les feuilles en deux. Quand ils sont refroidis, vous les détachez du papier avec la lame d'un couteau très-mince, et les accouplez deux à deux du côté de l'âtre ou du papier, pour ne pas les déglacer.

Je ne parle point de la manière de coucher ces sortes de petits biscuits, attendu qu'il n'appartient qu'à la pratique de réussir dans cette sorte d'opération, que la théorie la plus claire ne saurait démontrer.

Biscuits de fécule en tourtière.

Cassez trois œufs comme ci-dessus; mettez dans les jaunes quatre onces de sucre fin, sur lequel vous aurez râpé le zeste d'une demi orange ou citron; ajoutez une petite cuillerée de poudre d'Iris, et travaillez ce mélange avec la spatule pendant dix minutes. Prenez les blancs de la manière accoutumée, et lorsqu'ils sont pris à point, mêlez-les par parties avec les jaunes, en y joignant treize gros de fécule de farine de pomme de terre séchée au four et passée au tamis de soie. La pâte étant bien lisse et déliée, vous en garnissez de petites tourtières de fer-blanc, de forme ronde ou en cœur, beurrées au beurre épongé, et glacées à deux reprises avec du sucre passé au tamis de soie. Après les avoir masquées légèrement dessus, vous les mettez au four chaleur modérée, et après dix-huit à vingt-deux minutes de cuisson, vous les ôtez du four, en les sortant au fur et à mesure des tourtières.

Biscuits de fécule à la vanille.

Après avoir cassé trois œufs selon la règle, vous travaillez les jaunes avec quatre onces de sucre fin, une demi-gousse de vanille pilée et passée au tamis de soie. Au bout de cinq minutes de travail, vous ajoutez un œuf entier et continuez l'opération pendant cinq minutes; après quoi, vous mêlez encore un œuf entier, et suivez ce travail pendant cinq autres minutes. Après cela, vous fouettez les blancs bien fermes et les amalgamez avec les jaunes, deux onces de fécule sèche et passée au tamis de soie. Vous rendez cette pâte bien lisse et en garnissez des tourtières comme les précédentes. Glacez-les de sucre fin, et cuisez-les de même que les autres.

Petits biscuits aux amandes.

Vous préparez trois jaunes comme de coutume, que vous travaillez pendant dix minutes avec quatre onces de sucre et une once d'amandes amères pilées parfaitement; puis, vous y joignez un œuf entier, et travaillez encore cinq bonnes minutes.

Ensuite, vous prenez les blancs bien fermes, et les mêlez aux jaunes avec une once et demie de farine de froment, séchée au four et passée au tamis de crin. Rendez cette pâte mollette en la maniant, puis, versez-la dans de petits moules de cuivre, formant de petits melons. Vous beurrez ces moules avec soin, et les glacez à deux reprises. Saupoudrez le dessus de sucre fin, et mettez-les au four chaleur modérée : la cuisson est la même que ci-dessus. On sert ces biscuits pour entremets.

Biscuits en caisse.

Vous préparez la même recette que j'ai indiqué pour le biscuit à la cuillère. Vous en garnissez de petites caisses rondes ou carrées; ensuite vous écrasez avec le rouleau quatre onces de sucre royal, en ayant soin de le conserver un peu grenu; vous le semez sur vos biscuits, et une minute après, vous les retournez afin d'en séparer le sucre qui se trouve superflu. Placez-les sur une grande plaque de cuivre; mettez-les dans un lieu frais pour aider le sucre à fondre, ce qui a lieu dès que vous voyez la surface des biscuits humides; vous les mettez au four chaleur douce. Mettez à la bouche du four une pelletée de braises ardentes pour faire grêler le sucre; aussitôt que vous voyez paraître sur les biscuits un grand nombre de petites perles, vous ôtez la braise et fermez le four. Vos biscuits doivent être cuits en vingt à vingt-cinq minutes.

Biscuits à la crême.

Mettez trois jaunes dans une petite terrine avec quatre onces de sucre fin, sur lequel vous aurez râpé la moitié du zeste d'un petit cédrat. Dix minutes après avoir travaillé ce mélange, vous fouettez les blancs selon l'usage, et les mêlez par parties dans les jaunes; vous y joignez une once et demie de farine séchée au four et passée au tamis, et quatre cuillerées à bouche de crême fouettée bien égouttée. La pâte étant légèrement mêlée et bien lisse, vous garnissez avec douze caisses d'office, et glacez le dessus des biscuits de sucre passé au tamis de soie. Ce sucre étant fondu, vous mettez ces biscuits au four chaleur douce, et leur donnez vingt à vingt-cinq minutes de cuisson. En les sortant du four, vous devez avoir le soin de les mettre sur le côté, pour empêcher par ce moyen qu'ils ne s'affaissent.

On peut servir ces biscuits pour entremets et pour dessert, de même qu'on les parfume de fleur d'orange pralinée, de vanille, de zeste de citron, de bigarade, d'orange, d'amandes amères et autres avelines.

Biscuits glacés au chocolat.

Vous préparez la recette du biscuit en caisse comme je l'ai indiqué précédemment; mais vous odorisez cet appareil avec une demi-gousse de bonne vanille pilée et passée au tamis de soie. Vous versez cette pâte dans une caisse de sept pouces de large sur dix de long, et la mettez au four chaleur douce. Quarante à cinquante minutes après, vous observez si le biscuit se trouve un peu ferme au toucher; alors, vous l'ôtez du four, et dès qu'il est parfaitement froid, vous retournez la caisse que vous séparez du biscuit, et le coupez en petits losanges, en carrés, en carrés longs, ou en rond de dix-huit lignes de diamètre.

Vous devez mettre dans une petite terrine un blanc d'œuf, une once de sucre passé au tamis de soie, et trois onces de bon chocolat que vous aurez râpé fin, et fait fondre à la bouche du four pendant quelques minutes. Vous travaillez le tout avec une cuillère d'argent pendant cinq minutes, en ajoutant un peu de blanc d'œuf, afin de rendre cette glace assez molle pour qu'elle forme un masque un peu épais et très-luisant. Alors, vous en masquez le dessus des biscuits, en étalant cette glace un peu épaisse et très-unie avec la lame du couteau. Les biscuits étant ainsi glacés, vous les mettez à la bouche du four pendant quatre à cinq minutes, et les laissez refroidir avant de les dresser.

Biscuits glacés à l'orange.

Vous frottez sur un morceau de sucre le zeste d'une belle orange rouge en couleur, et fine de peau. Vous ratissez le sucre seulement coloré, que vous écrasez parfaitement avec le rouleau, et le mêlez ensuite dans une petite terrine avec trois onces de sucre passé au tamis de soie, et un blanc d'œuf. Le tout bien travaillé pendant cinq à six minutes, doit vous donner une glace couleur orange luisante, et un peu molle, dont vous pouvez aisément masquer vos biscuits, que vous aurez préparés de même que les précédens, avec cette différence que vous odorifez l'appareil avec la moitié du zeste d'une orange en place de la vanille.

On emploiera les mêmes procédés pour glacer ces sortes de biscuits au citron, à la bigarade ou au cédrat, de même qu'au café et à la rose, en colorant la glace rose avec du rouge végétal ou du carmin, et quelques gouttes d'essence de rose.

Vous pouvez aussi glacer de la même manière les biscuits en caisse ronde ou carrée, en les conservant dans les caisses.

Biscuits de couleur marbrée pour les rochers.

Préparez une livre de pâte à biscuit (vingt-quatre œufs, une livre de sucre, trois quarterons de farine sèche), en suivant les procédés indiqués à l'article *Biscuits à la cuillère*. Ensuite vous broyez dans une moyenne terrine quatre onces de chocolat dissous, dans lequel vous joignez le tiers de la pâte. Le tout bien mêlé, vous le séparez en deux parties; dans l'une, vous mêlez le quart de la pâte à biscuit, ce qui rend cette partie de l'appareil légèrement coloré au chocolat.

Ensuite vous mêlez dans une moyenne terrine du rouge végétal et de l'infusion de safran, pour colorer la moitié du reste de la pâte à biscuit couleur orange rouge, et dans la moitié de cette préparation, vous mêlez le reste de la pâte à biscuit, de manière que le tout vous donne deux couleurs au chocolat et deux couleurs à l'orange.

Versez le tout de cette manière dans deux grandes caisses de papier de huit pouces carrés sur trois de hauteur : dans l'une, vous commencez à verser une grande cuillerée d'appareil au chocolat, de même que si vous vouliez un gros biscuit à la cuillère d'un bout à l'autre de la caisse ; et par-dessus, vous recommencez la même opération en y versant une cuillerée de l'appareil couleur orange ; par-dessus celle-ci une cuillerée de pâte à chocolat, et ainsi de suite de l'appareil orange et chocolat. Lorsque la caisse se trouve à moitié garnie, vous saupoudrez de farine et la mettez sur un plafond au four doux. Versez le reste des appareils dans une seule terrine, et mêlez-le quatre à cinq fois avec la cuillère pour le rendre veiné par les nuances des couleurs. Versez le tout dans l'autre caisse, que vous saupoudrez de farine, et la mettez au four.

Donnez trois bons quarts-d'heure de cuisson, alors le biscuit doit être ferme au toucher, sinon vous le laissez encore quelques minutes au four. Lorsqu'il est bien refroidi, vous le coupez par lames de deux pouces de largeur; ensuite vous en cassez la moitié par parties inégales de dix à quinze lignes de largeur et longueur. Coupez le reste du biscuit dans les mêmes dimensions; après cela, vous mettez le tout sur une grande plaque au four, afin de dessécher assez pour qu'ils deviennent cassans sous la pression des doigts. Vous groupez avec ces sortes de biscuits des rochers et des rocailles pour les pièces montées, telles que je l'ai décrit dans la 5ᵉ et 9ᵉ partie.

On fait également du biscuit vert pâle et vert pistache, mêlé avec du rouge foncé et jaune pâle, ou bien du jaune citron avec du rose et du vert pâle, ou du violet avec du rouge amarante et du jaune aurore. On peut varier ces sortes de couleurs selon son goût.

CHAPITRE III.

CROQUETTES A LA PARISIENNE.

Après avoir pilé un bâton de vanille avec deux onces de sucre, vous passez le tout au tamis de soie. Vous le mêlez avec sept onces d'autre sucre (ce qui fait neuf onces) en poudre bien sec, que vous mêlez avec huit onces de belle farine tamisée; ensuite vous amalgamez ce mélange dans quatre blancs d'œufs fouettés selon la règle, et bien fermes. Travaillez le tout quelques minutes, afin que cet appareil devienne très-lisse et mollet.

Vous faites chauffer deux grandes plaques de cuivre que vous frottez avec de la cire vierge; vous les ressuyez légèrement afin d'étendre la cire, et en même temps pour l'ôter de manière que la surface de la plaque se trouve à peine luisante de cire. Lorsque ces plaques sont froides, vous moulez un peu d'appareil avec une cuillère à bouche, de la même manière que pour un biscuit à la cuillère. Vous couchez les croquettes sur une plaque de la même forme que ce biscuit, en observant de les écarter à six lignes les unes des autres. Lorsqu'elles sont ainsi couchées sur les deux plaques, vous les placez sur le four sur des tabourets, pour empêcher qu'elles ne reçoivent aucune chaleur du dessous; puis vous mettez sur le four un fourneau de braise ardente (le dessus en doit être parfaitement clos) à quelque distance des croquettes, pour que celles-ci ne reçoivent la chaleur qu'à leur surface.

Lorsque le dessus du four n'est pas propice à cette opération, vous mettez les plaques dans le bas d'une étuve, et mettez du feu sur la dernière tablette du haut.

Les croquettes doivent rester sur le four ou dans l'étuve toute la nuit; alors, le lendemain matin, vous les mettez au four chaleur modérée, et leur donnez quinze à vingt minutes de cuisson. En les ôtant du four, elles doivent quitter la plaque aisément, et être colorées dessus et dessous d'une belle couleur claire-rougeâtre. Puis vous avez soin de les détacher de suite des plaques; car, si vous les laissez refroidir, vous les briserez toutes en voulant les détacher.

Ces croquettes font réellement une aimable friandise; elles ont, d'ailleurs, l'avantage de se dresser aisément.

On peut également odorifer cet appareil au zeste de cédrat, de bergamotte, d'orange, de citron à l'essence de rose, et de fleur d'orange.

Croquignoles à la Reine.

C'est le même appareil que le précédent. Vous le traitez, dans sa préparation et cuisson, de la même manière, avec cette seule différence qu'au lieu de coucher les croquignoles à la cuillère, vous couchez celles-ci avec le couteau sur une spatule, en les formant de la grosseur d'une aveline; puis, en les posant sur la plaque, vous avez soin d'ôter le couteau, en l'appuyant sur la plaque de manière que la croquignole soit parfaitement ronde, sans aucun indice que le couteau y ait touché.

Je ne parlerai point des mêmes croquettes que l'on fait plus petites, et dans lesquelles on ajoute du rouge, du jaune ou du vert.

Croquignoles à la Chartres.

Emondez cinq onces d'amandes douces et trois d'amères; près les avoir lavées et ressuyées dans une serviette, vous les pilez parfaitement, en y joignant de temps en temps un peu de blanc d'œuf, afin qu'elles ne tournent pas à l'huile. Ensuite vous mettez huit onces de farine sur le tour ; vous en faites une fontaine dans laquelle vous mettez les amandes pilées, avec huit onces de sucre en poudre, quatre jaunes d'œufs et un peu de sel. Faites cette détrempe selon la règle, en la fraisant quatre tours ; après quoi vous la roulez par bandes grosses comme le doigt. Mettez trois ou quatre de ces bandes l'une contre l'autre, et coupez-les carrément de la grosseur d'une aveline ; vous les roulez dans le creux de la main, et les rangez à mesure sur deux plaques frottées avec de la cire, comme pour les croquettes à la parisienne. Lorsqu'elles sont toutes ainsi préparées, vous les dorez et les mettez au four chaleur modérée, en leur donnant une belle couleur rougeâtre. Détachez-les des plaques aussitôt qu'elles sont retirées du four.

Croquignoles aux pralines.

Vous faites la même pâte que ci-dessus et l'abaissez à deux petites lignes d'épaisseur ; vous la coupez en deux parties égales ; vous mouillez légèrement la surface de l'une ; placez dessus, avec ordre, des pralines, et à six lignes de distance entr'elles ; ensuite vous mouillez à peine la seconde abaisse, que vous placez dessus les pralines ; vous l'appuyez très-légèrement, et détaillez les croquignoles avec un coupe-pâte ovale de huit lignes de largeur sur treize de longueur ; ensuite vous leur donnez une belle forme, en ayant soin de souder parfaitement la pâte à l'entour des pralines. Vous terminez le reste du procédé de même que ci-dessus.

Croquignoles aux avelines.

Après avoir émondé huit onces d'amandes d'avelines, vous en mettez la moitié dans un poêlon d'office, que vous placez sur un feu modéré, en remuant sans cesse les amandes, afin de les torréfier également. Dès qu'elles sont colorées d'un beau jaune, vous les versez sur une assiette. Étant froides, vous les pilez avec les autres amandes, en les mouillant avec du blanc d'œuf pour éviter qu'elles ne tournent à

LE PETIT FOUR ET LES CONFITURES.

l'huile; et, lorsqu'aucun fragment d'amandes n'est plus aperçu, vous détrempez cette pâte avec huit onces de farine, huit de sucre fin, quatre jaunes d'œufs et un grain de sel. Fraisez quatre tours, et finissez l'opération de même que je l'ai enseigné pour les croquignoles à la Chartres.

Vous pouvez également abaisser cette pâte, et la garnir d'avelines pralinées, en opérant de même qu'il est décrit pour les croquignoles aux pralines.

On fait encore, avec ces mêmes pâtes à croquignoles, de petites tresses, des couronnes, et autres petits objets de fantaisie.

Croquignoles à la française.

Ecrasez parfaitement huit onces de macarons amers que vous passez au tamis; mettez ensuite dedans huit onces de farine tamisée et disposée en fontaine; ajoutez six onces de sucre fin, trois jaunes, trois onces de beurre fin et un grain de sel. Détrempez le tout comme de coutume; formez-en des croquignoles de la grosseur ordinaire : vous donnez à celles-ci la forme d'une olive, et après les avoir légèrement dorées, vous les mettez au four chaleur douce, et les cuisez bien blondes.

On peut remplacer les macarons amers par des macarons aux avelines, ou bien par des macarons doux odorifés avec le zeste de deux citrons, d'oranges, de cédrat, de bigarade, ou à la vanille, et même à la fleur d'orange pralinée et aux anis.

Gimblettes à l'orange.

Râpez sur un morceau de sucre le zeste de deux oranges bien saines; écrasez parfaitement ce sucre, et mêlez-le avec d'autre sucre en poudre pour en peser six onces; ensuite pilez parfaitement quatre onces d'amandes douces; mettez sur le tour huit onces de belle farine; faites-en une fontaine, et mettez au milieu quatre gros de levure, que vous délayez avec le quart d'un verre de lait. Vous y joignez deux onces de beurre, deux jaunes, un grain de sel, les amandes et le sucre à l'orange. Détrempez le tout comme de coutume, et laissez cette pâte dans un lieu chaud pendant cinq à six heures, pour que la fermentation s'opère. Alors vous corrompez la pâte et la roulez par petites bandes grosses comme le bout du petit doigt; et, quand vous avez cinq ou six de ces bandes, vous les coupez en biais de cinq pouces de longueur, et en formez de petites couronnes, dont les soudures ne doivent pas paraître. La pâte étant ainsi employée, vous jetez la moitié de vos gimblettes dans une grande casserole d'eau bouillante, que vous remuez légèrement à sa surface, avec une spatule pour détacher les gimblettes et les faire monter sur l'eau. Alors vous les égouttez et les versez dans de l'eau fraîche; puis vous échaudez le reste des gimblettes, et les mêlez avec les autres dans l'eau fraîche. Lorsqu'elles sont froides, vous les égouttez dans une grande passoire et les sautez ensuite, en y versant par intervalle deux œufs de dorure. Laissez-les encore égoutter quelques minutes; alors vous les rangez avec ordre sur trois plaques légèrement cirées, comme je l'ai indiqué pour les croquettes à la parisienne; vous les mettez au four chaleur douce, et les ôtez de belle couleur.

On fait de la même manière de petites tresses et de petits pains longs comme le pouce.

On parfume également ces gimblettes au zeste de citron, de cédrat, de bigarade, aux anis, à la vanille et à la fleur d'orange pralinée.

CHAPITRE IV.

PETITES BISCOTTES AUX ANIS.

Lavez quatre gros d'anis étoilé, et faites-les sécher à la bouche du four; ensuite travaillez cinq jaunes avec quatre onces de sucre en poudre pendant dix minutes; fouettez les cinq blancs bien fermes et mêlez-les aux jaunes, en ajoutant quatre onces de farine sèche passée au tamis, et l'anis. Amalgamez parfaitement le tout avec légèreté, et versez cette pâte dans une grande caisse de papier de sept pouces de largeur, sur onze de longueur. Mettez-la au four

LE PETIT FOUR ET LES CONFITURES.

doux, et quarante à cinquante minutes après, observez si le biscuit est ferme au toucher. Alors vous l'ôtez, et dès qu'il est froid, vous en séparez le papier; vous coupez vos biscottes de trois petits pouces de longueur sur six lignes de largeur, et les remettez sécher au four, afin qu'elles deviennent cassantes.

On peut couper ces biscottes en croissants, en ovals alongés, ou en losanges longs.

Biscottes aux pistaches.

Mettez dans une terrine quatre onces de sucre fin, quatre de farine sèche tamisée, et cinq jaunes. Le tout étant travaillé pendant dix minutes, vous y joignez deux onces de pistaches entières, et couchez cet appareil dans une petite plaque de fer-blanc (légèrement beurrée) de cinq pouces de largeur sur dix de longueur. Elargissez-le d'égale épaisseur; masquez le dessus avec deux onces de pistaches coupées en travers. Mettez au four doux; quarante à cinquante minutes après, sortez-les du moule, et coupez vos biscottes de deux pouces trois lignes de longueur sur quatre lignes d'épaisseur; vous les remettez sécher au four, en les rangeant à plat sur des plaques.

On fait également ces biscottes aux avelines ou aux amandes douces, en place de pistaches.

CHAPITRE V.

PETITES DENTS-DE-LOUP AUX ANIS DE VERDUN.

Mettez dans une petite terrine quatre onces de farine tamisée et quatre de sucre en poudre avec cinq jaunes. Travaillez ce mélange pendant un petit quart d'heure; après quoi vous y mêlez quatre gros d'anis étoilé, trié, lavé et séché au four. Vous couchez cet appareil dans des moules de fer-blanc en forme de jalousie, et à peine beurrés, de manière que les dents-de-loup s'élargissent en prenant la forme de petites navettes, grosses et longues comme le petit doigt; alors vous masquez le dessus avec une once d'anis blanc de Verdun. Mettez-les au four chaleur modérée, et dès qu'elles se trouvent légèrement colorées, détachez-les et ôtez-les des moules pour les remettre sur une plaque séchée au four, afin qu'elles deviennent cassantes.

Croquettes aux anis de Verdun.

Vous préparez le même appareil que ci-dessus. Vous le couchez (de la même manière que je l'ai démontré pour les croquettes à la parisienne) sur des plaques légèrement cirées, les masquez ensuite avec des anis blancs, et les mettez au four doux; dès qu'elles sont colorées, vous les ôtez en ayant soin de les détacher de suite.

CHAPITRE VI.

PETITES MÉRINGUES MOELLEUSES, ET A LA CRÉME.

Petites méringues aux pistaches.

Fouettez trois blancs d'œufs bien fermes; vous y mêlez quatre onces de sucre en poudre, et couchez vos méringues, grosses comme de petits œufs de pigeon, sur des bandes de papier de dix-huit lignes de largeur; ensuite vous les masquez de sucre passé au tamis de soie, et prenant les bandes par les deux extrémités, vous les secouez légèrement en soufflant sur les méringues pour en séparer le sucre inutile. Placez-les à mesure sur des planches de quatre à cinq pieds de longueur.

Vous fichez sur les méringues des filets de pistaches (l'amande coupée en six filets), en formant une rosace ou un double rond. Vous les mettez au four doux; étant colorées d'un beau blond, vous les tirez à la bouche du four, et les enlevez avec soin, en appuyant un peu le dedans avec le bout d'une petite cuillère à café. Vous les placez du côté qu'elles sont colorées sur un grand plafond. Le tout ainsi préparé, vous les remettez au four pour leur donner couleur en dedans; quand elles sont froides, et au moment du service, vous les garnissez d'une petite crème-plombière aux pistaches, ou avec des confitures.

On peut les garnir aussi avec l'une des crêmes contenues dans le chapitre des crêmes à la Chantilly ou des crêmes-pâtissières.

On peut également, avant de mettre les méringues au four, semer du gros sucre dessus, ce qui produit beaucoup d'effet, de même qu'on peut mettre les pistaches hachées.

Petites méringues moelleuses au cédrat et au gros sucre.

Vous préparez vos méringues de la même manière que ci-dessus ; mais vous mêlez dans cet appareil le zeste d'un cédrat râpé sur du sucre, que vous avez soin d'écraser parfaitement. Vos méringues étant couchées comme les précédentes, vous les glacez de même avec du sucre passé au tamis de soie ; lorsque ce sucre est fondu, vous semez du gros sucre sur les méringues, et les mettez aussitôt sur des planches et au four doux, afin que le gros sucre n'ait pas le temps de se fondre. Lorsqu'elles se trouvent colorées d'un beau blond, vous les tirez à la bouche du four, et les accouplez deux par deux ; alors elles doivent former un œuf parfait. Au moment du service, vous les dressez en buisson.

On odorifie encore ces méringues moelleuses au citron, à l'orange, à la bigarade, au café, à la vanille et à la fleur d'orange.

On peut également mêler au gros sucre des pistaches coupées en petits dez, ou bien de petits grains de raisin de Corinthe, choisis d'égale grosseur, épluchés, lavés et séchés à la bouche du four. On masque encore ces méringues avec du gros sucre rose ; mais alors vous mettez ces dernières au four très-doux, afin que le sucre ne perde pas sa belle couleur rose.

CHAPITRE VII.

MÉRINGUES A L'ITALIENNE.

Cassez par petits morceaux huit onces de sucre royal, que vous mettez dans un moyen poêlon d'office avec un verre d'eau. Placez-le sur un fourneau ardent ; aussitôt qu'il est cuit au grand lissé (*Voyez* les cuissons du sucre au traité des confitures), vous le laissez refroidir un peu.

Alors vous le faites blanchir en le frottant sur les parois du poêlon avec une cuillère d'argent. Pendant ce temps, vous faites fouetter trois blancs d'œufs bien fermes, et les mêlez avec le fouet dans le sucre, ce qui doit vous donner un appareil très-blanc et très-lisse, brillant et ferme. Vous devez sur-tout avoir la précaution de bien dégager le sucre qui est adhérent au fond et aux côtés du poêlon.

Vous couchez vos méringues avec une petite cuillère à café, et les placez à six lignes de différence entr'elles, et toujours en leur donnant la forme d'un petit œuf de pigeon. Lorsque toutes vos méringues sont ainsi couchées sur des bandes de papier, vous les placez comme de coutume sur des planches, et les mettez au four très-doux, afin qu'elles conservent leur blancheur; et dix à quinze minutes après qu'elles sont fermes au toucher, vous les tirez à la bouche du four pour les accoupler deux à deux, de manière qu'elles forment exactement l'effet de petits œufs très-ronds et bien formés, attendu que ces sortes de méringues ne font pas du tout d'effet à la cuisson, qui s'opérerait également dans une étuve un peu chaude.

On doit avoir l'attention de les conserver au sec, et de ne les dresser qu'au moment du service, à cause du moelleux qui se trouve dans l'intérieur.

Il est facile de voir qu'on ne glace pas le dessus de ces sortes de méringues comme les précédentes, et cela devient inutile, attendu qu'elles sont naturellement très-brillantes, résultat que l'on obtient par l'effet de la cuisson du sucre au poêlon.

Pour faire ces méringues à la rose, vous mêlez dans l'appareil de l'essence de rose et du rouge végétal, ou du carmin délayé, et à plusieurs reprises, afin de les colorer d'un rose tendre.

On fait également ces méringues jaunes, par l'addition d'une infusion de safran.

On les fait encore aux pistaches, en y joignant assez d'essence de vert d'épinards, de l'essence de citron, ou bien les zestes d'une orange râpée sur du sucre, ou celui d'un cédrat, d'un citron et d'une bigarade; ou de la vanille, du café, du chocolat, et même des anis de Verdun blancs et rouges.

CHAPITRE VIII.

PETITES BOUCHÉES DE DAMES.

Faites deux onces de biscuit à la cuillère, selon les procédés décrits à la première recette de cette partie. Vous couchez cette pâte comme des petites méringues rondes, de la même grosseur. Après les avoir ainsi couchées sur des bandes de papier, vous les masquez de sucre passé au tamis de soie, comme on fait pour glacer ce biscuit à la cuillère; et quand ce sucre se trouve fondu, vous les mettez au four chaleur modérée, et les retirez dès qu'ils sont colorés d'un beau blond, en les détachant de suite du papier. Lorsqu'ils sont froids, vous masquez de marmelade d'abricots le côté qui était sur le papier; et au fur et à mesure que vous en avez deux masqués, vous les mariez ensemble du côté de la confiture. Le tout ainsi préparé, vous mettez dans une petite terrine quatre onces de sucre royal passé au tamis de soie, que vous délayez avec un blanc d'œuf; travaillez ce mélange avec une cuillère d'argent pendant dix bonnes minutes, en y mettant de temps en temps un peu de jus de citron, ce qui blanchit la glace avec laquelle vous masquez presqu'entièrement les bouchées, que vous tenez sur le bout des doigts, afin de les glacer plus aisément. Vous les placez à mesure sur un grand plafond masqué d'un rond de papier. Le tout étant ainsi glacé, vous mettez ces bouchées quelques minutes à la bouche du four, pour qu'elles ne changent pas de couleur.

Bouchées de dames glacées au chocolat.

Vous faites vos bouchées de la même manière que les précédentes; mais couchez celles-ci un peu ovales. Lorsqu'elles sont cuites, vous les détachez des papiers; ensuite vous mettez dans une petite terrine deux onces de sucre royal passé au tamis de soie, et trois onces de chocolat râpé que vous aurez fait fondre en le mettant sur du papier à la bouche du four pendant quelques minutes. Vous délayez ce mélange avec un blanc et demi d'œuf, en le remuant avec une cuillère d'argent pendant huit à dix minutes; et après avoir garni le milieu des bouchées de marmelade de coings, d'ananas ou d'abricots, vous les masquez avec la glace. Au fur et à mesure que vous en terminez une, vous semez légèrement dessus et autour du gros sucre cristallisé; et la posez avec soin sur un grand plafond couvert d'un rond de papier. Lorsque les bouchées sont toutes glacées, vous les mettez cinq à six minutes au four; lorsqu'elles sont froides, vous pouvez les dresser.

Pour les bouchées de dames à la rose, vous faites la glace rose tendre, avec de l'essence de rose et du rouge; et lorsqu'elles sont glacées, vous semez dessus du gros sucre.

Vous pouvez également les masquer jaunes, en mêlant à la glace du safran et du zeste de citron. De même à l'orange, en colorant la glace avec du rouge et du jaune, et le zeste d'une belle orange bien saine, et toujours en les masquant de gros sucre.

Lorsque vous les masquez à la glace blanche, vous pouvez semer dessus des pistaches hachées ou de petits grains de raisin de Corinthe parfaitement lavés et séchés au four, ou bien vous mêlez du gros sucre avec des pistaches ou avec des raisins.

Bouchées de Monsieur.

Vous faites la moitié de la recette décrite à l'article des croquettes à la parisienne. Vous couchez celles-ci de même que les croquignoles à la Reine, puisque c'est absolument la même chose. Vous les terminez et les cuisez de même; lorsqu'elles sont froides, vous les masquez de marmelade d'abricots et les accouplez deux par deux. Vous les masquez de la même manière que les bouchées de dames, en les glaçant au chocolat, à la rose, à la pistache, à l'orange, cédrat, citron et bigarade. Enfin, vous les masquez aussi avec du gros sucre, des pistaches et des raisins de Corinthe.

On glace de la même manière les croquignoles à la française, en les accouplant toujours deux par deux.

CHAPITRE IX.

TRAITÉ DES MASSEPINS.

Massepins moelleux.

Vous pilez bien parfaitement huit onces d'amandes douces (émondées), en les mouillant peu à peu de quelques gouttes d'eau de fleur d'orange, d'eau de rose ou de suc d'un citron; lorsqu'on n'aperçoit plus aucun fragment d'amandes, vous les mettez dans une moyenne poêle d'office avec huit onces de sucre cristallisé passé au tamis de soie. Amalgamez le tout avec une spatule, et placez la poêle sur un fourneau peu ardent, en ayant soin de remuer la pâte d'amandes, afin qu'elle ne s'attache ni au fond ni au bord de la poêle. Lorsque l'humidité de la pâte est évaporée, elle quitte la poêle, en se pelottant en un seul bloc à l'entour de la spatule; alors vous posez le doigt dessus, et si elle ne s'y attache pas, vous continuez de la dessécher. Du moment qu'elle ne s'attache plus au toucher, vous l'ôtez du feu, et continuez de la remuer en ayant soin, avec la spatule, de détacher exactement le peu de pâte qui se fixe au fond et aux parois de la poêle. Après cela, vous versez la pâte sur une feuille de papier saupoudré de sucre fin; mêlez à la pâte du sucre à la vanille, ou telle autre odeur que vous désirez lui donner, comme au zeste de cédrat, d'orange, de citron, bergamotte et de bigarade, ou au café, au chocolat et aux anis.

Cette opération terminée, vous roulez de petites parties de pâte de quatre bonnes lignes de grosseur; lorsque vous avez plusieurs de ces bandes, vous les mettez les unes contre les autres, et les coupez un peu en biais, en leur donnant quatre pouces de longueur; après quoi vous en formez de petites couronnes bien rondes, dont la soudure ne doit pas être visible. Vous suivez les mêmes procédés pour préparer le reste de la pâte en petites couronnes, que vous mettez sur une petite grille de laiton que vous aurez placée sur un grand plat rond. Ensuite vous mettez dans une petite terrine quatre onces de sucre royal passé au tamis de soie, que vous délayez avec un blanc d'œuf, et travaillez ce mélange pendant dix minutes avec une cuillère d'argent, en ajoutant quelques gouttes de suc de citron. Vous masquez de cette glace le dessus des couronnes; et à mesure que vous en glacez une, vous reprenez de la glace avec la cuillère pour en masquer une autre. Toute la glace étant employée, vous laissez les couronnes s'égoutter de la glace qui tombe au travers du laiton, que vous enlevez ensuite pour ramasser la glace qui se trouve sur le plat; Vous remettez les couronnes sur le plat, et continuez à les masquer avec le reste de la glace; après quoi vous enlevez avec une fourchette les couronnes, que vous posez sur des feuilles de papier blanc placé sur des plaques de cuivre. Vous mettez au four chaleur modérée, et quinze à vingt minutes après, vous les retirez. Lorsque ces massepins sont colorés d'un blond rougeâtre, et lorsqu'ils sont refroidis, vous les détachez avec précaution, en passant doucement dessous la lame d'un couteau mince.

Ces sortes de massepins sont très-aimables à manger, et d'un glacé réellement séduisant.

Massepins moelleux glacés à la rose et au gros sucre.

Vous les préparez comme les précédens, et mettez dans la glace du rouge végétal pour la colorer d'un beau rose; mais vous tenez cette glace un peu plus ferme que l'autre, attendu que vous étalez celle-ci avec la lame du couteau; et à mesure que vous avez une couronne masquée de glace rose, vous la mettez de ce côté sur du gros sucre (bien égal en grosseur), afin que le sucre s'y attache; après quoi vous les placez sur des plaques couvertes de feuilles de papier; dès que toutes vos couronnes sont ainsi masquées, vous les mettez au four doux pendant quinze minutes, en observant qu'elles ne doivent pas changer de couleur.

Ces massepins sont plus brillans que les premiers, par l'effet du gros sucre.

Vous pouvez également les masquer de toutes les diverses manières que j'ai indiquées précédemment pour les bouchées de dames.

On en fait encore en forme de petites colonnes de deux pouces de longueur et en croïssans.

Massepins moelleux panachés.

Après avoir préparé et masqué vos massepins de la même manière que ci-dessus, vous mettez dans le milieu de la couronne un petit four au chocolat, roulé rond, et que vous mouillez légèrement à sa surface; puis vous cuisez ces massepins comme les précédens.

Lorsque vous les masquez avec de la glace blanche, sur laquelle vous semez des pistaches hachées, alors vous pouvez mettre au milieu un petit four à la rose, jaune ou au chocolat, et vous pouvez, en place de pistaches, mettre de petits grains de raisin de Corinthe. Alors vous masquez le dessus du petit four avec du gros sucre.

Massepins à l'italienne.

C'est la même pâte que ci-dessus, que vous abaissez à une bonne ligne d'épaisseur. Vous la séparez en deux parties égales; sur l'une, vous mettez de petites parties de marmelade (d'abricots ou d'ananas) de la grosseur d'une aveline, et à un pouce de distance; ensuite vous mouillez légèrement le reste de la surface de l'abaisse, sur laquelle vous placez l'autre partie d'abaisse que vous appuyez afin de contenir la confiture entre les deux épaisseurs de pâte; après quoi vous détaillez vos massepins avec un petit coupe-pâte rond ou ovale de douze à quinze lignes de diamètre, en observant que la confiture doit se trouver précisément au milieu.

Cette opération terminée, vous rassemblez les parures; et après les avoir abaissées de même que ci-dessus, vous en préparez des massepins semblables aux autres, et employez encore le reste des parures de la même manière.

Vous fouettez un blanc d'œuf bien ferme, et mêlez avec deux onces de sucre en poudre. Vous en masquez la surface et l'épaisseur des massepins, sur le milieu desquels vous placez droite une belle pistache; ensuite vous les roulez sur du gros sucre bien égal en grosseur, et les placez au fur et à mesure sur des plaques d'office garnies de papier. Quand ils sont colorés d'un blond très-tendre, vous les ôtez et suivez les mêmes procédés pour finir le reste des massepins, que vous avez soin de détacher du papier quand ils sont froids, après avoir reçu leur couleur.

On les masque également de glace royale rose et au gros sucre, ou blanche et aux pistaches hachées, ou glacée au chocolat et au gros sucre; mais alors on doit avoir la précaution de les mettre au four doux, afin que la glace ne fasse que sécher sans prendre couleur.

On peut faire toutes ces sortes de massepins avec de la pâte d'amandes d'avelines; on emploie alors des avelines en place d'amandes douces.

Massepins seringués soufflés.

Après avoir émondé huit onces d'amandes douces, vous les pilez bien parfaitement, en y mettant de temps en temps un peu de blanc d'œuf pour les empêcher de tourner à l'huile, et vous y mêlez dix onces de sucre passé au tamis de soie, que vous aurez travaillé un petit quart-d'heure avec le quart d'un blanc d'œuf. Le tout bien amalgamé au pilon, doit donner une pâte lisse et ferme semblable à la pâte des massepins précédens; ensuite vous mettez cette pâte dans une seringue à massepins, et vous la poussez en la faisant passer par une petite étoile de six lignes de diamètre, dont le tour doit être ceint de rayons, de manière que la pâte étant bien pilée, doit former à sa surface des rayures qu'il faut tâcher de conserver, quoique vous soyez contraint de former avec vos doigts les massepins, en leur donnant des formes de croissans, de nœuds, de petites volutes et de couronnes de quinze lignes de diamètre (cette forme est la plus jolie). Placez-les au fur et à mesure sur des feuilles de papier posées sur des plaques.

Tous vos massepins ainsi préparés, vous les mettez sur le four sur des planches élevées, afin qu'ils ne reçoivent la chaleur qu'à la surface. Le lendemain matin, vous les mettez à four doux; alors vous leur voyez faire le même effet qu'aux croquignoles à la Reine, mais s'élevant d'avantage, ce qui leur donne une physionomie fort jolie. Aussitôt qu'ils sont colorés d'un beau blond, vous les ôtez du four; dès qu'ils sont froids, vous les détachez.

On fait ces massepins roses, en joignant dans la pâte du rouge végétal ou du carmin; on la colore pistache, en y mêlant de l'essence de vert d'épinards. Pour les colorer au safran ou à l'orange, on les odorifie de citron, de vanille pilée et de fleur d'orange pralinée.

Ces sortes de massepins demandent le four très-doux, afin que leur couleur ne soit pas altérée par la chaleur.

Massepins seringués ordinaires.

Après avoir pilé huit onces d'amandes douces selon la règle, vous y joignez huit onces de sucre passé au tamis de soie, et un blanc d'œuf, ce qui doit vous donner une pâte ferme et très-liante. Alors vous la passez à la seringue, et la formez de la même manière que la précédente. Vos massepins étant terminés et placés sur des feuilles de papier posées sur des plafonds un peu épais, vous les mettez au four chaleur modérée; aussitôt qu'ils sont colorés d'un beau jaune rougeâtre, vous les ôtez et les détachez du papier étant froids.

On odorifie ces massepins avec de la vanille pilée ou du zeste de citron, de cédrat, de bigarade et d'orange.

CHAPITRE X.

TRAITÉ DES PETITS SOUFFLÉS.

Petits soufflés à la rose.

Mettez dans une petite terrine huit onces de sucre passé au tamis de soie, que vous délayez avec un blanc d'œuf, ce qui vous donnera une pâte un peu ferme; alors vous la travaillez pendant dix minutes, et vous y joignez quelques gouttes d'essence de rose et assez de rouge végétal pour colorer le tout d'un rose vif. Cette opération terminée, vous roulez cette glace sur le tour (que vous aurez saupoudré de sucre fin) en bandes de la grosseur du doigt. Coupez ces bandes en petits dés, et roulez-les dans le creux de la main. Ayez soin de les mouiller au fur et à mesure que vous aurez formé un petit soufflé, et placez-le de suite dans de petites caisses rondes de neuf lignes de diamètre sur quatre de hauteur. Le tout ainsi préparé, vous appuyez légèrement la surface de chaque soufflé avec le bout du doigt index, que vous mouillez chaque fois dans un verre d'eau, ce qui rend les soufflés brillans et d'un beau glacé à la cuisson.

Vous les mettez au four chaleur douce. Alors vous voyez les soufflés s'élever à plus de six lignes au-dessus des caisses; et après quinze bonnes minutes de cuisson, vous les retirez du four, en observant s'ils sont bien ressuyés à la surface, sinon vous les laissez encore quelques minutes au four; mais ne les perdez pas de vue, car en quelques minutes ils perdent bientôt leur couleur première (qui cependant passe un peu à la cuisson), et deviennent par ce manque de soin de mauvaise mine.

Petits soufflés au chocolat.

Après avoir râpé quatre onces de chocolat, vous le mettez cinq minutes sur du papier à la bouche du four; et pendant ce temps, vous délayez six onces de sucre passé au tamis de soie avec un blanc d'œuf; après quoi vous y joignez le chocolat qui doit se trouver fondu, et n'être cependant que tiède. Alors le mélange devient très-ferme; vous êtes contraint d'y ajouter un peu de blanc d'œuf pour rendre la glace facile à rouler. Vous terminez l'opération de la manière accoutumée.

Petits soufflés au safran.

Faites infuser dans un petit moule à dariole une pincée de safran en feuilles, que vous laissez mijoter, afin que l'infusion se réduise à une bonne cuillère seulement; et pendant qu'elle se refroidit, vous travaillez dans une petite terrine huit onces de sucre passé au tamis de soie, avec un blanc d'œuf; dix minutes après, vous y mêlez assez d'infusion pour colorer la glace d'un jaune citron; vous ajoutez un peu de sucre passé au tamis de soie, afin de rendre la glace assez ferme pour pouvoir la rouler aisément. Vous détaillez et terminez vos soufflés ainsi qu'il est démontré ci-dessus.

Petits soufflés printanier.

Vous délayez dans une petite terrine huit onces de sucre avec les trois-quarts d'un blanc d'œuf et une petite cuillerée d'essence de vert d'épinards, pour colorer la glace d'un beau vert pistache. Ajoutez la moitié du zeste d'un cédrat, et terminez l'opération comme de coutume.

Petits soufflés aux avelines.

Après avoir travaillé huit onces de sucre (passé au tamis de soie) avec un blanc d'œuf, vous râpez trois onces d'amandes d'avelines, que vous aurez torréfiées selon la règle, et les mêlez ensuite dans la glace qui se trouve, par ce moyen, rafermie un peu. Alors vous ajoutez du blanc d'œuf, si cela est nécessaire, et terminez ces petits soufflés de la manière accoutumée.

Les soufflés aux amandes amères se préparent de la même manière, en employant quatre gros de ces amandes, que vous pilez parfaitement avec un peu de glace que vous aurez préparée d'ailleurs comme la précédente.

Petits soufflés à la fleur d'orange pralinée.

Vous préparez comme de coutume huit onces de sucre avec un blanc d'œuf ; et après l'avoir travaillé pendant dix minutes, vous y mêlez deux gros de fleur d'orange pralinée, et terminez l'opération selon la règle.

Petits soufflés à la vanille.

Pilez avec huit onces de sucre une gousse de vanille, et passez le tout par le tamis de soie. Vous le travaillez avec un blanc d'œuf pendant dix minutes ; après quoi vous finissez le procédé comme de coutume.

Petits soufflés au citron.

Râpez sur un morceau de sucre le zeste d'un beau citron bien jaune et bien sain ; ratissez-en la surface pour en détacher tout l'arome du fruit, que vous écrasez sur le tour avec le rouleau ; mêlez-le ensuite dans huit onces de sucre travaillé comme d'habitude, avec un blanc d'œuf. Vous procédez pour le reste de l'opération selon la règle.

Les petits soufflés à l'orange, au cédrat et à la bigarade, se préparent de même que les précédens, en employant l'un de ces zestes râpés sur du sucre.

Petits soufflés au gros sucre, aux pistaches et au raisin de Corinthe.

Ces sortes de petits soufflés ne sont autre chose que ceux décrits dans ce chapitre ; en voici seulement la différence : Lorsque vos petits soufflés à la rose sont prêts à entrer au four, vous appuyez légèrement leur surface sur du gros sucre, et les mettez ensuite au four. Alors vous obtenez des soufflés à la rose au gros sucre. Pour les soufflés à la rose, aux pistaches, vous odorifez seulement la glace avec de l'essence de rose, sans y mêler du rouge ; alors les soufflés seront blancs. Vous les appuyez légèrement sur des pistaches hachées menues, et les mettez au four.

Vous procédez de même pour les soufflés au chocolat,

en les masquant de gros sucre, ainsi que pour les soufflés aux pistaches, ceux à la fleur d'orange, à la vanille, aux avelines, aux zestes de citron, de cédrat, de bigarade et d'orange. Vous pouvez les masquer au gros sucre ou aux pistaches, mêlées avec du gros sucre, ou au gros sucre mêlé avec du raison de Corinthe, que vous aurez choisi petit et bien lavé. Séchez-le un peu à la bouche du four.

Petits fours aux pistaches.

C'est absolument le même appareil que pour les soufflés décrits précédemment; cependant vous mettez un peu plus de sucre, afin de rendre la glace plus ferme, parce que ces petits fours ne sont point en caisse; il faut donc qu'ils se soutiennent d'eux-mêmes.

Voici des détails plus substantiels.

Mettez dans une petite terrine huit onces de sucre avec la moitié du blanc d'un gros œuf, et assez d'essence de vert d'épinards passés au tamis de soie, pour colorer la glace d'un beau vert pistache; ajoutez quelles gouttes d'essence de citron, et travaillez le tout quelques minutes; alors la glace doit se trouver très-ferme, et cependant liante. Vous la roulez en bandes (de la grosseur du petit doigt), que vous coupez ensuite en dés. Puis vous les roulez dans le creux de la main, en ayant soin de les mouiller assez pour rendre leur surface claire et luisante; placez-les à mesure sur une feuille de papier fort, et à six bonnes lignes de distance les uns des autres. Dès que vous avez une demi feuille de papier garni, vous la mettez sur une plaque de cuivre, et l'enfournez.

Il est facile de se convaincre que ces petits fours ont la même préparation que les soufflés; ainsi on pourra faire des petits fours en suivant les préparations contenues dans ce chapitre, et en y joignant un peu plus de sucre, afin de rendre la glace plus propre à ces opérations.

Mais il est important de remarquer que la glace même des soufflés doit être assez ferme pour pouvoir se rouler aisément; sans cela, la glace étant mollette, fait trop d'effet, et finit par donner une mauvaise mine aux soufflés qui sont plats et difformes. Pour les obtenir bien luisans, vous devez avoir le soin de les mouiller légèrement à leur surface, de même que pour les petits fours en général.

CHAPITRE XI.

PETITS SOUFFLÉS A LA FRANÇAISE.

Vous travaillez dix minutes dans une terrine quatre onces de sucre (passé au tamis de soie) avec deux blancs d'œufs. Vous y mêlez quatre onces de farine tamisée, et continuez à travailler ce mélange pendant quelques minutes. Vous y joignez un peu d'essence de rose et deux onces de sucre travaillées encore quelques minutes; alors l'appareil doit être d'un corps un peu ferme, très-liant et luisant.

Vous couchez ces petits soufflés dans le genre des croquettes à la parisienne; vous donnez à ceux-ci la forme d'une grosse olive, et après les avoir ainsi couchés avec une cuillère à café, vous les mettez sur le four ou dans l'étuve; mais observez que ces endroits doivent être d'une chaleur douce, et placez-les sur des planches, afin que la surface seulement des soufflés soit légèrement séchée. Cinq à six heures après qu'ils se trouvent dans cette position, vous les mettez au four doux. Vous voyez les soufflés se conserver dans leur forme première, et s'élever malgré cela de cinq à six lignes. Vous les retirez dès qu'ils sont colorés d'un blond rougeâtre à peine sensible; et même en les mettant au four très-doux, vous les obtenez très-blancs.

On peut colorer cette préparation en rose, en vert et en jaune.

CHAPITRE XII.

PETITS BISCUITS SOUFFLÉS.

Petits biscuits soufflés à la fleur d'orange.

Fouettez trois blancs d'œufs bien fermes; mêlez huit onces de sucre passé au tamis de soie et une once de fleur

LE PETIT FOUR ET LES CONFITURES.

d'orange pralinée, que vous avez hachée légèrement. Garnissez de cet appareil de petites caisses plissées, de neuf lignes de diamètre sur neuf de hauteur; mais ayez soin de ne les emplir qu'à moitié, et quand les biscuits sont en caisse, masquez-les un peu épais de sucre passé au tamis de soie, et mettez-les ensuite dans un lieu humide pour aider ce sucre à fondre. Après cela vous mettez au four doux, et les retirez de belle couleur.

Ces petits biscuits doivent s'élever de quelques lignes au-dessus de la caisse, en formant un soufflé léger, très-clair et brillant.

Petits biscuits soufflés aux avelines.

Vous émondez trois onces d'avelines, que vous coupez en filets très-minces, et les mettez au four doux pour les colorer légèrement. Pendant qu'elles refroidissent, vous fouettez trois blancs d'œufs, dans lesquels vous mêlez huit onces de sucre passé au tamis de soie, et les avelines. Vous terminez les biscuits comme les précédens; vous pouvez semer dessus des avelines hachées très-fines, et mêlées avec un peu de blanc d'œuf et deux cuillerées de sucre.

On procédera de même que ci-dessus pour confectionner des biscuits soufflés aux amandes ordinaires, en préparant celles-ci de même que les avelines.

Petits biscuits soufflés aux pistaches.

Après avoir émondé quatre onces de belles pistaches, vous en coupez la moitié en filets, et le reste vous le hachez légèrement. Vous fouettez trois blancs d'œufs bien fermes, dans lesquels vous mettez les filets de pistaches, et huit onces de sucre passé au tamis de soie. Ensuite vous garnissez les caisses, et saupoudrez légèrement la surface des biscuits. Dès que ce sucre est fondu, vous semez dessus les pistaches hachées, et mettez les soufflés au four doux. Otez-les lorsqu'ils seront colorés d'un beau jaune rougeâtre.

On peut mêler avec les pistaches hachées du gros sucre, ce qui produit un joli effet.

CHAPITRE XIII.

AVELINES GLACÉES A LA ROYALE.

Vous mettez dans une petite terrine quatre onces de sucre, (passé au tamis) que vous travaillez avec un œuf pendant dix minutes. Vous roulez dans cette glace deux onces d'avelines que vous aurez légèrement torréfiées, et les placez deux par deux, en les dégageant autant que possible de la glace, afin qu'elles s'en trouvent seulement masquées. Vous les placez sur du papier fort et à six lignes de distance. Vous les groupez également trois par trois en formant le trèfle. Sur ces trois, vous pouvez en placer une quatrième ; ensuite vous mettez encore deux onces d'avelines dans le reste de la glace, et les roulez et glacez de même que les précédentes. Vous les mettez au four chaleur douce ; et lorsqu'elles sont colorées d'un beau blond, vous les retirez et les détachez du papier quand elles sont froides.

Amandes soufflées à la Royale.

Après avoir émondé quatre onces douces (que vous choisissez petites et bien grasses), vous les mettez au four doux, et lorsqu'elles sont légèrement colorées, vous les retirez. Pendant qu'elles refroidissent, vous préparez la même dose de glace que ci-dessus ; mais vous la colorez en un beau rose. Vous glacez et groupez vos amandes de la même manière que les avelines, et les mettez au four très-doux, afin que le rose se conserve de belle couleur.

Noix vertes glacées à la Royale.

Après avoir épluché parfaitement trente-six à quarante moitiés de noix vertes, vous les mettez sécher légèrement à la bouche du four, et lorsqu'elles sont refroidies, vous les glacez de même que les avelines ; vous glacez chaque moitié de noix séparément, afin de les conserver entières.

LE PETIT FOUR ET LES CONFITURES.

Vous les placez de même sur les feuilles de papier, et leur donnez une belle couleur blonde à four doux.

Pistaches glacées à la Royale.

Après avoir émondé trois onces de belles pistaches, vous les faites sécher légèrement à la bouche du four; quand elles sont bien froides, vous les glacez de même que les avelines, mais vous groupez celles-ci six par six, et huit par huit, en forme de rosace.

On peut également glacer les avelines, les amandes douces, les noix et les pistaches au chocolat, en joignant du chocolat dans la glace, de même à la rose en colorant la glace rose; et au citron en mêlant à la glace le zeste d'un citron bien sain. Vous mettez du safran pour colorer d'un beau jaune citron, aux pistaches en colorant la glace d'un vert tendre avec de l'essence de vert d'épinards passés au tamis de soie.

CHAPITRE XIV.

MACARONS SOUFFLÉS.

Macarons soufflés aux amandes amères.

Émondez douze onces d'amandes douces et quatre d'amères; coupez-les en filets de la largeur des amandes; mêlez-les avec quatre onces de sucre (passé au tamis de soie) et le quart d'un blanc d'œuf; mettez-les sur un grand plafond séché au four doux, pour qu'elles se colorent d'un blond à peine sensible. Pendant qu'elles refroidissent, vous mêlez dans une moyenne terrine vingt onces de sucre (passé au tamis de soie) avec deux blancs d'œufs, et travaillez cette glace pendant un quart d'heure; après quoi vous y mêlez parfaitement les amandes pour qu'elles soient également glacées. Alors vous mettez un macaron au four, et, s'il se conserve de belle forme, vous couchez l'appareil; mais si, par hasard, la glace tombait du macaron, alors on doit ajouter un peu de sucre. Si au contraire la glace était trop ferme, et si vos macarons n'avaient point de liant, vous ajouteriez un peu de blanc d'œuf. Vous mouillez le dedans de vos mains, et y roulez une cuillerée d'appareil, que vous couchez par petites parties de la grosseur d'une noix-muscade. Après les avoir ainsi toutes détaillées, vous trempez vos mains dans de l'eau, pour mouiller ensuite la surface des macarons que vous touchez légèrement. Mettez-les sur des plaques au four doux, que vous aurez soin de former pendant vingt minutes, et observez vos macarons. S'ils se trouvent d'un beau blond clair, et résistant au toucher, vous les retirez du four, sinon vous les laissez le temps nécessaire à leur parfaite cuisson : dès qu'ils sont froids, vous les détachez.

Macarons soufflés au chocolat et au gros sucre.

Emondez une livre d'amandes douces et coupez-les en filets, après quoi vous les pralinez, en les mêlant avec quatre onces de sucre et le quart d'un blanc d'œuf. Laissez-les sécher au four doux sans qu'elles prennent couleur. Pendant qu'elles se refroidissent, vous mêlez dans une moyenne terrine une livre de sucre très-fin avec deux blancs d'œufs. Le tout étant travaillé avec la spatule, pendant douze à quinze minutes, vous y mettez huit onces de chocolat râpé (fondu à la bouche du four pendant cinq minutes), ce qui raffermit la glace; alors vous y joignez le blanc d'œuf nécessaire et y amalgamez les amandes parfaitement. Le macaron doit être du même corps que le précédent. Couchez-le de même sur des feuilles de papier fort; et, après les avoir légèrement mouillées à leur surface, vous prenez chaque macaron que vous appuyez un peu sur du gros sucre, du côté du dessus, et, au fur et à mesure, vous les remettez à leur place sur le papier. Aussitôt que vous avez une demi-feuille masquée de gros sucre, vous mettez les macarons sur une plaque de cuivre au four doux que vous fermez. Lorsque le reste se trouve terminé, vous les mettez au four. La cuisson est la même que ci-dessus.

Macarons soufflés aux avelines et au gros sucre.

Après avoir émondé une livre d'avelines, vous les coupez

en filets et les pralinez. Séchez-les comme les précédentes, et préparez vingt onces de sucre (passé au tamis de soie) avec deux blancs d'œufs. Après un quart d'heure de travail, vous y mêlez les avelines froides, et terminez ces macarons de la même manière que ci-dessus, en les masquant de gros sucre. La cuisson est la même.

Macarons soufflés aux noix vertes.

Epluchez une livre de noix vertes et coupez-les par filets; après cela vous les mêlez avec quatre onces de sucre et le quart d'un blanc d'œuf, et les faites sécher au four. Pendant qu'elles refroidissent, vous préparez la glace comme de coutume, avec deux blancs d'œufs et vingt onces de sucre très-fin. Vous y joignez les amandes, et terminez l'opération de la manière accoutumée.

On fait également ces sortes de macarons soufflés (qu'on nomme ordinairement *tourons*) livre par livre, c'est-à-dire qu'une livre de sucre suffit pour les amandes, tandis que, dans ces recettes, j'en ai toujours vingt onces, ce qui rend les macarons plus légers et plus brillants; mais si la glace se trouvait trop claire, alors ces quatre onces deviendraient funestes aux macarons.

CHAPITRE XV.

MACARONS AUX AVELINES ET AUX AMANDES AMÈRES.

De tous nos appareils de petits fours, celui-ci est, sans contredit, le plus difficile à bien réussir, tant dans sa préparation que dans sa cuisson, qui réclame le four à son déclin; c'est-à-dire que c'est après avoir cuit tous les autres petits fours que l'on peut penser à cuire le macaron; car, après cette cuisson, je crois qu'il serait impossible de vouloir en tenter aucune autre.

Si, inconsidérément, on met le macaron à four un peu trop chaud, celui-ci, agissant trop vite, fait monter le macaron, qui bientôt après retombe, et devient par ce triste résultat d'une mauvaise mine. Cependant il est un moyen de fixer cette cuisson : après dix à douze heures que le four a été chauffé, vous mettez une demi-douzaine de macarons d'épreuves sur six petits fragmens de papier, et vous les placez ensuite au fond, au milieu, à droite et à gauche du four, que vous fermez pendant quarante à quarante-cinq minutes; après quoi vous devez retirer vos macarons beaux et de bonne couleur. Mais si, dans le cas contraire, ils se trouvent minces et trop colorés par dessous, alors le four aura encore trop de chaleur d'âtre. Pour remédier à cet inconvénient, on place les feuilles de macarons sur des plaques de cuivre.

Relativement à la préparation de l'appareil, il est important de mettre les amandes passer la nuit sur le four après les avoir émondées, afin de les avoir sèches le lendemain, ou seulement de les mettre le matin pour les avoir sèches le soir. Une chose plus essentielle encore, c'est d'avoir la précaution de casser les blancs à mesure que vous les employez, et de les casser séparément sur une assiette, en observant qu'ils soient purs, sans la plus légère odeur et sans le plus petit indice de jaune, attendu que ce dernier devient funeste à l'appareil; car la plus petite partie d'un jaune rend tous les macarons d'une cuisson du plus mauvais effet.

Macarons aux avelines.

Mettez dans un grand poêlon d'office quatre onces d'amandes d'avelines telles qu'elles sortent de la coquille, et torréfiez-les sur un feu modéré, en les remuant continuellement avec une grande cuillère d'argent. Aussitôt que les avelines commencent à se colorer, que la pellicule se détache, vous les retirez du feu pour parer aussitôt les amandes. Cette opération faite, vous recommencez trois fois encore la dose d'avelines, afin d'en avoir une livre.

Vous commencez par piler les quatre onces d'avelines qui ont été préparées les premières, et qui doivent se trouver froides; sans cela, il faudrait attendre qu'elles le fussent. Vous avez soin de les mouiller par intervalle avec un peu de blanc d'œuf, pour les empêcher de tourner à l'huile; et, lorsqu'aucun fragment n'est plus aperçu, vous retirez les amandes du mortier, que vous remplacez par quatre onces pilées de la même manière, et avec les mêmes attentions que les premières. Vous recommencez deux fois encore la même opération, afin que la livre d'avelines soit parfaitement pilée; vous la réunissez dans le mortier, et la pilez avec une livre de sucre et deux blancs d'œufs pendant dix minutes; ensuite vous y joignez deux livres de sucre (passé au tamis de soie), que vous aurez travaillé pendant dix minutes avec six blancs d'œufs. Amalgamez parfaitement le tout avec une spatule, et, après avoir remué pendant cinq à six minutes, l'appareil doit se trouver mollet; pourtant les macarons ne doivent pas s'élargir lorsque vous les couchez : s'ils se trouvent trop fermes, alors vous y mêlez le blanc d'œuf nécessaire pour qu'ils s'attachent au doigt en y touchant.

Ensuite vous mettez au four six macarons d'épreuves, et, après leur cuisson, vous mouillez l'intérieur de vos mains, dans lesquelles vous roulez une cuillerée d'appareil. Couchez les macarons de la grosseur d'une noix-muscade, et continuez ainsi à former vos macarons; après quoi vous trempez vos mains dans de l'eau, et les posez ensuite légèrement sur les macarons, afin de les rendre luisans à leur surface; vous les mettez au four que vous fermez hermétiquement pendant trois quarts d'heure. Vous devez les retirer de belle couleur et de bonne mine.

On doit avoir l'attention de coucher les macarons à un pouce de distance entr'eux, et de les former aussi ronds que possible.

On couche également ces macarons en forme de grosses olives, sur lesquelles on sème du gros sucre, et quelquefois mêlé de pistaches hachées. On les garnit encore en forme de hérisson, en piquant à leur surface des filets de pistaches.

Macarons aux amandes amères.

Après avoir émondé et lavé une livre d'amandes amères, vous les mettez poser douze heures sur le four ou dans l'étuve; ensuite vous commencez à en piler la moitié lorsqu'elles sont froides, avec le quart d'un blanc d'œuf; et, à mesure que vous pilez, vous y mêlez un peu de blanc, afin qu'elles ne tournent pas en huile. Quand elles sont parfaitement broyées, vous les ôtez du mortier, où vous pilez le reste des amandes, de la même manière que les premières. Après cela, vous réunissez le tout et le pilez avec une livre de sucre et deux blancs d'œufs; vous y joignez deux livres de glace que vous aurez préparée comme ci-dessus (avec deux livres de sucre et six blancs d'œufs).

Après avoir bien amalgamé l'appareil, que vous aurez soin de tenir aussi mou que le précédent, vous terminerez vos macarons en suivant les procédés donnés pour les précédens.

Les macarons aux amandes douces se préparent de même que ceux-ci, avec cette différence que vous employez une livre d'amandes douces en place d'amandes amères.

Je ne parlerai point des pralines, ni du sucre soufflé, attendu que ces sortes de bonbons ne regardent nullement le four.

Fleur d'orange pralinée à la pâtissière.

Choisissez cette fleur fraîche cueillie, blanche et bien nourrie. Vous en épluchez six livres, ce qui ne vous donnera réellement que trois livres de fleurs; alors faites cuire au soufflé trois livres de sucre royal; versez dedans ces fleurs que vous aurez pressées dans un seau d'eau de puits; faites cuire le sucre à la grande plume, en ayant soin d'enfoncer la fleur d'orange, que vous ôtez aussitôt de dessus le feu, en la remuant avec la spatule, afin de graisser le sucre en cassonnade. Alors vous mettez sécher la fleur d'orange sur le four ou dans l'étuve, en ayant soin de la frotter dans les mains par intervalle, en y mêlant une livre de sucre royal passé au tamis de soie, ce qui blanchit et élargit les fleurs; le lendemain vous la mettez dans des bocaux.

Cette fleur d'orange n'est pas très-blanche; mais elle a plus de parfum, et convient mieux à notre genre de travail que celle que l'on obtient plus blanche et plus large en procédant de cette manière.

Lorsque la fleur d'orange est cuite comme la précédente,

LE PETIT FOUR ET LES CONFITURES.

c'est-à-dire au moment où vous retirez la bassine du feu, vous égouttez la fleur sur un tamis, et, quelques minutes après, vous la versez sur une grande feuille de papier, en y mêlant une livre et demie de sucre royal passé au tamis de soie. Vous la placez sur le four ou dans l'étuve, et la remuez de temps en temps afin de l'élargir. Étant bien sèche, les feuilles sont larges et blanches ; alors vous la conservez dans des bocaux.

Après avoir égoutté la fleur d'orange, vous travaillez son sirop pour le faire devenir en cassonade, que vous employez dans les assaisonnemens.

CHAPITRE XVI.

TRAITÉ DES CONFITURES.

OBSERVATION. Cette aimable partie réclame des soins vraiment minutieux. Aussi, lorsqu'elle est bien faite, elle donne du ton et de l'élégance à nos entremets modernes, elle en fait tout l'éclat ; mais aussi autant elle nous est propice étant belle, autant elle nous devient désavantageuse lorsqu'elle est mal confectionnée. Cependant, en employant de beaux fruits et de beau sucre, on peut, avec des soins, obtenir des confitures qui ne laissent rien à désirer.

Mais une chose qui se trouve nuisible à leur parfaite réussite, c'est que dans nos maisons pâtissières où la consommation est grande, on a la mauvaise habitude de faire les confitures en général en trop grande dose à-la-fois : par exemple, quand on fait trente-six à quarante livres de gelée de groseilles à-la-fois, assurément il est de toute impossibilité d'obtenir les mêmes résultats que si on n'en cuisait que la moitié. De plus, la confiture restant long-temps dans le cuivre, contracte un goût d'empyreume ; elle perd une partie de sa couleur naturelle, attendu que l'action du feu agissant sur elle trop long-temps, finit par colorer les parties qui touchent les côtés de la bassine, même malgré les soins de l'éponge mouillée que l'on passe ordinairement à l'entour de l'intérieur de la bassine, pendant la cuisson du sucre et des confitures en général.

C'est pourquoi il est important de procéder en petit, afin de réussir d'une manière satisfaisante.

C'est ce que je vais faire moi-même.

Remarque. On doit avoir l'attention de ne couvrir les pots de confiture que le lendemain qu'elles ont été faites, afin qu'elles soient parfaitement froides. A l'égard des ronds de papier qui entrent dans les pots, on doit les couper exactement du diamètre de la surface des confitures sur laquelle on les pose, après les avoir imbibés d'eau-de-vie : les pots étant ensuite couverts parfaitement avec un double papier, vous les placez dans une armoire qui doit être dans un lieu toujours sec.

Manière de clarifier le sucre.

On doit choisir le sucre d'une belle blancheur, léger, d'un grain brillant et non poreux. Les belles cassonades de la Martinique et de la Havane sont encore assez propres à ce genre de travail; mais néanmoins on doit de préférence employer du sucre en pain et de bonne qualité.

Mettez dans un poêlon d'office deux blancs d'œufs que vous fouettez avec deux verres d'eau. Lorsque ce mélange est bien blanchi, vous y versez quinze verres d'eau ; remuez parfaitement, et retirez deux verres de ce liquide que vous conservez de côté ; ensuite vous mêlez dans la poêle huit à neuf livres de beau sucre concassé menu. Placez le tout sur un feu modéré, aussitôt que l'ébullition a lieu, mettez la bassine sur l'angle du fourneau, afin que l'écume se jette de côté ; alors vous versez le quart de l'eau conservée dans le sirop que vous écumez. A mesure que l'écume monte, vous y versez un peu d'eau conservée ; et, quand le sucre est débarrassé de toute son écume, et que celle-ci paraît légère et blanchâtre, et qu'ensuite elle a tout-à-fait disparu, vous passez le sirop dans un tamis de soie ou dans une serviette légèrement mouillée.

Les praticiens reconnaissent six cuissons de sucre qui règlent nos travaux ; en voici l'analyse :

Première cuisson ; sucre au lissé.

Le sucre étant clarifié, vous le mettez sur le feu ; et, après quelques momens d'ébullition, vous prenez un peu de sucre au bout du doigt index, en l'appuyant sur le pouce que vous séparez aussitôt ; alors le sucre doit former un petit filet à peine sensible qui se rompt de suite. Cette cuisson est au petit lissé ; mais si, au contraire, le sucre s'allonge un peu plus, c'est le signe qu'il est au grand lissé.

Deuxième cuisson ; sucre au perlé.

Le sucre ayant reçu quelqu'ébullition de plus que le précédent, vous en prenez de nouveau entre les doigts que vous séparez de suite ; alors le sucre s'étend en formant un fil qui se rompt. Cette cuisson indique le petit perlé ; aussitôt que le sucre s'étend d'un doigt à l'autre sans se rompre, alors il se trouve cuit au grand perlé. Voici encore un signe qui caractérise cette cuisson : les bouillons forment à leur surface comme des perles rondes et serrées.

Troisième cuisson ; sucre au soufflé.

Vous continuez la cuisson du sucre dans lequel vous trempez une écumoire que vous frappez aussitôt sur la bassine ; vous soufflez à travers cette écumoire, afin d'en faire sortir de petites bouteilles, ce qui indique la cuisson au soufflé.

Quatrième cuisson ; sucre à la plume.

Donnez encore quelques bouillons au sucre ; et, après y avoir trempé l'écumoire, vous la secouez fortement pour en dégager le sucre qui s'en sépare aussitôt en formant une espèce de filasse volante ; c'est alors que le sucre a acquis la cuisson dénommée à la grande plume.

Cinquième cuisson ; sucre au cassé.

En donnant un peu plus de cuisson que ci-dessus, vous trempez le bout du doigt dans un verre d'eau fraîche, ensuite dans le sucre, et bien vite après dans l'eau froide, de manière que vous détachez ce sucre de votre doigt; alors, il doit se briser net en formant de petits éclats. Cette cuisson distingue le sucre au cassé; mais si, en le présentant sous la dent, il s'y attache, alors le sucre n'a atteint que la cuisson du petit cassé.

Sixième cuisson ; sucre au caramel.

Lorsque le sucre a atteint le degré indiqué ci-dessus, il passe rapidement au caramel ; car, dès qu'il perd sa blancheur et qu'il commence à se colorer d'une teinte à peine sensible à la vue, alors il est réellement au caramel, cuisson importante pour notre pâtisserie moderne, puisque c'est avec ce sucre que nous groupons nos pièces montées, et que nous glaçons une infinité d'entremets distingués. Nous devons employer cette cuisson de préférence à celle dite au cassé, attendu que cette dernière est sujette à tourner au gras, ce qui rend bientôt le sucre en cassonade. Quand cela arrive, nous sommes obligés de faire cuire le sucre de nouveau, ce qui lui donne toujours plus de couleur qu'il n'en aurait d'abord eu, si nous avions eu le soin de le cuire un peu plus qu'au cassé.

Marmelade d'abricots.

Ayez de beaux abricots de plein-vent. Choisissez-les jaunes en couleur et de bonne maturité, c'est-à-dire pas trop murs. Pelez-les légèrement; ôtez les noyaux, émincez-les, et pesez-en douze livres que vous versez dans une moyenne poêle d'office. Ajoutez neuf livres de beau sucre en poudre; placez le tout sur un fourneau ardent, après quoi vous remuez la préparation avec une longue spatule de bois que vous passez sans discontinuer çà et là sur toute la surface de la poêle, afin d'éviter que la marmelade ne s'y attache. Pour vous assurer de sa cuisson à point, vous en laissez tomber quelques gouttes dans un verre d'eau fraîche ; et, si elle ne s'étale pas dans l'eau, c'est le signe qu'elle est cuite. Voici un autre procédé:

LE PETIT FOUR ET LES CONFITURES.

Vous en prenez un peu que vous broyez entre le bout du pouce et de l'index; alors, si elle forme un filet, en séparant les doigts, vous pouvez de suite retirer du feu et la mettre dans des pots.

Autre procédé de cette marmelade.

Vos abricots étant préparés de la même manière que ci-dessus, vous les mettez dans la poêle d'office avec la moitié du sucre seulement (quatre livres et demie), et avec la spatule vous remuez la marmelade sur le feu. Dès que le fruit commence à vouloir prendre la consistance de marmelade, vous y joignez le reste du sucre que vous aurez clarifié et fait cuire au grand lissé. Terminez l'opération de même que la précédente.

Cette marmelade étant préparée avec soin et de beau sucre, a quelque chose de plus clair que la première.

On emploie les procédés décrits ci-dessus pour la confection des marmelades de pêches, de prunes de mirabelle et de reine-claude.

Manière de confire les cerises.

On doit choisir de préférence celles qui sont claires, transparentes, colorées d'un rouge pâle et de bonne maturité. Vous en ôtez les queues et les noyaux; vous en parez douze livres que vous mêlez dans dix de sucre clarifié et cuit au grand lissé. Couvrez la bassine; et, après quelques bouillons couverts, vous les écumez et les ôtez du feu. Versez le tout dans une grande terrine de grès. Le lendemain matin, vous égouttez les cerises sur un grand tamis; vous joignez le jus d'une livre de groseilles blanches dans le sirop que vous écumez, et faites cuire à la grande plume; après quoi, vous y mêlez les cerises et leur donnez une dixaine de bouillons couverts. Vous les enlevez de dessus le fourneau, et après les avoir écumées, vous les versez dans des pots que vous emplissez à un pouce près du bord. Lorsque les cerises sont froides, vous les masquez d'un doigt de gelée de groseilles.

Procédé pour confire le verjus.

Ayez six livres de beau verjus que vous égrenez, et fendez les grains légèrement sur le côté, afin d'en séparer les pepins avec le bec d'une plume. Cette opération terminée, vous les jetez dans une poêle qui contiendra assez d'eau bouillante pour baigner aisément la surface du fruit, auquel vous faites jeter quelques bouillons couverts ; après quoi vous posez la bassine sur un feu doux, et la couvrez bien parfaitement afin que le verjus retrouve sa couleur primitive. Laissez le tout dans cet état pendant cinq à six heures, puis égouttez le fruit sur un tamis, et versez-le ensuite dans six livres de sucre clarifié et cuit à la petite plume. Faites-lui jeter deux ou trois bouillons couverts, et après l'avoir ôté du feu, écumez-le et mettez-le dans les pots.

Verjus transparent.

Vous prenez six livres de beau verjus bien vert et de bonne maturité ; et, après l'avoir pelé et en avoir ôté les pepins, vous le jetez dans six livres de sucre cuit à la grande plume, et lui donnez douze à quinze bouillons couverts ; vous le retirez du feu, l'écumez et le mettez dans les pots.

Marmelade de verjus.

Après avoir ôté les pepins de six livres de beau verjus, vous le faites blanchir dans une poêle d'eau bouillante. Lorsqu'il est monté à la surface de l'eau, vous le couvrez hermétiquement, et placez la bassine sur un feu doux. Deux heures après, vous laissez refroidir le tout ; ensuite, vous égouttez le fruit et le passez par le tamis, pour en extraire tout le suc que vous faites réduire sur un feu ardent. Dès qu'il commence à quitter le fond de la poêle, vous y mêlez six livres de sucre cuit à la grande plume. Après quelques légères ébullitions, vous versez promptement cette marmelade dans des pots.

Manière de confire les framboises.

Choisissez des framboises d'une égale grosseur, d'un rouge clair et surtout n'étant pas trop mûres. Vous en pesez six livres dont vous aurez ôté les queues, et les jetez ensuite dans six livres de sucre clarifié et cuit à la petite plume. Donnez-leur une douzaine de bouillons couverts; écumez-les, et versez-les doucement dans une grande terrine que vous luttez d'un rond de papier percé çà et là. Le lendemain matin, vous égouttez avec soin le fruit sur un tamis, et le versez légèrement dans des pots que vous ne garnissez qu'à moitié. Ensuite vous joignez le jus de deux livres de cerises, passées à la chausse, dans le sirop que vous écumez et faites cuire à la nappe; après quoi, vous le versez sur les framboises. Dès qu'elles sont froides, vous les masquez d'un peu de gelée de groseilles.

On fait également ces sortes de confitures d'une seule cuisson; mais je préfère la manière précédente, attendu que les framboises sont parfaitement atteintes par le sirop qui en resserre la chair, et par là elles se conservent plus long-temps.

Gelée de groseilles roses framboisées.

Prenez vos groseilles d'un beau rouge transparent et bien mûr. Pesez-en sept livres et trois de groseilles blanches; plus deux livres de framboises blanches. Pressez le tout sur un tamis de crin un peu serré; versez le jus que le fruit aura donné sur neuf livres de sucre royal cassé en petit morceaux. Placez le tout sur un feu ardent, en ayant soin d'ôter (avec l'écumoire de cuivre rouge) l'écume au fur et à mesure qu'elle paraîtra. Lorsque vous voyez l'ébullition devenir plus serrée, vous sortez l'écumoire de la gelée; et après l'avoir remuée, vous la penchez pour en laisser tomber la gelée qui, alors, doit former la nappe, en quittant l'écumoire : alors, la gelée est cuite convenablement.

On peut également s'assurer de sa cuisson, en versant

un peu de gelée sur une assiette que l'on expose quelques minutes dans un lieu frais ; alors elle doit quitter l'assiette. Ce procédé par fois devient nuisible à la cuisson à point, car pendant que la gelée se refroidit, l'ébullition a toujours lieu ; cet espace de temps est donc de trop, mais les praticiens seuls peuvent empêcher ces mauvais effets.

A l'égard de la gelée de groseilles rouges, on emploie les mêmes procédés que ci-dessus, avec cette différence, qu'on prend toutes groseilles rouges. On peut y mêler des framboises rouges.

Gelée de groseilles blanches.

Après avoir égrainé douze livres de belles groseilles blanches que vous aurez choisies transparentes, grosses et bien mûres, vous les jetez dans dix livres de sucre clarifié, cuit au grand lissé. Vous ôtez la bassine du feu, et, avec l'écumoire, vous remuez légèrement la gelée. Vous y faites jeter deux bouillons ; après quoi vous la passez par une étamine neuve, que l'on aura eu soin de laver avant. Cette opération terminée, vous remettez la gelée sur le feu en ayant soin, avec une petite éponge mouillée, de ressuyer les côtés de la poêle, afin d'éviter que l'extrême chaleur ne colore la gelée à l'entour de l'ébullition. Vous l'écumez et terminez sa cuisson comme la précédente.

On fait également cette gelée, en passant le jus du fruit par la chausse ; après quoi on le pèse et on le verse sur le même poids de sucre royal cassé très-fin ; puis, on cuit cette gelée à grande ébullition, ce qui n'est pas long, et on la termine selon la règle.

Il est très-difficile d'obtenir cette sorte de gelée très-belle, attendu que les groseilles blanches ne sont pas du tout propices à ce travail.

Gelée de groseilles violettes.

Prenez deux livres de beaux cassis que vous mêlez à dix livres de groseilles rouges. Le tout passé par le tamis, vous versez le jus sur neuf livres de sucre cristallisé concassé ;

et suivez le reste du procédé décrit pour la gelée de groseilles roses.

Ce cassis donne à la gelée une légère teinte de violet qui n'est pas désagréable à l'œil; et au goût, on ne s'aperçoit pas de ce mélange de fruits.

Ces sortes de confitures conviennent seulement pour garnir nos entremets de pâtisserie.

Gelée de groseilles de Bar.

Prenez de belles groseilles blanches, très-claires, et les plus grosses possibles. A mesure que vous les égrenez, vous retirez avec précaution les pepins avec le bec d'une plume. Enfin, quand cette longue partie de l'opération est faite, vous versez le fruit dans douze livres de sucre royal cuit à la grande plume. Vous retirez aussitôt la poêle du feu, et, avec l'écumoire vous remuez légèrement la gelée que vous remettez ensuite sur le feu pour lui donner un bouillon couvert seulement. Vous la retirez du feu, et après l'avoir écumée, vous la versez dans des pots, ou de préférence dans de petits verres destinés à ces confitures.

La gelée de groseilles rouges de Bar se prépare de même en employant ces groseilles en place des blanches.

Gelée d'épine-vinettes.

On doit choisir ce fruit d'un beau rose, et de bonne maturité; vous l'égrenez et l'épepinez de la même manière que les groseilles de Bar; ensuite vous versez la gelée dans du sucre cristallisé du même poids que le fruit, cuit à la grande plume. Retirez la bassine du feu; remuez légèrement la gelée avec l'écumoire; remettez-la sur le feu, pour lui faire jeter un bouillon couvert. Ecumez-la, et versez-la dans les puits ou petits verres.

Gelée de coings.

Prenez cinquante gros coings, et après les avoir essuyés avec une serviette, vous les émincez menus, et les faites cuire dans une grande bassine avec assez d'eau filtrée pour les baigner seulement à leur surface. Quand ils sont doux à la pression du doigt, vous les versez sur un tamis, et filtrez ensuite le jus à la chausse. Vous pesez ce jus, et prenez le même poids de sucre royal, que vous faites cuire au cassé. Vous y joignez le fruit, et suivez cette gelée en l'écumant et en la cuisant à la nappe, de même qu'il est démontré pour la gelée de groseilles roses, attendu que c'est la même cuisson. Garnissez les pots.

Gelée de pommes.

Prenez cinquante belles pommes de vrai rainette; coupez chacune d'elles en quatre; pelez-les et ôtez-en les cœurs. Vous les émincez et les mettez dans une bassine avec l'eau nécessaire pour les mouiller seulement à leur surface. Vous les faites cuire, et les jetez ensuite sur un tamis pour en extraire le jus que vous passez après cela à la chausse, deux ou trois fois, afin de l'obtenir clair, fin; et, après avoir pesé ce jus, vous prenez le même poids de beau sucre cristallisé que vous faites cuire au cassé; vous y mêlez le fruit; vous écumez la gelée et la cuisez à la nappe, comme il est démontré précédemment, et mettez la gelée dans des pots.

LE PATISSIER ROYAL PARISIEN.

NEUVIÈME PARTIE,

COMPRENANT LES PIÈCES MONTÉES DU GENRE PITTORESQUE,

Telles que le grand cabinet chinois, l'ermitage sur un rocher, le pavillon turc, le berceau parisien, la fontaine moderne, le temple antique sur un rocher, le belvédère égyptien, le pavillon rustique, la grande rotonde, le pavillon français, la chaumière chinoise, la tente à la française, la grande cascade égyptienne, le pavillon vénitien, le pavillon indien.

CHAPITRE PREMIER.

OBSERVATION PRÉLIMINAIRE.

Cette collection de pièces montées diffère singulièrement de celles consignées dans la cinquième partie de cet ouvrage. Ses dessins sont plus corrects et plus élégans. Leur forme se rapproche davantage du genre pittoresque ; et, cependant, je fus encore contraint de me restreindre dans mes largeurs, attendu que tous ces objets de goût doivent être exécutés en pâtisserie, c'est-à-dire en pâte d'amandes et d'office, ou en pastillage de couleur. Ces dessins sont au nombre de quinze, ce qui ne remplit pas mon but, en ayant disposé cinquante. J'ai été forcé de prendre ce parti, afin que cet ouvrage se trouvât d'un prix plus modéré et plus convenable à tous les hommes du métier. Les mêmes motifs m'ont obligé de réduire ce travail, que j'avais conçu dans le format in-folio, ce qui produit un assez mauvais effet sur les dessins qui, par ce résultat, se trouvent ployés, tandis que dans le format que j'avais d'abord choisi, ils avaient plus d'ensemble et plus de grâce. Ce qui me déplût singulièrement, ce fut la nécessité de réduire ces dessins dans leur hauteur et largeur, et surtout dans leur nombre que j'aurais pu porter à plus de cent cinquante. Ils ne sont pas perdus, je l'espère, pour les jeunes praticiens, puisque je me propose, dans la suite, de donner un traité particulier de cette partie séparément. Il pourra comprendre cent cinquante de ces dessins pittoresques qui seront suivis de mes projets d'architecture, de leur coupe et élévation, et d'un traité sur le mastic que j'ai composé, et avec lequel j'ai exécuté ma grande colonne triomphale.

Les pâtissiers adroits et de bon goût pourraient aisément, ce me semble, ajouter à ces quinze dessins, en exécutant dans le genre de ceux-ci les soixante-cinq dessins figurées dans la série des pièces montées de la cinquième partie; mais, pour cela, il est de rigueur de rendre les détails de ces sortes de colifichets plus corrects et plus élégans, attendu que je les ai composés les plus simples possible, pour en faciliter davantage l'exécution en pâtisserie mangeable.

Je vais donner quelques détails sur ces jolies pièces montées qui doivent, à l'avenir, faire l'ornement de nos tables opulentes parisiennes. On doit, je pense, donner la préférence au genre de la cinquième partie, attendu qu'il est plus appétissant, sous ce rapport que les détails des pièces sont réellement en pâtisserie mangeable; mais le plus important encore, c'est l'avantage qu'elles ont de pouvoir être exécutées en très-peu de temps, puisqu'en deux jours, on produit quatre de ces sortes de grosses pièces (1),

---

(1) Pendant les mois de juin, juillet et août 1814, il se donna six grands dîners d'ambassadeurs, dans les superbes galeries des Relations extérieures. Certes, cette saison n'est pas propre à la pâtisserie, et cependant, en deux jours, j'ai fait ma partie, qui se compose d'habitude de quatre grosses pièces de fonds, quatre de colifichets, huit entremets de pâtisserie, huit de sucre et quatre entrées.

DES PIECES MONTÉES PITTORESQUES. 265

tandis que, pour en obtenir quatre du genre pittoresque, on mettrait au moins dix à douze jours. Mais, il faut le dire, ces dernières sont infiniment plus agréables pour nos grands extraordinaires, où nous devons exécuter trente à quarante de ces colifichets pour être servis le même jour. Voilà véritablement où nous devons faire briller ce genre de décor qui nous rendra de grands services, en faisant valoir nos talens, et sur-tout en nous facilitant le temps nécessaire pour mettre de l'ordre dans le moment du service, qu'on doit faire au moins deux heures avant que la pâtisserie ne paraisse sur la table.

Manière de préparer la pâte d'office de couleur.

Vous détrempez, selon la règle, trois livres de farine, deux livres de beau sucre passé au tamis de soie, et six à sept blancs d'œufs seulement et une demi-once de gomme adragant, dissoute dans le quart d'un verre d'eau. Après l'avoir fraisée six tours fins, cette pâte doit se trouver très-blanche, bien ferme et ayant beaucoup de corps.

Avec la moitié de cette pâte d'office, vous disposez les abaisses nécessaires pour grouper l'un de ces quinze dessins, et les faites sécher au four doux, afin que ces abaisses soient très-blondes de couleur; ensuite, vous divisez le reste de la pâte en trois parties égales, dont vous colorez l'une en un beau rose vif, une autre partie en lilas très-tendre, et la dernière en lilas plus foncé. Avec cette dernière, vous disposez les soubassemens de l'une de ces pièces; ensuite, vous formez les colonnes de la pâte rose, et faites tous les ornemens avec la pâte lilas tendre de couleur. Toutes ces sortes de détails doivent sécher à l'étuve (par conséquent à feu doux) ou sur le four, et quatre à cinq jours après, vous montez la grosse pièce en les collant avec du repère, c'est-à-dire de la colle-pâtissière que vous aurez préparée ainsi : Vous broyez sur le tour les parures de la pâte d'office lilas, avec de la gomme arabique, dissoute dans de l'eau pour la rendre molle, très-lisse et très-collante (1). Afin de fixer les ornemens, vous employez simplement la gomme dissoute, que vous posez légèrement avec la pointe d'un petit pinceau plutois.

On doit observer, en montant ces jolis colifichets, de ménager la colle-pâtissière, afin de la rendre par ce soin invisible; car dès qu'elle est aperçue, cela décèle l'homme à petits moyens, peu jaloux de ses travaux.

Manière de préparer la pâte d'amandes.

Vous émondez deux livres d'amandes douces que vous laissez tremper douze heures dans une terrine pleine d'eau fraîche; ensuite, vous les égouttez en les roulant dans une serviette, et après en avoir pilé le quart parfaitement, vous le passez par le tamis de crin un peu serré, et recommencez trois fois la même opération, en ayant soin d'humecter les amandes avec un peu d'eau et le jus de deux citrons, pour éviter qu'elles ne tournent à l'huile. Lorsque les deux livres d'amandes sont passées au tamis, vous les mêlez dans une grande bassine avec une livre de sucre cristallisé passé au tamis de soie. Placez le tout sur un feu très-doux, en remuant continuellement, afin que la pâte ne s'attache pas à la surface de la poêle. Sitôt que la pâte d'amandes ne tient plus aux doigts en les posant dessus, vous la versez dans le mortier, et quand elle n'est plus que tiède, vous la pilez en y mêlant une once de gomme adragant dissoute dans un verre d'eau et passée à la serviette, plus le jus de deux citrons et une livre de sucre royal passé au tamis de soie, ce qui doit rendre la pâte blanche et très-liante. Alors vous l'enlevez du mortier sur le tour de marbre : saupoudrez du sucre fin, et après avoir coupé la pâte en trois parties, vous la colorez de cette manière : Pour la couleur rose, vous y mêlez du rouge végétal ou de l'infusion de cochenille, où vous aurez mis un peu d'alun ou de crême de tartre. On la colore également rouge ama-

---

(1) On nomme cette pâte ainsi préparée, *colle-pâtissière*, vulgairement dénommée par l'épithète *de repère*.

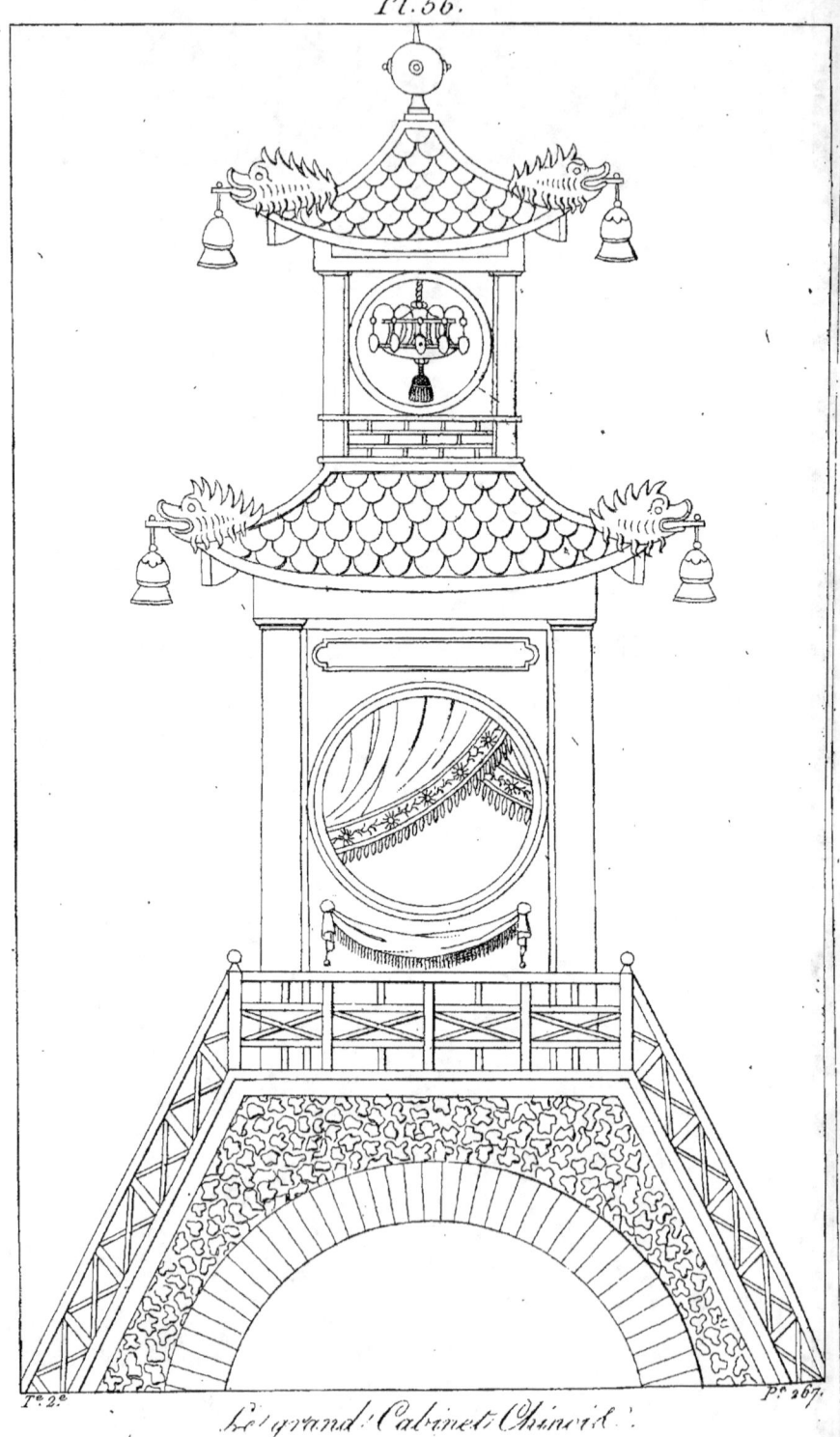

Le grand Cabinet Chinois.

rante. Pour la colorer jaune, vous y joignez de la gomme gutte ou une infusion de safran. Pour la colorer verte, vous y incorporez de l'essence de vert d'épinards, ou avec du bleu d'indigo mêlé de safran ou de gomme gutte.

Pour la colorer bleu de ciel, vous y joignez du bleu d'indigo broyé à l'eau sur le tour de marbre; on la colore également bleu de roi.

Pour la colorer lilas, vous y amalgamez du bleu broyé et du rouge végétal.

Pour la colorer violette, vous procédez de même que ci-dessus; mais le rouge doit dominer le bleu, tandis que dans le lilas, c'est le bleu qui domine.

Pour la colorer orange, vous y mêlez du safran et du rouge végétal.

Pour la colorer aurore, vous employez du rouge et du safran; mais le jaune doit dominer.

Pour la colorer au chocolat, on y amalgame de ce dernier dissous. Il est important d'avoir soin de mettre peu de ces sortes de couleurs, afin d'obtenir, par ce moyen, des couleurs légères et jolies. On emploiera les mêmes procédés que ci-dessus pour colorer la pâte d'office et le pastillage.

Je dois encore faire observer que pour obtenir ces jolies grosses pièces avec tout l'éclat dont elles sont susceptibles, on doit ne les composer que de trois ou quatre couleurs seulement, ou de cinq au plus; mais je vais en donner une idée plus substantielle, en décrivant les couleurs qui les concernent en particulier, telles que je les ai exécutées dans mes travaux.

CHAPITRE II.

LE GRAND CABINET CHINOIS, PLANCHE 56.

Cette grosse pièce est carrée; les colonnes (ou pilastres) sont de pâte d'office rouge amarante. Les cadres des croisées sont jaunes; les toits d'un vert pâle; les têtes qui en font l'ornement sont jaunes, ainsi que les sonnettes; la boule qui en fait le couronnement est de la même couleur.

Les draperies sont d'un rouge plus léger que les colonnes; les ornemens du pont sont, ainsi que la coupe, du même vert que les toits. Sa rosace se compose de petites parties difformes de couleur jaune, de même que les ornemens des cadres des croisées. On pourrait mettre les franges des draperies en vert, et les bordures des toits en jaune.

L'ERMITAGE SUR UN ROCHER, pl. 57.

Ce rocher se compose de biscuits de couleur, tels que je les ai décrits dans la 8ᵉ partie. Vous le coupez par masses de forme un peu grosses; et après les avoir fait sécher, vous les collez en y groupant des parties de mousse et de petit feuilletage, ainsi que le dessin l'indique.

Le petit pont est dans le genre rustique, comme le petit portique de l'ermitage, qui est de forme losange; il se compose d'une petite rocaille couleur chocolat au lait. Le reste des ornemens est rose; les petits treillages des croisées sont verts légèrement colorées. La toiture est jaune, imitant l'effet du chaume naturel; le petit clocher est rose; la cloche est jaune.

La tête du palmier doit être d'un beau vert pistache; les fruits sont rouges clairs; le corps de l'arbre est nuancé de vert clair et foncé.

Cette grosse pièce produit un effet vraiment pittoresque.

LE PAVILLON TURC, pl. 58.

Ce pavillon est octogone; les seize colonnes sont lilas; leurs chapiteaux doivent être roses; le reste des ornemens seront couleur lilas plus tendre que les colonnes. Les toits sont roses, les ornemens lilas; les petits œufs sont roses, les draperies doivent être blanches rayées de rose très-tendre. Les deux galeries sont jaunes, ainsi que l'encadrement du pont, dont les rayûres sont blanches et roses.

On peut également faire les rayûres des draperies, ainsi que les petits œufs, de couleur jaune.

LE BERCEAU PARISIEN, pl. 59.

Cette grosse pièce est carrée et à douze palmiers, dont

Pl. 57.

L'Ermitage sur un Rocher.

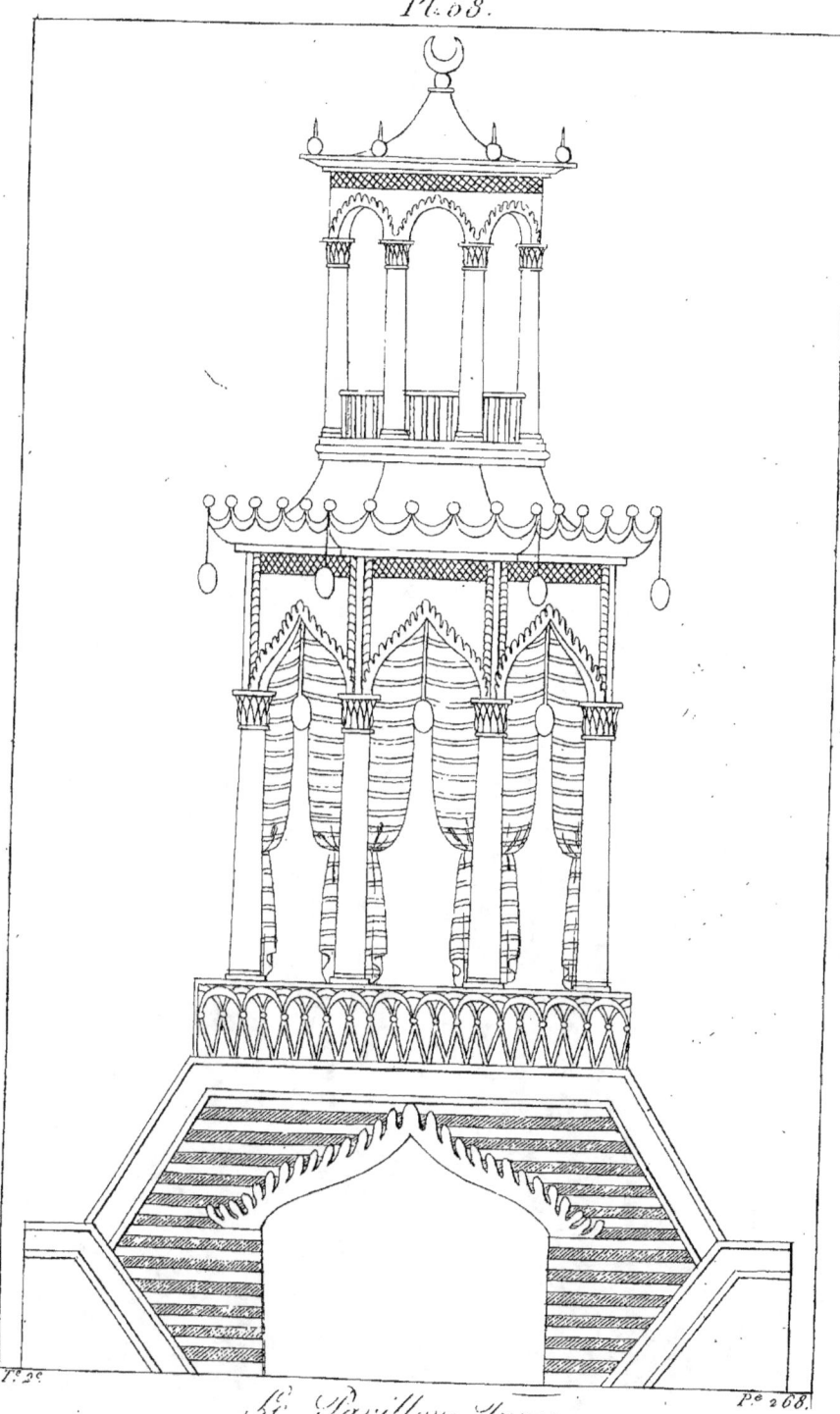

Le Pavillon Turc.

Pl. 59.

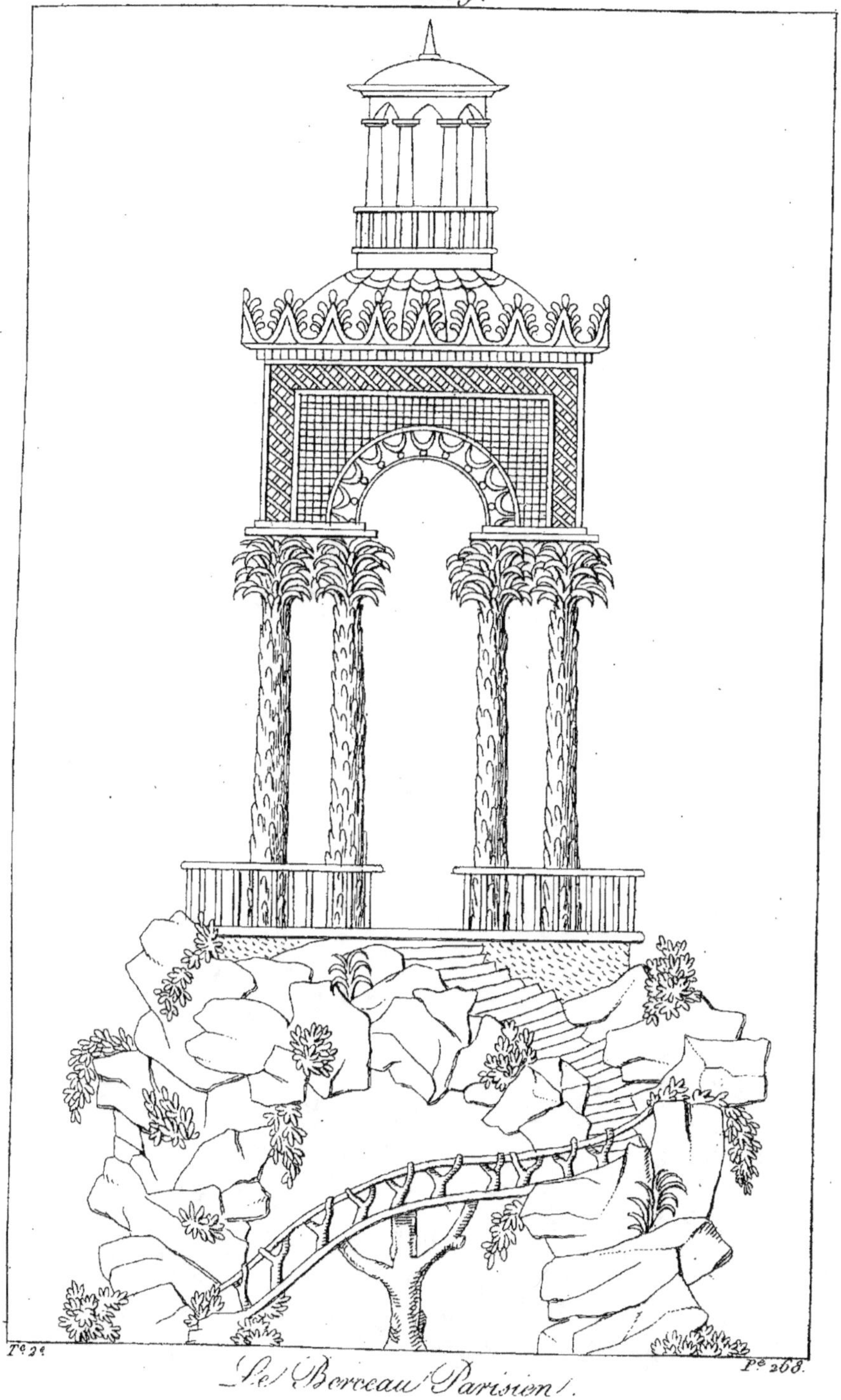

Te. 2e. Pe. 268.

Le Berceau Parisien.

La Fontaine Moderne.

Le Temple antique sur un Rocher.

DES PIECES MONTÉES PITTORESQUES. 269

les feuilles sont d'un beau vert pistache. Le corps de ces arbres doit être couleur chocolat au lait. L'entablement est d'un vert tendre dont les ornemens sont jaunes, ainsi que les palmettes qui en font l'ornement. Les dômes sont vert pistache ; les huit colonnes du petit pavillon sont jaunes citron ; les galeries de la même couleur. Le petit pont a la même couleur que le corps des palmiers. Le rocher se compose de biscuits rose vif, rose tendre et très pâle. Ces trois nuances de rose produisent un joli effet. La mousse et les petits feuillages qui en font l'ornement sont vert pistache et vert jaune.

LA FONTAINE FRANÇAISE, pl. 60.

Le trophée qui fait le couronnement, ainsi que les douze têtes de lions qui jettent de l'eau, doivent être en pastillage blanc ou bronzé. Les huit colonnes sont d'un rose pâle, ainsi que la corniche et le socle du trophée ; le reste de la fontaine comme l'entablement ; les quatre archivoltes et le bassin, sont d'un beau rose. Les degrés et le soubassement sont bronzés si le trophée est de bronze ; mais, s'il se trouve blanc, vous donnez la même couleur aux degrés ou vous les colorez d'un jaune tendre.

La coupe qui forme cascade, au milieu de la fontaine, doit être de la même couleur que le trophée, ou jaune. Vous imitez l'eau avec de petits filets de cristal tournants, afin de produire l'effet d'une cascade.

Cette fontaine est carrée ; les huit colonnes sont saillantes en forme de croix.

LE TEMPLE ANTIQUE SUR UN ROCHER, pl. 61.

Le rocher se compose de biscuits couleur chocolat au lait et d'un jaune rougeâtre. Le petit pont est du genre rustique. Le tout est orné de mousse et de feuillage vert pistache et vert jaunâtre. Le corps du palmier est de la même couleur, ses branches sont d'un beau vert, et les trois fruits roses.

Les huit colonnes sont bleu de ciel tendre ; les chapiteaux et leurs bases sont roses. L'architrave et la corniche sont de la même couleur que les colonnes; le reste de l'entablement doit être rose, ainsi que le dôme, dont le couronnement sera jaune citron : cette grosse pièce est ronde.

LE BELVÉDÈRE ÉGYPTIEN, pl. 62.

Cette pièce est carrée. Elle se compose de quatre socles sur lesquels sont douze colonnes qui doivent être de couleur jaune citron. L'entablement et les quatre socles sont d'un vert pâle. Tous les ornemens doivent être lilas; les douze colonnes du petit belvédère sont jaunes; le couronnement vert pâle, et les ornemens lilas. Les draperies sont roses et leurs franges lilas.

Les degrés qui forment le pont sont vert pâle. Le cadre de l'arche doit être lilas.

LE PAVILLON RUSTIQUE, pl. 63.

Le plan de cette grosse pièce est rond : elle se compose de huit corps d'arbres formant colonnes, couleur chocolat, claire et foncée. Le petit pavillon se compose de même que le grand. Les toits sont jaunes et imitent le chaume; les ponts d'un vert pâle, le cintre de l'arche, couleur de brique; la rocaille doit avoir une teinte jaune pâle; la petite girouette est de couleur vert pistache.

LA GRANDE ROTONDE, pl. 64.

Cette rotonde est à seize colonnes, qui doivent être blanches; leurs petits socles, leurs tailloirs, l'encadrement des archivoltes, ainsi que la corniche, sont couleur lilas : le reste de l'entablement est blanc. La petite rotonde se compose des mêmes couleurs. Les deux dômes sont d'un rose vif; la boule qui en fait le couronnement doit être lilas; le socle qui porte la petite rotonde est blanc, les moulures lilas. Le rocher se compose de biscuits de couleur, veinés dans le genre du dessin. Les petits ponts sont couleur d'écorce de chêne; les branches du palmier sont d'un beau vert; le corps est verdâtre, orné de petites pointes du même vert que la tête du palmier.

Pl. 62.

Le Belvédère Égyptien.

Pl. 63.

Le Pavillon Rustique.

Pl. 64.

La grande Rotonde.

Le Pavillon Français.

La Chaumiere Chinoise.

Pl. 67.

La Tente à la française.

DES PIECES MONTÉES PITTORESQUES.

LE PAVILLON FRANÇAIS, pl. 65.

Cette grosse pièce est carrée; chaque face se trouve ornée d'un fronton saillant, porté par deux colonnes rouge clair; les quatre archivoltes, ainsi que leurs pilastres, sont d'un rouge pâle; l'entablement et le tympan du fronton sont de la même couleur; les socles des colonnes, leurs tailloirs, la corniche, ainsi que le reste des ornemens, sont bleu de ciel; les écailles qui couvrent les frontons sont vert pâle; les douze colonnes du petit pavillon, ainsi que leur entablement, se composent des couleurs indiquées pour le grand. Le dôme doit être bleu de ciel; le gland qui le couronne est jaune; la galerie est de la même couleur. Le cintre de l'arche du pont doit être d'un jaune rougeâtre; les veines du marbre doivent être nuancées d'un bleu azuré.

LA CHAUMIÈRE CHINOISE, pl. 66.

Cette chaumière forme un peu la losange; elle doit être couleur orange rouge. Les toitures sont de couleur jaune pâle; la draperie doit être rose, ses dessins et rayures vert pâle, ainsi que les treillages. Les deux petites colonnes qui font l'entrée de la chaumière sont d'un beau vert pistache, ainsi que le couronnement du toit et toutes les petites sonnettes. La feuille d'ornement qui se trouve au-dessus de la croisée est verte, bordée de jaune : les caractères chinois qui sont au milieu sont roses.

Le rocher est groupé de gros blocs de pâte à choux, masqués ensuite d'amandes d'avelines entières; le tout coloré d'un beau blond. On peut orner ce rocher de mousse.

LA TENTE A LA FRANÇAISE, pl. 67.

Cette tente est carrée; quatre petits socles portent douze faisceaux d'armes couleur de bronze. Les douze casques qui en font le couronnement doivent être en pastillage doré, ainsi que le grand trophée, qui fait l'ornement du toit. Celui-ci est rayé blanc et rose vif; les draperies sont de la même rayure; la galerie formant l'écaille doit être d'un jaune citron; l'encadrement du pont est de la même couleur. Le petit cadran et les deux drapeaux sont bronzés ou dorés. La rocaille doit être rose, sur un fond jaune pâle.

LA GRANDE CASCADE ÉGYPTIENNE, pl. 68.

Cette cascade est à quatre faces, dont chacune est ornée d'un portique saillant; les huit colonnes sont couleur aurore ou jaune; le soubassement et l'entablement sont rougeâtres; les tailloirs des colonnes, ainsi que les filets et ornemens de l'entablement, sont lilas ou violets. Le petit vase qui forme cascade se trouve de la même couleur, ainsi que le pourtour du grand bassin. Les oiseaux égyptiens qui portent la coupe doivent être en pastillage doré ou bronzé. La coupe est de la même couleur que le vase. Vous imitez l'eau avec des lames tournantes formées de cristaux; mais je préfère imiter ces cascades en sucre filé bien blanc, ce qui produit beaucoup plus d'effet. Alors, il est de rigueur d'ôter ce sucre aussitôt que la pièce est desservie, afin qu'il n'ait pas le temps de se fondre, ce qui indubitablement gâterait la cascade, en la touchant çà et là. On emploiera les mêmes procédés à l'égard de la fontaine moderne, pl. 60.

LE PAVILLON VÉNITIEN, pl. 69.

Cette pièce est carrée, et à seize colonnes, attendu qu'elles se reproduisent dans l'intérieur du pavillon. Le petit pavillon est à douze colonnes; elles sont ainsi que les grandes couleur lilas, ou bleu de roi tendre. Les entablemens ainsi que les socles des colonnes sont rose pâle. Les chapiteaux, les corniches et les filets des archivoltes, sont rose vif; les toits sont vert pistache, rayés d'un vert pâle; l'encadrement est de la même couleur. La galerie doit être bronzée. Les degrés qui font le soubassement sont rose pâle; les filets de l'arcade de la même couleur que les colonnes.

LE PAVILLON INDIEN, pl. 70.

Cette pièce est carrée. Les quatre colonnes sont rouge amarante; l'entablement doit être d'un rouge plus léger; les chapiteaux et la corniche sont jaune foncé; le dôme doit être d'un jaune clair; ses rayûres sont lilas, ainsi que les

Pl. 63.

La grande Cascade Égyptienne.

Pl. 69.

Pe. 2e.   Pe. 272.

Le Pavillon Vénitien.

Pl. 70.

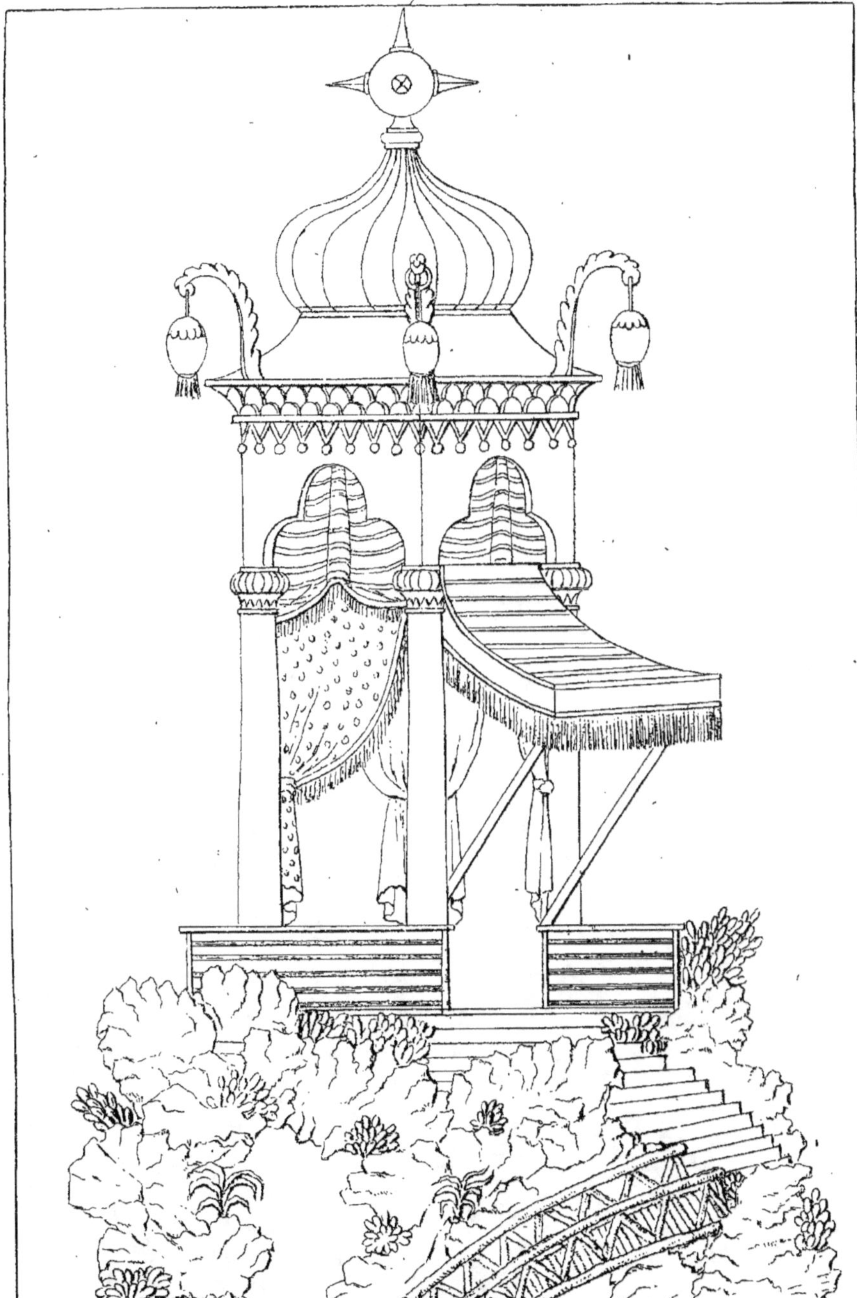

T.e 2.e

Le Pavillon Indien.

P.e 272

DES ENTRÉES FROIDES ET DES SOCLES.

villes de bois qui traversent l'épaisseur de la coupe et de son pied. Cette mie ainsi préparée doit à peu près figurer la forme du dessin : vous la disposez ovale, si vous devez la servir sur un plat ovale ; de même que devant la servir sur un plat rond, vous la formez ronde, en lui donnant toujours à peu près six pouces de hauteur. Vous mettez sur un grand plafond deux cuillerées de sain-doux, sur lequel vous appuyez le pied de la coupe, que vous masquez entièrement avec tout le sain-doux ; vous commencez à le former en l'appuyant avec les doigts sur la mie ; vous posez d'abord légèrement le profil, afin de marquer peu à peu ses moulures ; mais il faut avoir la précaution de tenir le profil toujours droit, et d'en séparer souvent le sain-doux de manière à pouvoir le manier aisément. Pour terminer ce socle convenablement, vous devez avoir le soin de filer le profil tout doucement, afin de ne laisser aucune trace qui indique l'endroit d'où vous l'ôtez ; ensuite vous parez le dessus du socle en coupant le bord d'égale hauteur, et en le rendant un peu creux du milieu ; vous le décorez dans le genre du dessin n° 1er avec de la pâte d'office de deux couleurs seulement, comme vert-tendre et jaune-citron, lilas et rose, bleu de ciel et rouge amarante, violet et orange, ou rose et vert pistache.

Vous enfoncez deux fourchettes dans le dessus du socle, de manière à pouvoir l'enlever aisément ; vous le placez sur un fourneau doux ; aussitôt que le plafond est tiède, vous en détachez le socle, que vous enlevez par les fourchettes, et le placez de suite sur le plat où vous devez le servir (1). Au moment du service, vous ployez avec art une

---

(1) Plusieurs cuisiniers ont l'habitude de placer une serviette sur le plat et de mettre le socle dessus : je n'aime pas cette méthode, parce qu'elle nuit à l'effet des socles, lesquels, selon ma manière, font briller l'argenterie, qui les fait briller eux-mêmes. Par ce procédé ils reçoivent plus d'aplomb, attendu que le sain-doux se prend sur le plat ; ce qu'on ne peut obtenir en les posant sur des serviettes qui, au contraire, les rendent très-fragiles, sur-tout si le pied des socles se trouve moins évasé que le haut, comme le représentent les dessins précédens. Enfin j'invite nos jeunes praticiens à supprimer le service des serviettes ; mais pour cela il faudra avoir grand soin d'observer le diamètre du fond des plats sur lesquels on doit servir les socles, afin de disposer ceux-ci convenablement.

belle serviette damassée, de manière qu'elle doit masquer correctement la surface du socle, sur laquelle vous dressez un buisson de belles truffes cuites au vin de Champagne et tièdes seulement. Servez.

On sert également un buisson de belles écrevisses.

Le service de ces sortes de buissons sur des socles est fort distingué, et leur élégance fait qu'on peut les servir sur les tables les plus splendides tout aussi bien que sur les buffets.

Second traité du sain-doux.

Après avoir préparé six livres de graisse de rognons de mouton, comme il est démontré ci-dessus, vous les passez à la serviette, et y mêlez, par petites parties, six livres de sain-doux sans être fondu; vous travaillez le tout avec un fouet pendant un petit quart-d'heure, après quoi vous le laissez refroidir sans le remuer. Aussitôt qu'il est froid, vous le changez de vase, en le ratissant peu à peu et légèrement à sa surface avec une cuillère à dégraisser. Lorsque vous en avez déjà enlevé le quart, vous le travaillez avec une cuillère de bois pour lui donner du corps; et au fur et à mesure que vous en avez ratissé un autre quart, vous le travaillez de nouveau avec la cuillère de bois, et continuez la même préparation. Tout le sain-doux étant ainsi travaillé, vous formez le socle selon la règle.

Le sain-doux, par ce procédé, n'est pas aussi blanc que le précédent; mais il a l'avantage d'être moins long dans son travail, et cela est aimable dans un moment pressé où le manque de bras se fait sentir. Ce procédé reçoit toute son utilité lorsqu'on veut colorer les socles en bleu de ciel ou vert pistache, ou en rose tendre, quoique les socles blancs soient plus estimés. Il est pourtant certains cas où

---

pour qu'ils aient tout l'aplomb nécessaire; car si on les formait sans ce raisonnement, on serait contraint d'avoir recours à la serviette, en les disposant trop larges. Il est très-important de remarquer le volume des objets que l'on doit placer dessus, afin de donner au socle deux pouces seulement plus large, et de pouvoir entourer la galantine ou le jambon d'une riche bordure de gros croûtons de gelée, comme le représente la garniture qui ceint la galantine du n° 2.

DES ENTRÉES FROIDES ET DES SOCLES. 67

l'on est forcé, en quelque sorte, de colorer le sain-doux, comme, par exemple, certains extraordinaires que j'ai faits, où le chef me donna, pour neuf socles que j'avais à faire, tous les dégraissés de boucherie, tels que bœuf, veau et mouton. Ce mélange, à coup-sûr, ne pouvait donner qu'un sain-doux de pauvre mine ; c'est alors que je colorai, pour la première fois, mes socles : trois furent teints lilas, décorés de pâte d'office blanche et rose, et trois autres furent colorés rouge amarante et décorés de pâte d'office bleu de ciel et jaune. Les trois derniers furent teints vert pistache, et décorés en pâte d'office rose vif et rose pâle. Ce genre de décor convient mieux que les précédens, attendu que le décor n'étant composé que d'une seule couleur, est plus agréable à la vue, et c'est ce dont nous devons être jaloux.

Nous faisons encore des socles en beurre ; ce genre est très-agréable dans son exécution, car, en un quart-d'heure de temps, on peut aisément former un socle. A cet effet, vous maniez le beurre d'un corps bien égal ; vous l'abaissez en long sur huit à dix lignes d'épaisseur ; vous en coupez une bande de quatre à cinq pouces de hauteur, que vous appliquez à l'entour d'un pain de mie paré droit ; vous mettez en haut et en bas un filet de beurre, et posez légèrement le profil, qui, en un rien de temps, va former les moulures.

Ce genre convient sur-tout en été, à cause de la difficulté qu'on éprouve pour faire prendre le sain-doux pendant les chaleurs de cette saison.

Relativement au volume du beurre et du sain-doux, il dépend des grosseurs et hauteurs des socles, et sur-tout des profils avec lesquels on veut les former, comme on va le voir par les dessins des quatre planches suivantes, où j'ai figuré, à côté des socles qui les composent, les profils qui les ont moulés, afin de donner par là une parfaite idée de ces mêmes profils, qui font seuls l'élégance et la beauté des socles.

Je vais en donner des détails plus substantiels, en décrivant la manière de les former soi-même.

CHAPITRE XX.

SUJETS DE LA PLANCHE XXXVIII.

J'ai figuré sur cette planche deux fragmens de socles, à côté desquels j'ai joint les profils tels qu'ils doivent être pour en former des socles mâles et distingués, comme le représentent les deux socles. Ces profils ont toute la hauteur et la largeur nécessaires pour s'en servir avec facilité et succès. Si vous voulez les faire vous-même, vous prenez pour le profil n° 1 une petite planche de cinq pouces six lignes de longueur sur trois de largeur, et de deux petites lignes d'épaisseur. On doit la choisir d'un beau bois de noyer ou de hêtre; alors vous dessinez dessus le dessin n° 1 avec un petit couteau un peu fort de lame; vous commencez par couper peu à peu les masses des moulures, et, quand vous approchez du dessin, vous commencez à couper l'épaisseur du bois en biais, afin d'avoir plus d'aisance pour découper les filets des moulures. Lorsqu'elles sont pures, vous dégraissez correctement l'épaisseur du bois, comme je l'ai indiqué par la bordure ombrée, qui a tout l'évasement des contours des profils. Ce dépouillement de l'épaisseur du profil sert infiniment pour le glisser sur le sain-doux avec facilité.

Les premiers profils que j'aie vu étaient tout simplement des bouts de lattes découpés aux deux extrémités de gros filets, qui n'avaient aucun rapport avec le reste du profil, dont l'ensemble ne signifiait pas grand'chose.

Mais lorsque j'ai voulu me donner la peine de préparer de ces profils, je me suis pénétré des détails de ceux avec lesquels les maçons poussent les corniches des maisons, et je me suis dit : Voilà les vrais modèles que je dois imiter, et c'est ce que je crois avoir fait.

Tous les profils se préparent de la même manière; mais j'invite les personnes qui n'auraient pas la patience nécessaire pour les faire correctement, à donner à un bon mé-

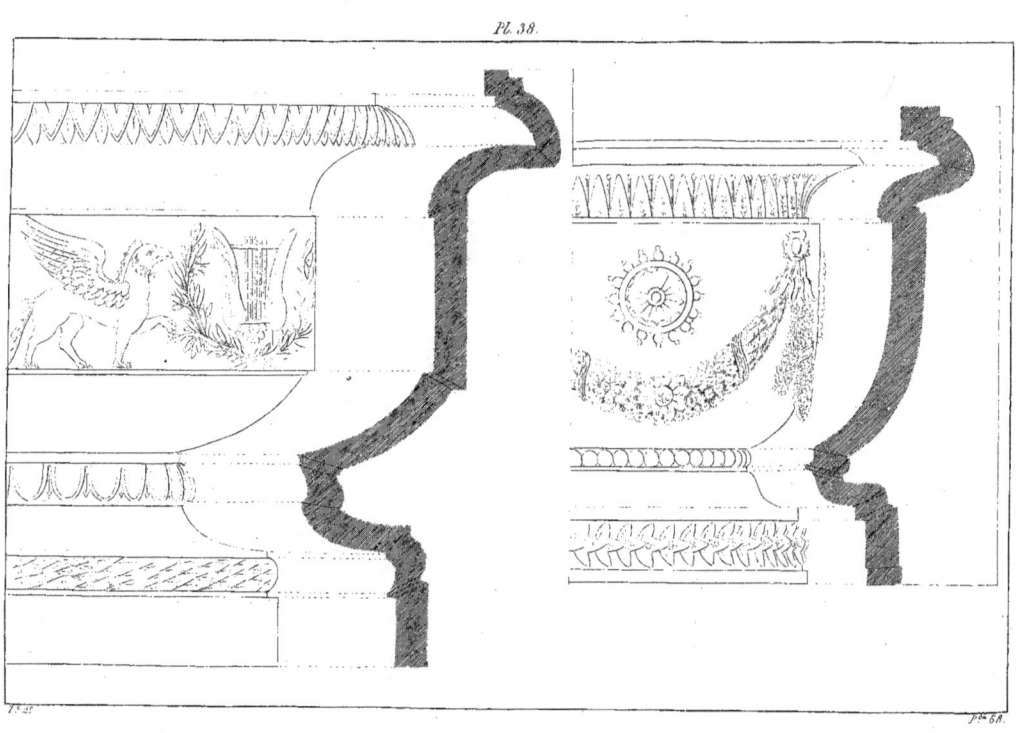

Pl. 38.

Pl. 39.

DES ENTRÉES FROIDES ET DES SOCLES. 69

nuisier l'idée du dessin, qu'il exécutera aussitôt, avec toute la régularité dont il est susceptible.

Je vais donner quelques détails relativement à la décoration de ces socles modernes.

Nous avons quatre genres bien distincts de décoration. Le premier se compose, sans contredit, des ornemens de pastillage, qui nous offrent une infinité d'objets de goût et de perfection, représentant des médaillons, des chiffres, des portraits, des trophées de guerre, de marine, d'instrumens de jardinage, des frises, des arabesques, des guirlandes de tous genres, et mille autres petits objets charmans.

Ce genre est fort joli, sans doute ; mais pour bien faire, on doit placer ces ornemens avec goût, et se défendre de vouloir faire trop riche, afin d'éviter la confusion ; car la simplicité distingue le vrai beau, et c'est en cela que le talent se fait remarquer.

Les filets du premier socle sont de pastillage lilas, et les frises en pastillage jaune-citron, ou vert antique. Vous posez légèrement du bronze sur les parties saillantes, ce qui produit un riche effet.

La décoration du second socle se compose de filets de pastillage couleur rose ; la guirlande est de pastillage bleu de ciel, et le reste des ornemens en bleu de ciel très-pâle.

Nous avons encore trois genres de décor : les fleurs naturelles, la pâte d'office de couleur, et le dernier en verdure d'hiver, beurre et sain-doux de couleur. Je vais en donner successivement quelques notions.

CHAPITRE XXI.

SUJETS DE LA PLANCHE XXXIX.

J'AI représenté, sur cette planche, trois socles moins élevés que les précédens, et les profils d'un autre genre. Le profil du premier me plaît beaucoup, parce que la hauteur de son socle forme une espèce de frise que l'on peut aisément orner d'une riche décoration, ce qui produit beaucoup d'effet lorsque le socle est placé sur un plat d'argent bien brillant.

Le deuxième genre de décor se compose de fleurs naturelles, dont la fraîcheur et la vérité des couleurs embellissent tout ce qu'elles ornent. Leur parfum les rend plus aimables encore; mais malheureusement nous ne pouvons jouir de cette belle décoration que pendant la belle saison, et c'est précisément le temps le moins propice à la bonne chair, et par conséquent le moins aimable pour nous, à cause du peu de grands repas qui se donnent pendant l'été. Ce n'est donc que dans l'hiver que nous pouvons réellement développer tous nos moyens : saison riche et brillante, heureux temps des Amphytrions, et plus heureux encore pour les gourmands sans fortune, qui trouvent chez le riche une table splendide et bienfaisante.

Mais cette saison ne nous prive pas moins des fleurs printanières, et ne nous donne pour tout appanage que quelques branches de verdure et la simple immortelle, sur laquelle le temps et les frimats ne peuvent rien; aussi je me suis empressé de lui rendre hommage souvent, en entrelaçant ses belles couleurs en guirlandes. Pendant l'hiver, nous décorons aussi nos socles en pastillage, en pâte d'office, et en beurre et sain-doux de couleur.

Relativement aux fleurs printanières, nous devons choisir, pour les grouper avec grâce, les plus petites et celles d'une odeur agréable et de belle couleur, sur-tout les mêler de verdure en les groupant, ce qui les fait briller et leur donne tout l'éclat dont elles sont susceptibles. Les n°s 4 et 5 sont deux socles d'entrée.

CHAPITRE XXII.

SUJETS DE LA PLANCHE XL.

Ces deux socles sont d'un style plus distingué et plus mâle que les trois précédens; leur décoration se compose de pâte d'office de couleur. La frise qui ceint le milieu du grand socle est couleur vert-pistache; le reste des ornemens sont de couleur verte très-pâle ou jaune-serin.

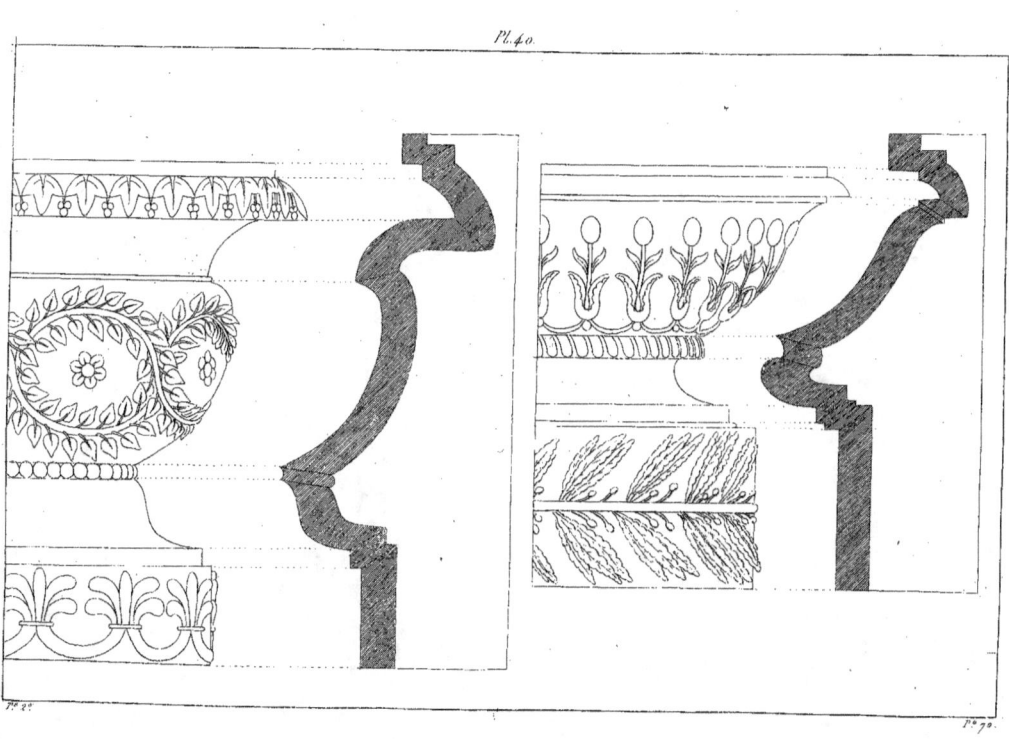

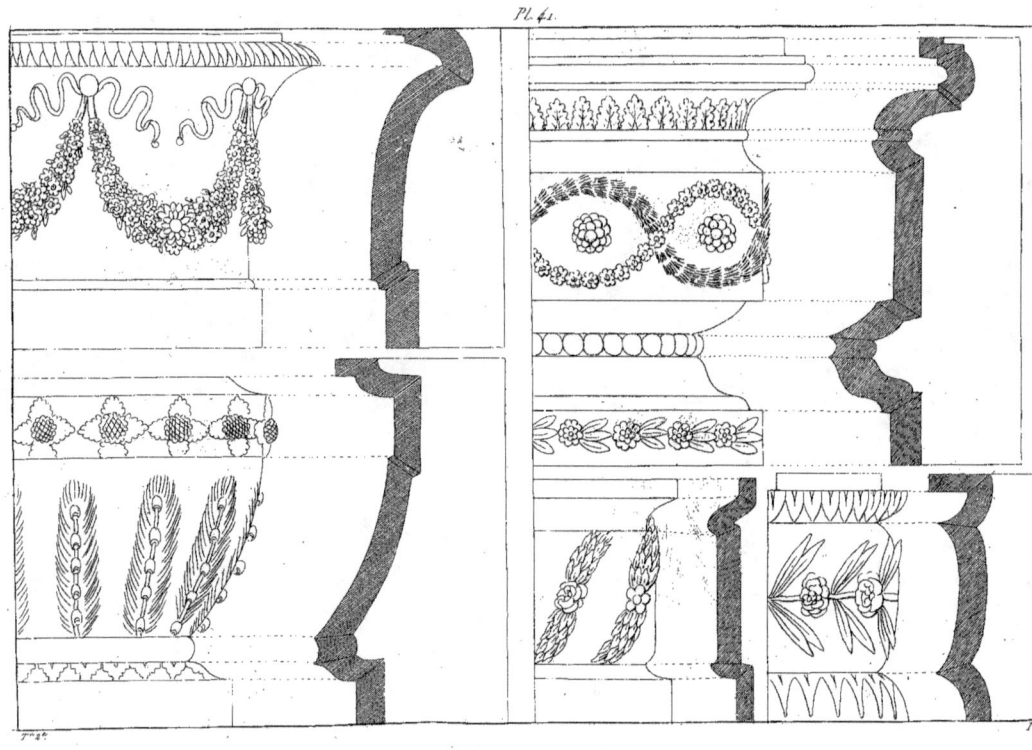

Pl. 41.

DES ENTRÉES FROIDES ET DES SOCLES.

Je l'ai déjà dit, pour décorer d'une manière distinguée, on ne doit composer ces ornemens que de deux couleurs au plus; et même le décor sera toujours d'un meilleur ton, lorsqu'on ne le composera que d'une seule couleur, mais de deux nuances, comme je l'ai indiqué ci-dessus.

La décoration du second socle est de pâte d'office rose vif et rose tendre, ou violet clair.

On peut composer ces sortes d'ornemens de diverses couleurs, comme lilas et rose tendre, ou bleu de ciel et bleu plus foncé, ou rose et lilas, ou vert et aurore, ou jaune et rouge amarante, ou d'une seule de ces couleurs, et cependant de deux nuances.

Pour colorer cette pâte d'office, vous employez les mêmes procédés que j'ai indiqués au chapitre 44e de la 4e partie, concernant les grosses pièces de fonds.

Mais pour colorer cette pâte avec succès, vous ne la détrempez qu'au blanc d'œuf, et mettez autant pesant de farine que de sucre passé au tamis de soie, ce qui doit donner une pâte très-liée et très-blanche, résultat qu'on ne peut obtenir avec la pâte d'office ordinaire.

Ce genre de décor avec la pâte d'office est fort distingué, et demande en quelque sorte plus de goût que pour le pastillage; car il faut entièrement composer les ornemens en les plaçant, tandis que pour le pastillage c'est tout le contraire; les ornemens se trouvent formés en sortant des moules.

La première fois que j'eus l'idée de décorer avec de la pâte d'office de couleur, ce fut à l'Elysée-Bourbon, et le fameux Laguipière me dit qu'il préférait ce genre de décor à tous les autres, excepté celui des fleurs naturelles.

CHAPITRE XXIII.

SUJETS DE LA PLANCHE XLI.

Ces trois socles sont décorés de verdure d'hiver, de beurre de couleur ou de sain-doux.

La frise du grand se compose de petites fleurettes, avec

des petits boutons de beurre teints en bleu azuré, puis de petites branches d'if. Au milieu sont des espèces de boutons d'or en beurre coloré jaune. La bordure du haut se compose de feuilles de pimprenelle choisie, de même grandeur. La bordure du pied se compose de petites feuilles d'estragon, ornées de petites fleurettes de beurre jaune; le rond de perles est de petits pois de beurre vert.

Le deuxième socle est en forme de corbeille; il est orné de guirlandes composées de petites fleurettes en beurre rose, jaune et rouge; les nœuds sont également de beurre jaune. On mêle dans ces guirlandes de petites branches de verdure, comme d'if ou de pin, de laurier rose ou de lierre. Les petites feuilles qui ornent le haut sont des bouts de feuilles d'estragon.

Le troisième socle est décoré dans le même genre que les deux précédens.

Pour travailler ces beurres au sain-doux de couleur, vous les mettez se raffermir sur la glace; après les avoir colorés, et pour former ces espèces de petites fleurettes, vous vous servez d'un petit ébauchoir, rond d'un bout, et plat de l'autre.

Ce genre de décor ne valait guère la peine d'être cité, et cependant il a son mérite quand on n'a pas la possibilité de se procurer ni pâte d'office ni pastillage.

Il est facile de voir que tous ces socles sont susceptibles d'être décorés, soit en pastillage, soit en fleurs naturelles, ou de pâte d'office de couleur.

Les douze socles, figurés sur les cinq planches précédentes, sont propres à donner de bonnes idées aux hommes qui ont la manie de faire des socles à colonnes ou cannelés, ou autres formes bizarres, et pourront leur persuader aisément que nous entendons par *socle*, une chose matérielle susceptible de porter sans effort des objets aussi matériels, dont le volume ne peut dépasser la surface du socle : du moins, tel est notre raisonnement.

Les n°ˢ 4 et 5 sont deux petits socles pour entrées.

Je vais donner quelques dessins et détails sur les décorations en particulier, relatives aux socles et à la pâtisserie,

Pl. 45.

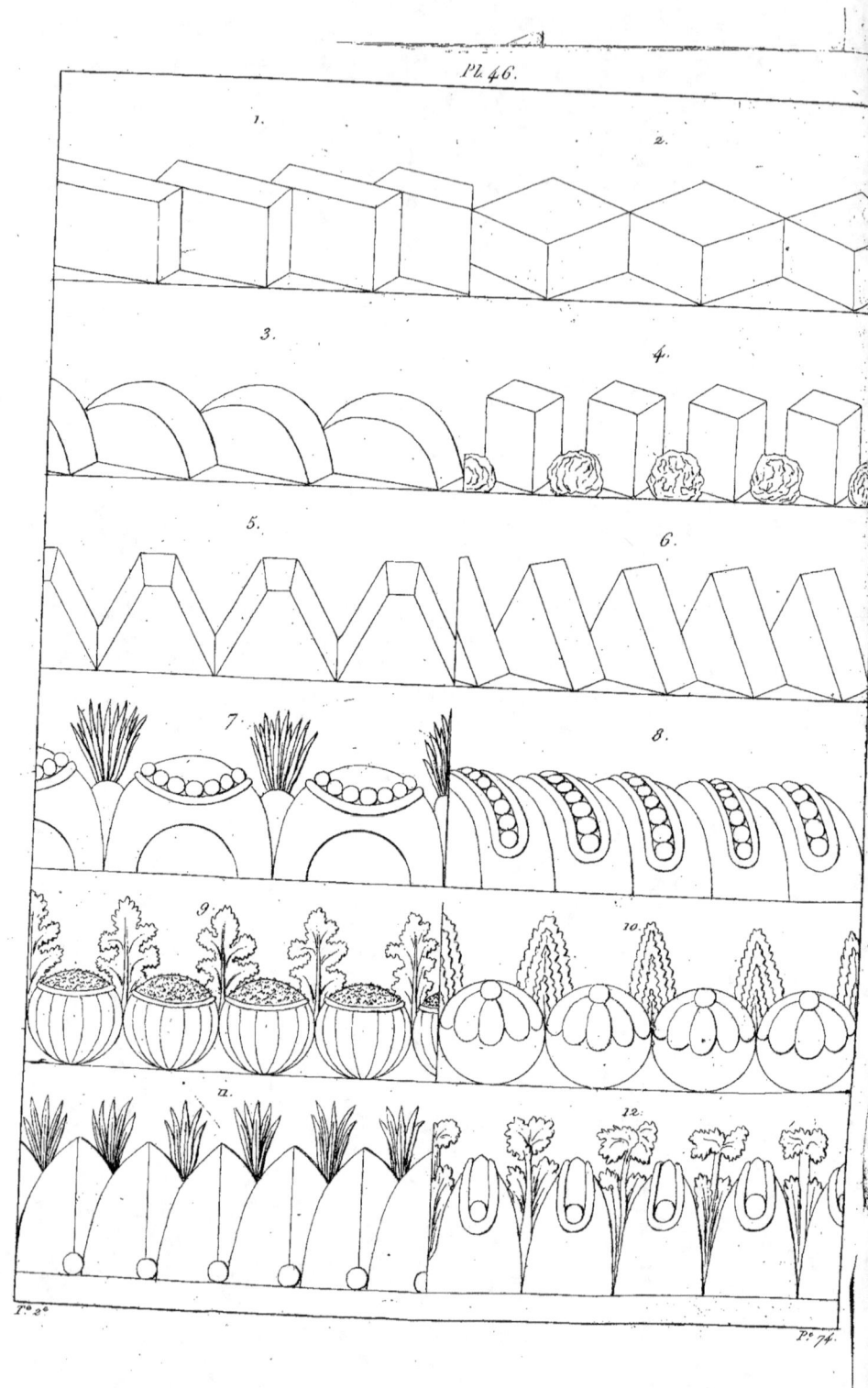

DES ENTRÉES FROIDES ET DES SOCLES.   73

puis des bordures de gelée de beurre de couleur, de racines, d'œufs, et ce sera, je pense, terminer cette brillante partie, avec tout l'éclat dont elle est susceptible ; j'y ajouterai quelques détails sur les bordures en pain et en pâte.

CHAPITRE XXIV.

SUJETS DES PLANCHES XLII, XLIII, XLIV, XLV.

Traité de la décoration des gros pâtés ou des socles.

J'AI figuré sur la planche 42 trois genres de décoration, que j'ai d'abord proportionnés, pour orner de gros pâtés froids et de gros socles de six pouces de hauteur, comme on en fait quelquefois à large frise.

Les trois décorations de la planche 43e sont dessinées dans les mêmes intentions ; mais on peut aisément diminuer leur dimension, et les exécuter pour orner des socles dans le genre de ceux décrits ci-dessus.

Nous avons, par exemple, les cinq décorations de la planche 44e, qui conviennent mieux pour la décoration des socles ordinaires, pour les pâtés chauds et les timbales, et même pour les pâtés froids.

Nous avons encore les dix décorations de la planche 4e, qui sont assurément propres à orner des socles, des timbales d'entrées et des pâtés chauds. Pour former ces sortes de décorations avec régularité et promptitude, il est réellement nécessaire d'avoir les coupe-pâte en fer-blanc, découpés et représentant tous les différens dessins des feuilles qui composent les décorations des planches 42e, 43e, 44e et 45e.

Mais comme cette collection de coupe-pâtes deviendrait trop coûteuse, au moins je pense que l'on pourra en choisir quelques-uns jolis, avec lesquels on pourra former des décorations simples et correctes, vrai mérite de ces sortes d'ornemens.

Quelques amateurs qui seraient tentés d'augmenter le nombre de cette collection, pourraient observer les décorations des pâtés chauds et des timbales, consignées dans la 2ᵉ partie, puis les ornemens des grosses pièces de fonds de la 4ᵉ partie.

CHAPITRE XXV.

SUJETS DE LA PLANCHE XLVI.

Bordures des entrées froides.

Les nᵒˢ 1, 2, 3, 4, 5 et 6 sont des croûtons de gelée de la grosseur et de la forme que nous leur donnons ordinairement. Ils sont placés tels que j'ai l'habitude de les poser sur les plats, et cette manière est la plus élégante, puisque la gelée étant coupée et placée de cette façon, produit plus d'effet qu'elle ne fait ordinairement : voilà encore des résultats avantageux pour le froid.

Mais pour obtenir ces sortes de bordures parfaites, on doit avoir l'attention de couper ces croûtons correctement le plus net possible, et de les placer de suite en les touchant à peine : cela n'est guère facile qu'aux praticiens, qui, seuls, les obtiennent avec toute la fraîcheur brillante dont ils sont susceptibles.

On fait encore des bordures de gelée hachée, sur lesquelles vous placez des filets de gelée, d'anchois ou de truffes. On est quelquefois forcé d'employer de ces sortes de bordures.

Le nᵒ 7 est une bordure d'œufs pour les salades de volailles ou de poissons, dont les œufs sont coupés en quatre. Le jaune est placé en dehors. Le haut est orné de filets d'anchois et de câpres. Vous placez entr'eux un petit groupe de petites civettes, que vous faites tenir en les enveloppant par le bas avec un peu de beurre fin, comme le dessin l'indique.

Pour la bordure du nᵒ 8, les œufs sont coupés de la même manière. Placez les jaunes en dedans : vous les ornez de filets d'anchois et de câpres, comme le dessin le représente.

Le nᵒ 9 est une bordure de petits oignons à la Chivri pour les entrées de poissons et salades de volaille.

DES ENTRÉES FROIDES ET DES SOCLES.

Vous choisissez quarante petits oignons, bien égaux en grosseur : vous coupez la tête et la queue, et les faites blanchir dans de l'eau bouillante pendant quelques minutes; et après les avoir rafraîchis, vous les égouttez et les épluchez d'égale grosseur : après quoi vous les faites cuire dans du consommé, en ayant soin de les égoutter un peu fermes, afin de les obtenir bien entiers. Quand ils sont égouttés, vous les marinez en les roulant avec un peu d'huile, vinaigre, sel et mignonnette. Vous coupez en travers douze petits oignons (même grosseur que les précédens), de manière à obtenir trois petites couronnes de chaque oignon. Ensuite vous jetez ces petites couronnes dans de l'eau bouillante avec un peu de sel, et, quelques minutes après, vous les rafraîchissez et les égouttez en les rangeant sur un grand couvercle de casserole. Vous garnissez l'intérieur de chaque petite couronne avec un peu de ravigotte blanchie et pilée. Après avoir égoutté et placé vos oignons en bordure à l'entour de l'entrée, vous posez sur chacun d'eux une petite couronne, comme le dessin l'indique. Entre chaque oignon, vous mettez droites de petites feuilles d'escarole, ou autres parties de cœurs de salades. On peut également mettre la petite couronne en filets d'anchois, et les garnir de gelée hachée ou d'une petite lame de gelée mince coupée ronde.

On peut encore garnir cette couronne de câpres fines ou de cornichons hachés fins.

La bordure du n° 10 se compose de jaunes d'œufs entiers, sur lesquels vous placez des rosaces formées de beurre de Montpellier. Entre chacun d'eux, vous posez droits de petits quartiers de cœurs de laitue, comme le dessin l'indique. On peut encore mettre sur ces jaunes des lames de gelée, coupées avec un petit coupe-pâte rond de six à huit lignes de diamètre, ou bien de petites couronnes de filets d'anchois.

La bordure du n° 11 se compose de quartiers de moitié d'œufs ornés de petits groupes de feuilles de jeune estragon.

La bordure du n° 12 est la même, mais placée dans le sens contraire. Elle est ornée de filets d'anchois, de câpres et de petits cœurs de céleri.

Quelques cuisiniers ajoutent à ces sortes de bordures d'œufs, des capucines ; mais ces capucines ne conviennent qu'aux officiers pour orner leur salade, et loin d'orner nos entrées, elles les appauvrissent en les rendant bigarrées par cette couleur, qui ne s'allie en aucune manière avec le froid.

CHAPITRE XXVI.

SUJETS DE LA PLANCHE XLVII.

Des bordures de beurre ou de racines.

Toutes ces bordures sont pour être exécutées en beurre de couleur ou en racines, afin d'orner encore les entrées froides. Pour confectionner ces bordures en beurre, vous procédez ainsi : Vous prenez du beurre de Montpellier à la ravigotte et aux écrevisses ; vous étalez ce beurre sur deux couvercles de casserole, en lui donnant trois bonnes lignes d'épaisseur, et sur-tout très-égales dans son épaisseur. Vous le placez sur de la glace pilée. Quand il est congelé, vous le détachez des couvercles avec la lame du grand couteau, et les placez sur une serviette. Vous détaillez ce beurre avec des petits coupe-pâte de fer-blanc découpés dans le même genre que les dessins ; et au fur et à mesure vous les placez en bordures, comme les dessins le démontrent ; mais pour couper ces petits croûtons avec succès, vous devez avoir le soin de tremper souvent le coupe-pâte dans un peu d'eau froide.

Lorsqu'on n'a pas de beurre de Montpellier, on le remplace de cette manière : Vous maniez pour une bordure quatre onces de beurre sur un couvercle avec la lame du couteau ; vous y mêlez assez de rouge végétal ou de carmin pour le colorer d'un beau rose, ou bien vous le colorez en vert pistache, en y joignant de l'essence de vert d'épinards passés au tamis de soie ; ou en jaune avec une petite infusion de safran, en violet en mêlant du rouge avec du bleu de Prusse broyé, ou en couleur aurore en mêlant ensemble du rouge et du jaune.

On fait également ces bordures de deux couleurs dans le

même genre que je les ai dessinées, mais de deux couleurs seulement.

Nous allons donner quelques notions sur les bordures de racines. A cet effet, vous prenez pour une bordure six belles carottes et autant de navets, que vous coupez par parties d'un bon pouce de longueur : vous les coupez ensuite en lames de six lignes d'épaisseur; vous faites blanchir les carottes et les navets séparément; et après les avoir rafraîchis, vous les faites cuire dans deux petites casseroles, selon les procédés usités pour la préparation des chartreuses; mais il est à propos de les retirer un peu fermes de cuisson. Quand ils sont égouttés sur une serviette, vous les parez légèrement sur l'épaisseur. Vous les coupez, selon la bordure que vous voulez faire, avec des coupe-racine découpés comme les dessins le représentent; et après les avoir ainsi préparés, vous les glacez avec une glace de racines (ou vous les posez sans cette cérémonie) à mesure que vous placez la bordure.

Ces sortes de bordures sont fort distinguées (j'en reçus les premières idées du fameux Laguipière) pendant la primeur des racines et légumes. On les enrichit de pointes d'asperges, de gros pois, de haricots verts, de champignons et de culs d'artichauts.

Ces jolies bordures sont aimables pour des petites entrées chaudes, garnies de macédoine ou autres légumes et racines printanières. Elles font bon effet à l'entour des chartreuses et des entremets de légumes froids, comme, par exemple, les salades à la parisienne.

Mais elles sont plus brillantes encore pour les entrées froides (dans les grands repas), tels que chaud-froid de poulet ou de gibier, magnonnaise de volaille et même de poisson.

CHAPITRE XXVII.

SUJETS DE LA PLANCHE XLVIII.

Des bordures de pain et de pâte.

Douze de ces bordures sont dessinées pour des bordures de pain, et les deux dernières pour des bordures de pâte à l'œuf.

SIXIEME PARTIE.

Toutes ces bordures ne se composent que d'un seul crouton, vrai moyen pour les obtenir solides et promptement. Les coupe-pâte de ces mêmes croûtons seront faciles à exécuter par un ferblantier intelligent, et les apprentis devraient à l'avenir abandonner cette manie qu'ils ont de coller trois et même quatre petits croûtons les uns sur les autres, pour former une bordure qui n'a de mérite que dans sa légèreté : cette même légèreté la rend si fragile, qu'elle devient insipide au moment du service, attendu que ces croûtons se détachent aisément. On n'a pas toujours le temps de les recoller, ce qui rend ces sortes de bordures peu propres à être servies, tandis que lorsqu'une bordure n'est composée que d'un seul croûton ; s'il arrive qu'en dressant une entrée, on en fasse détacher un, il est aussitôt recollé ; le chef n'a pas même le temps de s'en apercevoir, et cela est agréable pour les apprentis. Ces jeunes gens devraient s'apercevoir que le temps qu'ils perdent à faire ces bordures avec tant de détails, leur est funeste sans doute ; car j'ai vu de certains apprentis qui mettaient deux grandes heures pour quatre de ces sortes de bordures, tandis qu'un jeune homme adroit peut facilement en une demi-heure exécuter quatre des bordures figurées dans cette planche ; et pendant l'heure et demie qui lui reste, il peut marquer une entrée ou des entremets, ou travailler un fourneau : voilà les avantages qui doit en résulter pour eux.

Il est important de composer la hauteur de bordures relatives au volume des entrées qu'elles doivent orner. Par exemple, la bordure pour un sauté ne doit avoir que six à huit lignes de hauteur, de même qu'on donne onze à douze lignes aux bordures qui doivent servir pour des entrées de boucherie, de volaille et de gibier entier. Mes bordures sont dans la hauteur de ces dernières entrées, mais les moules étant faits sur des modèles, on pourra aisément les baisser en coupant le bas des croûtons ; alors, le moule aura l'avantage de pouvoir servir pour deux bordures ; du moins telle fut mon intention en donnant à toutes mes bordures à peu près la même hauteur.

Les bordures des n°s 1 et 2, se composent seules à deux croûtons; aussi sont-elles plus élégantes que les dix autres; et si l'on veut les varier, on peut supprimer les palmettes et les remplacer par les dessins des n°s 3, 5, 6, 7 et 9, en coupant ceux-ci par le bas, de même qu'avec les bordures n°s 1 et 2; on peut avec leur palmette, former de jolies petites bordures pour des entrées élégantes et mignonnes.

Les croûtons que j'ai ombrés sont ceux qui doivent avoir de la couleur, et les blancs indiquent ceux qui ne doivent pas en recevoir. En les passant à l'huile chaude, on a soin de les retirer aussitôt qu'ils commencent à recevoir une légère couleur à peine sensible.

Les bordures 11 et 14 sont en pâte à nouille. Ce genre de border les plats, a quelque chose de moins distingué que les bordures précédentes; mais en revanche elles sont vraiment aimables pour les entrées susceptibles d'être saucées amplement, mais plus encore pour les grosses pièces comme par exemple les godards, les chambords et autres grosses pièces à ragoût.

Pour une bordure d'entrée, vous détrempez quatre blancs d'œufs de pâte à nouille un peu fermes; vous la roulez de vingt-quatre pouces de longueur, et l'abaissez d'une petite ligne d'épaisseur, après l'avoir coupée en une bande de de huit à dix lignes de largeur; alors vous la masquez avec un peu de dorure ou de repère léger d'un côté, que vous placez sur le tour du plat, en l'appuyant un peu pour fixer la bande droite. Vous soudez également les deux extrémités de la bande que vous parez avec l'attention de ne point tacher le plat de dorure. Vous faites un jaune seulement de pâte à nouille un peu mollette, et l'abaissez très-mince. Découpez-là avec un petit coupe-pâte pour la placer ensuite en ornement à l'entour de la bande comme les dessins l'indiquent. Après quoi, vous la mettez au four doux pendant quelques minutes, afin que la croûte ne fasse que sécher sans prendre de couleur.

CHAPITRE XXVIII.

SUJETS DE LA PLANCHE LXIX.

Des atelets pour les godarts et les chambords.

Je ne pouvais mieux terminer cette belle partie, qu'en donnant quelques observations sur les atelets et sur la grande manière de les garnir; car ces mêmes atelets sont tout l'ornement de nos grosses pièces, telles que les godards et les chambords.

J'ai figuré sur cette planche six atelets d'un nouveau genre. Je ne puis concevoir comment il se fait que nous ayions dans notre orfévrerie moderne, que deux simples modèles d'atelets, qui se trouve sur toutes nos tables de Paris. L'un représente une flèche, et l'autre un petit couteau de chasse; ces deux idées sont fort bonnes, puisqu'elles sont en quelque sorte les emblêmes de la bonne chère; mais je ne vois pas pourquoi on ne joindrait point à ces modèles d'autres idées qui ont bien autant de rapport avec la table. Ces six dessins, par exemple ont, ce me semble, tout le rapport possible avec la bonne chère. Le n° 1 indique assez la navigation dont les résultats sont si importans pour le service de nos grandes tables; le n° 2, les doubles croissans, les flèches et Diane, dans ce médaillon, caractérisent aisément la chasse; le n° 6 se rattache encore beaucoup aux emblêmes de la chasse, car rien n'est plus intéressant que le vrai chien du chasseur. On pourrait encore figurer dans le même genre que cet atelet, des cerfs, des daims, des sangliers, des chevreuils, des béliers, des faisans (les ailes développées dans le genre du dessin n° 4); le coq, la poule-dinde, le faucon et tant d'autres oiseaux jolis par leur plumages et l'élégance de leur forme.

Qu'est-ce qui fait le délice de la table? C'est le bon vin! Le dessin de l'article n° 3, représente assez les emblêmes de la vendange.

Voilà des idées qui doivent en donner d'autres aux dessinateurs orfèvres. J'ai fait exécuter par M. Odiot, deux

Pl. 47.

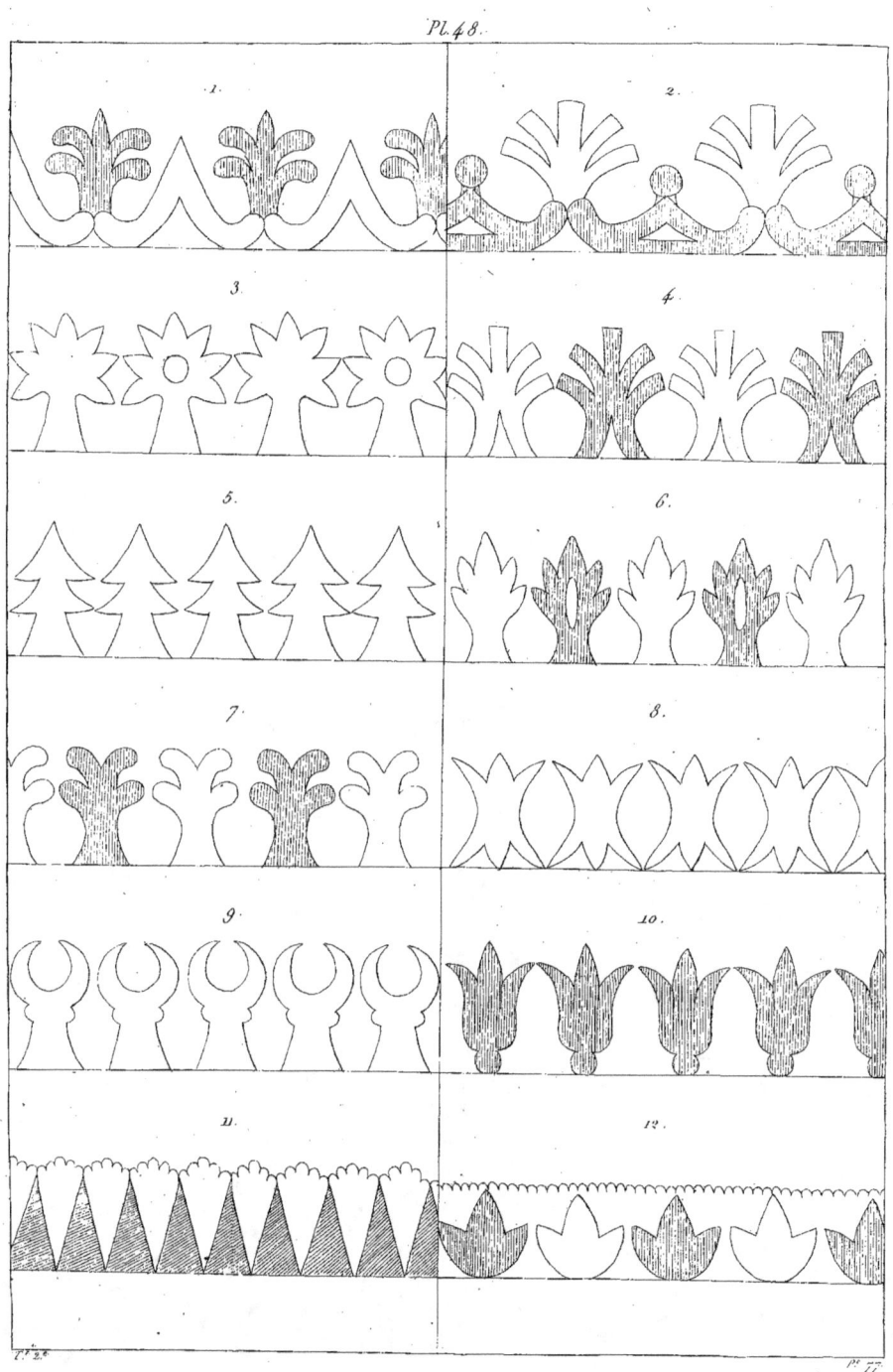

Pl. 48.

Pl. 49.

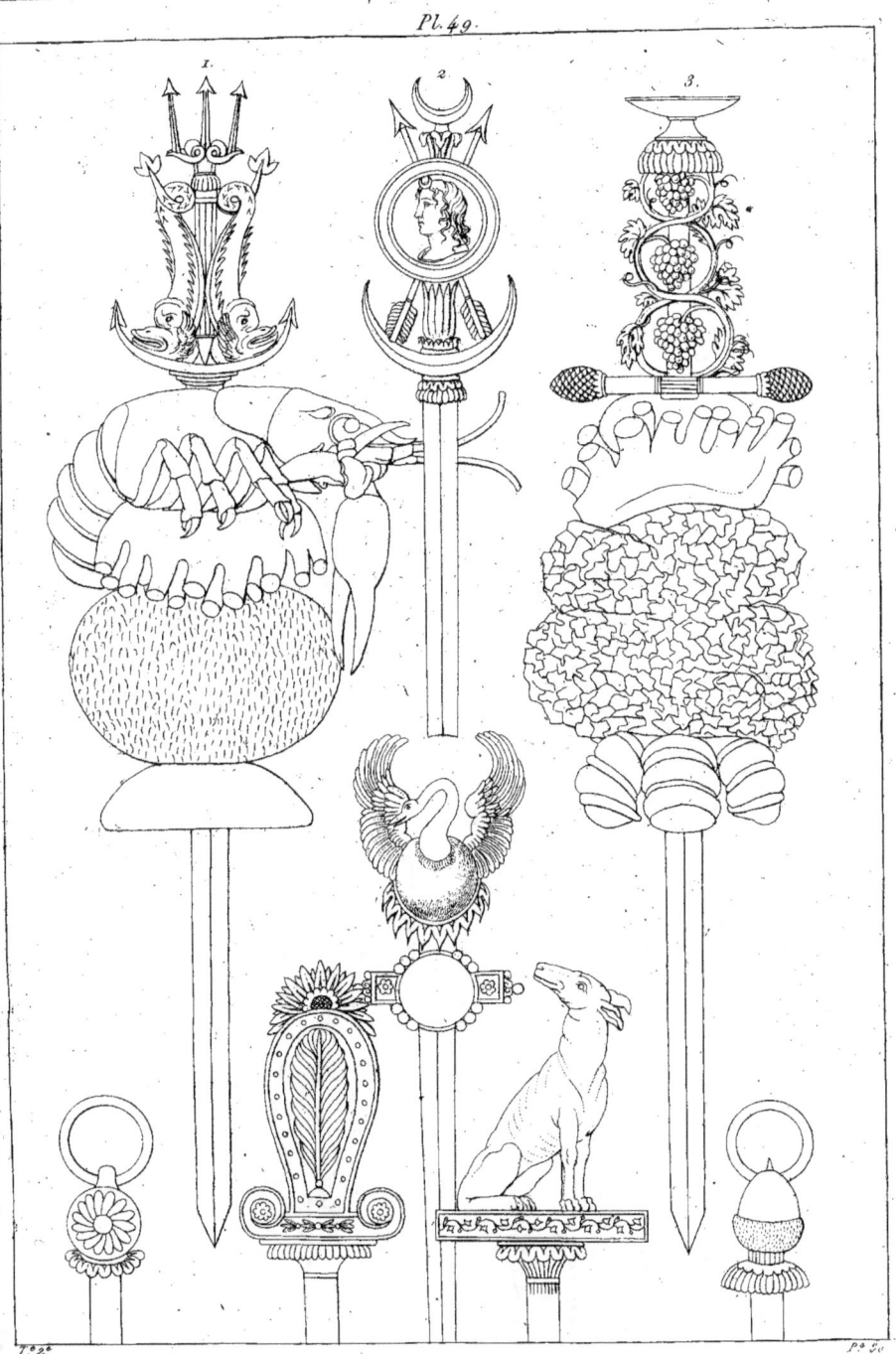

œufs et la boule qui en font le couronnement; les draperies sont blanches, rayées de couleur lilas; le grand rideau doit être d'un rose vif parsemé de petits croissans jaunes, ainsi que tous les effilés; les rideaux de l'intérieur des pavillons sont blancs; la galerie doit être jaune rayé de lilas.

Le rocher se compose de biscuits vert pâle, découpés dans le genre du dessin, et dessus vous peignez les rayûres d'un gros jaune : le tout orné de mousse et de feuillage verdâtre. Le petit pont est dans le genre rustique.

On pourrait également exécuter ces jolis colifichets en pastillage; alors on les enrichira d'ornemens gravés.

Manière de préparer le pastillage.

Pour exécuter l'une de ces grosses pièces, vous demandez chez un épicier-droguiste trois onces de gomme adragant triée; ensuite vous la mettez dans un grand pot à confiture, et versez par-dessus deux verres d'eau chaude. Couvrez le tout d'un papier; et, six heures après, remuez la gomme avec le grand couteau, afin qu'elle fonde également. Le lendemain matin, vous passez le tout dans un gros torchon, que vous tordez fortement à deux personnes; alors la gomme en sort blanche et très-pure. Vous la mettez dans un mortier très-propre, et la broyez avec le pilon, en y joignant par intervalle une livre et demie de sucre royal passé au tamis de soie, ce qui donne singulièrement de corps à la gomme, qui alors doit être très-blanche. Après cela, vous la mettez dans une terrine en forme de calotte, afin qu'elle soit étroite à son ouverture; ensuite vous humectez un torchon blanc que vous ployez en huit, et le placez sur la gomme.

On la prépare également sur un marbre; alors, après l'avoir posée, vous la broyez avec le poignet, en y mettant la livre et demie de sucre.

Je trouve le procédé du mortier plus convenable; mais n'ayant pas celui-ci, on opère sur le marbre.

Lorsque vous voulez employer la gomme, vous en prenez le quart que vous mettez sur le tour du marbre, où vous aurez versé deux livres d'amidon passé au tamis de soie; et, avec le bout des doigts, vous remplissez la gomme en y amalgamant l'amidon pour la rendre d'un corps ferme et lisse. Si vous voyez que le pastillage ait par trop de corps, alors vous le coupez en deux parties, et mêlez deux cuillerées (à bouche) d'eau avec deux cuillerées de poudre : joignez ce mélange dans la moitié du pastillage qui, par ce procédé, devient plus doux au toucher. Vous en faites autant à l'autre partie; et, si vous le jugez encore avoir trop de corps, vous recommencez la même opération.

Vous procéderez de la même manière pour remplir les deux tiers de la gomme restante; ensuite vous colorez le pastillage, en suivant les détails décrits pour la colorisation de la pâte d'amandes.

Les couleurs du pastillage sont plus vives et plus brillantes que celles de la pâte d'amandes et d'office : cela provient des différens corps qui le composent.

Pour travailler le pastillage avec aisance et succès, vous devez l'employer par petites parties; et, en rassemblant les parures, vous y mêlez un peu de gomme conservée à cet effet. On doit aussi avoir une petite poudrette, que l'on prépare en mettant deux cuillerées d'amidon dans un petit linge fin noué avec une ficelle, en serrant légèrement la poudre : alors, en tapant cette poudrette sur les objets que vous travaillez, vous les empêchez de s'attacher au tour et aux doigts; mais il faut s'en servir particulièrement pour tirer les modèles des planches gravées.

Il est important de remarquer qu'on doit, avant de coler les ornemens, les laisser reposer quelques minutes, afin d'éviter par ce soin la retraite du pastillage, qui, étant posé trop frais, se casse en se séchant. La même chose a lieu si le pastillage se trouve avoir trop de corps, c'est-à-dire, trop fort en gomme.

Pour faire du pastillage mangeable, vous ne remplissez la gomme que de sucre royal passé au tamis de soie, en place de l'amidon.

Moyen de dorer le pastillage.

Les objets que l'on destine à être dorés doivent être d'un

beau fini et très-secs; alors vous les masquez avec un petit pinceau imbibé de mixtion délayée avec de l'huile grasse (que vous aurez demandée chez un marchand de couleur), et, dix à douze heures après, vous posez légèrement le bout du petit doigt sur les objets. Alors si la mixtion n'est plus collante, vous y placez des feuilles d'or (1), que vous y appuyez avec un pinceau putois court et bien sec; et sur les endroits où l'or n'aurait pas pris, vous y poussez légèrement l'haleine pour y mettre aussitôt un peu d'or; puis vous frottez doucement avec le pinceau la surface du pastillage, afin de le rendre brillant. On emploie les mêmes procédés pour argenter.

Autre procédé pour dorer le pastillage.

Demandez chez l'épicier-droguiste quatre gros de bol d'Arménie et autant de sel ammoniac; broyez ce mélange sur le tour de marbre, en y joignant un peu d'eau de savon pour le rendre liquide; alors vous le mettez dans un petit pot: ensuite vous battez en neige un blanc d'œuf avec le même volume d'eau; et, après l'avoir laissé reposer vingt minutes, vous le passez sans pression par un linge fin, et masquez de ce liquide l'objet que vous voulez dorer. Dès qu'il est bien sec, donnez une seconde couche au pastillage avec la mixtion du petit pot; lorsque l'objet est bien sec, vous l'humectez légèrement avec la préparation du blanc d'œuf, après quoi vous commencez à dorer, en appuyant les feuilles d'or avec le pinceau.

On emploie les mêmes procédés pour argenter.

Manière de bronzer le pastillage.

Ces objets doivent être de couleur verte antique et bien

---

(1) Vous demandez également chez le marchand de couleur un livret d'or citron; avec des ciseaux vous le coupez dans son épaisseur de différentes longueur et largeur; et au fur et à mesure que vous les employez, vous en prenez un feuillet que vous enlevez avec le papier qu'on ôte après avoir placé l'or. Je donne ces procédés, qui sont simples et faciles, car s'il me fallait parler du suif que les doreurs se mettent à la joue, du petit coussin et du couteau, les pâtissiers riraient de cet appareil, et de plus ils ne pourraient s'en servir.

secs; vous les masquez légèrement avec du vernis n° 2, que vous aurez soin d'étaler bien également ; une heure ou une et demie après, vous posez le bout du petit doigt dessus, alors le vernis ne doit plus être collant. C'est dans ce moment que vous frottez le pinceau (étant sec) sur une feuille de papier où vous aurez versé le quart d'un petit paquet de bronze (que vous trouverez chez le marchand de couleurs) ; mais vous avez soin de le frotter ensuite sur un gros linge ou sur un petit morceau de flanelle, afin d'en séparer le gros bronze ; après quoi vous passez le pinceau sur les parties saillantes du pastillage, qui devient aussitôt cuivré par le bronze, qui s'y attache au moyen du frottement du pinceau. Lorsque le vernis se trouve trop sec, le bronze ne peut s'y attacher ; alors vous passez dessus votre haleine, et le bronzez aussitôt.

Pour que le bronze soit beau, il ne doit masquer que les ornemens qui se trouvent en saillie des masses, ce qui produit un grand effet.

Manière de couler et dorer la cire.

Faites fondre au bain marie de la cire vierge, dans un vase à bec et de terre vernissée. Versez-la ensuite dans le moule que vous aurez légèrement huilé, et démoulez-la lorsqu'elle est tiède encore.

Après l'avoir parfaitement parée d'un beau fini, vous la masquez légèrement avec le pinceau imbibé dans un jaune d'œuf, que vous aurez délayé avec une petite cuillerée de sucre passé au tamis de soie. Lorsque cette préparation est sèche de même que les mixtions précédentes, vous dorez selon la règle.

Manière de couler les planches de soufre.

Après avoir levé les objets qui doivent avoir parfaitement l'empreinte des gravures des planches, vous les humectez par dessous avec de la gomme arabique dissoute, pour les coller ensuite de ce côté sur un marbre très-uni. Vous encadrez ces modèles, en déterminant la grandeur de la planche par des bandes de carton que vous faites tenir au marbre, en les fixant à l'entour avec un peu de pastillage.

Cette opération terminée, vous mettez dans un moyen poêlon neuf de terre vernissée, deux livres de soufre en canon placées sur un fourneau modéré.

Lorsqu'il est dissous, vous y mêlez trois quarterons d'ardoises pilées et passées au tamis de soie, ou le même poids de sciure de marbre passée au tamis de soie, ou, en place, douze onces de limaille de fer passées au tamis de crin. Remuez la matière avec un petit atelet : ôtez-la du feu, et remuez-la encore un moment; aussitôt qu'elle commence à se figer à sa surface, vous masquez légèrement les modèles avec de l'huile, et versez dessus le soufre que vous laissez prendre un peu, afin de pouvoir y incruster des parties de grands fils d'archal, que vous aurez coupés de la longueur de la planche. Par dessus, vous versez çà et là le marc du soufre qui sera resté au fond du poêlon.

La planche étant presque froide, vous enlevez avec la pointe d'un canif les modèles qui se trouvent incrustés ; alors la planche doit en avoir la parfaite empreinte. Si vous y apercevez de petites globules d'air, alors la planche est mal coulée, et cela dépend quelquefois d'avoir versé la matière trop chaude, ou à une trop grande distance des modèles. Lorsque les modèles ne quittent pas aisément la planche, on met celle-ci tremper dans un sceau d'eau de puits ; et, quelques heures après, on la frotte légèrement avec une brosse.

Observations sur mes dessins.

Comme Parisien, je fus de bonne heure curieux de connaître ce que cette grande capitale renfermait de beau, d'utile et d'agréable. Je visitais souvent, et toujours avec un nouveau plaisir, ses grands édifices; mais la Bibliothèque royale particulièrement opéra sur moi un grand changement : mes yeux ne pouvaient se lasser d'admirer ces chefs-d'œuvre immortels qui attestent la civilisation et le génie des grands hommes qui ont illustré et leur siècle et leur patrie. Ainsi la Bibliothèque fut l'objet de toutes mes pensées, et je ne manquais jamais le mardi et le vendredi, jours publics, d'y aller passer quelques heures. Le grand cabinet des estampes et gravures m'inspira le beau sentiment de l'émulation, et peu à peu je sortis du néant où le sort m'avait fait naître; alors l'ignorance fit place à ce nouveau bienfait de la nature. O! intelligence humaine! dès-lors je sentis naître en moi le besoin de m'instruire. J'apportai tout le zèle nécessaire pour devenir homme à mon tour; j'eus bientôt voyagé d'un pôle à l'autre, sans cependant trop comprendre la narration; mais tout ce qui avait rapport au dessin influa beaucoup sur mon imagination : l'Egypte, la Grèce et l'Italie m'inspirèrent le goût de l'architecture; mais, en dépit de moi-même, mes moyens pécuniaires m'empêchèrent de me livrer à cette belle carrière. Je fus contraint d'étouffer ce noble goût, sans cependant cesser d'admirer ce que l'antiquité a produit de merveilleux dans son architecture mâle et imposante. Je ne pouvais concevoir comment et pourquoi nos pères étaient restés si long-temps dans la barbarie et l'ignorance; ayant sous les yeux d'aussi beaux modèles à imiter ou à surpasser peut-être.

Mes recherches me sont devenues d'une grande utilité pour mon état; elles me firent un bien infini pour mon avancement. Ainsi, après que j'eus examiné les voyages de l'Inde, de la Chine, de l'Egypte, de la Grèce, de la Turquie, de l'Istrie et de la Dalmatie, de l'Italie et de l'Allemagne, ainsi que les vues pittoresques de la Suisse (1), je commençai à composer mes dessins selon l'architecture de ces contrées. Mais, cependant, je fus contraint de me restreindre aux lois bisarres que mon état de pâtissier m'imposait. Je ne pus me servir d'un grand nombre de petits monumens de ces pays, parce qu'ils étaient trop compliqués dans leurs détails, et demandaient trop de temps pour l'exécution. Je ne pus m'en servir, n'étant pas propres à mon état; car je ne pouvais dépasser ni la largeur ni l'élévation des objets que je voulais représenter, en ce que

---

(1) Je me plaisais fort avec Sertio, Paladio et Vignole, et je repassais souvent en revue les beaux ouvrages de nos célèbres architectes modernes, tels que MM. Percier, Fontaine, Lenormand, etc.

DES PIÈCES MONTÉES PITTORESQUES. 279

le plateau de mes grosses pièces montées ne pouvait avoir que vingt à vingt-quatre pouces au plus de diamètre sur trente à quarante-huit d'élévation. Sans cela, tous ces petits monumens n'auraient pas été trouvés aussi élégans ; puis il me fallait imiter les choses isolées les plus simples possibles, qui pussent en même temps être agréables à la vue. Voilà pourquoi tous mes petits dessins ne représentent que des chaumières, des ponts, des pavillons, des temples, des rotondes, des ruines, des cascades, des fontaines, des belvédères, des forts, des tours, des phares, des pyramides, des rochers, des cassolettes, des coupes, des vases, des corbeilles, des palmiers, des gerbes, des trophées de marine, de guerre et de musique, des casques antiques et modernes, des lyres, des harpes, enfin tout ce que j'ai pu exécuter en pâtisserie (1). Mais peut-être me trouvera-t-on bizarre dans la forme de mes dessins ; cependant si on veut se reporter aux véritables motifs qui m'ont déterminé à les composer ainsi, on verra que mon but a été d'être utile à mon état et aux hommes qui veulent y devenir fameux. Les jeunes gens qui seront studieux, trouveront dans mes dessins de grands moyens pour s'avancer, et pourront, en peu de temps, faire des progrès rapides ; mais il faut, pour cela, s'adonner au dessin, et ne pas craindre de veiller, afin de recommencer souvent mes ornemens, pour les avoir dans la mémoire ; car lorsque nous sommes à l'ouvrage, il faut que l'idée soit pleine de ce que nous voulons faire, nos doigts ne sauraient agir si la mémoire ne les commande.

Puis il faut toujours être simple et correct dans son décor ; c'est ce qui distingue l'homme de goût et industrieux.

Rien n'est si gauche que de lésiner sur ce que l'on veut faire ; cela dénote l'homme à petits moyens, qui n'est pas

---

(1) Un jour un envieux me disait : il n'est pas étonnant, vous allez à la Bibliothèque dessiner. Eh bien, lui dis-je, que n'en faites-vous autant ? Ce privilége est public, en profite qui veut ; mais pour cela il ne faut pas être paresseux. J'adressais ces paroles à un fainéant du premier ordre.

d'accord avec lui-même. Nous sommes intimidés par ceux qui travaillent avec nous ; et si nous sommes seuls, nous ne ferons rien qui vaille. C'est pour cela que tous les hommes ne sont pas propres à cette partie. J'ai vu des jeunes gens qui dessinaient fort bien la figure, l'architecture, l'ornement et le paysage, et qui, pourtant, ne pouvaient ni composer ni exécuter aucun décor pour l'ornement de leur état. Cela m'étonna toujours ; et c'est, en quelque sorte, ce qui m'a déterminé à former mes ornemens les plus simples possible, afin de les rendre plus intelligibles et plus faciles à ceux qui doivent s'en servir.

Mais il faut, pour être décorateur, avoir le goût de son état, être adroit et minutieux. Je le répète encore, les jeunes gens qui ont du goût, doivent avoir l'envie d'être un peu dessinateurs. Sans cela, les idées sont toujours imparfaites ; le dessin est utile dans toute chose ; l'homme industrieux s'en sert avec fruit, dans tel métier que ce puisse être.

Lorsque j'ai commencé à fréquenter avec assiduité la Bibliothèque, j'avais dix-huit ans ; j'étais premier tourrier chez M. Bailly, marchand pâtissier, rue Vivienne, maintenant rue Neuve des Petits-Champs, au coin de la rue d'Antin. Je n'oublierai jamais tous les égards que ce bon M. Bailly a eu pour moi, en me facilitant mes sorties pour aller dessiner au cabinet des gravures. Mais il fit bien plus encore, en m'accordant assez de confiance pour me charger du soin et de l'exécution des pièces montées qui lui étaient commandées ; car à quoi bon tous mes dessins, si je n'avais pu les faire en pâtisserie, pour en voir l'effet et la tournure ? Toutes ces premières grosses pièces étaient trouvées gentilles, et cela m'encourageait beaucoup. Aussi étais-je attaché à cet homme respectable, qui me donna le premier tous les moyens de devenir ouvrier. Lors de la paix avec l'Angleterre, an 1801, je crois lui avoir prouvé ma reconnaissance par mes travaux assidus : combien de nuits j'ai passé pour mieux finir mes pièces montées ! M. Bailly me dédommageait de ces fatigues par de bons appointemens, et sur-tout des procédés que je n'oublierai de ma vie.

C'est là où je me formai un genre tout différent de celui de mes confrères en réputation; à cette époque, on ne parlait que du fameux Avice (et de son élève M. Héneveu). J'avoue franchement que leur brillante renommée me donna l'émulation et le désir de devenir aussi connu qu'eux s'il était possible; et dès lors, j'eus l'enthousiasme de faire, à mon tour, les grands extraordinaires. J'ai réussi dans mes calculs; mais que de jours et de nuits j'ai passés pour arriver là! car je ne pouvais réellement m'occuper de mes dessins qu'après l'ouvrage terminé, et depuis neuf ou dix heures du soir. Je travaillais pour moi les trois quarts des nuits, et quand je me vis possesseur de douze dessins différens, tout propres pour mes grosses pièces montées, je désirai en avoir vingt-quatre, puis cinquante, et puis cent; enfin j'en composai deux cent toutes plus singulières les unes que les autres, et cependant toutes faciles à être exécutées en pâtisserie. Voilà le fruit et l'heureux résultat de trois années d'application, de recherches laborieuses et assidues.

Enfin, après trois ans, je quittai M. Bailly pour entrer chef chez le successeur de M. Gendron. Là, je fis mes arrangemens que lorsque je serais mandé pour un extraordinaire, je pourrais quitter sans difficulté : cela me fut accordé ; alors je travaillais dans différentes grandes maisons où j'avais déjà été occupé lorsque j'étais chez M. Bailly. Un an après je quittai tout-à-fait les maisons pâtissières pour suivre mes travaux d'extraordinaire; et bientôt j'ai joui de l'estime et de la bienveillance des hommes les plus recommandables de mon état. Je gagnai beaucoup d'argent, et cela seul me prouva mieux que toutes les flatteries des hommes, que j'avais dans mon genre de travail quelque chose d'original que l'on aimait, et qui fit ma réputation; aussi mes envieux disaient-ils : Voyez-vous quel bonheur est le sien !

Les pauvres gens ! ils ignorent combien de veilles pénibles j'ai passées pour arriver à tenir cette place distinguée ; puis s'ils eussent été zélés comme moi pour bien faire leur état, ils se seraient fait connaître, ce me semble; mais les paresseux n'ont en partage que l'envie, la médisance et la médiocrité, qui est leur caractère distinctif. Depuis ce moment, voilà pourquoi je suis en butte à la jalousie de petits pâtissiers qui ont encore long-temps à travailler avant de faire ce que j'ai fait. Ceci est à ma louange, c'est vrai; mais lorsqu'on est accablé par le nombre, il est peut-être excusable de s'appuyer de ses propres travaux.

LE PATISSIER ROYAL PARISIEN.

DIXIÈME PARTIE.

TRAITÉ DES MENUS.

CHAPITRE PREMIER.

OBSERVATION SUR LA MANIÈRE D'ÉCRIRE LES MENUS.

Depuis plusieurs années je me suis trouvé dans les grands travaux qui honorent le plus notre cuisine moderne, ce qui m'a mis en rapport avec nos plus célèbres cuisiniers, que j'étudiais sans cesse dans leurs opérations; j'ai recueilli quelques idées que je vais décrire.

Jetons d'abord un coup-d'œil sur l'institution des menus; on verra bientôt que ces détails ont pour but de mettre de l'ordre, de l'ensemble dans le travail et dans le moment du service; que ces mêmes menus ne sont autre chose qu'une note des mets que l'on veut servir et varier selon les saisons et selon les dépenses que l'on veut faire. Voilà le point de départ; il est aussi le point central de nos opérations. Avant toute chose, il faut que le cuisinier établisse une note (qui ne peut encore être appelée le menu) des achats et dépenses qu'il doit faire. Lorsqu'il a ses provisions rendues dans son garde-manger, il rédige son menu selon les articles dont il a pu se fournir; car il est de toute impossibilité de compter sur tels ou tels mets avant de les avoir réunis, à moins de donner des entrées courantes (mais cela est incompatible avec la grande manière de nos grands maîtres), ou à moins que l'on ne soit dans les mois de décembre, janvier et février. Encore arrive-t-il quelquefois, pendant ce temps, qui est le plus propice à la cuisine, que le poisson manque, ainsi que certain gibier.

Sans doute, il est bien évident qu'il faut avant tout avoir ses provisions; après quoi le chef écrit son menu, ayant sous les yeux les comestibles qui le composent. Il doit écrire les poulets à la Reine, les perdreaux rouges, la darne de saumon, le pâté chaud, et non pas écrire des poulets, des perdreaux, une darne de saumon, un pâté chaud. J'approuve donc les cuisiniers qui suivent la première de ces deux méthodes (1). Les derniers ont pour système qu'en écrivant les poulets, cela veut presque dire qu'ils sont de la veille, voulant indiquer par là que c'est de la desserte. Quel raisonnement ! Ces mêmes hommes peuvent-ils oublier que le talent d'un praticien se surpasse quelquefois dans la fraîcheur qu'il donne à une entrée de la veille ? Voilà ce qui indique l'homme parfait dans son art.

Maintenant je vais donner quelques menus d'après nos plus grands maîtres, tels que le fameux Laguipière, qui daigna me laisser la collection des dîners que nous avons servis à l'Elysée-Bourbon pendant les dix-huit mois que je fus son premier aide; et comme je fus assez heureux pour avoir travaillé également avec les MM. Boucher, Lasne et Richaud, mes menus se trouveront alors ornés de leurs entrées et entremêts favoris; et je crois, par là, rendre quelques services aux hommes de bouche et aux amphytrions.

---

(1) Je sais fort bien qu'en grammaire on n'emploie l'article *le* ou *la* devant un mot, que lorsqu'on a déjà parlé de la chose; que s'il n'en a pas été question précédemment, il faut dire *un* ou *une*. D'après les règles grammaticales, il faudrait donc écrire *des poulets*, *un pâté*, *une darne de saumon*; mais à cela je réponds que le cuisinier, comme on vient de le voir plus haut, doit, avant d'écrire son menu, avoir sous les yeux les objets qui le composent; or, la vue de ces objets équivaut bien à leur énonciation dans le discours, d'où je conclus que je puis dire, et qui plus est que je dois dire, *les poulets*, *le pâté*, *la darne de saumon*.

PREMIER MENU POUR LE PRINTEMPS (VINGT-QUATRE COUVERTS).

Deux potages.

Le riz au blond de veau.   Le potage à l'oseille liée.

Deux relevés.

La pièce de bœuf à la maréchale.   Le turbot, sauce hollandaise.

Deux flans.

Le jambon à la broche, au vin de Madère.   La tête de veau en tortue.

Douze entrées.

1 Le sauté de poularde au suprême, garni d'un Toulouse.
2* La casserole au riz à la polonaise.
3 Les langues de mouton en papillottes.
4 L'anguille de Seine glacée au four, sauce tomate.
5* Les perdrix rouges aux choux garnis de racines.
6 Les ris de veau piqués glacés, aux pointes d'asperges.

6 Les cotelettes de mouton à la Soubise.
5* Les poulets nouveaux à l'estragon.
4 La salade de filets de soles à la magnonnaise.
3 L'épigramme d'agneaux à la macédoine.
2* Le vol-au-vent à l'allemande, quenelle de godiveau.
1 Les aiguillettes de cannetons de Rouen à la bigarade.

Deux grosses pièces.

La sultane en surprise.   Le nougat à la parisienne.

Quatre plats de rôts.

La poularde au cresson.
Les pigeons bardés.

Le levreau piqué.
Les truites au bleu.

Dix entremets.

1 La gelée d'oranges moulées.
2* Les haricots verts à l'anglaise.
3 Les génoises perlées méringuées.
4* Les chou-fleurs au Parmesan.
5 Le pouding anglo-français.

5 Les pommes méringuées aux pistaches et au gros sucre.
4* Les asperges sauce au beurre.
3 Les petites bouchées d'abricots.
2* Les concombres à l'espagnole.
1 Le fromage bavarois au Moka.

Pour extras, quatre assiettes de fondus.

Observation. Ce menu appartient tout entier à la haute

cuisine, et j'atteste que, dans Paris, nous avons peu d'hommes sûrs de l'exécuter avec succès dans toutes ses parties; car ces grosses parties, ces entrées, ces entremets réclament des connaissances que le même homme réunit difficilement. Cependant nos grands maîtres le feront; mais le nombre en est peu considérable.

Une chose qui m'a toujours étonné dans la rédaction des menus qui ont été l'objet de mon attention, c'est que les entrées et les entremets se trouvaient classés sans ordre, et çà et là sur ces mêmes menus, c'est-à-dire, sans y avoir été parallèlement placées comme les entrées doivent l'être avec symétrie sur la table elle-même. De ce manque d'ensemble, il résulte qu'au moment du service, on est obligé de changer une entrée plusieurs fois de côté avant de la placer convenablement, et que parfois même elle se trouve servie à la place qui ne doit pas être la sienne; enfin on dirait que les cuisiniers, en composant leurs menus, ne s'attachent qu'à dénommer douze entrées, s'ils doivent en servir douze; (je ne comprends pas dans ce nombre les grands maîtres qui honorent l'état); c'est-à-dire, de mettre un ensemble parfait dans leurs opérations. Voilà ce que je désire faire disparaître de nos menus, du moins ce sera mon attention particulière dans la description que je vais donner.

Je trouve un moyen bien simple de remédier à l'avenir à ces inconvéniens, c'est d'écrire les menus dans le genre de celui-ci. Les chiffres que j'ai placés en marge des deux colonnes des entrées servent à indiquer que le n° 1 doit être servi en parallèle avec l'autre n° 1; de même que le n° 6 fait le pendant du second n° 6, et ainsi de suite pour les autres numéros. Par ce nouveau procédé, nos entrées se trouvent réellement placées sur le menu, telles qu'elles doivent l'être sur la table, de même pour les entremets. Je trouve ce procédé plus important encore pour un menu de quarante entrées; le moment du service sera plus coulant et plus facile, et ce sera le complément de notre grande manière de bien servir.

TRAITÉ DES MENUS.

DEUXIÈME MENU POUR LE PRINTEMPS (VINGT-CINQ COUVERTS).

Deux potages.

La croûte gratinée aux laitues.   Le riz à la purée de pois verts.

Deux relevés.

Le quartier de chevreuil, sauce poivrade.   Le rond de veau à l'anglaise.

Deux flans.

Le brochet à la Chambord.   La truite à la génoise.

Douze entrées.

1 Les atelets de crêtes à l'aspic.
2* La Orly de filets de soles, sauce tomate.
3 Les tendrons de veau glacés aux pointes d'asperges.
4 La fricassée de poulets à la Chevalier.
5* Le pâté chaud de lapereaux aux fines herbes.
6 Les carbonnades de mouton à l'oseille.

6 La côte de bœuf au vin de Madère, garnie de racines.
5* Les petits pâtés à la Béchamel.
4 Les filets de lapereaux à la vénitienne.
3 La darne de saumon, sauce au beurre d'anchois.
2* Les croquettes à l'espagnole.
1 Les pigeons innocens au beurre d'écrevisses.

Deux grosses pièces.

Le poupelin glacé.   Le biscuit de fécule aux amandes.

Quatre plats de rôts.

Les poulets normands.   Les cailles bardées.
Les soles.   Les dindonneaux.

Dix entremets.

1* La crême au bain marie, au caramel anisé.
2 Les petits pois à la française.
3* Les ramequins à la crême.
4 Les asperges au beurre.
5* Les pommes au beurre glacé.

5* La gelée de fraises.
4 Les œufs pochés aux concombres.
3* Les petits gâteaux de riz.
2 Les haricots verts à l'anglaise.
1* La charlotte à la parisienne.

Observation. Ce même menu n'est pas aussi fin que le premier, et cependant c'est un bon dîner ; il est plus étoffé que l'autre, parce que les entrées sont plus volumineuses par elles-mêmes, tandis que dans le précédent elles sont presque toutes dépecées et plus mignonnes, ce qui donne plus d'élégance. On remarque dans ce second menu quatre entrées de couleur (les n°s 2 et 5) qui font parallèle, ce qui produit un bon effet. J'ai vu très-souvent des dîners où il n'y avait que trois entrées de couleur, ce qui ne doit pas arriver, parce que cela dépare l'harmonie des entrées.

TROISIÈME MENU POUR LE PRINTEMPS (QUARANTE COUVERTS).

Quatre potages.

Le potage à la Reine.
Les croûtons à la Croissy.

Le potage printanier.
Le vermicelle au blond de veau.

Quatre relevés.

La longe de veau à la Monglas.
Le dindonneau à la Godard.

La matelotte entourée d'écrevisses.
L'aloyau à l'anglaise, garni de pommes de terre.

Vingt entrées.

1 Les noisettes de veau glacées, garnies d'une macédoine.
2 La salade de filets de brochets à la magnonnaise.
3* Les petites timbales de nouilles à la Reine.
4 Les filets de volailles piqués glacés, garnis de concombres.
5 Les perdrix à la flamande.
6 Les tendrons d'agneau aux pointes d'asperges.
7 Les cotelettes de mouton à la minute.
8* La timbale de cuisses de lapereaux à l'ancienne.
9 Les filets de maquereaux aux fines herbes en papillottes.
10 Les quenelles en cotelettes au suprême.

10 Les ailes de pigeons à la maréchale, garnies d'une Toulouse.
9 Les petits cannetons de poulets garnis de champignons.
8* Le pâté chaud à la ciboulette, sauce demi-espagnole.
7 Les filets de lapereaux à la Conti, garnis d'une escalope.
6 Le sauté de filets de turbots, sauce aux huîtres.
5 Les ris de veau piqués glacés, garnis d'épinards.
4 Les cailles à la Mirepoix, garnies de petits pois.
3* Les petits vol-au-vent à la Béchamel.
2 La magnonnaise de volaille à la gelée.
1 La caisse de foies gras aux fines herbes.

Quatre grosses pièces.

La rotonde parisienne.
La brioche au fromage.

La chaumière indienne.
Le baba au vin de Madère.

Huit plats de rôt.

Les poulets à la Reine bardés.
La carpe au bleu.
Les pigeons romains.
Les goujons de Seine.

Les lapereaux.
Les soles.
Les cailles de vigne.
La poularde du Mans.

TRAITÉ DES MENUS. 289

Vingt entremets.

1 Les navets à la Chartres.
2* La gelée de fleur d'orange au vin de Champagne.
3* Les manons d'abricots glacées.
4 Le blanc manger au café à l'eau.
5 Les haricots verts à l'anglaise.
6 Les concombres en cardes au velouté.
7 Le pouding au raisin muscat.
8* Les darioles soufflées aux macarons amers.
9* La gelée de groseilles rouges moulées.
10 Les pointes d'asperges en petits pois.

10 Les fèves de marais.
9* La gelée de framboises.
8* Les fanchonnettes au chocolat.
7 Les pommes au beurre.
6 Les artichauts à la lyonnaise.
5 La croûte aux champignons.
4 La crème française à l'orange.
3* Les petites bouchées pralinées aux avelines.
2* La gelée de marasquin.
1 Les laitues à l'essence.

Pour extras ou assiette volante :

Quatre assiettes de fondus.   Quatre assiettes de petits soufflés.

QUATRIÈME MENU POUR LE PRINTEMPS (CINQUANTE COUVERTS).

Quatre potages.

La Faubonne.
Le riz au coulis d'écrevisses.

Le vermicelle à la purée de pois.
Le potage en surprise.

Quatre relevés.

La pièce de bœuf à la Monglas.
Le cabillaud d'Ostende.

Le turbot, sauce flamande.
Les quartiers de chevreuil, sauce poivrade.

Vingt-quatre entrées.

1* Les croquettes de riz garnies d'un salpicon.
2 Les filets mignons de veau piqués, glacés à la chicorée.
3† L'aspic garni de crêtes et rognons.
4* Le pâté chaud de légumes à la Béchamel.
5 Les filets de chevreuil en escalope, liés au sang.
6 La fricassée de poulets à l'italienne, sauce tomate.
7 Les cotelettes de mouton à la Singara.
8 Le sauté de poulets à la Royale.
9* La croustade garnie de cailles au gratin.

12* Le fritot de cuisses de poulets, sauce tomate.
11 Les langues de moutons à la bretonne.
10† Les cervelles de veau à la magnonnaise.
9* Le vol-au-vent de bonne morue à la crème.
8 Les ailerons de dindons à la financière.
7 Le carré de porc frais à la broche, sauce Robert.
6 Les filets de cannetons au jus d'orange.
5 Le sauté de filets de soles, sauce aux huîtres.
4* La casserole au riz à la Reine.

II.   19

DIXIÈME PARTIE.

10† La darne de saumon, au beurre de Montpellier.
11 Les cuisses de cannetons en haricot vierge.
12* Les petites bouchées à la Béchamel.
3† Le chaud-froid de perdreaux à la gelée.
2 Les ris de veau piqués glacés aux concombres.
1* Les quenelles de volaille à la Villeroy.

Quatre grosses pièces.

Le gâteau à la parisienne.
Le buisson d'écrevisses du Rhin.
Le croque-en-bouche à la Reine.
Le jambon de Bayonne glacé.

Huit plats de rôt.

Le dindonneau bardé.
Les éperlans en atelets.
Les pigeons de volière.
La truite au bleu.
Le levreaux.
Les brochetons.
Les poulets à la Reine.
Les soles frites.

Vingt entremets.

1* La gelée de fraises renversée, ornée de fraises.
2 Les petits pois à l'anglaise.
3* Le vol-au-vent glacé garni de cerises.
4 Les champignons à la provençale.
5* Les petits cannelons pralinés aux avelines.
6* Les mirlitons au chocolat.
7 Les chou-fleurs à la magnonnaise.
8* La timbale de nouille au citron.
9 Les laitues à l'essence de gibier.
10* La crème française au café Moka.

10* Le fromage bavarois à l'orange.
9 Les navets glacés à la d'Artois.
8* La charlotte de pommes glacée aux abricots.
7 Les haricots verts à la poulette.
6* Les petits vol-au-vent garnis de fraises.
5* Les petites bouchées glacées au caramel.
4 Les asperges, sauce au beurre.
3* Le flan de crème-pâtissière glacée.
2 Les concombres en cardes à l'espagnole.
1* La gelée de groseilles, framboisées, garnie de framboises.

CINQUIÈME MENU POUR LE PRINTEMPS (VINGT-SIX COUVERTS).

Deux potages.

Le potage à la purée de gibier.
Le potage aux laitues et pointes d'asperges.

Deux relevés.

La noix de bœuf à la Royale.
La carpe à la Chambord.

Dix entrées.

1* Les poulets à la Reine à l'aspic chaud.
5 Les boudins de carpes au beurre d'écrevisses, sauce tomate.

2 Le sauté de barbus, sauce hollandaise.
3* La timbale de nouilles à la polonaise.
4 Les cailles à la nivernoise.
5 Les cotelettes d'agneau au suprême.

4 L'émincé de mouton à la Clermont.
3* La chartreuse printanière, garnie de blancs de volaille.
2 Les cotelettes de perdreaux panées à l'allemande, ragoût à la Toulouse.
1 La noix de veau piquée glacée aux pointes d'asperges.

Deux grosses pièces.

La sultane garnie de fraises.

Le gâteau de mille feuilles à la moderne.

Quatre plats de rôt.

Les lapereaux de garenne.
Les goujons de Seine.

La poule du Mans au cresson.
Les pigeons romains.

Dix entremets.

1 Les artichauts à la lyonnaise.
2 Le fromage bavarois aux fraises.
3* La salade en macédoine à la parisienne.
4 Les gaufres aux pistaches et au gros sucre.
5 Les navets à la Béchamel.

5 Les petites fèves de marais à la crême.
4 Les petits choux à la d'Artois.
3* La chicorée en croustade.
2 La gelée de groseilles blanche aux framboises.
1 Les haricots verts à l'anglaise.

SIXIÈME MENU POUR LE PRINTEMPS (QUINZE COUVERTS).

Deux potages.

Le riz à la Croissy.

La julienne demi-purée de pois verts.

Deux relevés.

Le rosbif d'agneau.

La poularde à la Godard.

Huit entrées.

1 Le hachis de gibier dans une bordure de riz.
2 L'épigramme de poulets, aux pointes d'asperges.
3 Le carré de mouton à la purée de champignons.
4 Les pigeons aux petits pois.

4 Les oreilles d'agneau à la Dauphine.
3 Les filets de lapereaux piqués, garnis d'une escalope.
2 Les balottines de volaille en haricot vierge.
1 Les filets de saumon en caisse, sauce aux huîtres.

Deux grosses pièces.

Le buisson d'écrevisses.

Le buisson de ramequins à la crême.

Deux plats de rôt.

Les cailles de vigne.

Les poulets gras.

DIXIEME PARTIE.

Huit entremets.

Les concombres à la crême.
La gelée de framboises.
Les fèves de marais au velouté.
Les petits nougats de pommes.

Les épinards à l'anglaise.
Les méringues à la vanille.
Les haricots blancs à la maître-d'hôtel.
La crème au bain marie aux macarons amers.

SEPTIÈME MENU POUR LE PRINTEMPS (DOUZE COUVERTS).

Le potage à la jardinière.

La pièce de bœuf garnie de choux.

Six entrées.

La poularde à la Montmorenci.
La chartreuse garnie de mauviettes.
Les cotelettes de veau à la Dreux.

La marinade de langues de mouton.
Le turban de filets de maquereaux, garnis de leurs laitances.
Le salmi de perdreaux à la bourguignotte.

La brioche à la crême.

Deux plats de rôt.

Le levreau piqué.

Les poulets normands.

Six entremets.

Les haricots verts à la magnonnaise.
La gelée de fraises en petits pots.
Les artichauts frits.

Les navets glacés au sucre.
Les choux à la d'Artois.
Les petits pois à l'anglaise.

HUITIÈME MENU POUR LE PRINTEMPS (HUIT COUVERTS).

La purée de pois aux petits croûtons.

Le turbot à la crême.

Quatre entrées.

Le sauté de poulets à la Toulouse.
Les petites timbales de nouilles à la Reine.

Les cotelettes d'agneau à l'allemande.
Les cailles à la macédoine.

Un plat de rôt.

Le chapon du Mans.

Quatre entremets.

Les asperges en petits pois.
Le fromage bavarois aux framboises.

Les méringues garnies de crême au café.
La chicorée à la Béchamel.

NEUVIÈME MENU POUR LE PRINTEMPS (DOUZE COUVERTS).

Le potage en surprise.

Le gigot de sept heures garni aux racines.

Six entrées.

La darne de saumon aux câpres.
La casserole au riz à la financière.
Les tendrons d'agneau à la chicorée.

Les ris de veau piqués glacés aux pointes d'asperges.
Le fritot de poulets à l'italienne.
Le sauté de lapereaux aux fines herbes en caisse.

Le soufflé français au chocolat.

Deux plats de rôt.

Le dindonneau au cresson.   Les cailles de vigne.

Six entremets.

Les haricots blancs à la crème.
La gelée de groseilles fouettée.
Les épinards en croustade.

Les artichauts à la barigoule.
La tourte de cerises glacée.
Les navets à la Chartres.

DIXIÈME MENU POUR LE PRINTEMPS (HUIT COUVERTS).

Le potage aux laitues.   La pièce de bœuf garnie.

Quatre entrées.

Les filets de maquereau en papillottes.
La noix de veau piquée glacée à la Toulouse.

Les poulets à la maquignon, sauce tomate.
Les filets de perdreaux à l'allemande.

Un plat de rôt.

Les pigeons romains.

Quatre entremets.

Les choux pralinés aux avelines.
Les petits pois au sucre.

Les haricots blancs à la maître-d'hôtel.
Le fromage bavarois aux fraises.

CHAPITRE II.

PREMIER MENU POUR L'ÉTÉ (VINGT COUVERTS).

Deux potages.

Le vermicelle à la purée de navets.   Le potage de sauté.

Deux relevés.

La culotte de bœuf garnie de petites bouchées.   Le turbot, sauce hollandaise.

DIXIÈME PARTIE.

Dix entrées.

1. Les croquettes de ris de veau au velouté.
2. Les pigeons innocens à la Toulouse.
3* La magnonnaise de volaille à la gelée.
4. L'anguille panée à l'anglaise, sauce aux tomates.
5. Les petites timbales de macaroni à l'essence.

5. Les petits pâtés garnis d'huîtres et de queues d'écrevisses.
4. Les perdrix aux choux garnis de racines.
3* La selle de mouton à la purée d'oseille.
2. La caisse de cailles au gratin.
1. La Orly de poulet, sauce poivrade.

Deux grosses pièces.

Le flan à la milanaise.   La grosse méringue à la parisienne.

Quatre plats de rôts.

Le levreau piqué.   La poularde à la peau de goret.
Les petites truites.   Les éperlans en atelets.

Dix entremets.

1. Le blanc manger à la crême.
2. Les haricots verts à la provençale.
3* Les darioles soufflées au café.
4. Les choux-fleurs au beurre d'anchois.
5. La gelée de citron moulée.

5. La gelée de fraises garnie de fraises.
4. Les concombres farcies glacées à l'espagnole.
3* Les petits croque-en-bouche d'avelines.
2. Les épinards à la crême.
1. La crême française à la fleur d'orange grillée.

DEUXIÈME MENU POUR L'ÉTÉ (TRENTE-SIX COUVERTS).

Deux potages.

La bisque aux écrevisses.   Le potage au chasseur.

Deux relevés.

L'aloyau à l'anglaise.   La hure d'esturgeon en tortue.

Deux bouts.

Le cochon de lait à l'italienne.   La longe de veau de Pontoise.

Seize entrées.

1. Les ailes de poularde piquées glacées à la Toulouse.
2* Le pâté chaud de petits perdreaux aux fines herbes.
3. Les rougets grillés, sauce génevoise.
4. Les langues de mouton à l'allemande.

8. Les cotelettes de mouton à l'anglaise.
7* Les petites croustades à la Béchamel.
6. La poularde à la maquignon demi-espagnole.
5. Les filets de lapereaux piqués glacés à la vénitienne.

TRAITÉ DES MENUS.   295

5 Les poulets à la Chevry, sauce ravigotte.
6 Les tendrons de veau glacés aux laitues.
7* Les petites casserolettes de riz à la Reine.
8 Les cotelettes de carpes à la Sainte-Menehould.

4 La salade de brochets à la magnonnaise.
3 Le turbot de filets de soles aux truffes.
2* La tourte de godiveau à l'ancienne.
1 Les cuisses de volaille à la macédoine.

Quatre grosses pièces.

La corbeille garnie de fruits.
Le soufflé français au cédrat.

La coupe garnie de fleurons.
La brioche au fromage et en caisse.

Quatre plats de rôt.

Les pigeons ramiers.
Les soles frites.

Les goujons de Seine.
Les poulets gras.

Seize entremets.

1 Les asperges en branche.
2* La gelée de cerises renversée.
3* Les écrevisses de Seine.
4 Les navets à la Chartres.
5 Les petits pois au sucre.
6* Les tartelettes de groseilles vertes.
7* La crème au bain marie à l'orange.
8 Les œufs pochés au jus.

8 Les haricots blancs à la maître-d'hôtel.
7* Les pannequets en turban garnis d'abricots.
6* Les petits nougats de pommes au gros sucre.
5 Les fèves de marais à la crème.
4 Les aubergines à la provençale.
3* La gelée de marasquin fouettée moulée.
2* Les génoises en couronnes perlées.
1 Les chou-fleurs au Parmesan.

TROISIÈME MENU POUR L'ÉTÉ (QUARANTE COUVERTS).

Quatre potages.

Le potage à la Reine.
Les nouilles au blond de veau.

Le potage à la provençale.
La brunoise.

Quatre relevés.

La culotte de bœuf au vin de Madère.
Le cabillaud à la crême.

La tête de veau en tortue.
Le rosbif d'agneau garni d'une maître-d'hôtel.

Vingt entrées.

1 Le sauté de canard, sauce tomate.
2 Les ris d'agneau piqués glacés à la chicorée.
3* La marinade de poulets nouveaux.
4 La salade de turbots à la mayonnaise verte.

10 Les noisettes de veau glacées aux concombres.
9 Les cailles à la financière.
8* La casserole au riz à la polonaise.
7 Les petits canetons de cuisse de volaille en haricot vierge.

DIXIÈME PARTIE.

5 Les pigeons innocens en haumard.
6 La caisse de foies gras, sauce
   demi-espagnole.
7 Les filets de moutons piqués
   marinés, sauce poivrade.
8* La timbale de macaroni au
   chasseur.
9 Les cotelettes de veau à l'allemande.
10 Le sauté de poulets au suprême.

6 Les cotelettes de mouton à la
   soubise.
5 Les quenelles en cotelettes à
   la Toulouse.
4 L'aspic garni d'une macédoine
   à la gelée.
3* La Orly de filets de carlets,
   sauce italienne.
2 L'épigramme d'agneau aux
   pointes d'asperges.
1 Les filets de lapereaux Conti
   aux truffes.

Quatre grosses pièces.

La pyramide d'abaisse en pâte d'a-
   mandes.
Le jambon glacé sur un socle.

La grande cascade en nougat.

Le buisson d'écrevisses sur un socle.

Quatre plats de rôt.

Le levreau piqué.
Les poulets normands.

Le dindon gras au cresson.
Les cailles et les mauviettes.

Seize entremets.

1 La chicorée en croustade.
2* La gelée d'anisette rosé.
3 Les fèves de marais à la crème.
4* Le flan d'abricots glacés.
5* Les choux au gros sucre.
6 Les concombres au velouté.
7* La crème française au citron.
8 Les haricots blancs à la maitre-
   d'hôtel.

8 Les navets glacés au sucre.
7* Le blanc manger au café.
6 Les haricots verts à la poulette.
5* Les gaufres à la parisienne.
4* Le vol-au-vent glacé garni de
   cerises.
3 Les champignons à la provençale.
2* La gelée de groseilles blanches.
1 Les épinards à l'anglaise.

QUATRIÈME MENU POUR L'ÉTÉ (SOIXANTE COUVERTS).

Six potages.

La garbure aux navets.
Le potage de santé.
Le sagou au blond de veau.

Le macaroni à l'italienne.
La bisque de volaille.
Le riz à la purée de pois verts.

Deux bouts.

L'aloyau à l'anglaise.

Le quartier de veau de Pontoise.

Six relevés.

La queue d'esturgeon au vin de
   Champagne.
L'oille à la Royale.
Le quartier d'agneau.

Le rosbif de chevreuil.

La dinde à la Godard.
Le cabillaud à la crème.

Trente-deux entrées.

1. Le turban de filets de soles, sauce aux huîtres.
2. Le sauté de poulets à l'écarlate.
3.* La timbale de nouilles à la financière.
4.† La noix de veau glacée à la gelée.
5. Les aiguillettes de cannetons à la bigarade.
6. La poularde à la Régence.
7. Les carbonnades de mouton à la purée de céleri.
8. Les ailerons de dindons à la nivernoise.
9. Les filets de levreau en escalope liés au sang.
10. Les ris de veau à la Saint-Cloud.
11. La caisse de laitance de maquereau à la maître-d'hôtel.
12. Les cotelettes d'agneau piquées glacées, garnies d'une blanquette.
13.† La darne de saumon au beurre de Montpellier.
14.* Les petites croustades de cailles aux fines herbes.
15. Les cuisses de canards en haricot vierge.
16. Le hachis de gibier à la polonaise.

16. La blanquette de palais de bœuf à l'allemande.
15. Les filets de perdreaux à la Pompadour.
14.* Les petites croustades pâtissières à la Monglas.
13.† La magnonnaise de volaille à la gelée.
12. Les filets de chevreuil piqués glacés, sauce chevreuil.
11. Le sauté de filets de pigeons au sang.
10. Le fritot de poulets à la Marengo.
9. Les cotelettes de moutons à la minute.
8. Les perches à la Watterfishe.
7. Les poulets à l'estragon.
6. Les oreilles de veau en menu droit, sauce ravigotte.
5. Les bigarures de cuisses de volailles à la macédoine.
4.† Les atelets de queues d'écrevisses à la gelée.
3.* Le vol-au-vent à la Nesle, sauce allemande.
2. Les musettes d'agneau à la chicorée.
1. L'anguille roulée glacée au four, sauce tomate.

Huit grosses pièces.

Le moulin turc, orné de sucre filé.
Le grand cabinet chinois.
Le pâté de poularde.
Le biscuit aux amandes.

Le pavillon vénitien.
La maisonnette rustique.
Le gâteau de mille feuilles à la française.
Le gâteau de Compiègne.

Huit plats de rôt.

Les poulets gras au cresson.
Les brochetons au bleu.
Les perdreaux rouges.
Les éperlans en atelets.

Les lapereaux de garenne.
Les soles frites.
Le chapon du Mans.
Les truites au bleu.

Vingt-quatre entremets.

1.* La salade en macédoine à la parisienne.
2. Les pommes méringuées en forme de dôme.
3.* Les haricots verts à l'anglaise.
4. La gelée de Champagne rosé.

12.* Les cardes à l'essence.
11. Les croquettes de riz au café.
10.* Les fèves de marais au velouté.
9. Les madelaines au raisin de Corinthe.

DIXIEME PARTIE.

5 Les petits pains à la Reine.
6* Les tomates aux fines herbes.
7* Les concombres à la Béchamel.
8 Les tartelettes de cerises glacées.
9 Le fromage bavarois aux fraises.
10* Les petits pois au sucre.
11 Le gâteau de Pithiviers anglo-français.
12* Les asperges au beurre.

8 La crême française au cédrat.
7* Les laitues farcies, demi-espagnole.
6* La croûte aux champignons.
5 Les meringues à la vanille.
4 La gelée de cerises framboisées.
3* Les haricots blancs à la crême.
2 Le flan d'abricots glacé au caramel.
1* La salade de salsifis à la mayonnaise.

Pour extras.

Six assiettes de fondus.

Six assiettes de petits soufflés de fécule à l'orange.

CINQUIÈME MENU POUR L'ÉTÉ (TRENTE-SIX COUVERTS).

Deux potages.

Le potage au chasseur.

Le riz à la Choisy.

Deux bouts.

Le rosbif d'agneau.

La noix de bœuf à la royale.

Deux relevés.

Le brochet à la Chambord.

Le jambon à la broche et aux épinards.

Seize entrées.

1 Le sauté de poularde au suprême.
2* Les perdrix aux racines.
3 La marinade de queues de mouton.
4† La salade de turbot à la mayonnaise.
5 Les tendrons de veau glacés à la chicorée.
6 Les membres de cannetons aux pointes d'asperges.
7* La casserole au riz à la Toulouse.
8 Les filets de levreaux piqués glacés.

8 Les filets de cannetons à la bigarade.
7* Le pâté chaud de cailles aux fines herbes.
6 Le kari de poulet à l'indienne.
5 Les cotelettes de mouton à la Singara.
4† Le chaud-froid de gibier à la gelée.
3 Les cuisses de volaille à la Villeroy.
2* La chartreuse garnie de noisettes de veau.
1 Le boudin de carpe à la Richelieu.

Quatre grosses pièces.

La croquante de pâte d'amandes d'avelines.
Le buisson d'écrevisses du Rhin.

Le gâteau de mille feuilles à la française.
Le buisson de ramequins au Parmesan.

TRAITÉ DES MENUS.   299

Huit plats de rôt.

La poule du Mans.
Les goujons en atelets.
Le cochon de lait.
Les perdreaux rouges.

Les lapereaux bardés.
Les poulets normands.
Les merlans frits.
Les cailles de vigne.

Douze entremets.

1. Les petits choux de Bruxelles au beurre.
2* La gelée des quatre fruits.
3. Les concombres en cardes, demi espagnole.
4. Les haricots verts à l'anglaise.
5* Les baignets à la Dauphine.
6. Les artichauts à la lyonnaise.

6. Les navets à la Chartres.
5* Le pâté anglo-français aux abricots.
4. Les épinards à la crême.
3. Les chou-fleurs à la magnonnaise.
2* Le fromage bavarois aux pistaches.
1. Les champignons à la provençale.

SEPTIÈME MENU POUR L'ÉTÉ (QUINZE COUVERTS).

Deux potages.

Le vermicelle au consommé.   Le potage à la provençale.

Deux bouts.

La longe de veau à la Monglas.   Le rosbif de chevreuil, sauce poivrade.

Deux relevés.

Le dindonneau à la Régence.   Le tronçon d'esturgeon en tortue.

Huit entrées.

Les ailerons de dindons à la Mirepoix.
L'épigramme d'agneau à la purée de champignons.
La macédoine garnie de crêtes dans un bord de riz.
Le ris de veau piqué glacé, aux épinards.

Les croquettes de volaille à la Béchamel.
Le bifteck aux petites pommes de terre.
Les grondins à la magnonnaise.
Le sauté de perdreaux à l'allemande.

Deux grosses pièces.

Le jambon à la gelée.   Le flan d'abricots.

Deux plats de rôt.

La poularde bardée.   Les pigeons de volière.

Huit entremets.

Les fèves de marais au velouté.
Le pouding de riz au citron.
Les laitues au jus.
La gelée de groseilles.

Les tomates à la provençale.
La crême au cacao au bain-marie.
Les artichauts frits.
Les petits vol-au-vent printaniers.

DIXIÈME PARTIE.

HUITIÈME MENU POUR L'ÉTÉ (HUIT COUVERTS).

Le potage en surprise.   La pièce de bœuf à la maréchale.

Quatre entrées.

Les cotelettes d'agneau à la Sin-   La Orly de filets de soles.
gara.
Les quenelles en cotelettes à la   Le sauté de poulets à la Royale.
Toulouse.

Un plat de rôt.

Les perdreaux rouges.

Quatre entremets.

Le flan de pêches galcées.   Les haricots nouveaux à la crème.
                                      Le fromage bavarois aux fram-
Les artichauts à la barigoule.   boises.

NEUVIÈME MENU POUR L'ÉTÉ (QUINZE COUVERTS).

Deux potages.

Le riz à la purée de pois.   Le potage de santé.

Deux relevés.

Le gigot à la Godard.   La pièce de bœuf à la Monglas.

Dix entrées.

1 Les cotelettes de saumon en   5 Les quenelles de gibier au fu-
  papillottes.   met.
2 La fricassée de poulets à la   4 Les ris d'agneau, sauce tomate.
  Chevalier.   3* La timbale de lazannes à la mi-
3* La côte de bœuf aux racines.   lanaise.
4 Les croquettes de riz garnies   2 Le fritot de poulets garnis
  d'un salpicon.   d'œufs frits.
5 Les filets de levreaux en esca-   1 L'aspic de laitance de carpe à
  lope liée au sang.   la magnonnaise.

Deux plats de rôt.

Les vanneaux.   La poularde du Mans.

Dix entremets.

La gelée de verjus moulée.   Les beignets à l'allemande.
Les épinards en croustade.   Les haricots verts à l'anglaise.
Le vol-au-vent d'abricots glacés.   Le nougat au gros sucre, garni de
                                      crème.
La macédoine à la provençale.   La chicorée au velouté.
La crème française au caramel.   La gelée des quatre fruits.

TRAITÉ DES MENUS.

DIXIÈME MENU POUR L'ÉTÉ (HUIT COUVERTS).

Le potage aux racines.   La pièce de bœuf garnie.

Quatre entrées.

La selle de mouton à l'anglaise.
Le sauté de poularde au suprême, ceint de filets mignons.

Les petits vol-au-vent à la Béchamel.
L'anguille à la tartare, sauce rémoulade.

Un plat de rôt.

Les poulets gras.

Quatre entremets.

Le fromage bavarois aux abricots.
Les chou-fleurs au Parmesan.

Les artichauts à la provençale.
Les petits gâteaux d'amandes.

CHAPITRE III.

PREMIER MENU POUR L'AUTOMNE (VINGT-QUATRE COUVERTS).

Deux potages.

Le potage à la d'Artois.   Le vermicelle au consommé.

Deux relevés.

La longe de veau à la Monglas.   La carpe à la flamande.

Deux flans.

La poularde à la Godard.   Le rosbif de Pré-Salé.

Douze entrées.

1 Le sauté de turbot, sauce aux huîtres.
2* La croustade de grives au gratin.
3 Les côtelettes de mouton à la Singara.
4 Les cuuisses de poularde aux racines.
5* La marinade de cervelle de veau.
6 Le sauté de perdreaux à l'allemande.

6 Les ailes de poulets piqués glacés à la chicorée.
5* Les atelets de langue de mouton à la Villeroy.
4 Les pigeons à la cuillère, sauce tomate.
3 L'épaule d'agneau à la maître-d'hôtel.
2* Le pâté chaud à la ciboulette, garni d'une financière.
1 Les filets de soles à la magnonnaise garnis de gelée.

Quatre grosses pièces.

La brioche au fromage.
Le buisson de crevettes.

Le soufflé français à la vanille.
Le buisson de pâtisserie détaché.

DIXIÈME PARTIE.

Quatre plats de rôt.

Le levreau piqué.
Les poulets normands.
Le dindonneau au cresson.
Les cailles de vignes.

Douze entremets.

1 Les cardes à la moële.
2* La gelée de verjus moulée.
3 Les haricots blancs à la maître-d'hôtel.
4 Les épinards à l'anglaise.
5* La sultane garnie d'une crême-plombière.
6 Les salsifis frits.

6 Les tomates à la provençale.
5* Les baignets à l'allemande.
4 Les navets à la Béchamel.
3 Les fèves de marais au beurre.
2* Le fromage bavarois aux framboises.
1 Les pommes de terre à la hollandaise.

DEUXIÈME MENU POUR L'AUTOMNE (TRENTE-SIX COUVERTS).

Quatre potages.

La croûte gratinée.
Le riz à la purée de navets.
Le potage au chasseur.
Les pâtes d'Italie au blond de veau.

Quatre relevés.

La noix de bœuf à la Royale.
Le cabillaud à la hollandaise.
Le rosbif d'agneau garni d'une maître-d'hôtel.
La truite à la génevoise.

Seize entrées.

1† Le chaud-froid de perdreaux à la gelée.
2* Les petits vol-au-vent à la Béchamel.
3 L'émincé de langue de veau à la Clermont.
4 La Orly de filets de merlans.
5 La chartreuse à la moderne.
6 Les ris de veau piqués glacés, purée de champignons.
7* Les petites croustades de mauviettes aux fines herbes.
8 Les poulets à l'ivoire, sauce tomate.

8 La poularde à la Montmorenci.
7* Les petites croustades dressées, garnies d'une escalope de foie gras.
6 Le filet de bœuf piqué mariné, sauce poivrade.
5 Les ailerons de dindons à la macédoine.
4 Les filets de pigeons à la Pompadour.
3 La blanquette d'agneau aux concombres.
2* Les petites casseroles de riz à la Toulouse.
1 La galantine d'anguille au beurre de Montpellier.

Quatre grosses pièces.

Le poupelin historié.
Le flan parisien aux abricots.
Le babas polonais.
Le flan de crême-pâtissière au chocolat.

Quatre plats de rôt.

La poularde du Mans.
Les grives bardées.
Les bécassines.
Le dindon gras.

Seize entremets.

Les artichauts à la lyonnaise.
Les petits nougats à la parisienne.

Les petits pots au café à l'eau.
La chicorée en croustade.
Les pommes de terre à la hollandaise.
La gelée de cerises renversée.
Les mosaïques au gros sucre.
La croûte aux champignons.

Les concombres à la Béchamel.
Les petits gâteaux de pommes aux pistaches.
La gelée de citrons renversée.
Les haricots verts à l'anglaise.
La salade de salsifis à la magnonnaise.
Les tartelettes de groseilles.
Les croquettes de crême-pâtissière.
Les chou-fleurs au Parmesan.

TROISIÈME MENU POUR LE PRINTEMPS (QUARANTE COUVERTS).

Quatre potages.

La Faubonne.
Le potage à la Reine.

Le riz à la purée de pois verts.
Le potage de santé.

Quatre relevés.

Le quartier de veau de Pontoise.

Le cochon de lait.

La culotte de bœuf garnie de choucroûte française.
La hure d'esturgeon à la tortue.

Vingt-quatre entrées.

1 Le sauté de cailles à la Toulouse.
2† La salade de brochets aux laitues.
3* La timbale de lazaunes au fumet de gibier.
4 Les cuisses de volaille à la bretonne.
5 Les cotelettes d'agneau piquées glacées à la chicorée.
6 Les poulets à la Reine, à l'estragon.
7 La bonne morue à la provençale.
8 L'épigramme de ris de veau aux concombres.
9 Les filets de pigeons à la Sainte-Menehould.
10 Les croquettes à la Béchamel.
11† La magnonnaise de volaille.
12 Les filets de lapereaux à la Conti, garnis d'une escalope.

12 Le sauté de poularde à la Belle-vue.
11† La côte de bœuf glacée à la gelée.
10* La marinade de queues de mouton.
9 Les boudins de carpe au beurre d'écrevisse.
8 Le kari à l'indienne.
7 Les côtelettes de moutons à l'anglaise.
6 Les perdreaux à la Chambord.
5 Les sautés de filets de truites, sauce aux moules.
4 Les filets de veau piqués glacés, garnis d'une jardinière.
3* Le pâté chaud à la marinière.
2† Les cervelles au beurre de Montpellier.
1 Les filets de canards sauvages au vin de Bourgogne.

Quatre grosses pièces.

Le couglauffe à l'allemande.

La cassolette ornée de sucre filé.

Le croque-en-bouche à la parisienne.
La gerbe de roseaux ornée de sucre filé.

DIXIEME PARTIE.

Quatre plats de rôt.

Le levreau bardé.
Le dindon au cresson.

Les perdreaux rouges.
Les poulets normands.

Vingt-quatre entremets.

1 Les salsifis au beurre.
2 Les écrevisses de Seine.
3* La crème française aux avelines.
4* Les cannelons d'abricots à l'allemande.
5 Les haricots verts à la magnonnaise.
6 Les cardes à l'essence.
7 La purée de fèves aux petits croûtons.
8 Les épinards à la crème.
9* Les tartelettes de prunes de mirabelle.
10* La gelée de framboises.
11 Les omelettes aux fines herbes.
12 Les chou-fleurs au beurre.

12 Les pieds de céleri à l'espagnole.
11 Les petits choux de Bruxelles au velouté.
10* La gelée de groseilles blanches.
9* Les tartelettes de cerises glacées.
8 La purée de pommes de terre à la crème.
7 La chicorée à la Béchamel.
6 Les navets à la Chartres.
5 Les champignons à l'italienne.
4* Les petits gâteaux de Pithiviers au cédrat.
3* Le blanc manger au marasquin.
2 Les crevettes au persil.
1 Les asperges en branches.

QUATRIÈME MENU POUR L'AUTOMNE (SOIXANTE COUVERTS).

Quatre potages.

La bisque de volaille.
L'orge mondé à la russe.

Le macaroni à la milanaise.
La julienne à la demi-purée de pois.

Quatre relevés.

Le quartier de veau à la crème.
La carpe au bleu, ceinte de grosses écrevisses.

L'aloyau à l'anglaise.
Le cabillaud à la flamande.

Quatre terrines.

Les tendrons d'agneau à la jardinière.
Les cuisses d'oie à la provençale.

Les ailerons de dindons en haricot vierge.
Les queues de moutons en hochepot.

Trente-deux entrées.

1 Le sauté de poularde au suprême.
2 Les balottines d'agneau glacées, sauce tomate.
3* Le pâté chaud de cuisses de lapereaux au fumet.
4 Le sauté de bauhaes aux fines herbes.

16 Les filets de lapereaux à l'écarlate, l'escalope liée au sang.
15 Les ris de veau piqués glacés aux épinards.
14* Le vol-au-vent de légumes à la Béchamel.
13 L'anguille roulée glacée au four, sauce aux huîtres.

TRAITÉ DES MENUS.

5 La blanquette de poularde, ceinte de filets mignons piqués.
6 Les quenelles à la Béchamel.
7† Le filets de bœuf au vin de Madère à la gelée.
8 Le canneton de Rouen aux olives farcies.
9 Les cailles à la Mirepoix garnies d'une Toulouse.
10† Le chaud-froid de volailles, bordure de racines.
11 Les tendrons de mouton glacés aux pointes d'asperges.
12 Le salmi de pluviers à la bourguignotte.
13 La darne d'esturgeon à la broche, sauce poivrade.
14* La timbale de macaroni à l'italienne.
15 La noix de veau piquée glacée à la chicorée.
16 Les filets de sarcelles au jus d'orange.

12 Les petits cannetons de volaille à la ravigotte, sauce verte.
11 Les cervelles au beurre d'écrevisses.
10† Les atelets de crêtes et rognons à l'aspic.
9 Le chapon au consommé.
8 Les pigeons à la macédoine.
7† Les perdreaux en galantine à la gelée.
6 L'émincé d'agneau aux champignons.
5 La fricassée de poulets à la Chevalier.
4 Les filets de soles en turban.
3* La casserole au riz à la financière.
2 La carbonnade de mouton à la lyonnaise.
1 Le sauté de bécasses au fumet garni d'une purée de gibier.

Quatre grosses pièces.

Le nougat à la française.
Le jambon sur un socle.

La sultane en cascade.
Le buisson d'écrevisses sur un socle.

Huit plats de rôt.

Le dindonneau au cresson.
Les bécassines.
La truite saumonée.
Les éperlans en atelets.

Les poulets normands bardés.
Les pigeons de volière.
Le brochet au bleu.
Les soles frites.

Vingt-huit entremets.

1 Les navets au sucre.
2* La gelée de marasquin fouettée.
3 Les fèves de marais au velouté.
4* Le buisson de talmouses à la Royale.
5 La caisse de laitances de carpes au gratin.
6* La crème au cédrat en petits pots.
7 La croûte aux champignons.
8 Les épinards au consommé.
9* Les beignets soufflés à la vanille.
10 Les œufs pochés, sauce tomate.
11* Le buisson de gâteau d'amandes.
12 Les pommes de terre à la Béchamel.

14 Les chou-fleurs au beurre d'anchois.
13* La gelée de fraises moulée.
12 La chicorée à la crème aux croûtons.
11* Le buisson de gimblettes d'abricots pralinés.
10 Les œufs à l'aurore.
9* Les petites omelettes à la Dauphine en turban.
8 Les concombres farcies.
7 Les tomates à la provençale.
6* Le blanc manger en petits pots.
5 Les huîtres gratinées en coquilles.
4* Le buisson de pain à la paysanne.
3 Les haricots à la maître-d'hôtel.

DIXIEME PARTIE.

13* La gelée d'épine - vinettes renversées.
14 Les cardes à l'espagnole.
2* Le fromage bavarois aux abricots.
1* Les artichauts à la lyonnaise.

Pour extras, six assiettes de fondu ; six assiettes de petits soufflés.

CINQUIÈME MENU POUR L'AUTOMNE (VINGT COUVERTS).

Deux potages.

Le riz au consommé.   Le potage de santé.

Deux relevés.

La tête de veau en tortue.   La pièce de bœuf garnie de racines.

Dix entrées.

1* Les cuisses de volaille à la Villeroy.
2 Le carré de porc-frais à la broche, sauce Robert.
3* La darne de saumon, sauce aux câpres.
4 Le sauté de poularde ; les filets à la Orly.
5* Les petites croustades à la Béchamel.

5* Les croquettes à l'espagnole.
4 Les filets de levreaux piqués glacés, l'escalope liée au sang.
3* La poularde à la financière.
2 Les langues de mouton à la flamande.
1* L'anguille de Seine panée à l'anglaise, sauce tomate.

Deux grosses pièces.

Le flan de vermicelle au citron.   La brioche au raisin de Corinthe.

Deux plats de rôt.

Les lapereaux de garenne.   Les pigeons romains.

Huit entremets.

1 Les cardes à la moelle.
2* La gelée de rum.
3* Le buisson d'écrevisses.
4 Les haricots à la crême.

4 Les artichauts à la barigoule.
3* Les petits pots de crême au café.
2* La tourte garnie d'abricots glacés.
1 Les champignons à la provençale.

Deux assiettes de fondu.

SIXIÈME MENU POUR L'AUTOMNE (QUINZE COUVERTS).

Deux potages.

La purée de pois verts aux petits croûtons.   Les pâtés d'Italie au blond de veau.

TRAITÉ DES MENUS. 307

Deux relevés.

La carpe à la Chambord.   Le quartier d'agneau, garni d'une maître-d'hôtel.

Huit entrées.

La côte de bœuf à la flamande.   Les cotelettes de mouton à la Soubise.
Les filets de perdreaux à la maréchale.   Les petites bouchées à la Reine.
La caisse de foies gras au gratin.   Le sauté de pigeons garni d'une Toulouse.
L'aspic de filets de soles à la magnonnaise.   La poularde du Mans à la Chevry.

Deux grosses pièces.

Les haumards.   Le flan à la portugaise.

Deux plats de rôt.

Les poulets gras au cresson.   Le levreau piqué.

Huit entremets.

La crème française à l'orange.   Les mirlitons pralinés aux avelines.
Les concombres à la Béchamel.   Les artichauts frits.
Les petits choux de Bruxelles à l'espagnole.   Le céleri à la française.
Les puits d'amour à la gelée de pommes.   La gelée de groseilles fouettées.

SEPTIÈME MENU POUR L'AUTOMNE (DOUZE COUVERTS).

Le potage en surprise.   La noix de bœuf au vin de Madère.

Six entrées.

Les poulets à la Reine en demi-deuil.   L'épigramme d'agneau aux concombres.
Le pâté chaud à la financière.   La Orly de filets de saumon.
Les filets de chevreuil piqué mariné, sauce chevreuil.   Le canard de ferme aux racines.

Deux plats de rôt.

Le brochet au bleu.   Le dindon à la peau de goret.

Six entremets.

Les chou-fleurs à la provençale.   Les cardes à l'essence.
La crème aux pistaches en beignets.   Les petits pots de gelée de vin de Constance.
Les haricots verts à l'anglaise.   Les laitues farcies à l'espagnole.

HUITIÈME MENU POUR L'AUTOMNE (HUIT COUVERTS).

Le potage à la Condé.   La longe de veau à la crème.

DIXIEME PARTIE.

Quatre entrées.

Le sauté de bécasses au vin du Rhin.
Les petites croustades de nouilles à la Reine.
L'escalope de saumon à la Sainte-Menehould.
La blanquette de poularde ceinte de filets mignons piqués glacés.

Un plat de rôt.

Le chapon garni de mauviettes.

Quatre entremets.

La gelée des quatre fruits.
Les artichauts à la lyonnaise.
Les salsifis à la hollandaise.
La méringue à la parisienne.

NEUVIÈME MENU POUR L'AUTOMNE (DOUZE COUVERTS).

Le potage à la jardinière.
Le gigot de sept heures aux racines.

Six entrées.

L'escalope de lapereau à l'allemande.
La poularde à la Chevalier.
Les cervelles de veau au suprême.
Le sauté de poulets à la financière.
La darne d'esturgeon au vin de Madère, sauce aux huîtres.
L'épaule d'agneau à la broche, garnie d'une maître-d'hôtel.

Deux plats de rôt.

Les perdreaux rouges.
Les soles frites.

Six entremets.

Les cardes au blond de veau.
Le flan de prunes de mirabelle.
Les petits pois au sucre.
Les tomates à la provençale.
La tourte de crême aux épinards pralinés.
Les navets à la Chartres.

DIXIÈME MENU POUR L'AUTOMNE (DOUZE COUVERTS).

Le potage à la Reine.
La poularde à la Régence.

Six entrées.

Les perdreaux à la maquignon, demi-espagnole.
La casserole au ris de turbot à la Béchamel.
Les cotelettes d'agneau glacées aux concombres.
Les perches à la flamande.
Le filet de bœuf à l'italienne.
Les pigeons innocens à la Toulouse.

Deux plats de rôt.

La truite au bleu.
Les poulets normands bardés.

TRAITÉ DES MENUS.

Six entremets.

Les œufs frits, sauce tomate.
La corbeille à la française.
Les haricots blancs à la maître-d'hôtel.

La croûte aux champignons.
Les pommes au riz et au raisin de Corinthe.
Les cardes à la moelle.

CHAPITRE IV.

PREMIER MENU POUR L'HIVER (VINGT COUVERTS).

Deux potages.

La purée de gibier au petit croûton.   Le vermicelle au consommé de volaille.

Deux relevés.

La culotte de bœuf à la Monglas.   Le brochet à la Chambord.

Dix entrées.

Le sauté de poulet aux truffes.

Les boudins de gibier à la Soubise.
La timbale de pigeons aux fines herbes.
La selle de mouton à la niversaise.

Les cailles en papillottes.

Les atelets de ris d'agneau à la gelée.
Les grondins au beurre d'écrevisses.
La poularde truffée en entrée de broche.
Les cotelettes de veau piquées glacées, sauce tomate.
Les filets de canards sauvages à la Sainte-Menehould.

Deux grosses pièces.

Le casque antique.   La lyre ornée de sucre filé.

Deux plats de rôt.

Le chapon du Mans.   Les bécasses bardées.

Huit entremets.

Les salsifis frits.
La crème française au macaroni.
Les petits gâteaux glacés à la royale.
Les épinards à l'espagnole.

Les artichauts à la barigoule.
Les darioles au café.
La gelée d'épine-vinettes.
Les cardes à l'essence.

DEUXIÈME MENU POUR L'HIVER (TRENTE-SIX COUVERTS).

Deux potages.

La julienne.   La garbure aux navets.

Deux relevés.

La dinde aux truffes à la broche.   L'aloyau à l'anglaise.

DIXIEME PARTIE.

Deux flans.

La longe de veau de Pontoise.   La tête de veau en tortue.

Seize entrées.

Le sauté de perdreaux aux truffes.
La croustade de mauviettes au gratin.
Le ris d'agneau piqué glacé à la chicorée.
Le chaud-froid de volaille à la gelée.
Les cotelettes de pigeons à l'allemande.
Le carré de mouton à l'anglaise.
Le pâté chaud de cervelle à la poulette.
Les atereaux de filets de merlans.
Le turban de filets de soles, sauce tomate.
La timbale de nouilles à la polonaise.
Les cotelettes de veau à la Singara.
Les bigarrures de poulets à la Toulouse.
La darne de saumon à la magnonnaise.
Les filets de chevreuil piqués glacés, sauce poivrade.
Les croquettes de volaille à la Béchamel.
Les filets de sarcelles sautés au vin de Bourgogne.

Quatre grosses pièces.

Le gâteau à la parisienne.
Le buisson d'écrevisses.
Le pâté de bécasses aux truffes.
Le buisson de ramequins à la crème.

Quatre plats de rôt.

Les cailles de vigne.
Les poulets à la Reine.
La poularde au cresson.
Les pluviers et mauviettes.

Seize entremets.

Les navets glacés.
La gelée de marasquin moulée.
Les petites timbales de macaroni.
Les haricots verts à l'anglaise.
La salade en macédoine à la parisienne.
Les tartelettes de pommes glacées.
La crème (au bainmarie) au caramel anisé.
Les artichauts à la barigoule.
Les cardes à la Béchamel.
Le fromage bavarois au Moka.
Les gaufres aux pistaches.
Les pommes de terre au beurre.
Les œufs à la Dauphine.
Les petites timbales de truffes sautées.
La gelée de citron renversée.
Les champignons aux fines herbes.

Pour extras, quatre assiettes de petits pâtés au naturel.

TROISIÈME MENU POUR L'HIVER (SOIXANTE COUVERTS).

Quatre potages.

Le potage à la d'Artois.
Le potage au chasseur.
Le potage en surprise.
Le riz à la Croissy.

Quatre relevés.

La noix de bœuf à la Royale.
Le quartier de chevreuil mariné.
Le rosbif de Présalé.
La longe de veau à la crème.

Quatre contre-flans.

La dinde à la Godard.
La carpe du Rhin au court-bouillon.
La hure d'esturgeon à la tartare.
Le cochon de lait à l'italienne.

Trente-deux entrées.

1 Les perdreaux à la Périgueux, entrée de broche.
2* La timbale à l'indienne.
3 Les balottines d'agneau glacées au four.
4* La casserole au riz à la Reine.
5† La salade de turbot à la magnonnaise.
6 Le sauté de poularde aux truffes.
7 Les cailles à la Mirepoix.
8 Les langues de mouton en papilottes.
9 Les cuisses de cannetons en haricot vierge.
10 Le sauté de pigeons au sang.
11 La Orly de filets de merlans.
12† La galantine de volaille à la gelée.
13* La croustade garnie d'une escalope de mauviettes.
14 Le ris de veau piqué glacé, sauce tomate.
15* La chartreuse garnie d'une Toulouse.
16 Les poulets à la Reine à la Chevry.

16 La poularde glacée à la maquignon.
15* Les petites caisses de foies gras à la Monglas.
14 Les filets de veau piqués glacés à la nivernoise.
13* Le vol-au-vent de bonne morue à la Béchamel.
12† Le salmi (de bécasses) chaud-froid à la gelée.
11 Les croquettes à l'espagnole.
10 Les perches à la Waterfisch.
9 Les filets de perdreaux à la Belle-vue.
8 Les cotelettes d'agneau sautées au suprême.
7 Les escalopes de saumon à la hollandaise.
6 Les cuisses de poulets à la St.-Cloud, demi-espagnole.
5† Les cervelles de veau au beurre de Montpellier.
4* Le pâté chaud de culotte de pigeons à l'ancienne.
3 Le carré de porc-frais à la broche, sauce Robert.
2* Le turban de lapereaux Conti aux truffes.
1 Le canneton de ferme à la jardinière.

Quatre grosses pièces.

Le gâteau de mille feuilles à la parisienne.
La chaumière rustique.
Le pavillon turc.
Le gâteau de Compiègne anisé.

Huit plats de rôt.

Le chapon de la Flèche.
Les lapereaux de garenne.
Les bec-figues.
Les goujons en atelets.
Les poulets normands au cresson.
Les grives.
Les perdreaux rouges.
Les merlans frits.

Vingt-huit entremets.

1 Les chou-fleurs au Parmesan.
2† La gelée de vin de Malaga.
3 La tourte de truffes à l'ancienne.

14 La chicorée en croustade.
13† Le fromage bavarois aux pistaches.
12 La croûte aux champignons.

...etits pains à la paysanne.
5   Les écrevisses de Seine.
6* Le pouding de riz à l'orange.
7   Les épinards aux croûtons.
8   Les carottes à l'italienne.
9† Les pommes méringuées glacées.
10 Les œufs pochés à l'aspic.
11* Le buisson de mosaïques glacé au caramel.
12 Les pommes de terre frites au beurre.
13† La crème française au rum.
14 Les laitues farcies à l'espagnole.

11* Le buisson de petits gâteaux d'abricots.
10 Les œufs brouillés aux truffes.
9† La charlotte de pommes au beurre.
8   Les cardes à l'essence.
7   Les petits choux de Bruxelles à la tomate.
6* Le gâteau de pommes de terre.
5   Les truffes au vin de Champagne.
4* Le buisson de petits soufflés au sucre.
3   Les crevettes moulées.
2† La gelée d'orange renversée.
1   Les navets glacés à la Chartres.

Pour extras, huit assiettes de fondus.

QUATRIÈME MENU POUR L'HIVER (QUARANTE COUVERTS).

Quatre potages.

Le riz à la purée de navets.
La julienne.

Le potage à la purée de gibier.
Les nouilles à l'italienne.

Quatre relevés.

Le rosbif d'agneau.
Le saumon au bleu.

L'aloyau à la Godard.
La carpe à la flamande.

Vingt entrées.

1† La noix de veau glacée à la gelée.
2   Les filets de mouton piqués marinés, sauce poivrade.
3* Les petits vol-au-vent à la marinière.
4   Le sauté de faisans aux truffes.
5   Les pigeons-Gauthier à la financière.
6   L'anguille roulée glacée au four, sauce tomate.
7   Les quenelles de volaille en cotelettes, au beurre d'écrevisses.
8* Les petites chartreuses en timbales, garnies de mauviettes.
9   L'épigramme de tendrons de veau.
10 La poularde à la St.-Cloud.

10 Les poulets truffés glacés, demi-espagnole à glace.
9   Les noisettes de veau à la Soubise.
8* Les truffes-croustades en surprise, purée de gibier.
7   Les ailerons de dindon à la flamande.
6   Les filets de perdreaux panés à l'allemande.
5   La fricassée de poulets à la vénitienne.
4   Le sauté de filets de soles à la hollandaise.
3* Les petites croustades à la Béchamel.
2   Les cotelettes d'agneau piquées glacées à la chicorée.
1   L'aspic de gibier à la provençale.

Quatre grosses pièces.

Le poupelin historié.
Le buisson d'écrevisses sur un socle.

Le nougat à la turque.
Le buisson de truffes sur un socle.

TRAITÉ DES MENUS.

Huit plats de rôt.

La poule du Mans.
Les canards sauvages.
Les grives.
Les soles frites.

Les poulets gras.
Les levreaux piqués.
Les bécassines.
Les éperlans en atelets.

Seize entremets.

1 Les concombres en cardes à la Béchamel.
2† La gelée des quatre fruits moulée.
3* Les beignets anglo-français.
4 Les champignons à la provençale.
5 Les haricots verts à la poulette.
6* Les gimblettes au gros sucre.
7† Le blanc manger aux avelines.
8 Les pommes de terre à la lyonnaise.

8 Les chou-fleurs à la magnonnaise.
7† Les pommes au riz aux pistaches.
6* Les tartelettes d'abricots.
5 Les cardes à la moelle.
4 Les œufs pochés à l'essence.
3* Les méringues à la Chantilly.
2* La gelée de crème de vanille.
1 Les navets glacés.

CINQUIÈME MENU POUR L'HIVER (VINGT-QUATRE COUVERTS).

Deux potages.

La croûte gratinée aux racines.   Le vermicelle au blond de veau.

Deux relevés.

La pièce de bœuf garnie de choux.   La dinde aux truffes braisée.

Douze entrées.

1 La blanquette de poularde aux truffes dans un bord de riz.
2* La marinade de queues de mouton.
3 Les pigeons innocens à la flamande.
4 Les tendrons d'agneau aux laitues.
5† La salade de volaille à la magnonnaise.
6 Les cuisses de cannetons bigarrées, sauce tomate.

6 Les filets de cannetons au jus de bigarade.
5† Les filets de brochet à la ravigotte à la gelée.
4 Le carré de mouton à l'anglaise.
3 La caisse de lapereaux sautée aux fines herbes.
2* Les petits vol-au-vent à la Monglas.
1 Les ris de veau piqués à la chicorée.

Deux grosses pièces.

Le flan suisse.   Le pâté de foies gras aux truffes.

Quatre plats de rôt.

Les perdreaux rouges.
Les goujons de Seine.

Les poulets normands.
Les mauviettes bardées.

DIXIEME PARTIE.

Dix entremets.

1 Les culs d'artichauts à la gelée.
2* Les pommes au beurre, glacées.
3 Le buisson de gaufres à la flamande.
4* La gelée d'oranges en écorce.
5 Les cardes à l'espagnole.

5 Les épinards au jus garnis de croûtons.
4* Le fromage bavarois aux macarons amers.
3 Le buisson de madelaines au cédrat.
2* Le pouding français (les truffes en pouding.)
1 Les pommes de terre frites.

SIXIÈME MENU POUR L'HIVER (DOUZE COUVERTS).

Le potage au vermicelle au consommé.

La poularde à la Régence.

Six entrées.

Le sauté de perdreaux aux truffes.
Le pâté chaud à la marinière.
Les bifteks aux petites pommes de terre.

Les filets de pigeons en papillotes.
La magnonnaise de volaille à la ravigotte.
La marinade de langues de mouton.

Deux plats de rôt.

Les poulets à la Reine.

Les lapereaux de garenne.

Six entremets.

La crême frite.
Les cardes à la moelle.
La gelée de citrons en petits pots.

Les génoises aux habricots.
Les chou-fleurs au Parmesan.
La charlotte parisienne à la vanille.

SEPTIÈME MENU POUR L'HIVER (QUINZE COUVERTS).

Deux potages.

Le riz à la Croissy.

Le potage à la Faubonne.

Deux relevés.

Le rosbif de Présalé.

La noix de bœuf au vin de Madère.

Huit entrées.

Le hachis de perdreaux à la polonaise.
Les ris de veau à la d'Artois.
Le sauté de poulets aux truffes.
Les cailles à la financière.

Les atelets de crêtes et rognons de coq à la gelée.
Les petites caisses de foies gras à la Périgueux.
Les cotelettes d'agneau à l'allemande, sauce poivrade.
Le gratin de turbot à la Béchamel.

Deux grosses pièces.

Le buisson d'écrevisses.

Le flan de pommes à la portugaise.

Deux plats de rôt.

La poularde au cresson.   Les petites truites saumonées.

Huit entremets.

Les navets à la Chartres.
La crème française à la menthe.
Le gâteau de nouilles au citron.
Les épinards à l'anglaise.

La purée de fèves aux petites croûtes.
Les beignets à la d'Angoulême.
La gelée de Moka.
Les cardes à l'essence.

HUITIÈME MENU POUR L'HIVER (HUIT COUVERTS).

La croûte gratinée aux laitues.   La pièce de bœuf à la maréchale.

Quatre entrées.

Les quenelles de gibier au fumet.
Le sauté de poulets à la Royale.

L'escalope de levreaux aux truffes liée au sang.
L'épigramme de ris de veau à la chicorée.

Un plat de rôt.

Le dindonneau aux truffes.

Quatre entremets.

Les cardes à la moelle.
Les beignets de pommes glacées aux pistaches.

La gelée de citron renversée.
Les œufs brouillés aux truffes.

NEUVIÈME MENU POUR L'HIVER (DIX COUVERTS).

Le potage à la Reine.   La tête de veau en tortue.

Six entrées.

Les ailes de poulets piqués glacés à la Toulouse.
Les perdreaux rouges à la Périgueux, entrée de broche.
Les cotelettes de mouton sautées à l'anglaise.

Les filets de soles sautés aux truffes.
Les petites timbales de nouilles à la Reine.
Les cotelettes de pigeons à la Ste-Menehould.

Un plat de rôt.

Le poulet gras ceint de mauviettes.

Six entremets.

Les méringues garnies de crême au marasquin.
Les cardes au blond de veau.
Les pommes méringuées en forme de hérisson aux pistaches.

La gelée d'orange à la Belle-vue.
La croûte aux champignons
Les ramequins à la crême.

DIXIÈME PARTIE.

DIXIÈME MENU POUR L'HIVER (DIX COUVERTS).

Le potage en surprise.   Le filet de bœuf à l'italienne.

Six entrées.

Le boudin de carpe à la Richelieu.   Les filets de canetons au jus d'orange.
La fricassée de poulets à la Chevalier.   La darne de saumon, sauce aux huîtres.
L'émincé de langues de moutons à la Clermont.   Les papillottes de lapereaux aux truffes.

Un plat de rôt.

Les perdreaux rouges.

Six entremets.

La tourte de truffe à l'ancienne.   Le soufflé de pommes de rainettes.
Les haricots verts à l'anglaise.   Les salsifis à la hollandaise.
Le croque-en-bouche de marrons.   La gelée de marasquin dans les petites cocottes.

Observations. Dans cette série de menus, on remarquera sans doute que j'ai répété plusieurs des articles qui les composent ; mais j'ai préféré faire ces répétitions, à citer des entrées et entremets vulgaires. J'ai cela de commun avec nos artistes qui, après avoir écrit une centaine d'entrées, toutes bien distinguées les unes des autres, se trouvent naturellement forcés de revenir sur leurs pas ; et, cela est tout simple, puisque ces Messieurs se font remarquer par l'originalité de leurs entrées et entremets.

On doit observer que dans nos entrées, nous avons indiqué celles de couleur par une étoile (*) ; puis les entrées froides par une croix (†) ; ensuite j'ai divisé les entremets de manière que ceux de sucrerie soient éloignés des grosses pièces de pâtisserie, avec lesquelles ces sortes d'entremets ont tant de ressemblance. Pour cela, j'ai toujours placé les entremets de légumes à côté des grosses pièces froides ; et les petites étoiles et autres remarques que j'ai mises en marge des entrées et entremets, qui doivent se trouver parallèlement ensemble, faciliteront le service, sur-tout lorsqu'on sera aidé par les chiffres qui les distinguent entr'elles. Ce nouveau procédé doit, ce me semble, jeter à l'avenir plus de clarté dans le moment du service qui, désormais, aura plus d'ensemble, plus de ton et plus d'élégance. Si mes faibles idées peuvent influer sur les progrès de mon art, je me trouverai bien dédommagé des peines que j'ai souffertes pour son amélioration ; et certains cuisiniers que l'envie domine, et qui voudraient nous empêcher de prendre le parti de suivre leur carrière (où nous n'avons qu'un pas à faire pour confirmer ce vieux proverbe : Qu'un bon pâtissier devient bientôt cuisinier fameux, témoin MM. Laguipière et Lasne), trouveront sans doute dans cette collection de menus que nous avons quelques lumières, et même les secrets de cette cuisine qu'ils prétendent n'être pas de notre domaine.

Puisque nous sommes en train de parler cuisine, parlons-en encore un moment, et tâchons de développer quelques nouvelles idées sur cette partie.

On pourrait encore donner plus d'harmonie aux détails des menus, en plaçant dans la description des entrées les grosses pièces telles qu'elles doivent être servies sur la table, et en opérant de même pour les entremets, entre lesquels on pourrait placer, en ordre de service, les grosses pièces froides et les plats de rôt. Ce nouveau procédé donnerait, à coup sûr, plus d'aplomb au moment du service, sur-tout dans une grande affaire. Je vais en donner une idée plus étendue dans la nomenclature de quelques menus de quarante entrées ; et ce sera avoir terminé cette série de menus d'une manière satisfaisante pour nous.

CHAPITRE V.

MENU POUR LE PRINTEMPS (QUATRE-VINGTS COUVERTS).

Quatre potages.

Le potage à la Reine.
Le riz au consommé.

Le potage à l'oseille liée.
La purée de pois verts aux petits croûtons.

Quatre grosses pièces.

La culotte de bœuf à la flamande.
Le quartier de veau de Pontoise.

Le quartier de mouton à la Godard.
Le rosbif d'agneau à la maître d'hôtel.

DIXIÈME PARTIE.

Quatre relevés.

La timbale de macaroni à l'italienne.
Le jambon à la broche au vin de Madère.

Le cochon de lait.
La casserole au riz à la financière.

Quarante entrées.

1 Les filets de volaille glacés à la macédoine.
2* La Orly de poulets, sauce tomate.
3† La salade de brochets aux laitues.
4 Les ris de veau piqués glacés à la chicorée.
5 L'anguille de Seine glacée au four, sauce esturgeon.

20 Les filets de cannetons au jus d'orange.
19* Les cuisses de volaille à la Villeroy.
18† La côte de bœuf au vin de Madère à la gelée.
17 Les cotelettes d'agneau piquées aux concombres.
16 Les filets de turbots, sauce hollandaise.

Contre-flanc; la timbale de macaroni.

Contre-flanc; le cochon de lait.

6 Les cuisses de cannetons en haricot vierge.
7 L'épigramme d'agneau garnie d'une blanquette.
8* La caisse de foies gras aux fines herbes.
9 Les pigeons Gauthier au beurre d'écrevisses.
10 Les langues de mouton à la bretonne.

15 La poularde à la Montmorenci.
14 Les tendrons du veau glacés aux laitues.
13* Le pâté chaud de culotte de pigeons à l'ancienne.
12 Les quenelles de volaille à la Béchamel.
11 Les cailles aux petits pois.

Relevé.

11 Le sauté de lapereaux aux fines herbes.
12 Les poulets à la Reine à l'estragon.
13* La croustade de cailles au gratin.
14 Les ailerons de dindon à la Mirepoix.
15 Les cervelles à la maître-d'hôtel.

Relevé.

10 Les cotelettes de mouton à l'anglaise.
9 Les perdrix à la flamande.
8 La chartreuse printanière.
7 Les noisettes de veau à la purée d'oseille.
6 Les petits cannetons de cuisses de poulets bigarrés.

Contre-flanc; le jambon à la broche.

Contre-flanc; la casserole au riz.

16 Les filets de maquereaux garnis des laitances.
17 Les filets de mouton piqués marinés, sauce chevreuil.
18† La mayonnaise de volaille à la gelée.
19* Les boudins de carpes à la Richelieu, sauce aspic.
20 Le sauté de poularde au suprême.

5 Les filets de soles à l'italienne.
4 Les ailes de poulets piqués glacés à la Toulouse.
3† La darne de saumon au beurre de Montpellier.
2* Les croquettes de gibier à l'espagnole.
1 Le sauté de pigeons à l'allemande.

TRAITÉ DES MENUS. 319

Huit grosses pièces.

La brioche à la crême et en caisse.

Le nougat à la turque.
La fontaine d'Athènes.
La chaumière gothique.

Le croque-en-bouche à la parisienne.
Le baba au vin de Madère.
L'hermitage hollandais.
La cascade demi-circulaire.

Huit plats de rôt.

Les poulets nouveaux au cresson.
Les soles frites.
Les pigeons romains.
Les cannetons de Rouen.

Les cailles bardées.
Le brochet au bleu.
Les lapereaux.
Les dindonneaux à la peau de goret.

Trente-deux entremets.

1 Les petits pois au sucre.
2† La gelée de fraises moulée.

Les poulets.

3* Les petits vol-au-vent à la Chantilly.
4 Les concombres en cardes à la Béchamel.

La brioche.

5 La chicorée aux croûtons.

6* Les petits pains à la Reine.

Les soles.

7† Le fromage bavarois au Moka.

8 Les laitues au consommé.

La chaumière gothique.

9 Les carottes à la flamande.
10† La crême française aux amandes.

Les pigeons.

11* Les petits gâteaux à la d'Artois.
12 Les crevettes moulées.

Le nougat.

13 Les haricots verts à l'anglaise.
14* Les madelaines au raisin de Corinthe.

16 Les asperges en branches.
15† La gelée de violette renversée.

Les cailles.

14* Les bouchées d'abricots glacées.
13 Les champignons à la lyonnaise.

Le croque-en-bouche.

12 Les chou-fleurs sauce hollandaise.
11* Les darioles au chocolat.

Le brochet.

10† Le fromage bavarois au caramel au cédrat.
9 Les œufs brouillés aux pointes d'asperges.

L'hermitage.

8 Les écrevisses de Seine.
7* La crême française au parfait amour.

Les lapereaux.

6* Les gaufres aux pistaches.
5 La purée de pommes de terre à la crême.

Le baba.

4 La macédoine à la magnonnaise.
3* Les talmouses à la Dauphine.

Les cannetons.

15† La gelée de fleur d'orange nouvelle au vin de Champagne.
16 Les petites omelettes à la Monglas.

Les dindonneaux.

2† La gelée de citron.
1 Les épinards en croustade.

Pour extras, huit assiettes de petits pâtés au verjus, huit de fondus.

MENU POUR L'ÉTÉ (QUATRE-VINGTS COUVERTS).

Quatre potages.

La julienne demi-purée de pois.
Le riz à la Croissy.

La bisque de volaille.
Le potage aux laitues.

Quatre terrines.

Les perdrix à la flamande.
Les queues de mouton en hochepot.

La tête de veau en tortue.
Les ailerons à la macédoine.

Quatre relevés.

La noix de bœuf au vin de Madère à la Godard.
La hure d'esturgeon à l'italienne.

Le turbot, sauce aux huîtres.
Le rosbif d'agneau.

Quarante entrées.

1 Les filets de volaille à la Bellevue.
2 Les tendrons de veau aux pointes d'asperges.
3* La timbale à la milanaise.
4 Le hachis de gibier à la polonaise.
5 Les pigeons à la Toulouse.

20 Les filets de lapereaux en lorgnette.
19 Les cotelettes de mouton sautées glacées.
18* Le vol-au-vent à la financière.
17 Les cuisses de cannetons à la provençale.
16 Les poulets glacés à la maquignon.

Contre-flanc; les perdrix.

6† Le pain de foies gras à la gelée
7 Les attereaux de filets de soles à la bourguignotte.
8* La marinade de cervelle.
9 Les biftecks aux petites pommes de terre.
10 Les filets de cannetons à la bigarade.

Contre-flanc; la tête de veau.

15† La galantine d'anguille au beurre de Montpellier.
14 La matelotte de foies gras.
13* Les quenelles à la Pompadour.
12 Les filets de veau piqués glacés à la nivernoise.
11 La caisse de mauviettes au gratin.

Relevé; la hure d'esturgeon.

11 Les quenelles en cotelettes, sauce italienne.
12 Les cotelettes d'agneau piquées glacées à la chicorée.
13* Le fritot de membres de volaille, sauce tomate.

Relevé; le turbot.

10 Le sauté de poularde au suprême.
9 Les langues de mouton glacées à l'écarlate.
8* Les atelets de riz d'agneau à la Villeroy.

TRAITÉ DES MENUS.

14 Les perches à la Waterfisch.
15† Le salmi chaud-froid à la gelée.

7 Le sauté de saumon, sauce aux crevettes.
6† La noix de veau glacée à la gelée.

Contre-flanc; les queues de mouton.

Contre-flanc; les ailerons.

16 Le chapon au vin de Madère.
17 La bigarrure de volaille en haricot vierge.
18* La casserole au riz de bonne morne à la Béchamel.
19 Les carbonnades de mouton à la purée d'oseille.
20 Les papillottes de jeunes perdreaux au laurier.

5 Les cailles à la Conti.
3 La blanquette de poularde, les filets mignons piqués.
3* Le pâté chaud de lapereaux aux fines herbes.
2 Les cotelettes de veau à la Singara.
1 Les ailes de pigeons sautés glacés aux concombres.

Huit grosses pièces.

La ruine de la grande rotonde gothique.
Le gâteau de mille feuilles à la moderne.
La brioche au fromage.
Le jambon glacé sur un socle.

Le pavillon vénitien.
Le poupelin glacé au four.
Le gâteau à la royale.
Le buisson d'écrevisses sur un socle.

Huit plats de rôt.

Les dindonneaux au cresson.
Les lapereaux de garenne.
Les cailles de vigne.
Les goujons de Seine.

Les poulets normands.
Les perdreaux rouges.
Les pigeons de volière.
Les soles frites.

Trente-deux entremets.

Les petites carottes à la Béchamel.
La crème française aux pistaches.

Les œufs pochés à l'aspic.
Le pouding à la moelle.

Les dindonneaux.

Les poulets.

Les méringues à la vanille.

Les bouchées pralinées aux avelines.

Les haricots verts à l'anglaise.

Les navets à la Chartres.

La brioche.

Le poupelin.

Les artichauts à la barigoule.
Les tartelettes d'abricots nouveaux.

Les concombres à la Béchamel.
Les petits cannelons glacés au cassé garnis de cerises.

Les lapereaux.

Les perdreaux.

La gelée de groseilles framboisée.
Les asperges en branches.

La gelée de Champagne rosé.
Les tomates à la provençale.

Le jambon.

Le buisson d'écrevisses.

Les épinards à l'anglaise.
La gelée des quatre fruits.

Les laitues farcies à l'espagnole.
La gelée de rum fouettée.

322 **DIXIEME PARTIE.**

Les cailles.　　　　　　　*Les pigeons.*

Les fanchonnettes au chocolat.　　Les petits gâteaux en diadême.
Les fèves de marais au velouté.　　Les haricots blancs à la maître-
　　　　　　　　　　　　　　　　　　d'hôtel.

Le gâteau de mille feuilles.　　*Le gâteau à la Royale.*

Les chou-fleurs au Parmesan.　　Les petites pommes de terre à la
　　　　　　　　　　　　　　　　　hollandaise.
Les génoises glacées à la rose.　　Les petits nougats au gros sucre.

Les goujons.　　　　　　　*Les soles.*

Les pommes méringuées glacées.　Le fromage bavarois aux abricots
　　　　　　　　　　　　　　　　　de plein-vent.
Les œufs frits, sauce tomate.　　Les petits pois au sucre.

Pour extras, huit assiettes de petites bouchées à la Reine, huit de fondus.

MENU POUR L'AUTOMNE (QUATRE-VINGTS COUVERTS).

Six potages.

Le potage à l'espagnole.　　　Le riz à la purée de pois verts.
Le potage à la Condé.　　　　La brunoise.
Les pâtes d'Italie au blond de veau.　Le potage de santé.

Six relevés.

La dinde à la Godard garnie d'ate-　La carpe du Rhin, ceinte de grosses
lets.　　　　　　　　　　　　　écrevisses.
La chartreuse ovale garnie de　　Le pâté chaud à la marinière.
grives.
Le cabillaud, sauce aux crevettes.　La noix de bœuf à l'italienne.

Deux bouts.

Le quartier de veau à la crême.　Le rosbif de chevreuil.

Quarante entrées.

1　Les filets de canards sauvages　20　La blanquette de poularde aux
　　à la bourguignotte.　　　　　　truffes.
2*　Les poulets à la Reine à l'es-　19　Le faisan aux racines.
　　sence.
3*　La Orly de brochet, sauce　　18*　Les croquettes de riz garnies
　　poivrade.　　　　　　　　　　d'un salpicon.
4†　Les cotelettes de veau en mi-　17†　Les perches au beurre de Mont-
　　roir à la gelée.　　　　　　　　pellier.
5　Les ris d'agneau piqués glacés　16　Le turban de lapereaux garni
　　aux pointes d'asperges.　　　　d'une escalope.

　Relevé; la Godard.　　　　　*Relevé; la carpe.*

6　La darne de saumon, sauce　15　Les petits cannetons de pou-
　　aux câpres.　　　　　　　　　lets à la Conti.

TRAITÉ DES MENUS. 323

7 Les palais de bœuf au gratin.
8* Les pâtés dressés à la Monglas.
9 Les tendrons de veau à la financière.
10 Les pigeons innocens à la cuillère.

14 La côte de bœuf au vin de Madère.
13* Les petits vol-au-vent à la Reine.
12 Les côtelettes d'agneau sautés au suprême.
11 Les cailles en papillottes.

Relevé; la chartreuse.

11† L'aspic de blanc de volaille.
12 Les ailerons aux concombres.
13* Les petites croustades de mauviettes au gratin.
14 Les boudins de merlans glacés, sauce tomate.
15 Les côtelettes de perdreaux à la Sainte-Menehould.

Relevé; le pâté chaud.

10† Les atelets de crêtes et rognons à l'aspic.
9 Les noisettes de veau glacées à la Soubise.
8* Les petites timbales de macaroni à l'essence.
7 La caisse de lapereaux sautés aux fines herbes.
6 L'anguille au vin de Champagne.

Relevé; le cabillaud.

16 Les filets de poulardes piquées glacées à la chicorée.
17† La salade de filets de soles à la gelée.
18* Les oreilles d'agneau farcies à la Villeroy.
19 Le canneton de Rouen aux navets.
20 Les escalopes de grives à l'espagnole.

Relevé; la noix de bœuf.

5 Les filets de mouton piqués marinés, sauce poivrade.
4† Les cervelles à la magnonnaise.
3* La marinade de volaille.
2 Les perdreaux à la Périgueux.
1 Les filets de poulets en épigramme.

Huit grosses pièces.

Le fronton en ruine.
La gondole vénitienne.
Le couglauffle à la russe.
Le croque-en-bouche à la parisienne.

La grande ruine d'Athènes.
Le petit navire chinois.
Le biscuit de Savoie aux amandes.
La sultane en turban.

Huit plats de rôt.

Les perdreaux rouges.
Les poulets normands.
Les levreaux.
Les éperlans en atelets.

Les poulardes de Caux.
Les bécassines.
Les pigeons de volière.
Les truites au bleu.

Quarante entremets.

1 Les artichauts à la lyonnaise.
2† La gelée de verjus renversée.
3* Les petits paniers pralinés aux avelines.

20 Les concombres à la Béchamel.
19† La gelée de café à l'eau.
18* Les petites bouchées méringuées au gros sucre.

Les perdreaux.

4* Les choux à la Mecque.
5 Les navets glacés au sucre.

La poularde.

17* Les petits nougats à la française.
16 Les haricots verts à l'anglaise.

DIXIEME PARTIE.

Le couglauffle.
6 Les épinards au jus.
7* Les petites tartelettes de mirabelles.

Les poulets.
8* Les petits gâteaux renversés à la gelée de groseilles.
9† Le fromage bavarois aux framboises.
10 Les tomates aux fines herbes.

La gondole.
11 Les crevettes en pyramide.
12† Le pouding anglo-français.
13* Les petits gâteaux aux pistaches.

Les levreaux.
14* Les petits cannelons au gros sucre.
15 Les fèves de marais à la Béchamel.

Le croque-en-bouche.
16 La salade en macédoine à la parisienne.
17* Les gaufres à l'allemande.

Les éperlans.
18* Les mirlitons au cédrat.
19† La gelée des quatre fruits.
20 Les salsifis à la hollandaise.

Le biscuit.
15 Les laitues à l'espagnole.
14* Les mosaïques glacées au sucre rose.

Les truites.
13* Les gâteaux d'abricots glacés.
12† Les pommes glacées et au beurre.
11 Les écrevisses de Seine.

Le petit navire.
10 Les truffes à l'italienne.
9† La crême française au cacao.
8* Les petits livrets glacés.

Les bécassines.
7* Les petits pains à la paysanne.
6 Les choux de Bruxelles au beurre.

La sultane.
5 Les champignons à la provençale.
4* Les tartelettes de pêches.

Les pigeons.
3* Les génoises à l'orange.
2† La gelée fouettée au marasquin.
1 Les cardes à la moelle.

MENU POUR L'HIVER (QUATRE-VINGT-DIX COUVERTS).

Huit potages.

La garbure aux navets.
Le potage en surprise.
Les nouilles à l'italienne.
La purée de marrons aux petits croûtons.
Le potage à la Reine.
Le vermicelle au consommé.
Le potage au chasseur.
Le potage aux laitues.

Huit relevés.

La culotte de bœuf garnie de petites bouchées.
Le jambon à la Maillot.
Le turbot, sauce hollandaise.
Le quartier de présalé.
La longe de veau à la Monglas.
La hure d'esturgeon à l'italienne.
Le cochon de lait garni de macaroni.
Le rosbif d'agneau à la maître d'hôtel.

TRAITÉ DES MENUS. 325

Quarante entrées.

1. Les quenelles à la Béchamel.
2†. La salade de saumon à la magnonnaise.
3*. Les petites casserolettes de riz à la Toulouse.
4. L'épigramme d'agneau aux concombres.
5. Les perdreaux truffés, entrée de broche.

Le jambon.

6. Les ailerons à la macédoine.
7. La noix de veau piquée glacée à la chicorée.
8*. Le fritot de poulets à la Marengo.
9. La caisse de foies gras à l'espagnole.
10. Le sauté de poularde à la Royale.

Le turbot.

11. Les cuisses de cannetons en haricot vierge.
12. Les filets de mouton Conti aux truffes.
13*. La Orly de carlets au citron.
14. Les filets de lapereaux piqués à la vénitienne.
15. L'anguille roulée glacée au four, sauce tomate.

Le Présalé.

16. Les poulets à la Reine en hamard, sauce ravigotte.
17. Les musettes d'agneau à la purée de céleri.
18*. Les truffes-croustades en surprise, purée de volaille.
19†. Le chaud-froid de poulets à la gelée.
20. Le hachis de gibier à la polonaise.

20. L'escalope de levreaux liée au sang.
19†. Le pain de volaille à la gelée.
18*. Les petites chartreuses garnies de mauviettes.
17. La tête de veau en tortue.
16. Le chapon glacé à la maquignon.

Le rosbif.

15. Le sauté de soles aux truffes.
14. Les cotelettes de mouton à la Soubise.
13*. Les croquettes (en poire) de gibier au fumet.
12. Les ailes de poulets piquées glacées à l'allemande.
11. Les cotelettes de pigeons à la Pompadour.

L'esturgeon.

10. Les aiguillettes de canards à la bigarade.
9. Les cervelles de veau au beurre d'écrevisses.
8*. La marinade de queues de mouton.
7. Les cailles à la nivernoise.
6. Le sauté de filets de merlans, sauce aux huîtres.

Le cochon de lait.

5. Les pigeons-Gauthier à la financière.
4. Le filet de bœuf piqué mariné, sauce poivrade.
3*. Les petites croustades de nouilles à la Béchamel.
2†. Les galantines de perdreaux à la gelée.
1. La blanquette de volaille aux truffes, les petits filets à la Orly.

Huit grosses pièces.

La grotte ornée de mousse.

La brioche en caisse.

Le buisson d'écrevisses sur un socle.
Le nougat à la Chantilly.

Le berceau en treillage orné de vignes.

Le gâteau de mille feuilles à la parisienne.

Le buisson de truffes sur un socle.
Le baba à la polonaise.

DIXIEME PARTIE.

Huit plats de rôt.

Les bécasses bardées,
La dinde aux truffes.
Les faisans.
Les goujons en atelets.

Les poulets gras au cresson.
Les perdreaux rouges.
Les cailles de vigne.
Les soles.

Quarante-huit entremets.

1† La suédoise de pommes.
2 Les cardes à l'espagnole.
3* Les petits vol-au-vent à la crême-plombière.

Les bécasses.

4* Les petits gâteaux d'amandes.
5 Les haricots verts à l'anglaise.
6† Le fromage bavarois à la fleur d'orange grillée.

La brioche.

7† La timbale de riz au cédrat confit.
8 Les carottes à la flamande.
9* Les gimblettes d'abricots pralinés.

La dinde.

10* Les petits gâteaux en diadème perlé.
11 La croûte aux champignons.
12† La gelée de raisin muscat.

Le buisson d'écrevisses.

13† La crême française aux avelines.
14 Les chou-fleurs à la magnonnaise.
15* Les petits pains au chocolat.

Les faisans.

16* Les gaufres mignonnes au raisin de Corinthe.
17 Les pommes de terre à la lyonnaise.
18† Le flan de nouilles à la vanille.

Le nougat.

19† La gelée d'épine-vinettes renversée.
20 Les artichauts frits.
21* Les darioles à l'orange.

24† Le croque-en-bouche de quartiers d'orange.
23 Les petits choux de Bruxelles au velouté.
22* Les madelaines aux pistaches.

Les soles.

21* Les petits soufflés de crême de riz au citron.
20 Les haricots blancs à la maître-d'hôtel.
19† La crême au bain marie au Moka.

Le gâteau de mille feuilles.

18† Le flan à la suisse.
17 Les épinards à l'anglaise.
16* Les petits gâteaux de pommes bandées.

Les perdreaux.

15* Les petits puits-d'amour au gros sucre.
14 La salade à la parisienne.
13† La gelée de punch.

Le buisson de truffes.

12† Le fromage bavarois au marasquin.
11 Les tomates à la provençale.
10* Les petits quadrilles aux quatre fruits.

Les cailles.

9* Les génoises en croissant et perlé.
8 Les salsifis à la hollandaise.
7† La tourte de crême aux épinards pralinés.

Le baba.

6† La gelée de Madère sec.
5 Les navets à la Chartres.
4* Les petits trèfles perlés.

Les goujons.	*Les poulets.*
22* Les mosaïques garnies d'abricots.	3* Les petits gâteaux de Pithiviers.
23 Les laitues farcies au fumet de gibier.	2 Les concombres à la Béchamel.
24† Le croque-en-bouche de marrons.	1† Les pommes au riz historié.

Pour extras, douze assiettes de petits pâtés aux huîtres, douze de fondus.

Observations. Ces quatre menus sont assurément plus en ordre que ceux qui les précèdent : leur ensemble est plus facile à concevoir ; et, au premier coup-d'œil, on voit tout l'effet que leur service produira. Voilà ce qu'il était important de débrouiller, afin d'aider, autant que possible, les jeunes praticiens et les hommes qui sont peu familiarisés avec ces grands travaux.

Enfin nous croyons avoir dignement rempli notre promesse sur l'ordonnance de ces menus, dans lesquels deux sont servis à trente deux entremets, un à quarante, et le dernier à quarante-huit. Celui-ci a plus d'élégance que les autres, attendu que tous ces entremets doivent être servis sur des assiettes seulement, ce qui produit un effet aussi splendide que distingué. On remarque encore un menu à huit potages, un à six, et les autres à quatre. J'ai voulu, par ces changemens, donner une idée des différentes manières de servir usitées par nos plus célèbres cuisiniers modernes.

Je fais encore une réflexion, et je vois qu'il est de mon devoir de donner quelques détails sur un grand extraordinaire que nous avons eu à l'Elysée-Bourbon, à l'occasion du mariage de la princesse de Wirtemberg. Il fut commandé et servi par le fameux Laguipière. Cette grande opération me paraît d'autant plus intéressante, qu'elle fut servie par petites tables, et au même moment, avec cet ensemble que l'on rencontre difficilement.

Je vais donner une idée de ces mêmes menus qui se trouvent divisés avec cette sagacité et cette harmonie parfaites qui caractérisent les grands talens. Nous avions vingt-cinq tables à servir dans sept pièces différentes : voici comment elles furent divisées.

CHAPITRE VI.

PREMIER SALON (QUATRE TABLES).

PREMIÈRE TABLE.

Deux potages.

Le potage à la Reine.   Le potage de santé.

Deux entrées.

Le sauté de perdrix aux truffes.   La blanquette de ris de veau dans un bord de riz.

Deux entremets.

Les pommes à l'anglaise.   Les artichauts à la barigoule.

Cinq assiettes de dessert.

DEUXIÈME TABLE.

Deux entrées.

Le chaud-froid de poulets à la gelée.   Les cailles à la macédoine.

Deux entremets.

La gelée d'orange en écorce.   Les navets à la chartres.

Cinq assiettes de dessert.

TROISIÈME TABLE.

Deux entrées.

Les ailes de poularde piquées glacées à la Toulouse.   Les tendrons de veau en épigramme.

Deux entremets.

Les haricots verts à l'anglaise.   Les méringues à la rose.

Cinq assiettes de dessert.

QUATRIÈME TABLE.

Deux entrées.

Les cotelettes d'agneau sautées au suprême.   Les cassolettes de riz à la polonaise.

Deux entremets.

La crême française au Moka.   Les petits pois à la française.
Cinq assiettes de dessert.

DEUXIÈME SALON (QUATRE TABLES).

PREMIÈRE TABLE.

Deux potages.

La julienne.   Le riz à la Croissy.

Deux entrées.

Les filets de soles à l'italienne.   Les filets de moutons piqués glacés à la chicorée.

Deux entremets.

Les concombres farcies à l'essence.   Le fromage bavarois aux abricots.
Cinq assiettes de dessert.

DEUXIÈME TABLE.

Deux entrées.

Les quenelles de gibier à l'espagnole.   Le sauté de poulets à la macédoine.

Deux entremets.

Les champignons à la provençale.   Les petits nougats à la parisienne.
Cinq assiettes de dessert.

TROISIÈME TABLE.

Deux entrées.

Les tendrons d'agneau à la Pompadour.   Les filets de lapereaux Conti aux truffes, garnis d'une escalope.

Deux entremets.

Les fèves de marais au velouté.   La gelée de citron moulée.
Cinq assiettes de dessert.

QUATRIÈME TABLE.

Deux entrées.

Les langues de mouton glacées à la Soubise.   L'aspic de blanc de volaille.

Deux entremets.

Les choufleurs à la magnonnaise.   Les petites bouchées au gros sucre.
Cinq assiettes de dessert.

DIXIEME PARTIE.

TROISIÈME SALON (QUATRE TABLES).

PREMIÈRE TABLE.

Deux potages.

Le potage au chasseur.　　Les petits croûtons à la purée de pois verts.

Deux entrées.

Le vol-au-vent à la Nesle.　　Les filets de volaille en épigramme.

Deux entremets.

Les épinards en croustade.　　Les pommes méringuées glacées.

Cinq assiettes de dessert.

SECONDE TABLE.

Deux entrées.

Les cotelettes de mouton sautées à l'anglaise.　　Les filets de perdreaux à la maréchale.

Deux entremets.

Les petits choux de Bruxelles à l'espagnole.　　Le flan de fruits.

Cinq assiettes de dessert.

TROISIÈME TABLE.

Deux entrées.

Les pigeons innocens à la financière.　　Les filets de saumon sauté, sauce aux huîtres.

Deux entremets.

Les cardes à l'essence.　　Le blanc manger au café.

Cinq assiettes de dessert.

QUATRIÈME TABLE.

Deux entrées.

Les noisettes de veau glacées à la chicorée.　　La bigarade de volaille à la macédoine.

Deux entremets.

Les haricots blancs à la crème.　　Les darioles soufflées au cédrat.

Cinq assiettes de dessert.

TRAITÉ DES MENUS.

SALON VERT (QUATRE TABLES).

PREMIÈRE TABLE.

Deux potages.

Le potage de santé. Le riz à la Croissy.

Deux entrées.

Les filets de poulets à la gelée. Le sauté de perdreaux à l'allemande.

Deux entremets.

Les artichauts à la lyonnaise. La gelée de fruits.

Cinq assiettes de dessert.

DEUXIÈME TABLE.

Deux entrées.

L'aspic de volaille à l'écarlate. Les cailles à la jardinière.

Deux entremets.

Les navets glacés au sucre. Le gâteau à la parisienne.

Cinq assiettes de dessert.

TROISIÈME TABLE.

Deux entrées.

La blanquette de poularde aux concombres. Les perches à la magnonnaise.

Deux entremets.

Les fèves de marais à la crème. Les génoises perlées en croissant.

Cinq assiettes de dessert.

QUATRIÈME TABLE.

Deux entrées.

Les filets de levreaux glacés à la chicorée. Les ris de veau à la Saint-Cloud, sauce tomate.

Deux entremets.

Les choufleurs au beurre. La gelée fouettée au marasquin.

Cinq assiettes de dessert.

DIXIEME PARTIE.

SALON DORÉ (QUATRE TABLES).

PREMIÈRE TABLE.

Deux potages.

La julienne.   Le potage à la Reine.

Deux entrées.

L'escalope de mauviettes en croustade.   Les filets de turbot à la magnonnaise.

Deux entremets.

Les cardes à la moelle.   Les pommes en suédoise.

Cinq assiettes de dessert.

DEUXIÈME TABLE.

Deux entrées.

Les atelets de crêtes à l'aspic.   Les filets de pigeons à la Sainte-Menehould.

Deux entremets.

Les petits pois au sucre.   Les gaufres à la parisienne.

Cinq assiettes de dessert.

TROISIÈME TABLE.

Deux entrées.

Les filets de poulets à la Belle-vue.   Le hachis de gibier à la turque.

Deux entremets.

Les épinards à l'anglaise.   La gelée de vin d'Espagne.

Cinq assiettes de dessert.

QUATRIÈME TABLE.

Deux entrées.

Les tendrons de veau glacés à la chicorée.   La fricassée de poulets (à la Reine) à l'italienne.

Deux entremets.

Les haricots blancs à la crême.   Les petits cannelons glacés au cassé.

Cinq assiettes de dessert.

TRAITÉ DES MENUS.

SALLE DES HUISSIERS (QUATRE TABLES).

PREMIÈRE TABLE.

Deux potages.

Le potage au chasseur. La purée de poids verts aux petits croûtons.

Deux entrées.

Les cotelettes à la Soubise. La galantine de volaille à la gelée.

Deux entremets.

Les concombres à la Béchamel. La gelée de fruits.

Cinq assiettes de dessert.

SECONDE TABLE.

Deux entrées.

Les filets de poulets à la d'Artois. L'épigramme de ris d'agneau à la Toulouse.

Deux entremets.

Les tomates à l'italienne. Les méringues aux pistaches.

Cinq assiettes de dessert.

TROISIÈME TABLE.

Deux entrées.

Les chauds-froids de perdreaux à la gelée. La blanquette de poularde aux truffes.

Deux entremets.

Les choux de Bruxelles au beurre. Le blanc manger d'avelines.

Cinq assiettes de dessert.

TABLE QUATRIÈME.

Deux entrées.

Les filets de lapereaux à la Conty. La salade de brochets à la magnonnaise-ravigotte.

Deux entremets.

La croûte aux champignons au velouté. Les petits nougats de pommes.

Cinq assiettes de dessert.

SALON DORÉ (TABLE DE TRENTE COUVERTS EN AMBIGU).

Deux potages.

Le potage à la Reine.   Le potage de santé.

Quatre grosses pièces.

La carpe du Rhin à la Chambord.   Le turbot à la hollandaise.
Le jambon à la broche.   Le pâté de perdreaux aux truffes.

Huit entrées.

Les cotelettes de mouton à la purée de navets.   L'aspic de gibier à la magnonnaise.
Les petits poulets à la Saint-Cloud.   Les filets de pigeons à la maréchale.
Les ris de veau piqués à la chicorée.   Le pâté chaud à la financière.
La salade de volaille à la gelée.   Le sauté de perdreaux aux truffes.

Quatre plats de rôt.

Le dindonneau piqué au cresson.   La truite au bleu.
Les bécassines bardées.   Les poulets normands.

Huit entremets.

Les gaufres aux pistaches.   La gelée de citron renversée.
Les artichauds à la barigoule.   Les haricots blancs à la maître d'hôtel.
Les concombres farcies.   Les tomates à la provençale.
Le fromage bavarois panaché au chocolat.   Les petits soufflés de crème de riz.

Observations. D'après cette donnée, on voit aisément que chacun de ces mêmes menus porte le nom du salon auquel il était destiné. Cela me parut parfaitement bien ordonné. Chaque menu se compose des détails du service des tables en particulier, ce qui me parut encore bien; mais ce qui me sembla encore mieux, ce fut l'organisation dans le moment du service.

Voici comment il se passa. Les travaux étant terminés, le grand chef divisa le tout en trois départemens, c'est-à-dire, M. Laguipière se conserva les entrées et entremets des trois derniers menus qu'il devait servir, et chargea le fameux Riquette du soin d'en servir deux autres; il me confia le service des deux derniers, de manière que nous nous trouvions tous trois dans une pièce particulière, où nous avions réuni tout le matériel de nos menus. Dès que le contrôleur (le fameux Robert) demanda, nous fûmes prêts tous trois en un moment, sans confusion et dans un ensemble de service réellement admirable. Enfin chaque salon avait son maître-d'hôtel séparément, qui demandait les services en nommant le salon où il se trouvait.

Toutes ces tables furent servies à la suite du bal : les dames seules s'assirent, et les messieurs rendirent visite à de splendides buffets où le service de cuisine était très-brillant et en grande abondance. C'est ainsi que le tout se passa (1).

Remarque. Les deux potages qui se trouvent en tête de chaque menu, servaient pour les quatre tables, sur lesquelles ils n'ont point paru, c'est-à-dire, que le maître-d'hôtel garnissait simplement les assiettes qui lui étaient présentées ; et dans les cinq assiettes de dessert, il y en avait une montée qui servait de milieu ; les quatre autres étaient placées entre les entrées et les entremets.

CHAPITRE VII.

TRAITÉ DES MENUS EN MAIGRE.

Je fais encore une réflexion, et me vois contraint de donner quelques menus sur le maigre, afin d'aider nos jeunes praticiens sur la cuisine du carême.

PREMIER MENU (VINGT COUVERTS).

Deux potages.

Le riz à l'essence de racines.	La célestine au lait d'amandes.

Deux relevés.

La truite saumonée.	La carpe du Rhin avec entourage d'écrevisses.

Dix entrées.

Les filets de soles sautés à l'italienne.	Les quenelles de brochet au suprême.
Les perches à la Waterfisch.	Les escalopes d'esturgeon aux fines herbes.

(1) C'est du froid de ce grand bal, qui fut confectionné par M. Riquette et moi, que je parle dans la 10ᵉ partie de cet ouvrage.

DIXIEME PARTIE.

Le pâté chaud d'anguilles à la poulette.
La matelotte de lamproies au vin de Bordeaux.
Les attereaux de filets de merlans.
Le vol-au-vent de bonne morue à la Béchamel.
Les papillotes d'alose à la Ducelle.
Le sauté de filets de grondins.

Deux grosses pièces.

Le flan à la suisse.
Le gâteau à la Royale.

Deux plats de rôt.

Les barbillaux frits.
Les brochetons à la bourguignotte.

Douze entremets.

La crême française au Moka.
Les gaufres à l'allemande.

Les cardes à la Béchamel maigre.
Les chou-fleurs au beurre d'anchois.
Les petites bouchées d'abricots.
La gelée de vin d'Espagne.

La gelée d'oranges de Malte.
Les petits choux pralinés aux avelines.
Les petits navets à l'essence de racines.
La croûte aux champignons.
Les madelaines au cédrat.
Le fromage bavarois à la vanille.

Quatre assiettes de petits soufflés.

DEUXIÈME MENU (QUARANTE COUVERTS).

Quatre potages.

Le potage en surprise.
Les nouilles à la purée de navets.
La bisque d'écrevisses.
La julienne demi-purée.

Quatre relevés.

Le brochet au bleu.

La matelotte d'anguilles.
Les escalopes de turbot à la hollandaise.
La queue d'esturgeon au vin de Champagne.

Vingt entrées.

Le turban de filets de soles.
Les perches historiées à la magnonnaise.
La casserole au riz garnie de laitances.
Les papillotes de filets de lottes.
La raie bouclée en filets à la hollandaise.
Les plis à la bourguignotte.
Le sauté de filets de carlets, sauce aux câpres.
Les croquettes de grondins à la Béchamel.
La salade de filets de turbot.
Le sauté de truites à la maître-d'hôtel.
Le sauté de saumon au beurre d'écrevisses.
Les filets d'aloses en salade.
La Orly de filets de brochets.
Les filets de merlans sautés aux fines herbes.
Les rougets grillés, sauce flamande.
Les huîtres à la poulette et en caisses.
Les vives, sauce tomate.
La timbale de macaroni à la marinière.
La galantine d'anguilles au beurre de Montpellier.
Les boudins de carpes à la Richelieu.

TRAITÉ DES MENUS.

Quatre grosses pièces.

La sultane en surprise.
Le buisson d'écrevisses du Rhin.

Le buisson de truffes.
Le croque-en-bouche à la parisienne.

Huit plats de rôt.

Le saumoneau au bleu.
Les soles frites.
Les plongeons piqués glacés.
Les aiguillettes de goujons.

La carpe de Seine.
Les poules d'eau bardées.
Les merlans frits.
Les éperlans en brochettes.

Vingt-quatre entremets.

Les haricots à l'anglaise.
La gelée de marasquin renversée.
Le gâteau à la parisienne.
Les œufs pochés au jus.
Les épinards en croustade.
Les tartelettes d'abricots.
Les petits gâteaux de Pithiviers.
Les champignons à la provençale.
Les pommes de terre à la lyonnaise.
Le gâteau de riz à la turque.
Le fromage bavarois aux pistaches.
Les chou-fleurs au Parmesan.

Les navets à la Chartres.
Le blanc manger renversé.
Les poudings anglo français.
Les salsifis à la magnonnaise.
Les laitues farcies glacées.
Les génoises en croissant perlé.
Les darioles au café.
La purée d'haricots en croustade.
Les petits choux de Bruxelles.
La crème frite à la parisienne.
La gelée de citrons moulés.
Les petits pois au sucre.

Huit assiettes de fondus.

TROISIÈME MENU (SOIXANTE COUVERTS).

Les huîtres vertes et blanches.

Les citrons.

Quatre petits potages.

Les pâtes d'Italie à l'essence de racines.
La brunoise au beurre d'écrevisses.

Le potage aux laitues.
Le riz à la Croissy.

Quatre relevés.

La carpe farcie à la génevoise.
Le turbot à la crème.

Le cabillaud d'Ostende.
Le saumon à la hollandaise.

Quatre contre-flans en terrine.

La marinière de barbillons.

La branlade de bonne morue.

La blanquette d'esturgeons à la Béchamel.
La matelotte d'anguilles et de brochets.

Trente-deux entrées.

La salade de filets d'alose.
Les pilets à la Soubise.
La Orly de filets de soles.

La magnonnaise de filets de soles.
Le plongeon à la macédoine.
Les atelets de riz garnis de poisson.

DIXIEME PARTIE.

L'anguille roulée glacée au four.
La darne de saumon au vin de Champagne.
Les petites croustades garnies de crevettes.
Les grondins grillés, sauce tomate.
Les cotelettes de carlets à la Sainte-Menehould.
Les laitances à la maître-d'hôtel et en cornets.
Les plis, sauce aux anchois.
Le pâté chaud garni d'attereaux de merlans.
Les lottes aux fines herbes et en caisse.
Le boudin de poissons au beurre d'écrevisses.
Les croquettes en poires garnies de poisson.
La poule d'eau aux racines.
Les filets de perches à la magnonnaise.

Le turban de merlans Conti aux truffes.
La caisse d'huîtres à l'italienne.
La croustade de pain garnie d'un émincé de turbot à la Béchamel.
Les perches, sauce à la pluche.
Les papillottes de carpe aux fines herbes.
Les cotelettes de lamproies pannées à l'anglaise.
Les truites à la hollandaise.
Les petits vol-au-vent garnis d'huîtres.
La darne d'esturgeon au beurre d'écrevisses.
Les quenelles de poisson à la Béchamel.
La marinade de filets de vives.
Les macreuses à la purée de champignons.
La salade de brochets aux laitues.

Quatre grosses pièces.

La chaumière rustique.
Le buisson de truffes.

Le moulin turc.
Le buisson d'écrevisses.

Huit plats de rôt.

Les éperlans en atelets.
Le brochet au bleu.
Les judelles bardées.
Les soles frites.

L'alose grillée.
Les râles d'eau ba
Les merlans frits.
Les goujons de Seine.

Vingt-huit entremets.

Les laitues au jus.
La gelée d'épine-vinettes.
Les cardes à l'essence.
Le ballon en sucre filé.

Les petits pois.
Les croquettes de marrons.
Les œufs brouillés aux truffes.
La salade en macédoine.
La charlotte à la parisienne.
Les navets au sucre.
La coupe garnie d'un ananas en pâte d'amandes.
Les petites pommes de terre à la hollandaise.
La gelée d'anisette de Bordeaux.
Les œufs à la Dauphine.

Les œufs frits, sauce tomate.
La gelée de vin muscat.
Les choux brocoli au beurre.
Le vase garni de noix en pâte d'amandes.
La chicorée à la crème.
La charlotte de pommes.
Les œufs pochés à l'essence.
Les culs d'artichauts à la magnonnaise.
Les beignets à la Dauphine.
Les haricots verts à la bretonne.
La corbeille en sucre filé garnie de méringues.
Les pieds de céleri en cardes.
La gelée d'orange.
Les petites carottes à la flamande.

Six assiettes de fondus, six assiettes de petits soufflés.

QUATRIÈME MENU (QUINZE COUVERTS).

Les huîtres.

Les citrons.

TRAITÉ DES MENUS.

Deux potages.

La croûte gratinée aux racines.   Le vermicelle à la provençale.

Deux relevés.

L'alose grillée à la purée d'oseille.   Le brochet au bleu.

Six entrées.

Le quartier de turbot, sauce aux huîtres.
Le fritot de carpes mariné.
Les grondins au beurre d'écrevisses.

Les perches à la hollandaise.
La casserole au riz de bonne morue à la Béchamel.
La darne de saumon au beurre d'anchois.

Deux grosses pièces.

Le buisson d'écrevisses du Rhin.   Le buisson de ramequins.

Deux plats de rôt.

Les soles frites.   Les barbillons à la bourguignotte.

Huit entremets.

Les cardes au jus.
La crême française au chocolat.
Les petits nougats au gros sucre.
Les champignons à la provençale.

Les truffes à l'italienne.
Les méringues à la vanille.
La gelée fouettée au marasquin.
Les épinards à l'anglaise.

Deux assiettes de petits soufflés.

CINQUIÈME MENU (QUINZE COUVERTS).

Deux potages.

Le riz au lait d'amandes.   Les petits croûtons à la Croissy.

Deux relevés.

La carpe à la génoise.   La truite au bleu.

Six entrées.

Le turban de filets de soles Conti aux truffes.
Le vol-au-vent garni de quenelles de poisson.
L'escalope d'esturgeon aux fines herbes.

La blanquette de turbot à la Béchamel.
La Orly de filets de lottes marinées.
L'anguille roulée glacée, sauce aux huîtres.

Deux grosses pièces.

La brioche à la crême.   Le biscuit de fécule.

Deux plats de rôt.

Les merlans frits.   Les sarcelles bardées.

Huit entremets.

La purée de pommes de terre.
Le pouding de riz à l'anglaise.
Les petits pains de châtaignes.
Les laitues farcies.

Les chou-fleurs au Parmesan.
La gelée de citron.
Les gaufres à la parisienne.
Les navets glacés à l'essence de racines.

Je crois ces cinq menus suffisans pour donner l'idée que je me suis proposé sur ce chapitre.

CHAPITRE VIII.

COUP-D'ŒIL SUR LE SERVICE DES TABLES A LA RUSSE.

Pendant le séjour de l'empereur des Russies à Paris, je fus assez heureux pour avoir été en quelque sorte le cuisinier de S. M. I., puisque je préparais le dîner de concert avec le maître-d'hôtel, qui m'accorda sa confiance intime, et m'en donna une preuve éclatante en payant mes services largement; il m'offrit un sort brillant si je voulais suivre Sa Majesté à Saint-Pétersbourg.

C'est là, me dit-il (en me serrant la main), que vous connaîtrez le bonheur d'avoir du talent; c'est là que vous ferez une fortune rapide et honorable. Je ne pus, malgré cet avenir séduisant, me résoudre à quitter mon pays, sans avoir terminé ce pénible travail.

Mais revenons au service russe qui diffère considérablement du nôtre, en ce que rien du service de cuisine ne paraît sur la table (1). Toutes les entrées sont découpées ainsi que la pièce de bœuf et le rôt que le maître-d'hôtel sert tour-à-tour, en présentant à chaque personne le mets tout bouillant encore. Au fur et à mesure qu'une entrée se trouve servie, on revient de suite à la cuisine en chercher une autre que l'on est en train de finir. Cette manière est favorable au service; c'est le vrai moyen de faire bonne chère : aussi

---

(1) La table russe n'a guère que six pieds de largeur; le milieu se garnit de vases remplis de fleurs dont les Russes sont grands amateurs; entre ces vases sont placées les assiettes de dessert, de façon que le tout forme un seul filet très-agréable à la vue. Pour le placement du reste du couvert, c'est à peu près la même chose que le nôtre; cependant on m'a assuré qu'à Saint-Pétersbourg on servait à la manière française.

Sa Majesté sait justement apprécier notre bonne cuisine. Notre ancienne noblesse avait cette habitude qui, je pense, va renaître au milieu de nos illustres princes, qui furent toujours justes appréciateurs de l'art culinaire. Cependant, dans un dîner d'étiquette, on ne peut servir les entrées les unes après les autres. Cela ne peut avoir lieu ; car nos services à la française sont trop appétissans et trop élégans pour les changer en aucune manière. C'est à coup sûr le type de l'art de servir avec splendeur et dignité les Souverains.

Je vais décrire quelques-uns des menus que nous avons servis à l'empereur Alexandre.

PREMIER MENU (DOUZE PERSONNES).

Vingt-quatre assiettes d'huîtres. Douze citrons.

Deux potages.

La soupe glacée à la Russe. La julienne aux petits croûtons.

Deux hors-d'œuvre.

Les petits pâtés russes. Les croquettes de riz garnies d'un salpicon.

La pièce de bœuf garnie de racines.

Cinq entrées.

La magnonnaise de filets de volaille à la gelée.
La darne de saumon à la russe, garnie d'huîtres et de queues d'écrevisses.
Le vol-au-vent à la financière, quenelles de gibier.
La poularde à l'anglaise, garnie de toutes sortes de racines et légumes.

Les cotelettes de mouton à la Soubise.

Un plat de rôt.

Les perdreaux rouges, le poulet, le cassis de veau, une salade.

Trois entremets.

La gelée d'orange. Les petits soufflés en caisse et au citron.
Le fromage bavarois au café.

Observations. Cette soupe russe plaît beaucoup aux indigènes, parce que, disent-ils, elle est fort saine et rafraîchissante ; elle se compose d'une bonne poignée d'épinards blanchis et hachés très-fins, d'une concombre crue coupée en très-petits dés; d'une bonne pincée de fenouil séparé par petites branches et d'une vingtaine de ciboules coupées de 15 à 18 lignes de longueur; ensuite du sel et gros poivre. Le mouillement est de deux bouteilles de boisson russe que je ne saurais décrire. L'une est blanche et limoneuse, et porte un goût de menthe frisée; l'autre est rougeâtre, amère, et sent je ne sais quoi de la pharmacie. Le tout étant bien amalgamé, on place la soupe dans la glace pilée pendant deux heures; après quoi on la sert de suite sans rien ajouter. La pièce de bœuf se coupe par tranches minces et presque carrées; on les dresse les unes sur les autres sur un plat ovale, de manière qu'elles garnissent le plat à moitié en ligne droite; alors on garnit ce côté du bœuf de concombres farcies coupées en couronnes et glacées; entre les concombres et le bœuf, on place un groupe de petites carottes tournées en olives et glacées; à côté un groupe de petits radis tournés ronds et glacés; enfin un groupe de pointes de grosses asperges. On masque ensuite le tout d'une demi-espagnole à glace, et l'on sert de suite.

La poularde à l'anglaise étant cuite très-blanche dans une poêle, on la découpe; on dresse les cuisses, les ailes, les filets et le croupion seulement. On ceint le tout d'une couronne de laitues cuite dans une demie-glace. Dans le milieu de l'entrée, on place un groupe de chou-fleurs, un de haricots verts et un de petits oignons glacés; puis on sauce la poularde d'un aspic chaud et bien corsé.

Le rôti se sert de cette manière : les perdreaux, le poulet et le veau étant dépecés, on dresse le tout sur le même plat, et on le sauce de jus de rôti.

Il est facile de s'apercevoir que dans ce menu on ne parle pas d'entremets de légumes, et cela est tout simple, puisqu'on les sert toujours dans les entrées, de manière qu'après le rôti et la salade, on ne sert plus que des entremets de douceur comme je l'ai annoncé.

Voici une idée de la cuisine et du service russe; car le reste des entrées et entremets dont je ne parle pas, est préparé à la française.

TRAITÉ DES MENUS. 343

DEUXIÈME MENU (QUARANTE PERSONNES).

Les huîtres et citrons.

Deux potages.

Le potage d'orge mondée à la russe. Le potage de santé.

Six hors-d'œuvre.

3 de petits vol-au-vent à la Béchamel; 3 de petits pâtés russes.

Pour pièce de bœuf.

3 filets de bœuf piqués, cuits au vin de Madère, entourés d'oignons glacés et masqués d'une espagnole travaillée au vin de Madère.

Dix-huit entrées.

3 d'aspic garni d'une blanquette de volaille à la provençale.
3 sautés de filets de turbot, sauce hollandaise.
3 casseroles au riz à la polonaise.
3 fritots de poulets garnis de pointes de grosses asperges.
3 de riz de veau piqués glacés garnis de chicorée.
3 de cailles aux fines herbes, et garnies de petites carottes, de haricots verts et petits chou-fleurs.

Trois plats de rôt.

3 poulardes; la longe de veau de Pontoise; 3 salades.

Douze entremets de sucre.

3 de petits nougats de pommes.
3 de génoises méringuées à la Chantilly.
3 de gelée de citron renversée.
3 de crèmes françaises à la vanille.

TROISIÈME MENU (QUARANTE COUVERTS).

Les huîtres et les citrons.

Deux potages.

Le riz à la Croissy. Le potage à la russe.

Six hors-d'œuvre.

Les petits pâtés russes. Les croquettes de ris de veau.
3 filets de bœuf garni d'oignons glacés, sauce aux crans.

Dix-huit entrées.

3 salades de filets de soles à la provençale.
3 de petites croustades à la Monglas, garnies d'une macédoine.
3 sautés de filets de poularde au suprême et aux truffes.
3 de cotelettes de mouton à l'anglaise.
3 salmis de perdreaux garnis d'une purée de gibier.
3 de têtes de veau en tortue.

DIXIEME PARTIE.

Trois plats de rôt.

Les cannetons de Rouen, les cailles, le cassis de veau, 3 salades.

Douze entremets.

3 de génoises garnies d'abricots et glacées à la Royale.
3 de pommes méringuées et pralinées aux amandes.
3 de gelées de marasquin fouettée et moulée.
3 de fondus.

On voit que ces deux menus sont bien simples et faciles à l'exécution, puisque les entrées et entremets sont trois par trois ; mais il faut considérer que dans le système des Russes la même entrée doit faire le tour de la table ; et ce procédé est très-sage, puisqu'aucune entrée n'y est placée.

QUATRIÈME MENU (QUINZE COUVERTS).

Les huîtres ; les citrons.

Deux potages.

Le macaroni à l'italienne.   Le potage à la Reine.

Deux hors-d'œuvre.

Les petites casserolettes de riz.   Les petites bouchées.
La noix de bœuf à la Royale.

Sept entrées.

Les filets de poulets à la magnonnaise garnis d'une macédoine.
Le sauté de filets de barbues.
Les cailles aux petits pois.
L'épigramme d'agneau garnie de haricots verts.
Les langues de mouton en papillottes.
Les filets de lapereaux piqués glacés garnis d'une escalope.
La blanquette de ris de veau garnie de croquettes.

Un plat de rôt.

Les poulets.   Le cassis de veau.
3 salades.

Cinq entremets.

La gelée de fraises renversée.   Le pouding à l'anglaise.
La crême au bain marie au chocolat.   Le nougat à la Chantilly.
Les fondus au Parmesan.

CINQUIÈME MENU (DOUZE COUVERTS).

Les huîtres ; les citrons.

Deux potages.

Le riz à la purée de pois verts.   Le potage printanier.

Deux hors-d'œuvre.

Les rissolles à la russe.   Les petits vol-au-vent aux huîtres.
Les biftecks garnis de petites pommes de terre tournées.

Cinq entrées.

Le salmi chaud-froid à la gelée.   Les boudins à la Richelieu, sauce tomate.
Le turbot garni de queues d'écrevisses, sauce flamande.   Le sauté de filets de poulets au suprême, garni d'un ragoût à la Toulouse.
Le pâté chaud de légumes à la Béchamel.

Un plat de rôt.

Les cailleteaux ; le dindonneau ; le veau ; deux salades.

Quatre entremets.

Le fromage bavarois aux fraises.   Les beignets à l'allemande aux abricots.
Le blanc manger à la crème.   Les petits soufflés au café.

Observations. Ces cinq menus sont suffisans pour donner une idée exacte des dîners à la russe ; les trois premiers sont des premiers jours de mai, et les deux derniers sont ceux que nous avons servis sur la fin du même mois. Ce mois n'est pas propice à la bonne chère, attendu que tout se renouvelle dans la nature. Cependant nous avons la primeur des entremets potagers ; aussi le pâté chaud de légumes joue son rôle dans le dernier menu. Cette délicieuse entrée, qui caractérise la saison du printemps, réclame tout le savoir d'un praticien habile. Ses détails, sa composition, ses soins minutieux, tout enfin demande une combinaison vaste : les fraises aussi font leur effet dans ces deux dîners.

On remarquera sans doute que ces menus sont originaux dans leur ensemble ; mais cela vient de ce que les maîtres-d'hôtel paraissent n'avoir pas l'usage des menus (1). Alors le matin nous convenions ensemble des entrées que nous devions servir au dîner. Ainsi le bœuf, les entrées, le rôt, les entremets se trouvaient faire en tout douze, quatorze, seize ou dix-huit plats, de sorte que l'on sert

---

(1) J'établissais ceux-ci le soir en rentrant chez moi, avec l'intention de les consigner dans cet ouvrage.

toujours un nombre pair. Cela n'a rien d'extraordinaire, c'est au contraire ce qui caractérise la manière russe.

Pour le service des plats, on les sert l'un après l'autre, comme je l'ai déjà dit ; mais il existe un ordre de choses en ce que toujours après avoir servi le bœuf, on sert l'entrée froide, et après le froid l'entrée de poissons, ensuite la volaille, puis le gibier ; après quoi vient l'entrée de boucherie, et le rôti sur un seul plat, qui se compose de volaille, gibier et veau, le tout dépecé et mêlé ensemble.

Pour l'entremets, on commence par la pâtisserie ; puis la gelée, ensuite la crême, les soufflés ou les fondus. Ce genre de service se fait promptement et chaudement.

Je rapporte le petit nombre de menus pour avoir occasion seulement de donner quelques détails sur la manière de servir une table à la russe, afin d'aider un peu, par ce moyen, mes compatriotes à servir convenablement les grands personnages de Russie, qui feront quelque séjour à Paris ; du moins telle a été mon intention dans ce chapitre.

J'ai déjà fait plusieurs observations sur la manière d'écrire les menus, et cependant je n'ai pas fait la plus importante, la plus intéressante pour nous, celle enfin de parler français en écrivant ces mêmes menus que nous presentons nous-mêmes aux grands, dont quelques-uns veulent bien être indulgens sur ce chapitre ; mais cela n'est pas moins affligeant et défectueux pour des hommes à talent, et jette sur nous de la défaveur dans certains esprits qui oublient nos talens estimables, pour ne voir en nous que des hommes ineptes et ignares. Pourtant il n'est que trop vrai que nous écrivons presque généralement fort mal, et ne mettons pas un mot d'ortographe ; à cet inconvénient, j'entrevois un remède bien simple et bien facile qui peut améliorer notre ortographe.

Voici comment je vais faire : je pense qu'en classant avec ordre tous les mots qui sont relatifs à notre état, alors dans nos momens de loisir nous pourrions copier ces mêmes mots, que nous retiendrions aisément, puisqu'ils nous sont déjà familiers. Par cette heureuse émulation, nous pourrions bientôt ortographier nos menus d'une manière honorable pour nous, et satisfaisante pour les maîtres.

Voilà ce que je tente en entreprenant ce petit travail, qui doit à l'avenir nous faire parler et écrire la langue de notre art ; cela n'est pas à dédaigner, puisque nous sommes privés d'écrire notre langue nationale.

CHAPITRE IX.

VOCABULAIRE DES MOTS POUR L'ORTHOGRAPHE DES MENUS.

Des potages.

Le potage à la Xavier.
— à la Reine.
— à la d'Artois.
— à la Berry.
— à la d'Angoulême.
— à la Condé.
— à la Villeroy.
— à la princesse.
— à la Kusel.
— à la Necker.
— à la gendarme.
— à la provençale.
— à la tortue.
— à la bernoise.
— à la turque au Parmesan.
— au rabiole.
— à la Saint-Cloud.
— à la Chantilly.
— au hameau.
— au chasseur.
— à la purée de gibier.
— à la purée garnie de laitue.
— de riz au coulis d'écrevisses.
— à la Célestine au lait d'amandes.
— de graines de melon à la purée de navets ou de pois nouveaux.
— à la garbure au fromage.
— à la garbure aux choux.
— à la garbure aux navets.
— à la bisque de volaille.
— au consommé, au gratin ou à la croûte gratinée.
— à la purée de marrons.
— de fantaisie.
— en surprise.
— de santé.
— à la jardinière.
— à la Julienne.

— à la chiffonade.
— à la Faubonne.
— à la brunoise.
— aux laitues.
— à la chicorée.
— aux carottes nouvelles.
— aux navets.
— aux chou-fleurs.
— aux choux de Bruxelles.
— aux concombres farcies.
— aux oignons blancs.
— aux racines de céleri.
— aux cardes.
— aux pointes d'asperges.
— aux petits pois.
— aux petits radis.

Le riz à la Croissy.
— à la purée de pois nouveaux.
— à la purée de navets.
— à la purée de lentilles à la Reine.
— au blond de veau.
— au consommé.
— au naturel.
— au lait d'amandes.
— à la Julienne.
— printanier.
Le vermicelle au consommé.
— au blond de veau.
— au lait d'amandes.

Les potages de sagou de nouilles, de semoule, de pâte à l'italienne et de lazanne, se font de même que le vermicelle ; mais on les sert également au Parmesan.

Le macaroni à l'italienne.

CHAPITRE X.

DES GROSSES PIÈCES ET RELEVÉS.

La culotte de bœuf glacée au naturel.
— garnie de choucroûte à la française ou à l'allemande.
— garnie de petites bouchées.
— à la flamande.
— à la maréchale.
— à l'allemande.
— à la française.
— à la gendarme.
— à la languedocienne.
La noix de bœuf à la Royale.
— à la gendarme.
— à l'espagnole.
— à la Godard.
La noix de bœuf au vin de Madère.
— à l'italienne.
Le filet de bœuf à la milanaise.
— à l'anglaise, garni de petites pommes de terre.
— au vin de Madère.
— braisé garni de racines.
— piqué glacé à la broche garni d'une financière.
— à la macédoine.

Le rosbif d'aloyau à l'anglaise.
— de mouton des Ardennes.
— d'agneau à la maître-d'hôtel.
— de chevreuil piqué mariné.

La longe de veau de Pontoise.
— à la crème.
— à la Monglas.
Le rond de veau à l'anglaise.
— à la Godard.

Le quartier de Présalé à la broche.
— d'agneau garni d'une maître-d'hôtel.
— de veau de Pontoise.
— de chevreuil piqué glacé, sauce chevreuil ou poivrade.

Le gigot de sept heures aux racines.
— à la flamande.

Le jambon au vin de Madère, et glacé.
— à la broche et aux épinards.
— à la Royale.
— garni d'une macédoine.

Le cochon de lait à la broche.
— à la peau de goret.
— à l'italienne farci de macaroni.
— à la turque, riz au Parmesan.

Le dindonneau à la Régence.
Le dindon glacé garni de marrons à l'espagnole.
La dinde truffée braisée.
— aux truffes à la broche.
— à la maquignon.
— à la Godard.
— à la Régence.
— à l'anglaise.
— garnie d'une matelotte de foies gras.

L'oie à la cendre garnie de racines.
— braisée à la flamande.

L'oille à la Royale.

Les perdrix au faisan à la flamande.
— aux choux.

La chartreuse printanière (ovale) garnie de perdrix, de grives, de cannetons ou de faisans.

La timbale de macaroni à la milanaise.
— à l'italienne.
— à la financière.
— à l'allemande garnie de quenelles.
— au chasseur.

Le pâté chaud (oval) de lapereaux aux fines herbes.
— à l'espagnole.
— garni de quenelles de godiveau.
— garni de poisson aux fines herbes.
— à la financière.
— de macaroni à l'italienne.

Casserole au riz (ovale) garnie d'ailerons à l'allemande.
— à la financière.
— à la polonaise.
— à la Reine.

Casserole au riz de quenelles à la Béchamel.
— de bonne morue à la Béchamel maigre.
Le vol-au-vent (oval) à l'allemande.
— à la financière.
— à la Nesle.
— garni de bonne morue à la Béchamel.
— garni de macaroni à la milanaise.

La carpe du Rhin à la Chambord.
— de Seine au bleu entourée de grosses écrevisses.
— à la marinière garnie d'une matelotte d'anguilles.
— à la financière, garniture de quenelles de poisson.

Le brochet à la sauce hollandaise.
— à la sauce flamande.
— à la sauce génevoise.
— à la financière, ceint de grosses écrevisses.
— à la Chambord.
— au bleu garni d'écrevisses.

Le turbot à la crème.
— à la sauce flamande.
— à la sauce hollandaise.
— à la sauce aux huîtres.
— à la sauce aux crevettes.
— à la sauce au beurre d'écrevisses.

Le cabillaud d'Ostende.
— la crème.
— à la sauce aux câpres.
— à la sauce hollandaise.
— à la sauce flamande.
— à l'anglaise.

Le saumon au bleu ou au court-bouillon.
— à la sauce vénitienne.
— à la sauce génevoise.
— à la sauce italienne.
— à la sauce aux huîtres.
— à la sauce aux crevettes.
La hure ou la queue de saumon en tortue.

La truite de Seine au bleu.
— sauce flamande.
— sauce hollandaise.
— sauce à la purée d'oseille.

La hure ou la queue d'esturgeon au vin de Madère.
— d'esturgeon à la tortue.
— à l'italienne.
— à la vénitienne.
— au court-bouillon.
— au vin de Champagne.
L'esturgeon à la broche.
— à l'espagnole.

Des contre-flans ou des relevés en terrine.

La terrine garnie d'une matelotte d'anguilles et de foies gras, au vin de Bordeaux.
— garnie d'une gibelotte d'anguilles et de lapereaux de garenne, à la bourguignotte.
— garnie d'une marinière de barbillons et d'écrevisses de Seine.
— garnie d'une matelotte de foies gras à la Périgueux ou à la financière.
— garnie d'une matelotte de cervelles de veau à l'allemande.
— garnie de macaroni à la milanaise.
— garnie d'ailerons à la macédoine.
— garnie d'ailerons en haricot vierge.
— garnie d'ailerons à la nivernoise.
— garnie d'ailerons à la jardinière.
— garnie d'ailerons aux pointes d'asperges.
— garnie à la Toulouse.
— garnie à la financière.
— garnie d'une capilotade de membres de volaille.
— garnie d'un kari de volaille.
— garnie de cuisses de cannetons à la provençale.
— garnie de cuisses d'oie à la macédoine ou d'un haricot vierge.
— garnie de queues de mouton en hochepot.
— garnie d'une provençale de queues de mouton.
— garnie de langues de mouton au gratin.
— garnie de langues de mouton à l'écarlate.
— garnie de langues de mouton à la Clermont.
— garnie de langues de mouton à la bretonne.
— garnie de palais de bœuf au gratin.

La terrine garnie d'une blanquette de palais de bœuf.
— garnie d'une blanquette de veau à la Périgueux.
— garnie d'une tête de veau en tortue.
— garnie d'oreilles de veau en menu droit
— garnie d'oreilles de veau au gratin.
— garnie de ris de veau piqué glacé à la chicorée.
— garnie d'une escalope de ris de veau à l'allemande.
— garnie de cervelles à la Béchamel.

La terrine garnie de noisettes de veau aux pointes d'asperges.
— garnie de tendrons de veau à la Chipolata.
— garnie de filets de veau piqués glacés à la jardinière.
— garnie de côtelettes de mouton à la Soubise.
— garnie de côtelettes d'agneau piquées glacées à la macédoine.
— garnie d'une queue de bœuf en hochepot.
— garnie d'une queue de bœuf à la flamande.
— garnie d'une queue de bœuf à la Chipolata.
— garnie de bifteck à l'anglaise.

CHAPITRE XI.

DES ENTRÉES DE BOUCHERIE.

La côte de bœuf glacée aux racines.
— au vin de Madère.
— à l'espagnole.
— garnie d'une macédoine.
— glacée à l'italienne (au macaroni).
— braisée à la flamande.

Le filet de bœuf piqué glacé.
— au vin de Madère.
— garni d'une brunoise.
— garni de petites pommes de terre.
— garni de macaroni à l'italienne.
Les biftecks à l'anglaise.
— à la maître-d'hôtel.
— au beurre d'anchois.
— aux fines herbes.
— sauce tomate.
— sautés dans leur glace.
— sauce poivrade.
— panés à l'allemande.
La blanquette de palais de bœuf à l'allemande.
— aux concombres.
Les attereaux de palais de bœuf.
La Orly de filets de palais de bœuf.
Les palais de bœuf au gratin.
— en papillottes et en cornets.
— en caisse à la Béchamel.
— à l'écarlate à la Pompadour.

Le carré de veau piqué glacé.
— à la Béchamel.

— à la Périgueux.
— à la Monglas.
— à la Guéméné.
— à la Singara.
— à la peau de goret glacée.
— en papillottes aux fines herbes.
— glacé, sauce tomate.
— à la broche garni de laitues.

Les côtelettes à la Dreux.
— panées à l'allemande.
— à la Singara.
— glacées à la macédoine.
— glacées à la nivernoise.
— glacées à l'écarlate.
— à la Saint-Cloud.
— à l'italienne.
— sautées aux fines herbes.
— en papillottes.

La noix de veau piquée glacée à la chicorée ou à l'oseille.
— en bedeau, sauce tomate.
— en demi-deuil demi-glace.
— en surprise à la financière.
— glacée à l'aspic.
— à la Périgueux, Conti de truffes.
— en papillottes aux fines herbes.
— à la Singara, purée de champignons.
— à la Monglas.

La blanquette de veau à la poulette.
— aux concombres.
— aux truffes.

La poitrine de veau aux fines herbes en papillottes.
— à la lyonnaise.
— à la Soubise.

La tête de veau en tortue.
— à la financière.
La marinade de tête de veau.
La tête de veau à la Sainte-Menehould.
— à la poulette.
— sauce tomate.

Les oreilles de veau en menu droit.
— à la Dauphine.
— à la Villeroy.
— à la ravigotte.
— sauce tomate.
— à l'aspic chaud.
— à la financière.
— à la tortue.

Les cervelles de veau au suprême.
— en matelotte.
— à la ravigotte.
— à l'ivoire, sauce tomate.
— à la Béchamel.
— à l'allemande.
— à la remoulade.
La marinade de cervelles de veau.
Les cervelles panées à l'allemande.
— à la Sainte-Menehould.

Les noisettes de veau glacées à la chicorée ou à l'oseille.
— à la macédoine.
— aux pointes d'asperges.
— à la Soubise.
— à la purée de champignons.
— aux laitues.
— à la nivernoise.
— à la Toulouse.
— à la financière.
— à la purée de pommes de terre.
— en papillottes.

Les ris de veau piqués à la purée d'oseille.
— à la chicorée.
Les ris de veaux aux épinards.
— à la purée de champignons.
— garnis de céleri à la française.
— garnis de pointes d'asperges aux petits pois.
— à la Saint-Cloud, sauce tomate.
— Conti aux truffes, sauce Périgueux.
— à la macédoine.
— à la nivernoise.
L'épigramme de ris de veau.

La blanquette de ris de veau.
La marinade de ris de veau.
Les ris de veau à la Orly.
— panés à l'allemande.
— à la d'Artois.
— en papillottes.
L'escalope de ris du veau aux fines herbes et en caisse.
Les filets de veau piqués glacés à la jardinière.
— aux pointes d'asperges.
— à la macédoine.
— à la chicorée.
— à l'oseille.
— aux concombres.
— à la Mongolfier.
La grenade de filets de veau piqués et Conti aux truffes, sauce tomate.

Les tendrons de veau à l'allemande.
— à la Villeroy.
— à la Sainte-Menehould.
— glacés à la nivernoise.
— glacés à la macédoine.
— glacés aux concombres.
— glacés aux laitues, sauce tomate.
— aux pointes d'asperges.
— glacés à la chicorée.
— glacés à l'oseille.
— à la purée de champignons.
— à la Toulouse.
— à la financière.
— à la Chipolata.

La selle de mouton glacée.
— à l'allemande.
— à la purée d'oseille.
— à la macédoine.
— à la chicorée.

Les carbonades de mouton à la purée de céleri.
— à la purée de champignons.
— à la purée de pommes de terre.
— à l'oseille ou à la chicorée.
— à la bretonne.
— à la nivernoise.
— à la macédoine.
— aux pointes d'asperges à la Choisy.

Les filets de mouton glacés marinés, sauce chevreuil.
— Conti aux truffes, sauce Périgueux.
— sautés à l'écarlate, sauce tomate.
— sautés à l'anglaise (petites pommes de terre tournées.)

L'escalope de filets de mouton aux fines herbes, demi-espagnole.
Le turban de filets de mouton garni d'une financière.
Les filets de mouton, panés à l'allemande.
— à la Sainte-Menehould.
— grillés et garnis d'une macédoine ou d'une nivernoise.
L'émincé de mouton à la Clermont.

Les cotelettes de mouton sautées glacées.
— sautées aux concombres.
— sautées à la nivernoise.
— sautées à la Macédoine.
— sautées aux pointes d'asperges.
— sautées aux laitues.
— sautées à la purée de pommes de terre.
— sautées à la chicorée.
— à l'oseille.
— au céleri à la française.
Les cotelettes de mouton à la Singara.
— à la Soubise.
— à l'anglaise.
Les cotelettes de mouton panées à l'allemande.
— panées grillées.
— sautées à la minute, sauce tomate.
Les langues de mouton à la bretonne.
— à l'écarlate, sauce tomate.
— au gratin.
— à la languedocienne.
— à l'espagnole.
— panées à l'allemande.
— en cornets.
Les papillottes de langue de mouton.
La marinade de langue de mouton.
La Orly de langue de mouton.
L'émincé de langue de mouton aux concombres.
— à la Clermont.
— à la bretonne.
L'épigramme de langue de mouton aux pointes d'asperges.
— à la macédoine.

Les langues de mouton à la gasconne.
— à la provençale.

Le carré de porc-frais à la broche, sauce tomate.
— glacée, sauce Robert.
Les cotelettes de porc-frais sautées glacées à la lyonnaise.
— panées à l'allemande, sauce poivrade.
— grillées, sauce Robert.
— à la purée de pommes de terre.

Les ris d'agneau piqués glacés à la chicorée.
— à la Toulouse.
— à la financière.
— à la macédoine.
— aux concombres.
— à la nivernoise.
L'épigramme de ris d'agneau.
L'épigramme d'agneau aux pointes d'asperges.
— à la macédoine.
Les cotelettes d'agneau piquées glacées à la chicorée.
— aux petits pois.
Les cotelettes d'agneau sautées au suprême.
— à la Toulouse.
— à la financière.
— à la macédoine.
— aux concombres.
— à la jardinière.
— garnies à l'anglaise.
— à l'allemande.
— à la Villeroy.
— à la maréchale.
Les musettes d'agneau à la nivernoise.
L'épaule d'agneau à la maître-d'hôtel.
Les oreilles d'agneau en menu droit à la ravigotte.
— à la tortue.
— à la Toulouse.
— à la Dauphine.
— à la Villeroy.
— au gratin.

CHAPITRE XII.

DES CROQUETTES ET DES ATELETS.

Les croquettes de riz garnies d'un salpicon.
Les croquettes de volaille à la Béchamel, ou au velouté.

Croquettes de gibier à l'espagnole.
— de foies gras au suprême.
— de palais de bœuf à l'allemande.
— de crêtes et de truffes au fumet.
— de blanc manger (hachis de blanc de poularde au velouté.)
— d'agneau à la Périgueux.
— aux champignons à l'allemande.
— aux fines herbes.
— de turbot à la Béchamel.
— de soles.
— d'esturgeon.
— de perches.

Les quenelles de volaille, de gibier, de veau ou de poisson.
— à la Villeroy.

Les quenelles à l'anglaise.
— à la Orly.
— à la Sainte-Menehould.
— panées à l'allemande.

Les cotelettes de ris d'agneau ou de veau à la Villeroy.
— panées à l'allemande.
— à la Pompadour.
Les atelets de langue de mouton à l'écarlate.
— au petit lard.
— de blanc de volaille et de truffes à l'allemande.
— de gibier à la Périgueux.
— de crêtes aux truffes.
— de riz au Parmesan, garnis de rognons de coq.

CHAPITRE XIII.

DES ENTRÉES DE VOLAILLE ET DE GIBIER.

La belle poularde à l'ivoire et à l'aspic chaud.
— à la Chevry et à l'essence.
— à la ravigote, sauce verte.
— à l'estragon et à l'essence.
— à la Régence demi-espagnole.
— à la Toulouse.
— à la Montmorenci.
— à la maquignon, sauce tomate.
— à la Périgord, sauce Périgueux.
— truffée entrée de broche, sauce italienne.
— truffée, braisée à la financière.
— à l'anglaise, garniture de racines.
— à la bedeau et à la Béchamel.
Le chapon au consommé.
— au riz.
— au gros sel.
— à la Chevalier.
— à la Reine.
— à la Singara.
— à la Monglas.

On sert également les poulets à la Reine de toutes les manières désignées ci-dessus pour la poularde.

Les poulets nouveaux en haumard, sauce tomate.
— à la Dantzick, sauce aux huîtres.
— à la tartare, sauce remoulade en magnonnaise.

Les poulets nouveaux aux fines herbes et en papillottes.
— sautés à la minute, sauce tomate.
La fricassée de poulets à l'essence de racines.
— à l'essence de champignons.
— à la Périgord, sauce Périgueux.
— à la Chevalier.
— à la Dauphine.
— à la vénitienne.
— à l'italienne, sauce tomate.
— bigarrée aux écrevisses.
— à la Villeroy.
Le kari de poulets à l'indienne.
Le fritot de poulets garni d'œufs frits.
— à la Marengo, sauce tomate.
— pané à l'allemande, sauce poivrade.
La marinade de poulets nouveaux.
La capilotade de volaille, sauce italienne.
Les cuisses de volaille, en balottine à la nivernoise.
Les petits cannetons de cuisses de volaille en haricot vierge.
— à la macédoine.
— aux pointes d'asperges.
La bigarrure de cuisses de volaille, sauce allemande.
Les cuisses de poulets à la Mirepoix, sauce tomate.

DIXIEME PARTIE.

Les cuisses de poulets à la d'Armagnac, demi-espagnole.
— à glace.
— à la Villeroy.
— à la Pompadour.
Le fritot de cuisses de volaille, sauce poivrade.
Les cuisses de poulets panées à l'allemande, sauce tomate.
— en kari.
— braisées, sauce aux écrevisses ou aux crevettes.
— braisées, sauce Périgueux.
Les cuisses de volaille à la Chevry.
Les ailerons de dindon à la Vierge.
— à la Mirepoix.
— aux petits pois.
— en haricot vierge.
— à la macédoine.
— à la nivernoise.
— à la chicorée.
— aux concombres.
— farcis à la Dauphine.
— à la Toulouse.
— à la financière.
— panés à l'allemande.
Le fritot d'ailerons de poularde.
Les ailerons en kari.
La blanquette de poularde aux truffes.
— à la Béchamel.
— aux concombres.
— au suprême garnie de filets mignons piqués glacés.
— garnie de filets mignons à la Villeroy.
— de filets mignons Conti aux truffes.
— de poularde, les petits filets Conti à l'écarlate.
— de volaille garnie de filets mignons panés à l'allemande.
— garnie de quenelles à la Villeroy.
L'épigramme de filets de poularde à la chicorée.
— de poulets à la macédoine.
— de volaille, garnie de céleri à la française.

Le sauté de poulardes ou de poulets au suprême, les petits filets à la Orly.
— aux truffes, les petits filets à la Conti.
— aux concombres.
— à la Toulouse, les petits filets piqués glacés.
— à la macédoine.

Le sauté de poulardes à la nivernoise.
— aux pointes d'asperges.
Le sauté de poulets gras à la Royale ou à l'écarlate.
Le sauté de volaille à la Belle-vue orné de truffes.
Le sauté à la provençale.
Le sauté Conti aux truffes.
Les filets de poulets à la Chevalier.
— à la Sainte-Menehould.
Les ailes de poulets panées à l'allemande, sauce tomate.
La bigarrure de filets de poulets à la Saint-Cloud.
Les filets de poulets à la Berry.
Le turban de filets mignons Conti aux truffes piqués glacés.
Les cannetons de ferme à la flamande.
— de Rouen en haricot vierge.
— glacés aux racines.
— aux olives farcies.
Les filets de cannetons à la minute au jus d'orange.
Les aiguillettes de cannetons à la bigarade.
Le sauté de filets de cannetons à la bourguignotte.
— au vin de Bordeaux.
Les filets de canards sauvages à la Périgueux.
— à la Sainte-Menehould.
— panés à l'allemande, demi-espagnole.
La Orly de filets de canards.
Les filets de canards Conti aux truffes.
Le sauté de sarcelles à la bourguignotte.
— au vin de Bordeaux.

On peut les servir de même que les filets de canards décrits ci-dessus.

Les cuisses de cannetons à la macédoine.
La bigarrure de cuisses de canards à la jardinière.
Les cuisses de cannetons en haricot vierge.
— aux olives.
Les cuisses de canards à la Mirepoix.
— à la Villeroy.
— braisés à la provençale.
— aux pointes d'asperges.
Le sauté de faisan à la Royale.
— aux truffes et au suprême.

Les faisans Conti aux truffes à la Périgueux.
Le salmi de faisan au vin de Bordeaux.
— au vin de Champagne.
— à la bourguignotte.

Les pigeons innocens à la cuillère, sauce allemande.
— au beurre d'écrevisses.
Les pigeons-Gauthier en haumards, sauce aux crevettes.
— à la Saingara.
— à la Toulouse.
— à la macédoine.
— à la nivernoise.
— aux petits pois.
Les pigeons-Gauthier aux concombres.
Le sauté de pigeons au sang.
— à la Périgueux aux truffes.
La Orly de filets de pigeons.
Les filets de pigeons à la Sainte-Menehould.
Les ailes de pigeons à l'anglaise.
Les côtelettes de pigeons à la maréchale.
Les ailes de pigeons panées à l'allemande.
Les papillottes de pigeons aux fines herbes.

Les cailles au gratin demi-espagnole.
— aux petits pois.
— à la Mirepoix, sauce italienne.
— à la financière.
— à la Toulouse.
— aux pointes d'asperges.
— à la macédoine.
— à la jardinière.
— aux fines herbes et en caisse.
Le sauté de cailles au suprême.
Les ailes de cailles sautées aux truffes.
La Orly de filets de cailles.
Le salmi de cailles au vin de Bordeaux.

Les papillottes de jeunes perdreaux aux fines herbes et au laurier.
Les perdreaux à la Périgord entrée de broche.
— à la Monglas.
— Conti aux truffes, demi-espagnole.
Le salmi de perdreaux rouges à la bourguignotte.
— au fumet et au vin de Champagne.

Le salmi de perdreaux rouges au vin de Bordeaux.
— aux truffes, sauce Périgueux.
Les côtelettes de perdreaux à la maréchale.
Les filets de perdreaux à la Sainte-Menehould.
— à la westphalienne.
Le sauté de perdreaux rouges aux truffes.
— à la Toulouse.
— à la bourguignotte.
— Conti aux truffes à la financière.
L'épigramme de filets de perdreaux aux pointes d'asperges.
La Orly de filets de perdreaux rouges.
Le hachis de perdreaux à la polonaise.
— à la turque.
Les papillottes de bécassines aux fines herbes.
Le salmi de bécasses au fumet et au vin de Champagne.
— au vin de Bordeaux.
— à la bourguignotte.
Le sauté de bécasses aux truffes.
— à l'allemande.
— au suprême.

On prépare le pluvier et la grive de même.

La caisse de lapereaux aux fines herbes.
Les lapereaux de garenne sautés aux fines herbes.
La gibelotte de lapereaux à la bourguignotte.
— au vin de Bordeaux.
— au chasseur.
L'escalope de lapereaux à l'allemande.
— Les filets de lapereaux à la vénitienne.
— Conti aux truffes garnies d'une escalope.
— piqués glacés à la financière.
Les papillottes de lapereaux aux fines herbes.
Le gratin de lapereaux à la turque.
Le turban de filets de lapereaux.
La grenade de filets de lapereaux à la Berry.   turban.
Les filets de lapereaux en lorgnette.
Les filets de lapereaux panés à la Sainte-Menehould.
Les filets de levreaux à la Sainte-Menehould.

DIXIÈME PARTIE.

La Orly de filets de levreaux.
L'émincé de gibier au fumet.

Les filets de levreaux sautés au sang.
Le sauté de levreaux aux truffes.
Les filets de levreaux piqués glacés garnis d'une escalope.
L'escalope de levreaux liée au sang.
— aux truffes.
— à l'italienne, les petits filets à la Orly.
Le turban de levreaux Conti aux truffes.

Les papillottes de levreaux aux fines herbes.
Les filets de levreaux piqués marinés, sauce poivrade.
— Conti à l'écarlate, sauce tomate.
L'escalope de filets de chevreuil à l'italienne.
Les filets de chevreuil à la maréchale.
— à la Sainte-Menehould.
Le sauté de chevreuil à la Périgueux.
— au vin de Champagne.

CHAPITRE XIV.

DES ENTRÉES DE FOIES GRAS ET DE FARCES A QUENELLES.

La caisse de foies gras à l'espagnole.
— à la financière.
— à la Périgueux.
La matelotte de foies gras au vin de Madère.
La Orly de foies gras.
Le gratin de foies gras.
Le pain de foies gras à la Toulouse.
— à la Périgueux.
Le pain de volaille à la turque.
— jaspé de queues d'écrevisses.
— à la Toulouse.
— à la Périgueux.
Les quenelles de volaille au consommé.
— à l'essence.
— à la Béchamel.
— au beurre d'écrevisses.
— à la Périgueux.
— à la Villeroy.

Les quenelles de volailles à la Ste-Menehould.
Les quenelles en cotelettes au suprême.
— à la Toulouse.
— à l'italienne.
— aux truffes.
— à la Sainte-Menehould.
— à la Villeroy.
— panées à l'allemande, sauce tomate.
Le boudin de volaille à la Richelieu.
— à la troyenne.
— au beurre d'écrevisses.
— à la Périgueux.
— à la Pompadour.
— à la Villeroy.

Les quenelles de gibier se préparent de même que les précédentes.

CHAPITRE XV.

DES ENTRÉES DE FOUR ET DES CHARTREUSES.

La chartreuse printanière.
— à Mauconseil.
— à la paysanne.
— au chasseur.
— à la parisienne.
— à la parisienne en surprise.
Petites chartreuses à la flandre.
Les truffes croustades en surprise à la purée de gibier.

Les truffes croustades en surprise de gibier.
— à la Reine.
— à la Monglas.
— à la Toulouse.

Des croustades de pain.

La croustade garnie d'une escalope de levreaux au sang.

La croustade garnie d'un salmi de perdreaux aux truffes.
—— garnie d'un salmi de faisan au vin de Champagne.
—— garnie d'un salmi de bécasses au fumet.
—— garnie d'un salmi de grives aux champignons.
—— garnie d'une blanquette de poularde à la Périgueux.
—— aux concombres.
La croustade de cailles au gratin.
—— de grives aux fines herbes, demi-espagnole.
La croustade de mauviettes au gratin et aux truffes.
Les petites croustades de pain garnies de grives au gratin.
—— garnies de mauviettes aux fines herbes.

La timbale de nouilles à la Reine, purée de volaille.
—— à la polonaise.
—— garnie d'un hachis de gibier à l'espagnole.
—— garnie d'une financière.
—— garnie d'une blanquette de volaille aux truffes.
—— garnie d'un kari à l'indienne.

Les petites timbales de nouilles à la Reine.
—— à la polonaise.
—— garnies d'une purée de gibier.
—— garnies à la Monglas.
—— garnies à la Toulouse.
—— garnies d'une escalope de filets de mauviettes.

La casserole au riz à la Reine.
—— à la Berry.
—— à la polonaise.
—— au chasseur.
—— à la Toulouse.
—— à la financière.
—— à la Nesle.
—— garnie d'une escalope de levreaux liée au sang.
—— garnie d'une blanquette de palais de bœuf.
—— garnie d'un salmi de gibier au fumet.
La casserole au riz à l'indienne.
—— à la moderne.
—— à l'ancienne.
—— de bonne morue.
—— garnie d'une blanquette de filets de soles à la Béchamel.

La casserole garnie d'une escalope de saumon aux fines herbes.
—— d'une blanquette de turbot à la Béchamel maigre.

Les petites casserolettes de riz à la Reine.
—— à la polonaise.
—— garnie d'une purée de gibier.
—— à la Monglas.
—— à la Toulouse.
—— au chasseur.
—— garnies d'une escalope de mauviettes à l'espagnole.
—— d'un émincé de blancs de volaille aux truffes.
—— garnies de filets de soles à la Béchamel.
—— garnies d'un émincé de perches à la Béchamel.
—— garnies d'un émincé de turbot.

La bordure de riz garnie de ris de veau à la chicorée.
—— garnie de ris d'agneau au céleri à la française.
—— garnie d'une blanquette de volaille aux concombres.
—— aux truffes.
—— garnie d'un salmi de bécasses à la bourguignotte.
—— garnie d'un salmi de pluviers au fumet.
—— garnie d'un salmi de perdreaux rouges au vin de Bordeaux.
—— garnie d'un salmi de faisan au vin de Champagne.
—— garnie d'un ragoût à la Toulouse.
—— garnie d'un ragoût à la financière.
—— garnie d'un hachis de gibier à la turque.
—— garnie d'une purée de gibier à la polonaise.
—— garnie d'une blanquette de turbot à la Béchamel.
—— garnie de filets de soles à la vénitienne.
—— garnie d'une escalope de saumon aux truffes.
—— garnie de filets de perches à la Béchamel maigre.

Des pâtés chauds.

Pâté chaud de faisans aux truffes.
—— de bécassines à l'espagnole.
—— de cailles aux champignons.
—— de mauviettes aux fines herbes.

Pâté chaud de jeunes perdreaux au fumet.
— de grives à la Périgueux.
— garni à la Monglas.
— garni au chasseur.
— garni à la financière.
— garni de palais de bœuf farcis.
— garni de ris d'agneau ou de veau aux fines herbes.
— garni de godiveau à la ciboulette.
— garni de quenelles de godiveau de volaille aux truffes.
— garni de quenelles de godiveau de gibier aux champignons.
— de faisan aux fines herbes.
— de saumon aux truffes.
— de filets de soles en attereaux.
— de filets de merlans à la bourguignotte.
— d'une escalope d'esturgeon au vin de Madère.
— à la marinière.
— de légumes à la moderne.
— anglo-français.
— à la russe.

Les petits pâtés dressés à la Monglas.
— garnis de fois gras à la Périgueux.
— garnis d'un émincé de volaille à la Béchamel.
— garnis d'une escalope de mauviettes à l'espagnole.
— garnis d'un hachis de gibier à la turque.
— garnis d'une purée de volaille à la polonaise.
— garnis d'un ragoût à la Toulouse.
— garnis d'une blanquette de turbot à la Béchamel.
— garnis de filets de soles, de saumon ou de perches.

Des timbales de pâte à l'italienne.

La timbale de macaroni à la milanaise.
— de macaroni au chasseur.
— de macaroni à la marinière.
— de macaroni à la financière.
— de macaroni à la bernoise.
— garnie de nouilles avec blanquette de volaille.
— de lazanes au fumet de gibier.

La timbale garnie d'un ragoût à la financière.
— garnie d'un ragoût à la Toulouse.
— de pigeons innocens aux truffes.
— de gibier aux fines herbes.
— à la parisienne.
— à l'indienne.
— blanches à la moderne.
— garnie de turbot à la Béchamel.
— garnie de saumon aux fines herbes.
— garnie de filets de merlans en attereaux.
— garnie de filets de soles aux truffes.

Les petites timbales de macaroni.
— de macaroni à l'italienne.
— de nouilles à l'espagnole.
— de lazanes au fumet de gibier.

Des vol-au-vent.

Le vol-au-vent de macaroni à la milanaise.
— garni à la Nesle.
— garni d'un ragoût à la financière.
— garni d'un ragoût à la Toulouse.
— de quenelles de volaille à l'allemande.
— de quenelles de gibier à l'espagnole.
— de quenelles de faisan à la Béchamel.
— garni d'une blanquette de volaille aux truffes.
— garni d'une escalope de gibier.
— de bonne morue à la Béchamel.
— garni d'une blanquette de turbot.
— garni d'une escalope de saumon aux fines herbes.

Les petits vol-au-vent à la Béchamel.
— à la purée de volaille.
— à la purée de gibier.
— à la marinière.
— à la Monglas.

Des tourtes d'entrées.

La tourte d'entrée à l'ancienne.
— de godiveau de volaille.
— de godiveau de gibier aux truffes.

La tourte de godiveau de poisson aux fines herbes.
—— de godiveau de volaille ou de gibier.
—— garni au chasseur.
—— de ris d'agneau aux truffes.
—— de jeunes perdreaux au fumet.
—— de saumon aux fines herbes.
—— d'esturgeon au vin de Madère.
—— de filets de soles roulés farcis.
—— de filets de merlans en attereaux.
—— à la marinière.

Des petits pâtés pour hors-d'œuvre.

Les petits pâtés au verjus.
—— aux rognons de coq.
—— à l'écarlate.

Les petits pâtés aux truffes.
—— de filets de mauviettes.
—— maigres de laitances de carpes ou de lottes.
—— de queues d'écrevisses.
—— de queues de crevettes.
—— aux huîtres vertes.
—— aux anchois à la provençale.
—— à la Mazarine.
—— à l'espagnole.

Des rissoles, hors-d'œuvre.

Les rissoles à la parisienne.
—— à la russe.

On fait également des rissoles de toutes les garnitures décrites ci-dessus, pour les petits pâtés; alors celles-ci prennent le nom des garnitures de petits pâtés.

~~~~~~

CHAPITRE XVI.

DES ENTRÉES DE POISSON EN GÉNÉRAL.

La darne d'esturgeon à la broche, sauce génevoise.
—— en tortue.
—— au vin de Madère ou de Champagne.
—— au court-bouillon, sauce aux huîtres.
La queue d'esturgeon grillée, sauce au beurre et aux queues d'écrevisses.
Le sauté d'esturgeon à la Béchamel maigre.
L'escalope d'esturgeon aux truffes.
Les cotelettes d'esturgeon à la Sainte-Menehould.
Les filets d'esturgeon panés à l'allemande.
—— à la Orly.
Les papillottes d'esturgeon aux fines herbes.
Le fritot d'esturgeon.

La darne de saumon grillée, sauce aux huîtres.
—— au vin de Champagne, sauce au beurre d'écrevisses.
—— au court-bouillon et glacé au four, sauce génevoise.
—— aux fines herbes et en papillottes, sauce flamande.

Le sauté de filets de saumon aux truffes, sauce Périgueux.
L'escalope de saumon à la maître-d'hôtel.
—— au beurre d'anchois.
—— à la hollandaise.
L'émincé de saumon à la Béchamel.
—— au gratin.
La caisse d'escalope de saumon aux fines herbes.
Le sauté de saumon à la Béchamel.
Les filets de saumon panés à l'allemande, sauce aux crevettes.
Les cotelettes de saumon à la Sainte-Menehould.
Les papillottes de saumon aux fines herbes.
Le fritot de saumon à la provençale.
La Orly de filets de saumon.
Le sauté de truites à la hollandaise ou au beurre d'écrevisses.
Les filets de truites à la maître-d'hôtel ou au beurre d'anchois.
—— sautés aux truffes, sauce Périgueux.
—— panés à l'allemande, sauce aux huîtres ou aux queues d'écrevisses.

DIXIEME PARTIE.

Les cotelettes de truites à la Sainte-Menehould, sauce génevoise.
Les papillottes de truites aux fines herbes.
Le fritot de filets de truites à la provençale.
La Orly de filets de truites.
L'alose à la purée d'oseille.
— grillée, sauce hollandaise.
— grillée, sauce génevoise.
Le sauté d'aloses, sauce italienne.
Les cotelettes d'aloses panées à l'allemande.
Les papillottes d'alose à la Ducelle.
Le fritot d'aloses à la provençale.
La caisse de filets d'aloses à la Périgueux.

Le quart de turbot, sauce flamande.
— sauce hollandaise.
L'émincé de turbot à la Béchamel maigre.
— au gratin garni de petites pommes de terre.
L'escalope de turbot aux truffes, sauce Périgueux.
Le sauté de turbot, sauce au beurre et aux queues d'écrevisses.
— sauce aux fines herbes et aux huîtres.
— sauce génevoise.
Les filets de turbot à la Sainte-Menehould.
— panés à l'allemande, sauce flamande.
— à l'anglaise, sauce aux crevettes.
Les papillottes de filets de turbot à la maître-d'hôtel.
La Orly de turbot.
Le fritot de turbot à la provençale.

Le turbotin et la barbue se préparent de même que le turbot.

Le gratin de bonne morue à la Béchamel.
La morue à la branlade ou à la provençale.
La caisse de morue à la hollandaise.
— à la bourguignotte.
La morue roulée, sauce aux huîtres.
Le fritot de bonne morue d'Ostende.
La Orly de bonne morue.

La bonne morue à la Béchamel.
— à la maître-d'hôtel.
— au beurre noir.
Le cabillaud d'Ostende à la hollandaise.
L'émincé de cabillaud à la Béchamel.
— au gratin ceint de petites pommes de terre.
La queue de cabillaud au court-bouillon, sauce aux huîtres.
La darne de cabillaud au beurre et queues d'écrevisses.

La raie bouclée à la hollandaise.
— en filets, sauce aux huîtres.
— en filets au beurre et queues d'écrevisses.
— en filets au beurre noir.
— en filets au beurre d'anchois et aux câpres.
La marinade de raie au persil.

Le sauté de filets de soles à l'italienne.
— à la vénitienne.
— à l'écarlate, sauce aux crevettes.
— aux truffes, sauce Périgueux.
— au beurre d'écrevisses.
— sauce aux huîtres.
Les filets de soles panés à l'allemande, sauce hollandaise.
— à la Sainte-Menehould, sauce tomate.
La Orly de filets de soles.
Le fritot de filets de soles à la provençale.
Les attereaux de filets de soles au gratin.
Le turban de filets de soles Conti aux truffes.
La blanquette de soles à la Béchamel et en croustades.
— aux truffes à l'italienne et en caisse.
Les papillottes de filets de soles à la maître-d'hôtel.
Le sauté de filets de soles, sauce aux fines herbes.
— sauce au beurre d'anchois.

Les filets de merlans se préparent absolument de même que les filets de soles décrits ci-dessus.

Les filets de carlets sautés aux fines herbes.

TRAITÉ DES MENUS. 361

Les filets de carlets à la Sainte-Menchould, sauce tomate.
— à la Orly.
— panés à l'allemande, sauce aux huîtres.
Le fritot de carlets à la provençale.
Le turban de filets Conti aux truffes.
La blanquette de carlets à la Béchamel et en caisse.
— au beurre et aux queues d'écrevisses.
— au gratin.

Les rougets grillés, sauce au beurre d'écrevisses.
— sauce génoise.
— sauce hollandaise.
— sauce aux huîtres.
— sauce aux crevettes.

Les grondins grillés, sauce aux câpres ou à la pluche verte.
Les filets de grondins à la Sainte-Menehould, sauce tomate.
— panés à l'allemande, sauce aux écrevisses.
Le fritot de grondins à la provençale.
La Orly de filets de grondins.
La blanquette de filets de grondins aux truffes et en caisse.
Le sauté de filets de grondins à l'écarlate, sauce aux crevettes.
Le turban de filets de grondins Conti aux truffes.
Les attereaux de filets de grondins au gratin.
Les maquereaux à la maître-d'hôtel.
Le sauté de filets de maquereaux à la Béchamel garnis de laitance.
— sauce hollandaise.
— sauce au beurre et aux queues d'écrevisses.
— sauce aux huîtres, les laitances à la Orly.
— sauce italienne garnie de crevettes.
Les filets de maquereaux panés à l'allemande.
— à la Sainte-Menehould.
La Orly de filets de maquereaux et de laitances.
Le fritot de filets, idem, à la provençale.
Les papillottes de filets, idem, à la Ducelle.
Le gratin de maquereaux garni de laitances à la Orly.

Le turban de filets de maquereaux Conti aux truffes.
La caisse de laitances de maquereaux aux fines herbes.

Les harengs frais, sauce à la moutarde.
— sauce hollandaise.
Les papillottes de laitances de harengs à la maître-d'hôtel.
La caisse de laitances de harengs, sauce aux huîtres.
La croustade de laitances de harengs, sauce au beurre et aux queues d'écrevisses.

Les vives à la flamande.
— à l'italienne.
— à la maître-d'hôtel.
— grillées, sauce au beurre d'écrevisses.
— grillées, sauce aux câpres.
— sauce aux huîtres.

Les perches à la Waterfisch.
— à la pluche verte.
— sauce aux huîtres.
— sauce hollandaise.
— sauce au beurre et queues d'écrevisses.
— sauce aux crevettes.
Les papillottes de perches à la Ducelle.
Les filets de perches à la Sainte-Menehould.
— panés à l'allemande.
La Orly de filets de perches.
Le fritot de perches à la provençale.
La matelotte de perches au vin de Bordeaux.
La croustade garnie d'une blanquette à la Béchamel.
Les perches au gratin.
Le turban de filets de brochets Conti aux truffes et à l'écarlate.

Le sauté de filets de brochets à l'italienne, garni de laitances de carpes.
Les cotelettes de brochet panées à l'allemande, sauce aux huîtres.
— à la Sainte-Menehould, sauce génevoise.
La Orly de filets de brochet.
Le fritot de brochet à la provençale.
Les papillottes de brochet aux fines herbes.

Les attereaux de filets de brochet au gratin.
La caisse garnie d'une blanquette de brochets à la Béchamel au beurre d'écrevisses.

Les lamproies grillées, sauce hollandaise ou flamande.
La matelotte de lamproies à la bourguignotte.
Les lamproies à la poulette.

Les lottes et les tanches se préparent de même.

L'anguille de Seine à la Sainte-Menehould, sauce tomate
— roulée et glacée au four, sauce aux huîtres.
— à la broche, sauce aux crevettes.
Les tronçons d'anguille à la tartare.
— à la poulette.
— à la Béchamel au beurre d'écrevisses.
La matelotte d'anguilles garnie de laitances de carpes.
La caisse d'anguilles à l'italienne.
Les papillottes d'anguilles à la maître-d'hôtel.

Des entrées froides.

La galantine de poularde à la gelée.
— de perdreaux rouges aux truffes.
Les faisans en galantine à la parisienne.
La salade de poulets à la Reine.
La magnonnaise de volaille à la gelée.
La salade de volaille à la magnonnaise.
Le sauté de poulets en salade à la magnonnaise.
— de poulets à l'écarlate, sauce magnonnaise.
— de poularde aux truffes à la magnonnaise.
— de poulets aux truffes à la gelée.
— de poularde à la macédoine, sauce magnonnaise.
Le salmi chaud-froid de perdreaux à la gelée.
— de perdreaux aux truffes à la gelée.
Les filets de bécasses aux truffes à la gelée.

Le chaud-froid de poulets à la gelée.
— de poulets aux truffes.
L'aspic de blanc de volaille garni d'une macédoine.
— de crêtes et rognons de coq, garni d'une blanquette de volaille.
Les petits aspics à la moderne.
Les atelets de crêtes et rognons à la gelée.
— d'aspics garnis de blanc de volaille et de truffes.
— garnis de blanc de volaille à l'écarlate.

La noix de veau à la gelée.
— au beurre de Montpellier.
— au beurre d'écrevisses.
— à la Périgord.
Les côtelettes de veau à la gelée.
— à la Belle-vue.
Les cervelles de veau à la magnonnaise.
— à la gelée.
La salade de cervelles de veau.
La balottine d'agneau en galantine à la gelée.
Les filets de mouton à la gelée.
Les côtelettes de mouton à la gelée.
Les langues de mouton à la magnonnaise.
— au beurre de Montpellier.
— aux écrevisses.
La côte de bœuf à la gelée.
Le filet de bœuf à la gelée.
La croustade de pain garnie d'une escalope de levreaux chaud-froids.
Le pain de foies gras.
La magnonnaise de filets de soles dans une bordure de gelée.
La salades de filets de soles aux laitues.
La darne de saumon au beurre de Montpellier.
— à la magnonnaise.
Les truites à la magnonnaise.
Les perches historiées à la magnonnaise.
La galantine d'anguilles en forme de volute.
L'anguille en galantine à la magnonnaise.
La galantine d'anguilles en arcade, au beurre de Montpellier aux écrevisses.
La dinde en galantine à la gelée.
Le jambon de Bayonne à la gelée.
Le buisson d'asperges en croustade.

La pyramide de salsifis à l'huile.
Les culs d'artichauts à la magnonnaise.
La macédoine à l'huile et en croustade.
Les culs d'artichauts à la gelée.
—— à l'écarlate.

La salade à la parisienne.
La croustade garnie de chou-fleurs et d'haricots verts.
Les chou-fleurs à la magnonnaise et à la légère.
Le buisson d'haricots verts à l'huile et en croustade.

CHAPITRE XVII.

DES PLATS DE RÔT.

Le chapon gras au cresson.
Le chapon de la Flèche.
Le coq vierge de bruyère.
La poule du Mans.
—— de Caux.
La poularde à la peau de goret.
—— à la Loire.
—— piquée glacée.
—— aux truffes.
—— bardée.
—— au cresson.

Le dindonneau piqué.
—— à la peau de goret et au cresson.
Le dindon gras non bardé.

Les poulets à la Reine.
—— nouveaux piqués.
—— normands à la peau de goret.
—— bardés au cresson.
La poule d'eau.
Les faisans piqués garnis de cresson.
—— de Bohême.
L'oison gras.
La poularde grasse.
Les cannetons de Rouen.
—— de ferme.
Les canards sauvages.
Les sarcelles.
Les bartavelles.
Les perdreaux rouges piqués.
—— gris bardés.
Les bécasses avec roties de pain.
Les bécassines ou bécots bardés.
Les pigeons romains bardés avec feuilles de vigne.
—— de volière.
—— au cresson.
Les cailles de vignes.
—— bardées.
Les cailletaux.
Les mauviettes et les cailles bardées.
Les grives bardées avec feuilles de vigne.
Les pluviers dorés.

Les rouges-gorges.
Les bec-figues bardés.
Les ortolans.
Les vanneaux au cresson.
Les merles bardés.
Les gélinottes.
Les ramiers bardés.
Les oiseaux de rivière.
Les guignards.
Les lapereaux de garenne.
—— bardés.
—— piqués glacés.
Le lièvre bardé.
Le quartier de sanglier mariné.
—— de marcassin piqué mariné.
—— de chevreuil piqué mariné.
—— de daim piqué glacé.
—— de mouton en chevreuil.
—— d'agneau.
—— de Présalé.
La longe de veau de Pontoise.
Le cochon de lait.

Du rôt en poisson.
Le brochet au bleu.
—— au court-bouillon.
Les brochetons à la bourguignotte.
—— frits marinés.
Les barbillons frits.
—— au bleu.
La carpe au bleu.
—— de Seine.
Le turbot.
Les truites saumonées au bleu.
Le saumon.
Les petites truites au court-bouillon.
L'alose de Seine.
Les soles frites.
Les merlans frits.
Les éperlans en atelets.
Les aiguillettes d'éperlans.
Les goujons de Seine.
—— en atelets.
Les aiguillettes de goujons.

CHAPITRE XVIII.

DES GROSSES PIÈCES D'ENTREMETS.

Le pâté chaud-froid de perdreaux aux truffes.
Le pâté de foies gras aux truffes.
— de poulardes aux truffes.
— de cannetons de Rouen.
— de levreaux aux truffes.
— de filets de bœuf aux truffes.
— garni d'une noix de bœuf.
— au vin de Madère.
— de faisans garnis à l'ancienne.
— de jambon de Bayonne.
La timbale froide garnie d'une dinde en galantine aux truffes.
Le pâté froid d'esturgeon aux truffes.
— garni de laitances de carpes, de filets de soles ou de turbot.
Le pâté d'anguille en galantine.
Le buisson de petits pâtés à la gelée.
— garni de cailles aux truffes.
— garni de bécassines.
— garni de mauviettes.
— garni de perdreaux rouges.
— garni de filets de lapereaux.
— garni de filets de volaille.
— garni de foies gras aux truffes.

La dinde en galantine sur un socle à la moderne.
La galantine glacée ornée de gelée.
— à la gendarme ornée d'atelets.
Le jambon glacé à la gelée.
— orné de gelée sur un socle.
Le pain de lièvre glacé sur un socle.
— de foies gras aux truffes orné de gelée sur un socle.
Le buisson de truffes au vin de Champagne.
Le buisson de truffes sur un socle.
— d'écrevisses du Rhin.
— à la moderne sur un socle.
— de crevettes sur un socle.
Les haumards.
La carpe du Rhin au bleu.
Le brochet au bleu.
La truite saumonée.
— à la bourguignotte.
— de Strasbourg.
Le saumon au bleu.
Le turbot froid.
La timbale de macaroni.

La timbale de nouilles à l'italienne.
— de lazanes au Parmesan.

Le gros biscuit de fécule de pommes de terre.
Le biscuit de Savoie au zeste d'orange.
Le gros biscuit aux amandes amères.
— aux avelines grillées.
— glacé à la Royale.
Le biscuit en sultane.
La grosse méringue à la parisienne.
La croquante de pâté d'amandes d'avelines.
Le poupelin historié.

Le gâteau de mille feuilles à la parisienne.
— à la française.
— à la moderne.
— à la Royale.

Le croque-en-bouche ordinaire.
— à la turque.
— à la parisienne.
— à la Royale.

Le gros nougat à la française.
— à la parisienne.
— à la turque.
— à la Chantilly.

La sultane en surprise.
— formant le turban.
— à colonnes.
— ordinaire.

La brioche à la crème de vanille.
— au raisin de Corinthe.
— au fromage.
— en caisse à la moderne.
Le baba polonais.
Le couglauffe à l'allemande.
Le gâteau de Compiègne.
— à la parisienne.
— à la française.
— à la Royale.

Le flanc à la portugaise.
— à la suisse.
— à la parisienne.
— à la milanaise.

Le flan parisien aux abricots.
— à la turque.
— de pommes de terre.
— de marrons de Lyon.
— de nouilles à la vanille.
— de vermicelle au citron.
— de crême-pâtissière au chocolat.
— anglo-français.

Soufflé français à la vanille.
— au café Moka.
— au cacao.
— au chocolat.
— au thé Hyswin.
— au punch.
— à la fleur d'orange nouvelle.
— à la fleur d'orange pralinée.

Soufflé à la fleur d'orange grillée.
— au caramel anisé.
— aux macarons amers.
— aux macarons d'avelines.
— aux amandes amères.
— aux pistaches.
— aux quatre fruits.
— au cédrat.
— à la crême de menthe.
— au parfait-amour.
— au marasquin.

Soufflé parisien aux abricots.
— aux fraises.
— aux pommes de reinette.
— de fécule de pommes de terre.

CHAPITRE XIX.

DES PIÈCES MONTÉES.

La harpe, ornée de sucre filé.
La lyre élégante ornée de sucre filé.
La mappemonde en sucre filé.
Le casque à la française.
— à la romaine.
— à la grecque.
Le trophée de guerre.
Le schako français.
Le trophée de marine.
La grande cassolette à la sultane.
La pyramide d'abaisses en pâte d'amandes.
La cassolette en cascade.
Le vase en nougat.
La grande corbeille garnie de fruits.
La coupe garnie d'oranges.
L'ermitage parisien.
La rotonde rustique.
Le berceau à treillage orné de vigne.
La grotte ornée de mousse.

La rotonde parisienne.
La cascade des palmiers.
— demi-circulaire.
La maisonnette rustique.
La grande cascade à seize colonnes.
La fontaine turque.
— antique dans une île.
— grecque.
Le grand cabinet chinois.
Le pavillon vénitien sur un pont.
Le belvédère égyptien.
La chaumière turque.
Le moulin turc.
L'ermitage hollandais.
Le pavillon turc.
La rotonde en ruines.
La grande fontaine moderne.
Le fronton en ruines.
La ruine de Palmyre.
La grande ruine d'Athènes.
Le petit navire chinois.
La gondole vénitienne.

CHAPITRE XX.

DES ENTREMETS DE LÉGUMES.

Les asperges en petits pois et au sucre.
Les pointes d'asperges au jambon.
Les grosses pointes d'asperges à la Béchamel.

Les asperges en branches, sauce hollandaise.
— sauce au beurre.
— à l'huile et en croustade.

DIXIEME PARTIE.

Les grosses pointes d'asperges marinées à la Orly.

Les petits pois à la française.
— au sucre.
— au petit lard fumé.
— à l'anglaise.
— à la russe.

Les haricots verts à la bretonne.
— à l'anglaise.
— à la lyonnaise.
— à la poulette.
— en salade et en croustade.
— frits à la provençale.

Les artichauts à la provençale.
— à la lyonnaise.
— à l'italienne.
— à la barigoule.
— frits.
Les culs d'artichauts à la Mirepoix, sauce hollandaise.
— sauce au beurre d'écrevisses.
— à l'écarlate, sauce tomate.
— à la magnonnaise.
— en salade et à la gelée.
— marinés à la Orly.

Les concombres à la Béchamel.
— en cardes à l'espagnole.
— à la poulette.
— au fumet de gibier.
— farcies, sauce tomate.
Les chou-fleurs, sauce hollandaise.
— sauce au beurre d'anchois.
— à l'italienne.
— au Parmesan.
— à la bernoise.
— marinés à la Orly.
— à la magnonnaise ravigotte.
— en salade à la gelée.

Les petits choux de Bruxelles au velouté.
— à l'espagnole.
— à la sauce hollandaise.
Les choux brocoli rouges, sauce au beurre d'écrevisses.
Les brocolis à l'italienne.
— à l'anglaise.

Les fèves de marais à la crême.
— au velouté.
— à l'espagnole.
La purée de fèves aux petits croûtons.

Les haricots blancs à la maître-d'hôtel.

Les haricots blancs à la crême.
— à la bretonne.
La purée de haricots au sucre.

La macédoine printanière.
— au velouté dans une croustade.
— à la magnonnaise ornée de gelée.

Les navets à l'essence de racines.
— à l'espagnole.
— à la Chartres.
— à la Béchamel.

Les petites carottes à la Béchamel.
— au velouté.
— à la sauce hollandaise.
— à la flamande.

Les cardes à la moelle demi-glace.
— au velouté.
— à la Béchamel.
— à l'espagnole.
— à la bernoise.
— au Parmesan.

Les tomates aux fines herbes.
— à la provençale.
Les champignons à la provençale.
La croûte au champignon au velouté.
L'émincé de champignons à la Béchamel.
La croûte aux morilles.
— aux mousserons.

Les petites pommes de terre tournées, sauce hollandaise.
— à la Béchamel.
— à la crême.
— à la bretonne.
— frites au beurre.
— à l'anglaise.
— à la lyonnaise.
— à la maître d'hôtel.
— à l'espagnole.
La purée de pommes de terre (en croustade) à la crême garnie de petits croûtons.

Les laitues farcies à l'essence.
— à l'espagnole.
— frits.
— au velouté.
La laitue en chicorée à la Béchamel en croustade.
La chicorée au velouté.
— à la Béchamel et en croustade.
— au jus.
— à l'anglaise.

TRAITÉ DES MENUS.

Les épinards en croustade.
— à la crême.
— au velouté.
— à l'espagnole.
— à l'anglaise.
— à l'essence.

Le céleri en petits pois à la française.
Les pieds de céleri en cardes à l'essence.
— à l'espagnole.
— au velouté et à la Béchamel.

Les aubergines à la provençale.

Les truffes à l'italienne.
— à l'espagnole.
— à la Périgueux.
— en croustade.
— en caisse.
La tourte de truffes à l'ancienne.
Les truffes à la cendre.
— à la serviette.
— au vin de Champagne.
Le pouding français.

CHAPITRE XXI.

DES EXTREMETS D'ŒUFS ET AUTRES.

Les œufs brouillés aux pointes d'asperges.
— brouillés aux truffes.
— brouillés au jambon.
— brouillés aux rognons de coq.
— brouillés aux champignons.
Les œufs au beurre noir.
— au miroir.
— à l'aurore.
— à la Dauphine.
— à la princesse.
— à la polonaise.
— à la bretonne.
— à la Béchamel.
— à la suisse.
— au Parmesan.
— à la tripe.
— frits à la sauce tomate.
— à l'aspic.
— à l'espagnole.
— pochés au jus.
— à l'espagnole.
— aux épinards.
— à la sauce tomate.
— aux concombres.
— à la chicorée.
— aux petits pois.
— au céleri à la française.
— aux pointes d'asperges en petits pois.

Les œufs à la purée de cardes.
— à la purée de champignons.
— à la purée d'oseilles.
— à la ravigotte verte.

L'omelette aux pointes d'asperges.
— aux truffes.
— au jambon.
— aux rognons de veau.
— à la moelle.
— aux champignons.
— au fromage de Gruyères.
— au Parmesan.
— à l'oseille.
— aux fines herbes.
— au naturel.

La caisse de laitances à l'italienne.
— de carpes.
— de maquereaux.
— de foies de lottes.
La caisse garnie d'huîtres au beurre d'écrevisses.
Les huîtres gratinées en coquille.
Les petites caisses de queues de crevettes à l'italienne.
— d'écrevisses.
Le buisson d'écrevisses de Seine.
— de crevettes moulées.
Les petits haumards.

CHAPITRE XXII.

DES ENTREMETS DE SUCRE.

Gelée de violettes printanière.
— à la rose.
— de fleurs d'orange nouvelle.

Gelée de fleurs d'orange au caramel.
— de fleurs d'orange au vin de Champagne rosé.

DIXIEME PARTIE.

La gelée de fraises.
—— de groseilles rouges.
—— de cerises.
—— des quatre fruits.
—— de verjus.
—— de raisin.
—— d'épine-vinettes.
—— de grenades.
—— d'abricots.
—— d'ananas.
—— d'orange de Malte.
—— d'orange en écorce.
—— d'orange à la Belle-vue.
—— d'orange en ruban.
—— d'orange en petits paniers.
—— de citron.
—— de bigarade.
—— de vanille au caramel.
—— au café Moka.
—— au thé heyswen.
—— d'essence d'angélique verte.
—— d'essence de menthe.
—— au parfait-amour.
—— au punch.
—— au zeste d'orange.
—— au zeste de cédrat.
—— au zeste de citron bergamotte.
—— au zeste de bigarade.
—— aux quatre zestes.
—— de vin de Champagne rosé.
—— de marasquin.

La macédoine de fruits rouges à la gelée de fraises.
—— de fruits à la gelée de verjus.
—— de prunes à la gelée d'épine-vinettes.
—— d'orange rouge à la gelée de cédrat.
—— (d'hiver) de fruits à l'eau-de-vie.

La gelée fouettée au marasquin.
—— au punch.
—— au rum.
—— au jus d'orange.
—— au jus de cédrat.
—— au jus de citron.
—— au jus de groseilles.
—— au jus de fraises.
—— au jus de framboises.
—— au jus de verjus.
—— au jus d'épine-vinettes.

Le blanc manger ordinaire.
—— au cédrat.
—— à la vanille.
—— au café Moka.
—— au chocolat.
—— aux pistaches.

Le blanc manger aux avelines.
—— aux fraises.
—— à la crême.
—— sans colle et sans glace.

Le fromage bavarois aux noix vertes.
—— aux avelines.
—— aux amandes amères.
—— aux pistaches.
—— au parfait-amour.
—— à l'essence de menthe.
—— à l'anis étoilé.
—— au Moka.
—— au café à l'eau.
—— au chocolat.
—— au cacao.
—— au thé.
—— au caramel.
—— à la fleur d'orange grillée.
—— à la fleur d'orange pralinée.
—— aux macarons amers.
—— à la vanille.
—— au zeste de cédrat.
—— aux violettes.
—— aux roses.
—— à l'œillet.
—— à la fleur d'orange.
—— aux fraises.
—— aux framboises.
—— aux groseilles rouges.
—— aux quatre fruits.
—— aux abricots.
—— aux prunes de mirabelle.
—— à l'ananas.
—— au melon.
—— au marasquin.
—— au punch.

La crême française au café Moka.
—— au café à l'eau.
—— au cacao.
—— au chocolat.
—— au thé heyswen.
—— à la fleur d'orange.
—— à la fleur d'orange grillée.
—— au caramel anisé.
—— aux macarons amers.
—— aux pistaches.
—— aux avelines.
—— à la vanille.
—— à la fleur d'orange nouvelle.
—— au parfait-amour.
—— aux quatre zestes.
—— à l'orange.
—— au cédrat.
—— aux fraises.
—— aux abricots.
—— au marasquin.
—— à la crême.

Je ne citerai pas les crêmes au bain marie, attendu qu'elles prennent les mêmes dénominations que les précédentes.

Les crêmes-plombières à l'ananas.
—— au marasquin.
—— aux fraises.
—— à la marmelade d'abricots.
—— à la marmelade de pommes.

Les crêmes glacées se préparent en général de la même manière que les crêmes à la française.

La crême fouettée au marasquin.
—— au Moka.
—— au café à l'eau.
—— au chocolat.
—— à la vanille.
—— à l'orange.
—— aux quatre zestes.
—— aux fraises.
—— à la rose.
—— à la fleur d'orange pralinée.
—— au caramel.
—— printanière.
—— aux pistaches.
La crême-pâtissière au cédrat.
—— au chocolat.
—— au café Moka.
—— aux avelines pralinées.
—— à la vanille.
—— aux pistaches.
—— au raisin de Corinthe.
—— à la moelle.

La suédoise de pommes formant le pont à colonnes.
—— formant la double cascade.
—— formant la grande cascade.
—— formant le petit portique.
—— formant le petit fort.
—— formant la petite ruine antique.
—— formant la cascade jaillissante.
—— formant la cascade d'hiver.
La suédoise de pêches historiée.

Les pommes méringuées.
—— en forme de hérisson.
—— à la parisienne.
—— au raisin de Corinthe.
—— au gros sucre et aux pistaches.
Les pommes glacées méringuées.
—— au beurre et glacées.
—— glacées au caramel.
—— à la minute.
—— à la gelée de pommes.
—— à la crême.
—— de rainette en croustade.

Les pommes transparentes en croustade.
—— en croustade et glacées au caramel.
—— en suédoise et en croustade.

Les poudings anglo-français.
—— aux pommes d'api.
—— de pommes de rainette au raisin muscat.
—— de pommes à la crême.
—— de pommes aux pistaches.
—— de pommes aux cerises confites.
—— aux abricots.
—— aux prunes de mirabelle.
—— aux fraises.
—— aux cerises de Montmorenci.
—— aux groseilles vertes.
—— à la moelle.
—— au raisin de Corinthe et au cédrat.
—— à la parisienne.
—— aux marrons et au rum.
—— de riz à l'orange.
—— français.
—— au cédrat et en timbale.

Le pâté de fruits ou tarte, à l'anglaise.
—— de pommes et au raisin muscat.
—— aux abricots.
—— anglo-français.

Les pommes au riz historiées.
—— en dôme couronné d'une coupe.
La corbeille de riz garnies de petits fruits formée de pommes.
Le turban de pommes au riz.
Les pommes au riz en gradins.
Les trois pyramides de pommes au riz.
Les pommes d'api au riz ornées de feuilles de biscuits aux pistaches.
La casserole de riz garnie d'un ananas formé de pommes.
Les pommes au riz couronné d'une crête de riz.
—— en croustade et méringuées.
—— en timbale glacée.
—— à la vanille et aux macarons.
—— au beurre et au raisin de Corinthe.
Le gâteau de riz historié et glacé à froid.
—— au caramel.

Le riz à la turque.
—— à l'indienne.
—— à l'anglaise.

Le riz à la française.
Les croquettes de marrons et autres.
—— pommes de terre à la vanille.
—— de riz aux pistaches.
—— de riz au café.
—— de nouilles au cédrat.

La crême frite à la parisienne.
—— au chocolat.
—— à la pâtissière.
Les cannelons frits à la marmelade d'abricots.
—— aux fraises.
—— à la crême de Pithiviers.
—— à la pâte d'amandes d'avelines.
—— à la pâte d'amandes de pistaches.
—— à la parisienne.
—— au chocolat.
Les beignets à la Dauphine.
—— (garnis de fraises) à la Dauphine.
—— (garnis d'abricots) à la Dauphine.
Les beignets (garnis de prunes) à la Dauphine.
—— (garnis de cerises) à la Dauphine.
—— (garnis de raisin de Corinthe) à la Dauphine.
—— (garnis de pommes d'api') à la Dauphine.
—— (garnis de crême) à la Dauphine.
Les beignets de pommes de gimblettes glacées aux pistaches.
—— de pêches au gros sucre.
—— d'oranges de Malte.
—— anglo-français.
—— français de fruits à l'eau-de-vie.
—— soufflés à la vanille.
—— Le grand beignet soufflé et seringué.
Les petits diablotins de blanc manger aux avelines.
Les pannequets glacés en couronne.
—— méringués à la parisienne.

CHAPITRE XXIII.

DES ENTREMETS DE PATISSERIE.

Le croque-en-bouche de quartiers d'orange.
—— de génoises glacées au gros sucre.
—— de feuilletage à blanc.
—— de marrons glacés au caramel.
—— de noix vertes glacées au caramel.

Le biscuit glacé à la Royale.
—— à la parisienne.
—— aux confitures et méringué.
—— fourré à la pâtissière et méringué.
—— à l'italienne.

La corbeille à la française.
—— à l'anglaise.
—— à la génoise.
La coupe en pâte d'amandes ornée d'une sultane.

La charlotte à la parisienne.
—— à la française.
—— à l'italienne.
—— aux macarons d'avelines.
—— aux gaufres aux pistaches.
—— de pommes d'api.
La charlotte de pommes de rainette.
—— d'abricots.
—— de pêches.
La méringue montée et au gros sucre.
Le vase garni de noix en pâte d'amandes.
La coupe garnie d'un ananas en pâte d'amandes.
La corbeille garnie de pommes d'api en pâte d'amandes.
Le ballon en sucre filé.
La corbeille en sucre filé garnie de méringues.
L'entremets monté à trois gradins.
La coupe montée sur une cassolette.
Le vase garni d'une palme.
La sultane montée sur une cassolette.
La gerbe de blé ornée de sucre filé.
Le vase formant cascade.
L'arbuste portant de petits paniers.
La rotonde à palmier.
Le petit temple en pâte d'amandes.
Le petit pavillon turc orné de sucre filé.
La petite ruine dans une île.

Le petit cabinet chinois.
La petite rotonde en ruines.

Les choux pralinés aux avelines.
—— grillés aux amandes.
Les gimblettes grillées aux amandes.
Les choux au gros sucre.
—— à la Mecque.
—— aux anis blancs.
Les petits choux à la Saint-Cloud.
—— à la Vincennes.
Les choux soufflés à l'orange et au cédrat.
—— en caisse et au cédrat.
Les petits pains à la duchesse.
Les choux glacés.
Les pains aux avelines.
Les choux aux avelines.

Les petits pains au chocolat.
—— à la Reine.
—— à la rose.
—— à la paysanne.
—— au raisin de Corinthe.
—— glacés au caramel.
—— glacés aux pistaches.
—— glacés aux anis roses.
—— glacés au raisin de Corinthe.
—— glacés au gros sucre.
Les profitroles au chocolat.

Les madelaines au cédrat.
—— au raisin de Corinthe.
—— aux pistaches.
—— au cédrat confit.
—— aux anis blancs.
—— en surprise.

Les génoises à l'orange.
—— à la rose.
—— à la vanille.
—— au chocolat.
—— au raisin de Corinthe.
—— au cédrat confit.
—— aux anis roses.
—— au marasquin.
—— aux pistaches.
—— aux avelines.
—— aux amandes amères.
—— en couronnes perlées.
—— perlées aux pistaches.
—— perlées au raisin de Corinthe.
—— à la Dauphine.

Les gâteaux d'amandes amères.
—— aux avelines.
—— au cédrat.

Les gaufres aux pistaches.

Les gaufres au raisin de Corinthe et au gros sucre.
—— à la parisienne.
—— à la française.
—— mignonnes aux avelines.
—— d'office à la vanille.
—— à la flamande.

Les nougats à la française.
—— au sucre rose à la vanille.
—— au raisin de Corinthe et au gros sucre.
—— aux avelines garnis de crème fouettée.

Les méringues à la bigarade.
—— aux pistaches et au gros sucre.
Les petites méringues moelleuses pour assiette de dessert.

Les petits pains de châtaignes.
—— de pommes de terre.
—— aux avelines.
—— aux amandes amères.
—— aux anis de Verdun.
—— des quatre fruits.
—— d'oranges.

Les darioles au café Moka.
—— soufflées au cédrat.

Les talmouses au sucre et au fromage de Viry.
—— ordinaires au fromage de Brie.

Les petits soufflés de riz au zeste de citron.
—— au lait d'amandes.

Les mirlitons à la fleur d'orange.
—— aux avelines.
—— aux pistaches.
—— aux amandes.
—— au zeste de citron.

Les fanchonnettes à la vanille.
—— au lait d'amandes.
—— au café Moka.
—— au chocolat.
—— au raisin de Corinthe.
—— aux pistaches.
—— aux avelines.
—— d'abricots.

Les tartelettes d'abricots.
—— de pêches.
—— de prunes de reine-claude.
—— de prunes de mirabelle.
—— de cerises.
—— de groseilles vertes ou rouges.

DIXIEME PARTIE.

Les tartelettes de groseilles rouges.
— de groseilles blanches.
— de fraises.
— de pommes de rainette.

Les timbales de riz au lait d'amandes.
— de riz au lait d'avelines.
— de riz à la moelle.
— de riz au café Moka.
— de riz au cédrat confit.
— de riz au raisin de Corinthe.
— de riz au raisin muscat.
— de riz aux pistaches.
— de riz aux marrons
— de nouilles à l'orange.
— de vermicelle au citron.
— aux pommes de terre et au zeste.
— de bigarade.
Le gâteau de riz aux rognons.

Les gâteaux de Pithiviers aux avelines.
— aux amandes amères.
— au cédrat.
— à la fleur d'orange pralinée.
— au raisin de Corinthe.
— au raisin muscat.
— des quatre fruits.
— aux rognons.
— à la moelle et à la vanille.
— anglo-français.
— aux pistaches et aux avelines.

Les gâteaux fourrés de crème au café Moka.
— de marmelade de pêches.
— à la d'Artois.
— à la parisienne.
— aux pommes et raisin.
— aux pommes et pistaches.
— aux habricots.
— aux pêches.
— aux prunes de mirabelle.
— aux prunes de reine-claude.
— aux prunes de Ste-Catherine.
— aux cerises douces.
— aux fraises.
— aux groseilles rouges ou blanches.
— aux groseilles vertes.

Les flancs de pommes au beurre et au cédrat.
— de pommes à la portugaise.
— aux cerises de Montmorenci.
— de prunes de reine-claude.
— de prunes de mirabelle.
— d'abricots glacés.

Les flans de crême-pâtissière glacés.
La tourte d'entremets de fruits.
— d'abricots glacés.
Les vol-au-vent d'abricots.
— garnis de pêches.
La tourte d'entremets de fruits confits.
— de marmelade d'abricots pralinés.
La tourte à la moelle pralinée.
— aux rognons de veau et aux pistaches.
— de crême aux épinards pralinés.
— de crême, manière anglaise.

Les petits gâteaux aux pistaches glacées.
— fourrés de riz au raisin de Corinthe.
— fourrés à la manière anglaise.
— fourrés à la crême aux épinards.
— fourrés de marmelade d'abricots.
— fourrés de groseilles rouges.
— de fraises ou de framboises.
— d'abricots glacés.
— de marmelade de pommes de rainette.
— de pommes aux pistaches.
— de pommes bandées.
— de pommes aux amandes pralinées.
— de Pithiviers pralinés.
— de Pithiviers aux avelines.

Gimblettes d'abricots aux avelines.
— de prunes aux amandes.
— de pêches aux pistaches.

Les petits vol-au-vent à la Chantilly à la violette.
— glacés au gros sucre, garni de fraises.
— printaniers.
— à la crême-plombière au café.
— au fromage bavarois aux abricots.
— garnis de gelée fouettée.

Les petits puits-d'amour aux pistaches.
— au gros sucre.

Les mosaïques glacées au sucre rose.
— aux pistaches.
— aux avelines et au gros sucre.

Les tartelettes mosaïques à la marmelade de pêches.
—— de cerises confites.
—— aux pistaches glacées.
—— aux avelines glacées.
—— aux amandes amères glacées.
—— au raisin de Corinthe glacées.
—— de pommes pralinées à la vanille.

Les petits gâteaux renversés à la gelée de groseilles.
—— glacés aux pistaches.
Les canapés garnis d'abricots.
—— aux pistaches garnies de gelée de pommes.
Les petits gâteaux d'abricots.
Les petits livrets d'abricots.
Les petits cannelons glacés et garnis de gelée de pommes.
—— pralinés aux avelines.
—— au gros sucre.
—— méringués aux pistaches.
—— méringués au raisin de Corinthe.
—— méringués.
Les petites bouchées glacées à la pâtissière.
—— méringuées aux pistaches.
—— perlées.
—— perlées au raisin de Corinthe.
—— perlées aux pistaches.
—— au gros sucre.
—— au raisin de Corinthe.
—— aux pistaches.
—— aux anis roses de Verdun.
—— aux anis blancs.
—— glacées à la Royale au chocolat.

Les petites fantaisies aux pistaches.
—— au gros sucre.

Les petits quadrilles aux quatre fruits.
—— pralinés aux avelines.
Les petites rosaces au gros sucre.
Les petits trèfles perlés et aux pistaches.
—— perlés au gros sucre.
—— pralinés aux avelines.
Les petites étoiles au gros sucre.
—— aux pistaches.
Les petites couronnes aux pistaches.
Les petites feuilles de chêne perlées.

Les petits paniers au gros sucre.
—— pralinés aux avelines.
Les petits diadèmes aux pistaches.
Les panachés en diadème au gros sucre.
—— perlés au raisin de Corinthe.
—— aux pistaches et au gros sucre.
—— ronds aux pistaches.
—— au raisin de Corinthe.

Les petits gâteaux Royaux à la vanille.
—— à la fleur d'orange.
—— au cédrat.
—— aux avelines.
—— aux amandes amères.
—— au chocolat.
—— aux abricots.
—— à la gelée de pommes.
—— pralinés aux avelines.
—— à la marmelade de prunes de mirabelle.

Les petites couronnes de feuilletage aux pistaches et au gros sucre.
—— de feuilletage pralinées à la vanille.

Les petites bouchées pralinées au sucre de couleur.

Ce petit vocabulaire a deux avantages bien réels; car en donnant de l'ortographe aux jeunes gens, il servira en même temps à orner leur mémoire des matières qu'il contient, matières d'autant plus aimables, qu'on y trouve une série de potages, une de grosses pièces et relevés; ensuite viennent les entrées, les grosses pièces d'entremets, les plats de rôt et les entremets en général. Par ce résultat, il leur sera facile de rédiger des menus de premier ordre; mais pour arriver à ce point de connaissance, je les engage

DIXIEME PARTIE.

sur-tout à copier souvent les traités de menus (1), afin qu'ils soient bien pénétrés de leurs détails et ordonnances.

Ce vocabulaire peut aisément donner une preuve de ce que j'ai dit des auteurs qui ont écrit jusqu'à ce jour sur la science de la cuisine française. On peut voir, au premier coup-d'œil, la distance infinie de leurs travaux à notre grande cuisine moderne, telle que nous la pratiquons dans les maisons Royales; et cependant ce travail est loin d'être le complément de cet art.

CHAPITRE XXIV.

Revue critique des grands bals de 1810 et 1811, suivie d'observations et remarques diverses.

DES MENUS DE LA PATISSERIE DE CES GRANDS BALS.

PREMIER MENU.

Six grosses pièces de fonds.

Le pâté froid de poularde aux truffes.
La brioche en caisse.
Le biscuit de Savoie à la fécule.

Le pâté froid de perdreaux rouges.
Le baba au vin de Madère.
Le couglauffle à la crème.

Six grosses pièces montées.

La chaumière sur un pont.
La rotonde parisienne.
La cascade demi-circulaire.

La grotte rustique ornée de mousse.
Le pavillon turc.
Le fragment de colonnes dans une île.

---

(1) Lorsque je voulus les composer, je fis la réflexion que, par le classement, il me serait plus facile de sortir de ma mémoire tout ce qui les concerne Alors j'écrivais par ordre et en colonnes, les entrées de volailles, celles de gibier et toutes les autres parties, ce qui m'a parfaitement bien servi. C'est d'après cette première idée, et lorsque j'eus décrit ces mêmes menus, que j'imaginai ce petit vocabulaire, qui peut, à l'avenir, nous rendre d'importans services. Je m'estimerai trop heureux si je puis, par mes avis et conseils, adoucir les pénibles travaux des hommes de bouche.

TRAITÉ DES MENUS. 375

Quatre-vingts entremets détachés.

Les choux à la Mecque.
Les gimblettes au gros sucre.
Les pains à la paysanne.
Les pains glacés au caramel.
Les petits gâteaux d'amandes grillées.
Les petites madelaines au citron.
Les génoises longues à l'orange.
Les génoises en croissant au gros sucre.
Les génoises en losanges glacées à la rose.
Les génoises en couronnes perlées.
Les gaufres à la parisienne.
Les gaufres en cornets à la crème.
Les petits nougats à la française.

Les méringues à la Chantilly.
Les darioles à l'orange.
Les petits mirlitons au citron.
Les fanchonnettes au lait d'amandes.
Les tartelettes d'abricots.
Les petits gâteaux de Pithiviers pralinés.
Les petits gâteaux glacés aux pistaches.
Les petits vol-au-vent pralinés.
Les petits puits-d'amour au gros sucre.
Les petites bouchées glacées à la parisienne.
Les mosaïques glacées au sucre rose.
Les petits cannelons à la gelée de pommes.
Les petits gâteaux renversés glacés aux pistaches.
Les petits quadrilles aux avelines.

Les petites couronnes aux pistaches.
Les panachés en croissant au gros sucre.
Les panachés ronds au raisin.
Les petits paniers pralinés.
Les petites bouchées Royales à la gelée de pommes.
Les petits gâteaux Royaux à la fleur d'orange.
Les petits gâteaux pralinés garnis d'abricots.
Les petites couronnes de feuilletage au gros sucre.

Les choux pralinés aux avelines.
Les gimblettes aux pistaches.
Les pains à la duchesse.
Les pains au chocolat.
Les petits gâteaux au cédrat.

Les madelaines aux pistaches.
Les génoises à la vanille.
Les génoises au raisin de Corinthe.

Les génoises glacées au chocolat.

Les génoises perlées aux pistaches.
Les gaufres à l'allemande.
Les gaufres en rouleau à la crème.
Les petits nougats au raisin et au gros sucre.

Les méringues aux confitures.
Les darioles au café Moka.
Les petits mirlitons aux avelines.
Les fanchonnettes au chocolat.

Les tartelettes de cerises.
Les petits gâteaux au gros sucre.

Les petits gâteaux d'abricots.

Les petits vol-au-vent au caramel.
Les petits puits glacés à la rose.

Les petites bouchées aux pistaches.

Les mosaïques aux avelines.

Les petits cannelons au gros sucre.

Les petits gâteaux à la groseille.

Les petits quadrilles aux quatre fruits.
Les petites couronnes pralinées.

Les panachés en croissant perlés.

Les panachés aux pistaches.
Les petits paniers au gros sucre.
Les petites bouchées de groseilles.

Les petits gâteaux au cédrat.

Les petits gâteaux de prunes.

Les petites couronnes aux pistaches.

DIXIEME PARTIE.

DEUXIÈME MENU.

Quatre grosses pièces de fonds.

La brioche à la crême de vanille.
Le croque-en-bouche à la Reine.
Le biscuit de Savoie à la fécule.
La sultane ornée à la Chantilly.

Quatre grosses pièces montées.

Le casque antique.
Le trophée militaire.
Le casque moderne.
Le trophée de marine.

La croûte de pâté chaud ; les petites croustades dressées à la Monglas.

Vingt-quatre entremets détachés.

Les génoises en croissant perlées.
Les madelaines au cédrat.
Les méringues à la vanille.
Les choux au gros sucre.
Les petits pains à la Reine.
Les petits gâteaux Royaux.
Les petits vol-au-vent garnis de fraises.
Les panachés ronds.
Les fanchonnettes à l'orange.
Les petits gâteaux de pommes pralinés.
Les petits quadrilles au quatre fruits.
Les petits paniers à la gelée de pommes.
Les gâteaux d'amandes.
Les petits nougats à la crême.
Les gaufres aux pistaches.
Les gimblettes printanières.
Les cannelons méringués.
Les tartelettes de pommes glacées.
Les bouchées au gros sucre.
Les diadêmes.
Les petits soufflés de crême de riz.
Les petits gâteaux d'abricots glacés.
Les rosaces au gros sucre.
Les feuilles de chêne perlées.

TROISIÈME MENU.

Deux grosses pièces de fonds.

La brioche au fromage.
Le baba polonais.

Huit grosses pièces montées.

Le fronton antique.
Le pavillon français.
La grande cascade.
La chaumière sur une rocaille.
La colonnade.
Le grand cabinet chinois.
La ruine de Pœstum.
La cabane rustique.

Douze entremets montés à deux gradins.

Les panachés en croissant au sucre et aux pistaches.
Les gaufres au gros sucre.
Les petites bouchées printanières.
Les petits nougats d'avelines.
Les fanchonnettes au raisin de Corinthe.
Les rosaces garnies de gelée de pommes.
Les génoises glacées à la rose.
Les madelaines glacées au sucre au cassé.
Les gâteaux Royaux au chocolat.
Les canapés garnis d'abricots.
Les choux à la Mecque au cédrat.
Les petits pains au gros sucre.

TRAITÉ DES MENUS.

QUATRIÈME MENU.

Quatorze grosses pièces de fonds.

Le pâté froid de volaille.
Deux brioches en caisse.
Deux gâteaux de Compiègne.
Deux nougats.
Le pâté froid de gibier aux truffes.
Deux babas au vin de Madère.
Deux biscuits de Savoie.
Deux croque-en-bouche.

Plus, quatorze moyennes grosses pièces de même que les précédentes.

Quarante entremets détachés.

Les gaufres aux pistaches.
Les gaufres en cornets garnis de crême.
Les nougats à la française.
Les nougats en coquilles.
Les gâteaux aux avelines.
Les gâteaux glacés au chocolat.
Les madelaines au cédrat.
Les madelaines aux pistaches.
Les génoises longues glacées à la vanille.
Les génoises glacées à l'orange.
Les génoises en croissant perlées.
Les génoises au gros sucre.
Les choux à la Vincennes.
Les choux à la Mecque.
Les petits pains à la duchesse, glacés au sucre au cassé.
Les petits pains au raisin de Corinthe.
Les gimblettes au gros sucre.
Les gimblettes aux anis roses.
Les petits soufflés de fécule de pommes de terre.
Les fanchonnettes au café Moka.
Les tartelettes de pêches.
Les tartelettes de pommes glacées.
Les petits gâteaux fourrés de riz au raisin muscat.
Les petits gâteaux glacés et fourrés de crême d'épinards.
Les petits gâteaux de pommes en croissants et pralinés.
Les gimblettes d'abricots aux avelines.
Les petits vol-au-vent glacés au caramel et garnis de crême fouettée.
Les mosaïques aux pistaches.
Les petits gâteaux d'abricots.
Les canapés garnis de gelée de pommes et aux pistaches.
Les petites fantaisies au gros sucre.
Les bouchées méringuées.
Les cannelons au raisin de Corinthe et au gros sucre.
Les rosaces aux pistaches.
Les petits trèfles perlés.
Les petits paniers au gros sucre.
Les diadèmes glacés au cassé.
Les panachés en croissants.
Les gâteaux Royaux.
Les losanges pralinées aux avelines.
Les étoiles au sucre et aux pistaches.

Vingt douzaines d'échaudés.

CINQUIÈME ET DERNIER MENU.

Neuf grosses pièces de fonds.

Trois biscuits de Savoie. Trois babas polonais.
Trois brioches en caisse.

Six grosses pièces montées.

Le phare orné de trophées.
La maisonnette du pêcheur.
Le belvédère égyptien.
La tour des vents.
Le moulin turc orné de sucre filé.
Le pavillon vénitien.

Vingt entrées.

Six croûtes de casseroles au riz. Six croustades de vol-au-vent.
Huit croustades de pâtés chauds.

DIXIEME PARTIE.

Soixante-dix entremets détachés.

Je ne détaillerai point cette série d'entremets, parce que ce serait répéter les mêmes gâteaux que j'ai décrits dans les menus précédens.

MENU PARTICULIER POUR UN THÉ.

Pour pièce de milieu, une lyre ou autre colifichet élégant.

Deux bouts.

Le nougat d'avelines ou de marrons.	La méringue montée.

Deux flans.

Le solilemne au beurre.	La brioche à la crême.

Douze entremets.

Les génoises glacées au chocolat.	Les gaufres à la parisienne.
Les petits pains de châtaignes.	Les petits pains aux avelines.
Les gâteaux d'amandes glacés à l'orange.	Les gâteaux de plomb glacés à la vanille.
Les petits pains à la Reine.	Les choux glacés au cédrat.
Les mirlitons au zeste de citron.	Les fanchonnettes au café Moka.
Les panachés au gros sucre.	Les bouchées perlées.

Je crois ces cinq menus suffisans pour donner une juste idée des détails de la haute pâtisserie; c'est pour cela que je ne parlerai pas du grand nombre des extraordinaires que j'ai fournis ou faits dans les grandes maisons.

Maintenant je vais passer en revue les grands bals qui ont été mal commandés, et par conséquent mal rendus. Je crois cette analyse plus importante pour les progrès de mon état (du moins tel est mon idée), que de décrire les autres grands bals qui ont été (et seront encore) rendus avec cet ensemble accoutumé qui caractérise MM. Laguipière, Lasne, Boucher, Richaud, Savard, Cervet, Louis Drouet, Loyé, Riquette, Massinot, Robert, Véry, et autres grands praticiens dont les talens assurent le succès des brillantes opérations qui honorent notre grande cuisine nationale !.

CHAPITRE XXV.

PREMIER GRAND BAL.

Ce grand extras fut parfaitement bien commandé; les travaux s'opérèrent sans bruit et avec célérité. Le jour du service arrivé, chaque chef de partie se piqua d'émulation pour faire briller les beautés de son état; enfin tout cela avait fort bonne mine, et l'ensemble était d'un beau fini. Mais tous ces grands avantages ne sont pas suffisans. C'est le dénouement qui couronne l'œuvre, disent les bonnes gens; et c'est en cela que manqua cette brillante affaire.

Cependant le contrôleur et l'architecte s'étaient concertés ensemble pour décider de l'emplacement et de la forme du buffet; mais, par malheur, leurs idées ayant été mauvaises, mesquines, il ne ressembla en rien à ces beaux buffets, qui étalent avec splendeur la munificence d'un grand prince. L'Amphytrion, qui paie largement pour être bien servi, veut voir l'effet de son buffet. Quelle surprise est la sienne à l'aspect de ce triste appareil! Il ne peut contenir son mécontentement, et qualifie d'hommes ignares les entrepreneurs; il veut que tout disparaisse et soit changé à l'instant même. Mais la chose est impossible; l'heure du service est arrivée; la musique se fait entendre; la danse est commencée, et déjà on vient prendre des rafraîchissemens.

En effet, je ne vis jamais de buffet aussi mal conçu que le fut celui-ci, sous les rapports de l'art; il n'était ni commode ni élégant; il était d'une petitesse qui faisait peine à voir. Il se composait d'une mesquine planche longue de neuf pieds et large de quinze pouces, portée par quatre pieds qui en formaient une espèce de banc de trente pouces d'élévation, posé sur une table de la même longueur, et plus large : le tout était plaqué à la muraille, et une nappe couvrait ce triste gradin. Voilà toutes les draperies de ce grand buffet; puis des vases ornés de fleurs, quelques assiettes montées et garnies de bonbons, quelques entrées froides et un peu de pâtisserie. Telle était la richesse de ce petit buffet, qui ressemblait beaucoup aux festins des noces de campagne. Mais, chose presque incroyable! dans une salle voisine on avait déposé le service de cuisine, qui s'y trouvait en grande quantité et très-brillant (pensée irréfléchie!); mais ces entrées étaient là pour subir le triste sort de paraître tour-à-tour sur le petit buffet. Enfin tout le monde fut très-mécontent.

C'est ainsi que ces beaux travaux du cuisine (qui méritaient un autre sort) furent maltraités par ceux mêmes qui doivent leur donner ce dernier lustre qui les fait justement apprécier.

Quand je dis que ces buffets furent mauvais et mesquins, la chose est juste. Quoi! un contrôleur fait construire un buffet qui ne peut contenir que la douzième partie des grosses pièces, des entrées et des entremets, dont lui seul a donné les ordres, a fait le menu et les provisions! Cela n'est pas excusable. Mais notre ordonnateur, quoique homme de bouche, perdit cependant un peu la tête dans pareille occasion; car il ne fut jamais d'accord avec lui-même; il voulut tout voir, et finit par ne rien voir. Cela tient aux moyens intellectuels de celui qui commande, et tous les hommes ne sont pas nés pour cela. C'est pourquoi, pour être bon contrôleur, il faut avoir des connaissances réelles, et être doué de ce sentiment exquis qui nous rend amateurs du vrai beau.

CHAPITRE XXVI.

DEUXIÈME GRAND BAL.

Je ne vis jamais d'*extras* plus mal conduit, plus mal organisé ni plus mal rendu que le fut celui-ci. Le chef, à dire vrai, était nouveau dans la maison. Mais, qu'est-ce que cela prouve? Il devait, ce me semble, redoubler d'émulation, et faire preuve de talent; car il avait carte blanche sur cette affaire honorable ou périlleuse. Mais l'homme chargé de cette belle opération était de ces cuisiniers à prétentions, qui croient tout savoir lors même qu'ils n'ont jamais rien vu; enfin, il veut se mesurer avec les hommes à grande réputation (1).

Pour ces beaux travaux, il choisit lui-même son monde, car chacun a ses créatures; et bientôt sa brigade est réunie. Enfin les travaux se commencent, et tout va clopin-clopant.

Je fournissais la maison depuis long-temps. Alors le chef me commanda le colifichet et les entremets montés seulement, et me fit le sincère aveu qu'il ne pouvait pas me charger du tout, attendu qu'il avait un ami pâtissier qui lui avait rendu de grands services, et qu'il était comme forcé de l'employer dans cette occasion; qu'alors il lui avait donné à faire ses pièces de fonds, et les entremets détachés. Je le félicitai de ce bon procédé pour son vieil ami.

Mais quel terrible contre-temps! Le bon pâtissier sut si bien se tirer d'affaire qu'il manqua toute sa commande, qui fut cachée dans les buffets de l'office pour n'être pas vue des malins visiteurs (2).

Tout cela ne m'étonna pas, parce que ce monsieur pâtissier (fort respectable d'ailleurs) n'avait jamais rien vu ni fait en ce genre de travail. Mais notre chef est dans une position bien difficile à vaincre, et donne son ami le pâtissier à tous les diables. Il ne sait que faire, que résoudre. Faire recommencer; la dépense est trop forte (545 francs). Cependant il se décide à envoyer chez moi, à dix heures du soir de la veille, pour me commander un gros baba et une grosse brioche pour le service de la table du Ministre. Enfin cette terrible catastrophe, inattendue, semble annoncer le mauvais résultat de cette importante affaire. Tout son monde est dans une déroute complète; on ne s'entend plus. Plus d'harmonie, plus de chef : chacun veut commander à sa guise, et tout se fait dans un désordre extrême.

---

(1) Mais peine inutile! l'homme médiocre l'est toujours; c'est en vain qu'il veut singer les grands talens.

(2) Mais quelle manie a-t-on de vouloir obliger ses amis lorsqu'ils ne sont propres qu'à nous donner du dessous dans nos opérations, et à nous nuire dans l'esprit des grands qui nous honorent de leur confiance?

J'arrive le lendemain à huit heures du soir; et, lorsque j'ai dressé mes douze grosses pièces et mes douze entremets montés, le tout placé en ligne de service, je vais pour voir le froid; mais quelle est ma surprise! de quelque côté que je me tourne, mon étonnement redouble.

Comme observateur véridique, impartial et ami du bon goût et de l'ordre, je dois donner une idée de ce que j'ai vu : des aspics trop chargés en couleur, ce qui rendait la triste décoration invisible; des poulardes en galantines qui étaient glacées d'une glace noire; et, pour orner ces galantines d'Amérique, il avait impitoyablement haché du blanc d'œufs durs, des truffes, de la langue à l'écarlate et des cornichons. De ce bizarre mélange il masquait la surface des galantines : enfin, je ne vis jamais rien d'aussi mauvais goût; des salmis chauds-froids mal dressés, sans élégance; la sauce louche et d'une mauvaise teinte de couleur. Les chauds-froids de poulets ne furent pas plus heureux. Les entrées de poisson sont dressées de mauvaise mine; les salades de volaille sont dressées sans goût. Puis, pour relever ces tristes entrées, on les avait bordées de gelée mal coupée, placée sans idée de la chose; et, pour donner plus d'éclat à cette gelée, on y avait mêlé toutes sortes de couleurs : enfin, c'était un vrai galimatias.

Des socles sans forme et sans tournure, faits sans profits, par conséquent sans moulures; et, pour couronner l'œuvre, il avait placé dessus deux poulets en galantine. Pour cela (c'est impardonnable! car je crois que jamais petit cuisinier de province ne conçut de si pauvres idées), figurez-vous voir deux petits pigeons bisets servis sur un long plat de rôt, qui doit être posé pour une table de quarante couverts. Certes ce plat, ainsi servi, ne peut avoir que très-mauvaise mine. Telle était la garniture de ces socles, dont deux grosses dindes en galantine n'eussent pas suffi pour masquer la surface; encore eut-il resté un bord de sain-doux beaucoup trop large pour recevoir la bordure de gelée qui doit en faire l'ornement. Mais ce qui me surprit bien plus, ce fut leur décoration. Quoi! on ose se permettre d'employer des garnitures de robes pour ornemens de cuisine!

Quelle ignorance et quel déréglement! Voici le fait : une douzaine de grandes feuilles de vigne en taffetas vert découpé. Le pire de tout, c'étaient des grains de raisin en cuivre doré et bruni qui, une seconde après avoir été placés sur les socles, eurent imprimés de vert-de-gris la place du sain-doux qui recelait ces espèces de grelots. Enfin, ils furent servis ainsi sur les tables et buffets. Je passe à une autre partie, où j'espère être dédommagé par l'entremets de douceur : mais, point du tout, je vis encore du rouge, du jaune, du noir, du vert. Les petits pots de blanc manger sont chamarrés par toutes ces couleurs ; la gelée de marasquin est masquée de vert; celle de vin de Madère de chocolat; la gelée d'orange est rouge; celle d'anisette rosé est encore barbouillée. Voilà l'heureux résultat du bon goût de ces messieurs qui croient avoir fait des merveilles.

Enfin, après avoir ainsi parcouru et visité ces grands travaux, je fus placer mes grosses pièces montées sur les buffets. A onze heures du soir, je fis mes salutations; mais bientôt j'appris par le chef lui-même que le moment du service avait été fait dans le plus grand désordre; qu'il était bien fâché de n'avoir pu prévoir ce triste dénouement; que, si pareille chose arrivait à l'avenir, il emploierait des hommes à talens, et qu'aucun de ces messieurs ne serait jamais appelé par lui. Il était bien temps!

CHAPITRE XXVII.

TROISIÈME GRAND BAL.

Ce beau bal se donna avec toute la pompe et la magnificence dont il était susceptible. Il fut donné, comme les autres ci-dessus, à l'occasion du mariage de l'archiduchesse d'Autriche. Il fut l'un des plus brillans et des plus majestueux de ceux qui ont eu lieu à cette époque; mais le chef de cette maison est un cuisinier fameux ; il jouit d'une réputation fort distinguée. Les hommes à talens se font un vrai plaisir de l'aider dans ses grandes opérations; car tous tant que nous sommes, notre amour-propre est toujours charmé lorsque nos travaux sont réputés beaux et bons, bien servis et bien accueillis par nos grands seigneurs. Cela est très-honorable pour le chef et pour ses collaborateurs.

Mais notre bon cuisinier qui opère ces belles choses est considéré et justement apprécié par ses maîtres; il jouit de toute leur confiance, connaît parfaitement leur goût; et, lorsque nos marchés offrent quelques nouveautés qui peuvent leur être agréables, aussitôt il en sert une entrée ou un entremets, et, par les grandes ressources que lui donne l'agrément de faire lui-même ses provisions, il connaît l'art de contenter ses maîtres, et de varier souvent son service.

Pourtant cela n'empêcha point qu'il éprouvât de grandes disgrâces. En voici la cause. Son vieux maître-d'hôtel pose-plats (1), jaloux de ses talens, voulut lui faire perdre la confiance des maîtres; et, pour réussir à cela, il employa la bassesse et le mensonge. Il répétait sans cesse que le cuisinier était beaucoup trop cher, et que ses dépenses étaient ruineuses; que si monsieur (en parlant à son maître) voulait en faire la différence, il ferait volontiers les achats de cuisine, et que bien sûrement ses dépenses seraient un tiers moindres. Il fit de faux rapports (2) sur cet objet important et délicat; enfin, il employa de si forts argumens que son

(1) On appelle ainsi le maître-d'hôtel qui n'a aucune dépense à faire, et dont tout le talent consiste à placer les plats avec ordre sur la table.

(2) Parler souvent à ses maîtres intérêt et économie, cela influe quelquefois sur celui qui est calomnié; mais lorsque les maîtres sont justes, ils frappent de leur férule les impudens réformateurs qui seuls troublent la tranquillité des grandes maisons. N'a-t-on pas vu de ces vils serviteurs faire des sacrifices de leur avoir pour surprendre la confiance des maîtres, et bientôt, par leurs odieux calculs, faire mourir de faim leurs collègues serviteurs? Mais ce traître insigne vit content et heureux, et par son infâme rapine fait bientôt de bonnes affaires; car de toutes ces économies apparentes, il en fait seul son profit; et lorsque son maître s'aperçoit qu'il est trompé, il le chasse comme un fripon; mais notre homme est insensible au reproche d'honneur; il va ailleurs porter son audace, le trouble et le désordre, et se fait chasser encore; et au bout du compte, après avoir ainsi troublé quatre ou cinq bonnes maisons, il se retire sans scrupules dans la sienne; car il est devenu propriétaire.

maître, je ne sais par quel prestige, voulut en essayer. Alors le chef est mandé de suite pour entendre la volonté de son maître, qui lui objecte des raisons motivées sur ses dépenses, qu'il trouve ruineuses. Il lui ordonne de remettre ses livres au maître-d'hôtel; et il dit à celui-ci : « C'est vous que je charge des dépenses de la cuisine; « soyez plus économe. »

Mais notre cuisinier, qui est homme d'honneur, se voyant injustement disgracié, ne peut souffrir cette dégradation; il dit au maître-d'hôtel d'une voix mâle et assurée: Monsieur, je vois bien que tout ceci est votre ouvrage ; homme jaloux et ambitieux.... ! Mais vous pouvez dès à présent faire les dépenses et le dîné. Pour moi, je ne souffrirai jamais.... ; adieu.... Il salue son maître avec honnêteté.

Le maître réfléchit, et reconnaît en lui plus que jamais l'homme d'honneur et de probité; enfin, il se décide à ne point le sacrifier à la vile ambition du méchant maître-d'hôtel, qu'il reconnaît comme lâche rapporteur; et, pour le punir de son audace, il lui ordonne d'aller dire lui-même au chef de continuer son service et ses dépenses.

Ah ! cela fait un bien extrême, d'être justifié d'une manière si honorable, et de voir ainsi échouer les projets d'un misérable calomniateur.

En effet, rien n'est plus pénible pour un bon cuisinier, que de se voir sous la domination d'un maître-d'hôtel qui, très-souvent, est sans talent et sans ordre ; et de cette inconséquence, il en résulte toujours un mauvais service ; c'est pourquoi les vrais connaisseurs et amateurs de bonne chère laissent volontiers au chef à faire ses dépenses : ils savent bien qu'ils ne dépensent pas davantage pour cela; et qu'au contraire, leur cuisine en est plus variée, mieux servie, et infiniment plus succulente : au lieu que si c'est un Maître-Jacques, il dépensera beaucoup plus, et encore ne fera-t-il rien qu'il vaille ; et tout cela, faute de connaissances. Ses provisions manquent souvent de fraîcheur et de beauté ; et, quoique le cuisinier porte tous ses soins, tout son savoir pour bien servir, il ne peut réellement remédier au manque de qualité des objets qui lui sont fournis par son mauvais pourvoyeur. Les maîtres qui paient bien, veulent aussi être bien servis; et cependant ils ne veulent pas, parfois, se donner la peine de connaître la cause pour laquelle ils sont mal servis; et lorsqu'à table, ils ne trouvent que des mets détestables et sans goût, alors ne pouvant satisfaire leur sensualité, ils se courroucent contre la cuisine et le cuisinier, et quelquefois même le chef est sacrifié. Il manque de science, dit le méchant fournisseur; c'est un prodigue, un consommateur qui n'a pas le sens commun; c'est une mauvaise tête qui ne veux rien entendre sur l'économie. Le pauvre cuisinier n'étant pas là pour se défendre (car les absens ont toujours tort), est quelquefois chassé comme un homme méprisable, et cela sans pouvoir se justifier; car son détracteur a su lui faire défendre la porte des maîtres; mais il en est bien autrement, lorsque le cuisinier fait les dépenses. Il est réfléchi, difficile dans ses achats; sa provision est toujours de première qualité; et, par cette combinaison, tout ce qu'il servira sera trouvé beau et bon.

Lorsque, chaque matin, il présentera à son maître le menu du dîner du jour, c'est alors qu'il recevra des complimens ou des reproches s'il les a mérités, et par ce moyen, connaîtra mieux les goûts de ses maîtres. Il s'empressera de les contenter à l'avenir, et par ses soins et son attention, méritera bientôt toute leur confiance.

Mais lorsque les maîtres-d'hôtel sont bons cuisiniers, il en résulte d'autres inconvéniens qui, je crois, ne sont pas plus heureux pour l'état. Cependant nous avons encore quelques-uns de ces messieurs, qui se distinguent par ce sentiment judicieux qui caractérise l'homme de bouche (tels qu'ils devraient être tous), qui connaissent véritablement les détails de l'état qu'ils professent, et savent fort bien que l'économie ne consiste pas à fournir mesquinement celui qui travaille. Au contraire, cette manière d'agir est assurément ennemie de l'économie; car, en gênant l'ouvrier dans ses opérations, on le rend quelquefois moins soigneux, et par conséquent plus susceptible à manquer. Cette vérité est incontestable.

CHAPITRE XXVIII.

QUATRIÈME GRAND BAL.

Les travaux de cuisine avaient, je ne sais quoi, de ridicule et manquaient par une chose bien importante. Sans préambule, voici le fait. Le chef n'était pas assez maître de son opération, il manquait d'énergie; il avait la bonhomie de laisser conduire ses travaux par son aide, qui profita bien de cet abandon, et oublia trop souvent le respect que l'on doit à son supérieur. Mais, pour éviter de pareilles disgraces, il ne faut jamais qu'un chef ait la faiblesse de laisser faire son menu par son aide. Cela donne matière à des mots qui avilissent et dégradent le caractère de l'homme qui doit seul commander; et, si le chef ne se sent pas la capacité nécessaire pour conduire ses travaux, c'est alors qu'il doit avoir recours aux chefs d'extras, qui font si bien toutes ces grandes affaires.

Mais pour cela, il ne faut pas lésiner, et ne savoir auquel de ces messieurs donner la préférence. Toutes ces réflexions tuent le temps et désobligent les hommes; car ces messieurs s'aperçoivent fort bien si on vient directement les chercher, ou si, au refus d'un autre, on les fait mander.

Je vis dernièrement un exemple de ce manque de procédés. Monsieur *** avait promis de faire un grand dîner militaire; mais des affaires inattendues l'empêchèrent de tenir sa parole. Le cuisinier reçoit cette nouvelle, l'avant-veille de son dîner, à six heures du matin. Il fut donc obligé d'aller chez M.****; mais celui-ci vit la chose du bon côté, et refusa très-poliment. Notre homme va encore ailleurs, croyant être plus heureux; mais par-tout il trouve le refus et le dédain. Ainsi, il fut contraint de faire son service avec quelques jeunes gens à grands talens, il est vrai; mais n'étant pas assez de monde pour leur besogne, et manquant de chef. C'est alors que chacun veut commander : personne ne veut s'entendre, et au moment du service, ce ne fut que confusion et désordre. En toute chose, il faut un chef. Sans cela, point d'ordre, point de sûreté dans l'opération : tout cela ne m'étonne pas ; mais l'homme qui osa l'entreprendre, m'étonna davantage, car il n'avait jamais rien vu ni fait en ce genre de travail, et il le prouva bien, en ne produisant que des choses mesquines ; enfin, il en fut pour sa courte honte :

Tel brille au second rang qui s'éclipse au premier.

Maintenant, revenons à notre bal. Le chaud me parut en ordre, et l'entremets avait assez bonne mine. Le rôt était très-bien apprêté ; mais le froid ne fut pas si heureux, et cependant c'était notre aide présomptueux qui dirigeait et dressait les entrées. Bon Dieu, quel pitoyable talent ! Il prouva bien son mauvais goût et son peu de connaissance de la belle et importante partie du froid. Quoi ! encore des socles à colonnes et décorés avec du papier découpé, doré et argenté, dont les officiers se servent habituellement pour orner leurs assiettes montées ? Mais ce genre est le complément de la sottise, et prouve clairement les chétifs moyens de l'homme qui s'en sert. La cuisine, ce me semble, a assez de ressource en ce genre de décor, sans prendre ni l'or ni l'argent de l'office.

Des galantines couvertes de sain-doux, et historiées d'une manière effroyable ; des noix de veau, de même masquées de sain-doux, et chamarrées par trente-six couleurs ; des filets de bœuf parés en forme de chien, de canard et d'oie ; des chauds-froids sans élégance ; des salades de poisson mal dressées, et les autres entrées qui ne sont pas mieux finies. Ce qui fut bien plus extraordinaire et presque incroyable, c'est que ces messieurs avaient attendu à neuf heures du soir pour commencer à décorer et à border les entrées de gelée ; enfin, il en résulta que la moitié du froid n'avait pas encore été touchée à onze heures et demie, au moment même que l'on devait servir ; et, sans un évènement fatal, l'affaire était manquée, et l'on ne pouvait y apporter aucun heureux changement.

Je m'étonne toujours, et ne peux comprendre comment il est possible que l'homme chargé en chef de semblables opérations puisse ainsi abandonner l'honneur de ses travaux à des mains aussi vulgaires.

CINQUIÈME ET DERNIER GRAND BAL.

Celui-là fut très-considérable, et fut fort mal rendu. Le jour du service, j'allai, sur l'invitation de ces messieurs, voir leurs grands travaux. Quelle confusion! quelle malpropreté! Des tables toutes dégoûtantes de graisse; des fourneaux d'un rouge sale; la batterie placée çà et là; enfin, dans un désordre extrême; de petits tas de boue masquaient le parterre de la cuisine, et formaient des monticules raboteux, ce qui rendait la marche fort inégale; aussi, au moment du service, les cuisiniers avaient-ils grand soin de dire aux valets de pied : Messieurs, allez doucement; portez droit, et levé les pieds, s'il vous plaît. Cet avertissement était en vérité très-utile.

Enfin, je passe dans le garde-manger, avec la ferme résolution de ne plus m'occuper de la tenue de la maison; je regardai tristement quelques entrées froides dressées par je ne sais qui. De là, je passai à la pâtisserie, et je n'y fus pas plus satisfait qu'ailleurs. On m'invite à monter, pour voir les buffets et les tables qui étaient déjà servies à neuf heures. Ainsi, de peur de ne pas arriver assez tôt, ils avaient servi trois heures d'avance! Les connaisseurs peuvent juger du mauvais résultat de cette manière d'opérer.

C'est là où je vis, pour la première fois, des socles d'un ridicule outré. Ils étaient absolument en forme de champignons, et dessus était placée une dinde en galantine, ou des jambons glacés au sucre. Telle était cette singulière garniture, qui avait quatre fois plus de volume que ses socles fragiles.

Non, jamais aucun extras n'offrit autant de choses insipides et de si mauvais goût. Les socles d'entrée étaient extrêmes par leur grosseur; dessus étaient placées quatre cervelles de veau entières; il fallait voir les entrées de petits cannetons ! Comme ces pauvres petits se noyaient dans la gelée ! Je ne puis en dire davantage : la plume me tombe des mains. Toutes ces grandes maisons n'existent plus, Dieu merci !

CHAPITRE XXIX.

OBSERVATIONS SUR LES GRANDS BALS.

D'APRÈS ce que je viens de dire sur ces grands extraordinaires, je dois bien penser que ces messieurs sont fâchés de ma franchise. Eh bien ! se disent-ils les uns aux autres : Voyez-vous comme il s'érige en censeur ?..... nous qui l'avons fait travailler dans notre grande affaire (car il n'en ont fait qu'une) ! Quelle ingratitude !..... Eh ! messieurs, vous êtes dans l'erreur. Non, jamais je ne fus ingrat envers ceux qui ont pu m'être utiles en telle chose que ce puisse être ; et vous qui vous plaignez en ce moment, recevez la double preuve de ma gratitude dans les avis que je vous donne.

Mais un devoir sacré m'impose la pénible tache de dire la vérité toute entière : l'honneur de mon état m'en fait une loi inviolable ; et soyez bien persuadés que ce noble motif seul a pu me déterminer à écrire sur votre manière de procéder, car mon intention n'a pas été d'insulter à votre talent ; mais mon plus sincère désir est d'être utile aux développemens et aux progrès de mon art. Pour cela, j'ai bien humblement suivi les pensées que l'expérience et vos travaux m'ont inspirés. Alors je vous ai suivis et observé dans ces grands extraordinaires, et je vous proteste que je n'ai fait que reproduire fidelement tout ce que vous avez fait ou laissé faire. Qu'il vous en souvienne, messieurs ; et vous verrez que je ne suis point partial. Vous conviendrez avec moi qu'il était trop important pour la prospérité du métier, de passer sous silence ces détails intéressans qui doivent à l'avenir opérer le plus heureux résultat.

Sans doute, de tels exemples ne peuvent manquer d'agir sur l'esprit des jeunes praticiens qui ont l'amour de l'état, et qui veulent y devenir fameux. Ils en éviteront les écueils en étant plus sages. Ils verront combien il nous est funeste d'avoir trop de prétentions, et de ne savoir pas profiter des occasions qui peuvent nous donner une réputation méritée.

Il n'y a point de doute, que si réellement les hommes qui ont osé commander ces différens extraordinaires, avaient été assez sages pour juger eux-mêmes de leur capacité, bien sûrement ils n'eussent pas éprouvé la disgrace d'échouer dans leurs opérations. Ils se seraient indubitablement évité la honte de mécontenter leurs maîtres, et ils n'eussent point non plus été autant observés par les hommes de bouche qui ont été témoins de leur mauvaise gestion.

Il fallait tout simplement, pour éviter cette terrible catastrophe, employer des hommes à talent, et vous résigner à devenir les aides du chef d'extras, plutôt que d'avoir le vain orgueil de commander en chef ; alors, avec cette modestie estimable, vous eussiez fait de nouvelles connaissances, qui devaient à coup-sûr, vous faire faire de grands progrès dans votre état ; oui, des progrès ! Combien n'a-t-on pas vu de petits cuisiniers qui, après avoir employé ces grands maîtres dans différentes occasions, avaient reçu d'eux de bonnes leçons qui leur avaient donné l'idée du vrai beau et du parfait fini, et qui, par cet heureux résultat, sont devenus capables de commander à leur tour des travaux qui les ont honorés dans le monde ?

Un censeur serait vraiment très-utile pour le bien de la chose, et je crois sincèrement que chacun y trouverait son compte.

Si, par exemple, un homme de bouche qui serait aussi zélé qu'impartial dans son jugement, nous donnait une feuille périodique (1) et raisonnée sur les détails de la bonne ou mauvaise réussite de nos grands extras, ce jour-

---

(1) Ce journal paraîtrait deux fois par an, et pourrait être intitulé *Revue des grands bals de la Cour*.

nal serait sans contredit une nouveauté aussi piquante qu'instructive, tant pour les maîtres que pour les hommes de bouche qui se piquent d'avoir quelque mérite.

Réfléchissez-y, messieurs, l'objet est plus important qu'on ne se l'imagine.

Exemple. Quand nos grands seigneurs dépensent trente à quarante mille francs dans une soirée pour donner un grand bal, certes la somme, ce me semble, est assez forte pour que notre service soit rendu beau et bon, comme le pratiquent nos artistes ; mais si, au contraire, les personnes invitées ne trouvent rien d'aimable dans notre service, alors la soirée devient triste et monotone ; la danse se paralyse, et lorsque vient une heure du matin, les dames ressentent des besoins d'estomac qu'elles ne peuvent satisfaire.

Il en résulte que chacun se retire fort mécontent, tout en faisant les salutations d'usage au maître de la maison, qui, de son côté, maudit son cuisinier. Bientôt le bruit des voitures se fait entendre, et succède à la douce harmonie des contre-danses de Julien (1), en un moment, la société est désunie.

Que d'argent dépensé pour les bijoutiers, les modistes, les fleuristes, les coiffeurs et les couturières du bon ton, et tant d'autres dépenses nécessaires pour ces brillantes réunions ! Et tout cela, pourquoi ? pour avoir passé une soirée bien languissante. L'orgueil de nos grandes dames est satisfait, puisqu'elles sont toujours éblouissantes par leurs charmes et par cette noble tournure qui les caractérise si bien ; mais cela n'empêche pas que l'appétit ne se fasse sentir, et ne pouvant le satisfaire, il faut nécessairement se retirer deux heures plutôt qu'on ne l'eût fait, si on eût trouvé de bons restaurans.

Tel est le résultat de notre bonne ou mauvaise réussite dans nos grandes opérations.

Voilà, Messieurs, le déplaisir qu'un censeur pourrait nous faire éviter, en nous donnant une analyse sur la

---

(1) Fameux violon et *compositeur* de walses et contre-danses.

gestion des hommes à talens qui rendent au parfait fini les grands extras, et je crois que nos grands Amphytrions liraient avec plaisir que telle et telle fête s'est passée avec cet ensemble accoutumé qui caractérise ces splendides réunions, et liraient avec une égale satisfaction la liste des hommes qui sont justement renommés.

C'est alors que nos grands princes et seigneurs pourraient donner des fêtes avec la double certitude qu'elles seraient dignes d'eux.

Ces belles soirées ne laissant rien à désirer, embelliraient des jeux et des ris cette aimable gaîté française, qui nous fait toujours regretter la pénible séparation de ces lieux enchanteurs, et qui laissent de si jolis souvenirs dans tous les esprits. Alors les personnes invitées éprouveraient d'avance le plaisir de la soirée; on y viendrait avec enthousiasme comme on va aux Français pour voir une représentation des immortels chefs-d'œuvre du grand Corneille, de Racine, de Voltaire et de Molière. On passe assurément au théâtre Français des soirées par excellence; c'est ainsi qu'il devrait toujours en être des grandes fêtes données par nos grands seigneurs.

Quelle comparaison! disent les beaux esprits. Quel scandale! Quoi, les immortels ouvrages de nos grands maîtres dramatiques sont insolemment placés en parallèle avec l'art culinaire! Doucement, messieurs; veuillez m'entendre: ceci n'est point un paradoxe. Je crois que nous sommes à l'appétit, au besoin de vivre, ce que les comédiens (1) sont à la vue et à l'entendement. Nous formons, des productions de la bonne nature, des mets exquis et délicieux qui flattent notre existence: les comédiens, par leur art enchanteur, nous reproduisent les grands travaux de nos génies créateurs, qui nous récréent et nous font jouir de la vie. L'esprit et le sentiment se nourrissent des belles productions

---

(1) D'ailleurs nous avons plus d'une ressemblance avec ces messieurs; car, comme nous, ils sont à l'heure, et ne peuvent différer de quelques minutes sans que la salle retentisse de l'impatience et du murmure du public qui, en payant, ne veut pas attendre: il en est ainsi des grands à notre égard.

littéraires, comme la sensualité et le corps se nourrissent des productions de notre art salutaire et réparateur; et sans trop prétendre, nous charmons aussi les loisirs de nos grands Lucullus; nous leur procurons des jouissances ineffables; un dîner d'un menu de la haute cuisine est pour eux un objet plein d'attraits.

D'un autre côté, quelles invitations les grands peuvent-ils se faire, si ce ne sont celles d'une soirée brillante, d'un concert, d'un thé, d'un grand bal, d'un bon dîner ou d'une partie de chasse? Eh! bien, le résultat de la chasse est encore un attrait pour l'amateur de la table.

Le guerrier qui triomphe traite avec clémence le héros vaincu; il lui offre une fête qui se termine par un festin. A table, ils sont égaux; ainsi le héros triomphateur embellit encore sa victoire par ce festin;

Les mariages des grands potentats sont célébrés par de brillans festins;

La naissance des grands princes est célébrée par des festins;

Les fêtes publiques se terminent par un festin;

Le jour de la nouvelle année est célébré par des festins;

Les fêtes patronales sont célébrées par des festins;

Le jour des rois, on chante, on rit : on est roi dans un festin;

Le père se réconcilie avec ses enfans dans un festin;

L'amant et la maîtresse s'énivrent d'amour dans un festin;

Les époux fortunés qui, pour la première fois, se voient renaître dans un petit nouveau-né; dans ce jour prospère qui a comblé tous leurs vœux, dans leur joie extrême, et pour fêter ce cher enfant, le jour du baptême est encore célébré par un festin.

Ainsi donc notre art contribue beaucoup au bonheur des faibles humains.

Et si on veut se faire une juste idée des dépenses que la table des grands nécessite, on verra bientôt quelle place colossale notre état tient dans le commerce du monde, et qu'il est volontiers comme le point d'appui de l'industrie des nations (1).

Certes, on ne peut se dissimuler que l'art culinaire joue et a joué un grand rôle chez tous les peuples civilisés, anciens et modernes; car les Babyloniens, les Persans, les Egyptiens, les Grecs, les Romains, les Italiens, étaient fins connaisseurs et grands amateurs de la bonne cuisine.

Mais si le beau ciel de l'Asie, de la Grèce et de l'Italie fut propice à la naissance de l'art, la féconde nature, plus riante encore à notre climat, semble nous avoir rendu le peuple le plus privilégié de la terre, le plus sensuel et le plus délicat dans nos festins. Voilà précisément pourquoi les Français, depuis des siècles, ont su éclipser tous les autres peuples en gourmandise. Nous possédons enfin au suprême degré l'art restaurareur du genre humain, pourquoi ne laisserions-nous pas à la postérité des marques de notre grand savoir en l'art de bien vivre, et de bien faire vivre les autres?

---

(1) Ce qui suit vient à l'appui de ce que j'avance sur le commerce; ce fragment est extrait des mémoires de l'Académie des sciences, année 1789, par M. l'abbé Tessier, sur l'importation et les progrès des arbres à épicerie dans les colonies françaises.

« Le géroffle, la muscade, la canelle, le poivre, produit des principaux arbres à épicerie, sont d'un usage si étendu, qu'ils font la plus riche partie du commerce d'une nation européenne. C'est dans les pays chauds sur-tout, que les épiceries sont le plus employées. On peut même les regarder comme nécessaires dans ces climats, parce que les fibres de l'estomac y étant affaiblis, on ne les fortifie qu'avec du tonique, et il n'y en a pas de plus puissant que les épiceries. Si elles devenaient plus communes, et par conséquent à un prix modéré, elles serviraient à d'autres usages économiques, au lieu des subsistances moins actives et moins aromatiques, qu'on est forcé de leur substituer.

« Lorsque les Hollandais se virent en possession du pays où croissent naturellement les épiceries, ils ne négligèrent rien pour s'en assurer la propriété exclusive. Les Moluques et Ceylan fixèrent leur attention; ils concentrèrent dans le moindre espace possible tout ce qu'il leur fallait d'arbres à épicerie pour suffire à l'approvisionnement de l'univers. Le reste fut arraché ou brûlé par leur ordre. »

CHAPITRE XXX.

ESSAI SUR MES EXTRAS DE PATISSERIE.

Je vais essayer de donner aux jeunes gens une idée de ma manière de procéder dans mes grands extraordinaires; il est possible que mes conseils leur soient de quelque utilité en pareille occasion. Je vais donc rappeler la plus pénible, celle que je n'ai rencontrée que deux fois pendant l'espace de dix années pendant lesquelles je fis les extraordinaires de toutes les grandes maisons de la capitale.

Ce grand extraordinaire eut lieu dans les appartemens du château de Neuilly, en 1805. Comme la cuisine s'y trouvait trop petite pour ces travaux, le chef, M. Carvette (ci-devant pâtissier de la bouche de S. M. Louis XVI) me fit faire la pâtisserie à Villiers, qui se trouve à un petit quart de lieue de Neuilly.

Quand j'y arrivai, je trouvai un petit four de quatre pieds et demi de diamètre; et pour comble de malheur, il n'avait pas été chauffé depuis deux ans. Cependant, il fallait cuire dedans huit grosses pièces de fonds, huit montées, soixante-douze entremets et quelques entrées de pâtés chauds, de vol-au-vent et casseroles au riz.

J'avais trois aides, et trois jours pour l'opération de ces grands travaux.

En arrivant, je fis mettre le feu dans le four (première besogne du pâtissier d'extras.) Le four brûla depuis six heures du matin jusqu'à midi. Après avoir ainsi subi six heures consécutives de chauffage, mon four fut bien atteint, et me parut disposé à conserver sa chaleur. Je le laissai une demi-heure ouvert pour l'évaporation de son extrême chaleur.

Pendant que le four chauffait, je fis piler trois pains de sucre, ensuite un paquet d'épinards pilés pour en extraire le vert. Après cela, nous émondâmes six livres d'amandes douces, dont la moitié fut coupée en filets, une livre pilée

OBSERVATIONS DIVERSES. 397

pour la pâte d'amandes qui devait servir à faire des abaisses pour garnitures de mes pièces montées. Les deux livres restantes furent hachées très-fines. J'en colorai la moitié d'un beau vert pistache, et la moitié du reste fut colorée rose tendre. Deux poignées furent mises au safran, et le peu qui resta fut coloré au chocolat. Après cela, je fis trois quarts de pâte à dresser, et je fis faire en même-temps trois quarts de pâte d'office. Mes pâtés furent dressés, garnis et décorés avant midi. Après avoir nétoyé le four, nous déjeûnâmes; ensuite je détaillai ma pâte d'office qui devait servir à grouper mes huit pièces montées.

A trois heures toutes mes abaisses de pâte d'office furent cuites. Mes deux gros pâtés entrèrent au four à une heure; je fermai les bouchoirs afin de leur donner une couleur mâle; et à deux heures moins un quart, mes pâtés furent couverts; l'un fut placé à droite, et l'autre à gauche de l'entrée du four. Après la pâte d'office, je commençai à cuire ma petite pâtisserie blanche, qui devait servir pour l'ornement des pièces montées; ensuite je passai mes amandes de couleur un moment dans le four, et les remuai souvent pour qu'elles perdissent promptement leur humidité, et qu'elles conservassent leur vive couleur. Elles furent placées de suite dans des caisses de papier. (Lorsque j'avais une étuve, mes amandes séchaient dedans; cela me demandait moins de soins). Mes amandes à nougat furent colorées d'un blond très-tendre. Deux livres de sucre furent égrénées pour faire du gros sucre à mettre sur ma petite pâtisserie. A quatre heures nous marquâmes cent œufs de biscuit; et pendant que mes aides travaillaient les jaunes, et que l'on prenait les blancs, je beurrai et glaçai mes deux moules. Alors mes biscuits furent mis au four à cinq heures (au même instant où je retirais mes gros pâtés qui avaient subi quatre heures de cuisson). Après cela, nous dînâmes; et en sortant de table, je fis détremper un boisseau et demi (dix-huit livres de farine) de pâte à brioche. Pendant que mon premier aide préparait sa détrempe, nous épluchâmes le raisin de Corinthe et ôtâmes les pepins du raison muscat. Lorsque la pâte à brioche fut faite, je la fis séparer en deux parties égales; l'une fut placée sur une nappe dans une manne, et l'autre fut convertie en pâte à babas. A sept heures et demie, je fus voir mes biscuits, et les retirai. Peu de temps après, je fis emplir de bois le four, pour qu'il fût sec le lendemain.

Ensuite nous hachâmes très-fines les amandes de couleur. Je parai mes abaisses de pâte d'office, et nous terminâmes soixante-douze abaisses en pâte d'amandes; après quoi la pâte à brioche fut corrompue, et la pâte à babas mise dans les moules beurrés, et placés ensuite dans un lieu propice à la fermentation. Cela fait, nous nettoyâmes et rangeâmes le travail. Tous les ustensiles furent placés en ordre; à onze heures, nous soupâmes, et nous fûmes prendre quelques heures de repos.

Le lendemain, je fis lever mes aides à quatre heures du matin; et en entrant à la pâtisserie, je fis mettre le feu dans le four, qui brûla trois heures. Pendant que le four chauffait, six litrons de feuilletage furent détrempés. Les deux caisses pour recevoir les brioches furent faites. Un quart de pistaches fut émondé et coupé en filets pour deux entremets. La crème-pâtissière fut détrempée, les entremets de sucre marqués et placés en ordre. A sept heures, je fis nettoyer le four; et une heure après, je commençai à cuire mon feuilletage, comme canapés, renversés, et autre pâtisserie pour mes pièces montées. A neuf heures, mes grosses brioches entrèrent au four. Ensuite la pâte à choux pour mes rocailles fut cuite; à midi mes babas entrèrent également au four, et les entremets de sucre se disposèrent pour subir leur cuisson. A deux heures après-midi, mes grosses pièces et mes entremets furent cuits et placés en ordre sur des tables nappées dans une pièce particulière destinée à recevoir les objets finis.

Nous déjeûnâmes (1), et ensuite je commençai à grou-

---

(1) Bien des chefs d'extrats ne veulent pas prendre le temps de faire un bon repas, dans la crainte de perdre un moment. Enfin, j'ai fait certains extraordinaires, où je n'avais encore rien pris à cinq heures

per mes pièces montées. Je fis placer par mes aides les petits objets d'ornemens.

A neuf heures, nous soupâmes, et une demi-heure après, on se mit à l'ouvrage : à trois heures après-minuit, mes huit grosses pièces montées furent entièrement collées. Nous prîmes un potage et un verre de vin, et allâmes nous coucher.

Après deux heures de repos, je fus frapper à la porte de mes aides, et aussitôt descendus, le feu fut dans le four. Nous prîmes une tasse de gloria pour chasser les vapeurs de la nuit. Je fis détremper cinq-quarts de feuilletage et cinq litrons de pâte à dresser pour trois croûtes de pâté chaud. La pâte à choux pour les entremets fut détrempée. A sept heures, le four fut nettoyé; mes pâtés chauds et trois casseroles au riz entrèrent au four à huit heures. Mes entremets de feuilletage et autres se succédèrent selon leur cuisson, et à une heure après-midi, toute ma pâtisserie en général fut cuite; alors nous déjeûnâmes, et à quatre heures du soir, nos entremets furent glacés et garnis de confitures. Mes grosses pièces montées furent garnies de tous leurs gâteaux, tout cela placé et rangé dans de grandes mannes qui furent disposées et assujetties sur quatre brancards pour les transporter à Neuilly.

En arrivant, nous trouvâmes une grande pièce qui avait été destinée à recevoir la pâtisserie. A sept heures, mes seize grosses pièces et les entremets furent dressés et placés en ligne : tout cela faisait le plus bel effet possible.

DEUXIÈME EXTRAS SIMPLE.

Lorsque je travaillais seul (1), et cela très-souvent, il

---

du soir, par la faute du chef. Cela tue les hommes, et nuit aux travaux plutôt que de les faire accélérer; car je crois que quand notre appétit est satisfait par une nourriture solide, nous sommes tout autres; nous avons plus de goût, plus d'agilité; nous sommes plus laborieux. Au lieu que quand nous sommes exténués de fatigue et de besoin, tout nous devient insipide et à charge.

(1) Je me passais d'aides dans mes extrats simples, qui se composent

me fallait tout faire, tout préparer par moi-même, et cela me fut très-pénible. Mon premier ouvrage était de mettre le feu dans le four pendant trois heures consécutives; pendant ce temps, je pilais un pain de sucre, et ensuite ma pâte d'office et ma pâte à dresser, lorsque j'avais un gros pâté froid. Mes amandes étaient émondées et coupées en filets, et une partie hachée pour colorer. Mon vert d'épinards était passé au tamis de soie, et à neuf heures, je nettoyais mon four; ensuite je détrempais le feuilletage nécessaire pour mes pièces montées. Mes abaisses de pâte d'office étaient faites et prêtes à dorer. A dix heures je commençais à cuire ma petite pâtisserie glacée. A midi, toute ma pâte d'office et ma petite pâtisserie blanche était cuite; ensuite je déjeûnais. A une heure, je cassais cinquante œufs de biscuit; après mes jaunes pris, je beurrais mon moule, et de suite je fouettais mes blancs et mêlais mon appareil. Je glaçais mon moule deux fois. A deux heures, mon biscuit entrait au four; je parais ma pâte d'office et la mettais aux amandes de couleur; ensuite je préparais ma détrempe de brioche, de baba ou autre; mais lorsque j'avais un gros pâté et un biscuit, je ne faisais pas d'autre détrempe. A trois heures et demie, je fus regarder mon biscuit. Après cela, je glaçai ma pâtisserie au sucre au cassé; et à cinq heures et un quart, je retirai mon bis-

---

de quatre grosses pièces, dont deux de fonds et deux de colifichets, quatre ou huit entremets et deux entrées.

J'avais pour habitude de finir mes grosses pièces montées la veille du service; cela me faisait passer une partie des nuits; mais j'avais assez de deux heures de repos. A trois heures du jour de l'après-midi du service, ma pâtisserie était toujours rangée en ordre sur une nappe bien blanche; et par cette manière d'opérer, je ne fis jamais attendre après moi; au contraire, au moment du service, j'allais aider à dresser les entrées, et j'étais fort aise de n'entendre pas dire que je fusse un prodigue et un consommateur. Je faisais tout juste le nombre de gâteaux qui étaient nécessaires pour mes entremets, en sorte qu'il n'en restait jamais un seul. Pour mes pièces montées, j'étais tellement vétilleux, que j'observais le détail de ces sortes de pièces, afin de ne rien faire de superflu. Je ne crois pas qu'il y ait un chef de cuisine qui puisse se plaindre de ma manière de faire et d'employer les choses.

En 1805, je fis cinquante-trois extras sans m'arrêter un seul jour; ce fut à l'occasion du traité de paix de Presbourg.

OBSERVATIONS DIVERSES.

cuit; ensuite je mis mon travail en ordre, puis je dînai; après cela, je commençai à grouper mes pièces montées, et à une heure du matin, elles étaient collées entièrement; alors je corrompis ma pâte à brioche ou celle de baba, et la mis dans le moule que je plaçai dans un endroit où la chaleur était douce et égale, c'est-à-dire que cet endroit ne dût pas être susceptible de courant d'air, afin que la pâte puisse fermenter sans interruption.

Après cela je fus me reposer; et à cinq heures du matin je me mis à l'ouvrage, aussitôt le feu dans le four. Je fais une croûte de pâté chaud, et une casserole au riz; puis je détrempe trois litrons de feuilletage, et leur donne deux tours; à sept heures, je nettoie le four; et une demi-heure après, je mets en cuisson le pâté chaud, la casserole au riz et vingt-quatre petits vol-au-vent, pour être servis en assiette volantes. Ensuite mes entremets se terminent; à onze heures mon baba entre au four, au lieu que si c'eût été une brioche, je l'eusse mise une heure plutôt. A midi, mes petites pâtisseries sont prêtes à dresser. Je fus déjeûner; à une heure, je fus retirer mon baba, et à deux heures, mes quatre grosses pièces. Les entrées et entremets sont dressés et placés en ordre de service. Je préparai de suite les entremets de crème et de gelée; et à trois heures et demie, je les plaçai à la glace; après cela, je préparai quarante-huit caisses pour huit assiettes de fondus, dont je marquai aussitôt l'appareil; puis je travaillai mon sucre filé pour l'ornement des deux pièces montées; à cinq heures moins un quart je fus m'occuper à la cuisine; et lorsque les entrées furent prêtes à partir, j'allai finir mes fondus et les mis au four. Puis je démoulai mes entremets de douceur (c'est-à-dire les gelées); et lorsque l'entremets fut servi, je fis partir mes fondus sur huit assiettes d'argent, le tout le plus chaud possible.

TROISIÈME ET DERNIER EXTRAS.

Les extrats les plus beaux, les plus parfaits que j'ai vus, sont les grands dîners qui eurent lieu dans la superbe galerie des Relations extérieures, donnés par S. A. le prince de Talleyrand. La table servie par excellence fut toujours celle-là.

Quel beau tableau, quelle magnificence s'offrait à la vue, en contemplant ces illustres personnages savourant un bon dîner! Quelle noble assemblée que la réunion de tous ces ambassadeurs étrangers, revêtus de leurs décorations! Quel silence imposant et majestueux règne dans cette réunion! Tout y imprime la dignité et la grandeur des nations civilisées; et si jamais peintre exécutait un tel tableau, certes ce monument de notre civilisation rehausserait encore la gloire de la nation française.

C'est pourquoi il est impossible qu'aucun autre extras puisse être mis en parallèle avec ceux de cette magnifique galerie. Il fallait voir le bel ensemble de ce service! car quarante entrées, bien tournées, bien finies dans chacune des parties qui compose ce grand art, certes de tels dîners ne sont pas du tout ordinaires; et les jeunes gens qui n'ont pas pu voir cela, ont beaucoup perdu. C'est, sans contredit, ce que la grande cuisine moderne a produit de plus beau et de meilleur mine (1). Tous ces grands travaux ont été commandés par un seul homme, et cet homme est grand par caractère; sous ce rapport, M. Boucher a parfaitement secondé les vues nobles et élevées de son illustre maître, qui tenait à ce que sa table fût l'une des plus somptueuses et des plus splendides de la capitale.

Mais, pour opérer ces superbes dîners, M. Boucher avait le bon esprit d'avoir pour seconds les hommes du meilleur goût et les plus adroits du métier (ce que l'on doit faire dans une pareille circonstance), telles que M. Lasne pour le froid, et pour faire partir le service avec le grand chef; M. Riquette (maintenant chef de l'empereur de Russie)

---

(1) Un seul menu d'un de ces grands dîners, écrit avec soin et selon les préceptes de l'art, pourrait donner au public une juste idée des beautés qui caractérisent notre grande cuisine nationale; c'est alors que tous ces mauvais écrits qui dénaturent cette belle science, seraient voués à l'oubli pour jamais.

OBSERVATIONS DIVERSES.

pour les fourneaux; M. Savard pour l'entremets et les potages; le fameux Chevalier pour la broche : j'étais chargé de la pâtisserie (1) et de l'entremets de douceur; avec une telle brigade, on peut faire le parfait fini. Nous étions largement payés; nous employions tout ce que Paris avait de plus beau dans ses marchés, et ce qui était bien plus aimable encore pour nous, c'était cette gaieté franche et loyale, cette bonne union qui régnait dans toutes les parties. C'est ainsi que se passaient ces pénibles extrats.

Mais, que dis-je? il n'est point de fatigue lorsque nos travaux se font avec plaisir et contentement. Les jeunes praticiens apportaient le zèle et l'attention nécessaires pour acquérir de nouveaux talens, mériter l'estime de leur chef, et partager l'honneur d'avoir coopéré au service du festin.

Observations détachées.

Dans mon discours préliminaire, j'ai fait connaître combien il serait important pour l'art culinaire (qui honore tant notre belle patrie), qu'une œuvre de cuisine fut dictée par nos grands artistes modernes. Assurément ce bel ouvrage recevrait par eux le parfait fini; mais il est à craindre que ces messieurs ne puissent pas se charger de remplir cette pénible tâche; car j'avoue franchement que j'ai pensé plusieurs fois à abandonner ce travail. Cependant cela ne doit pas décourager nos jeunes praticiens, puisque j'en suis à peu près venu à bout; il leur sera plus facile, car ils pourraient se réunir, comme je l'ai proposé pour nos grands maîtres, qui seraient, je pense, enchantés de voir leurs élèves concourir à la réalité de ce grand œuvre, qui certainement serait traitée d'une manière satisfaisante, puisqu'ils ont puisé dans de bonnes sources les

---

(1) Ma partie se composait ainsi : huit grosses pièces, quatre de fonds et quatre de colifichets; l'élévation était de quarante-quatre à quarante-huit pouces de hauteur sur vingt à vingt-deux de largeur. Je ne fis jamais de pièce montée mieux finie que celle de ces grandes galeries; j'en ai dit les motifs ci-dessus. Plus, huit entremets de pâtisserie et huit de douceur, dont quatre de gelée, deux de suédoises et deux de crèmes; quatre entrées de pâtisserie; le tout à quatre heures, dressé et rangé en ligne de service.

DIXIEME PARTIE.

vrais principes de l'art qu'ils pratiquent avec honneur et succès. Cette jeune assemblée pourrait être présidée par les grands cuisiniers (*Voyez* les quatre présidens de la grande assemblée) qui ont produit les meilleurs élèves, tels que messieurs :

Louis, Avare, Imbert, Dunan, Massinot jeune, Compere, Plumerey, Turgaut, Lecomte, Montmirel, Debret, Vernet, Duval, Bonnet, Bonnelot, Totin, Navare, Ogé, Vincent, Goubaud, Moutier, Casemire, Lebeau, Brelest, Mathieu jeune, Pénela, Wicht, Catu, Simon, Kien, Foullois, Aubry, Léchard, Auguste, Loyal, Louis et Théodore.

Nous avons dans Paris quelques jeunes cuisiniers d'un talent distingué ; mais je suis privé de les citer, parce que leurs noms ne sont pas présens à ma mémoire.

Nous avons encore dans la capitale une centaine de bons cuisiniers de trente à cinquante ans, qui composent la deuxième classe des hommes à réputation ; mais la troisième classe se compose de milliers de cuisiniers, tous plus mauvais les uns que les autres.

Nous avons encore un grand nombre de bons cuisiniers chez l'étranger.

A Saint-Pétersbourg, le fameux cuisinier Riquette, chef de cuisine de l'empereur Alexandre ; Talon, Legrand, Auguste, pâtissiers distingués.

A Vienne, Breton, pâtissier distingué, chef de cuisine de la princesse de *** ; Masoulier, bon pâtissier ; Herpin, chef chez l'ambassadeur de ***.

Nous avons encore un grand nombre de bons cuisiniers dans les cours étrangères ; mais je suis privé de les citer : leurs noms échappent aussi à ma mémoire ; d'ailleurs je ne cite que les jeunes gens de mon âge.

Quelques-uns de nos grands cuisiniers ont des manières systématiques. Cette émulation est louable sans doute ; mais on voit malgré cela que leur genre ne diffère que dans quelques entrées et entremets particuliers qui les distinguent les uns des autres ; car le bon fonds de la grande cuisine est aussi intact qu'il est invariable, quoique quelques-uns de ces messieurs le modifient selon les circonstances. Cependant on n'a jamais vu, et jamais l'on ne verra, un grand cuisinier confectionner un bon dîner avec de mauvaises fournitures. Pourquoi? Parce que la grande cuisine ne souffre point de médiocrité. Pourtant un artiste par son talent remédiera et fera beaucoup, où le cuisinier vulgaire ne fera rien qui vaille; mais les grands talens rejettent tout ce qui est mauvais; car on ne peut réellement pas remédier au manque de qualité des objets qui ont perdu leur fraîcheur. Voilà précisément pourquoi rien de médiocre n'entre dans les bonnes cuisines. Pour le matériel de nos opérations, nous employons toujours les viandes de boucherie de première qualité, la plus belle volaille, de même que le gibier et les comestibles dans leur fraîcheur : même choix pour les fruits, légumes et racines potagères de toute espèce.

Pour la bonne pâtisserie, la tête des beurres d'Isigny et de Gournay; les farines de première qualité et blancheur; de beau et bon sucre; des épiceries parfaites. Avec de telles fournitures, du talent et un bon commandement, on est sûr de bien faire.

Toutes ces sortes de provisions sont fort coûteuses, et voilà précisément pourquoi un bon cuisinier dépense beaucoup d'argent dans ses marchés; et si parfois les maîtres tracassiers font quelques emplettes pour s'informer du prix des choses, ils sont presque toujours trompés dans la qualité et la fraîcheur de leurs achats, et cela est tout simple; les marchands, jaloux de conserver et de fournir les bons cuisiniers des vrais amphytrions, leurs meilleures pratiques, savent fort bien qu'il faut leur choisir tout ce qu'il y a de plus frais et de plus beau; et pour bien les servir, ils s'empressent de mettre de côté ce que nos provinces nous envoient de plus fin et de plus exquis. Tous ces articles ne paraissent jamais en étalage : voilà donc positivement les raisons pour lesquelles ces maîtres peu sensuels ne voient jamais ces belles fournitures, et d'ailleurs ils ne voudraient pas payer leur juste valeur; puis la fraîcheur et la finesse des objets font beaucoup pour la variation des prix.

Tous ces soins et toutes ces préférences se paient, et cela est fort juste. Il en est ainsi en toute chose : la préférence a son prix.

Mais le grand art de l'économie ne consiste pas à dépenser peu pour avoir de mauvaises provisions, qui détruisent la réputation de celui qui les a confectionnées, et en même temps font peu d'honneur à l'amphytrion qui donne à manger.

Eh! qui connaît mieux le grand art de l'économie qu'un parfait cuisinier? Il fait, par ses justes compensations, par ses soins extrêmes, et sur-tout par ses heureux détails, il fait dis-je, usage de tout : tout par lui est simplifié et perfectionné ; prérogative du vrai talent, qui imprime son cachet sur tout ce qu'il entreprend. De-là vient cette bonne mine séduisante des mets qui réjouissent la sensualité au premier coup-d'œil, délice chéri des vrais gastronomes.

Remarques et observations sur des hommes qui se donnent pour maîtres-d'hôtel-contrôleurs (1).

Dans le siècle présent, nous avons un grand nombre de maîtres-d'hôtel et de contrôleurs, qui sont vraiment peu propres à leur profession, et qui ne peuvent régir leurs affaires sans tourmenter ceux qui les environnent. Leur génie ne leur permet pas d'agir selon les circonstances, ils peuvent à peine se recueillir pour l'opération au moment du service, et l'ensemble de leur gestion à quelque chose de mesquin et de ridicule. Notre tourmente révolutionnaire a fait naître un grand nombre de ces messieurs, qui ne devraient jamais être ni maîtres-d'hôtel ni contrôleurs ; l'homme de bouche doit seul tenir cette place, qui n'est pas ce que le vulgaire en pense. Elle est la plus épineuse de toutes celles d'une grande maison. C'est pourqnoi elle n'appartient pas à un valet-de-chambre, ni à un domestique,

---

(1) Cet article fut écrit sous l'ancien gouvernement ; j'ai cru devoir le conserver.

et encore moins à un homme d'écurie. Mais grâce au retour des Bourbons, chacun reprendra ses droits légitimes, et nos travaux seront bientôt commandés par des hommes à talens; car ce sont des connaissances réelles qu'il faut avoir pour bien régir une telle administration. Être homme de goût, amateur du vrai beau, un peu dessinateur, et bon cuisinier, voilà la science qui doit distinguer le contrôleur.

Le vrai contrôleur, l'homme digne de cette place, en un mot, doit être non-seulement homme de goût, mais d'un goût exquis; il doit imprimer à son administration un caractère de grandeur qui le distingue des hommes ordinaires : un bon ton, un tact qui tient du génie, un commandement juste, jamais d'équivoque dans ce qu'il dit; un geste, un regard doit exprimer ce qu'il demande. Affable avec tout le monde, ne jamais précipiter son service; la mémoire toujours présente, un jugement sain, de l'intégrité dans la gestion de son département, voilà, messieurs, voilà le contrôleur tel qu'il doit être, tel qu'il était autrefois. Il en est encore de ces hommes qui se distinguent par ce beau caractère dans nos maisons Royales; tandis que les hommes sans talent ne pensent que pour eux : le sentiment de l'égoïsme (1) les caractérisent, car lorsque les maîtres les complimentent sur un bon dîner (talent du cuisinier), ils ne savent que sourire, et répondre avec fadeur: « Mais mon prince, je fournis au cuisinier tout « ce que nos marchés offrent de plus beau et de plus dis- « tingué. Je sers toujours à Votre Altesse, la primeur de « la nouveauté; avec de telles provisions, un cuisinier, ce

---

(1) Ce que je trouve de honteux pour notre état, c'est qu'il y ait des hommes assez injustes pour s'emparer du salaire d'autrui. Il en est qui, après avoir employé des jeunes gens et les avoir fait payer par les maîtres-d'hôtel, exigent qu'ils leur remettent leur salaire, sous peine de n'être plus employés à l'avenir. Assurément voilà de ces traits qui flétrissent l'honneur des hommes de bouche. Comment veut-on que les jeunes gens aient du goût, du zèle et du courage, s'ils ne sont stimulés par rien d'aimable, pas même par un bon procédé? Mais doit-on s'attendre à des procédés de la part des hommes qui n'ont point d'honneur?

« me semble, doit faire un bon dîné (1). » Le traître ne dira jamais : « Mais, mon prince, vous avez un cuisinier « fameux ; il jouit d'une réputation fort distinguée. C'est « un homme très-estimable ; c'est un père de famille. » Voilà qui donne bonne opinion des qualités de l'homme de bouche, et notre prince, après avoir entendu parler ainsi de son chef de cuisine, voudra le voir, l'entendre, lui parler. Alors le cuisinier ressent une joie extrême, il éprouve un sentiment de vénération pour son bon maître qui a daigné l'honorer d'un moment d'entretien. Il fait l'impossible pour le satisfaire. Le service en va beaucoup mieux, et tout le monde de cette maison vit content et heureux. Par cette même réciprocité de bons procédés, ils vivent dans une parfaite harmonie, et supportent plus facilement le pénible fardeau de la servitude. Tels sont les heureux résultats de la loyauté et de la bonne administration du vrai contrôleur.

Mais revenons à nos maîtres-d'hôtel orgueilleux, sans talens, qui prétendent que l'honneur d'un grand dîner leur appartient personnellement. Pourquoi cette vaine prétention ? Les travaux du cuisinier ne peuvent être mis en parallèle avec les occupations de ces maîtres-d'hôtel. Le premier passe des jours et des nuits dans le feu, il est sans cesse en butte à mille contrariétés que son travail fait naître.

Le maître-d'hôtel, au contraire, après avoir fait son marché, passe du salon à la salle à manger, où il fait placer son couvert par les valets de pied ou couvreurs de table ; ensuite, il va dans son appartement ; là, assis mollement sur un vieux fauteuil doré, il attend complaisamment l'heure du dîner, et, descendant à la cuisine, les mains derrière le dos et l'épée au côté, regarde, observe et fait souvent la mine ; car ces messieurs ne sont pas très-parleurs. Lorsqu'à table tout le monde lui sourit et lui fait

---

(1) En effet un bon cuisinier à qui on donnera de belles provisions, servira un dîner parfait, au lieu qu'un cuisinier médiocre, avec tous ces mêmes avantages, ne servira qu'un dîner détestable ; ainsi voilà la différence de tel ouvrier avec tel autre, et cette différence seule distingue l'homme à talens.

compliment, le brave homme prend cela pour lui seul : il ne dira jamais au cuisinier : Nous avons un bon dîner! Les maîtres sont très-gais et mangent beaucoup (1). Si, vers la fin du dîner notre monsieur fait une gaucherie, alors il tourmente tout le monde, ou bien il garde un silence affecté; vous regarde en sournois, et sa vilaine mine renfrognée exprime très-bien tout ce qui se passe de méchant au fond de son ame noire ; enfin, c'est le vrai tyran des domestiques.

Les réflexions et observations que j'ai osé hasarder sur différens abus et usages, qui sont trop fréquens dans notre état, ont été purement dictées par l'esprit d'amélioration et d'élévation que je porte à mon art, et d'après ce que j'ai vu sous l'ancien gouvernement. Si je me suis involonlontairement éloigné des règles de la bienséance, c'est que réellement la matière l'a exigé; car, de bonne foi, je ne pouvais rehausser les beautés de notre art, sans en effleurer les travers. Puisse cette grande vérité adoucir mes réflexions !

Avis aux jeunes gens.

Jeunes gens, vous qui êtes zélés, laborieux et adroits, vous qui avez la noble envie de devenir fameux, écoutez mes leçons. Soyez attentifs et prévenans aux ordres de vos supérieurs; mais jamais de petitesse avilissante, cela dégrade le caractère de l'homme. Rappelez-vous qu'il n'est point de bon chef si l'on n'est docile au commandement. Soyez donc ardens à remplir vos devoirs; ne répondez jamais par des mots impolis aux objections de vos chefs. Soyez patiens, et le temps vous fera justement apprécier; prenez toujours la défense et les intérêts de l'homme qui vous commande et qui vous donne son talent; n'ayez jamais la faiblesse d'agir sourdement contre lui ; soyez au contraire

---

(1) Signe qui honore la bonne cuisine, et dont le cuisinier a grand soin de faire la remarque; car si réellement on fait honneur au dîner, c'est honorer le maître de la maison et son chef de cuisine. Cette idée seule suffit à l'homme à talens, pour savoir que son maître est content. Le maître-d'hôtel envieux ne peut rien contre cela.

loyaux à son égard, et vous aurez toujours son estime. Avec de telles maximes vous serez considérés, estimés dans le monde. Le premier de tous les biens, ce sont les talens ; et, lorsque vous en aurez, tout ira bien. Cependant, vous aurez contre vous la jeunesse, âge où le manque d'expérience se fait sentir quelque fois dans nos actions : puis dans les maisons, il est des gens mal intentionnés qui nous donnent de mauvais conseils en flattant nos intérêts et notre amour-propre ; et, sans le vouloir, on fait mal en pensant comme eux. C'est alors que vous agissez contre vous-même en écoutant des méchans qui ne cherchent que la désunion.

L'homme de bouche ne doit faire que sa cuisine, et ne pas plus se mêler des affaires de la chambre que de celles de l'écurie. Honnête avec tout le monde, poli, ami sans liaisons ; sans cela, l'esprit de parti s'empare de vous.

Voici un exemple qui pourra vous donner une idée des honteux résultats de ces sortes de liaisons.

Un chef de cuisine fort recommandable, tant par son talent distingué, que par ses bonnes qualités morales, prit pour aide un jeune homme qui était adroit et courageux ; mait il s'en fallait bien qu'il valut son chef. Le cuisinier était un de ces hommes naturellement obligeans, qui croient que tout le monde leur ressemble ; il donnait à son aide ses conseils, et lui laissait faire en partie le dîner : au moment du service seulement, il mettait le tablier, et faisait partir son dîner.

Cet état de choses dura quelque temps dans une parfaite harmonie ; mais des méchans, jaloux probablement de ce que le chef ne travaillait pas, firent entendre au jeune homme que lui seul faisait l'ouvrage, et que, s'il voulait, on lui ferait obtenir la place. L'aide, ébloui de si belles promesses, consentit d'agir pour faire chasser le chef qui lui avait donné en partie son talent ; et, pour cela, il se forma une coterie de toute la maison depuis le portier jusqu'au dernier étage. Ses collègues serviteurs l'aimaient, avec raison, car, pendant l'absence de son chef, ce traître donnait à l'un et à l'autre, et par ses dons honteux, faisait

OBSERVATIONS DIVERSES.

monter considérablement les dépenses du cuisinier : celui-ci s'en aperçut, mais trop tard (le coup était porté), il voulut le faire chasser, en disant au maître la vérité; mais le drôle avait tout prévu : ses partisans avaient prévenu les maîtres en sa faveur. Ainsi, les maîtres qui voyent toujours par les yeux de ceux qui les entourent, résolurent de chasser leur ancien cuisinier pour donner la place à ce nouveau venu.

Une fois que notre homme fut installé, il continua plus que jamais à voir ses bons camarades; tous les jours nouvelles parties et nouvelles bombances, au dehors sur-tout.

Les maîtres le trouvèrent bientôt plus cher que l'ancien, et lui en firent des reproches. Celui-ci crut mettre ordre à ses mauvaises affaires en se séparant de ses bons amis (amis quand on paye pour eux); mais il lui fut impossible de s'en défaire. Lui-même avait contracté cette funeste habitude (l'habitude est la mère de tous les vices, comme elle est l'ame de toutes les vertus) qui nous maîtrise et nous précipite dans l'abîme.

Dans la maison, on parlait d'un nouveau cuisinier; car ses maîtres voulaient mettre ordre à ce déréglement (1). Cela lui fit peur, et dans la crainte de perdre sa place, ce misérable, pour améliorer ses dépenses, crut devoir porter les objets qu'il payait trente sous, à vingt-cinq, et par ce faux calcul et les dépenses qu'il faisait ailleurs, il se trouva bientôt dans l'impossibilité de payer toutes les dettes qu'il avait contractées, tant pour les dépenses de la maison que pour celles de ses orgies.

Enfin il fut dénoncé par ses cotteries, et il allait être chassé comme un fripon; mais il sut prévenir cette honteuse catastrophe : il quitta Paris en y laissant près de cinq

---

(1) Dans une autre maison, où pareille chose arriva, les maîtres connaissant leurs torts envers l'homme qu'ils avaient injustement remercié, prirent le bon parti d'écrire à leur ancien cuisinier, que s'il voulait rentrer, ses gages seraient augmentés de cinq cents francs, ce qui lui convint très-fort; et depuis ce moment, il est justement considéré par ces bons maîtres, qui le rendent très-heureux; il agit en homme d'honneur, et fait tout pour eux.

mille francs de dettes qu'il n'avait pu payer aux marchands qui fournissaient la maison. Ses bons maîtres furent contraints de payer cette somme une seconde fois ; car ils la lui avaient réellement payée.

Voilà ce qui arrivera toujours lorsque les maîtres jugeront d'après les faux rapports de ceux qui les flattent. Depuis ce temps les cuisiniers qui entrent dans cette maison ne pouvant plus y rester, ne peuvent plus obtenir la confiance des maîtres, qui se défient d'eux dans la crainte d'être trompés encore. Tels sont les bons offices que ces vils intrigans rendent aux honnêtes gens, et les suites des cotteries et des cabales de maison. C'est ainsi que l'envie et la calomnie échouent toujours dans leurs infâmes projets.

Vouloir être chef trop jeune, c'est une ambition effrénée qui, trop souvent, nous devient funeste ; car quelquefois l'inexpérience nous fait faire des sottises déshonorantes, comme la conduite de notre ambitieux jeune homme vient de le prouver ; et si les jeunes gens pouvaient comprendre ce qu'ils ne veulent pas entendre, que jeunes nous devons nous attacher à la science, et à mériter l'estime des hommes qui honorent l'état par leurs bonnes mœurs et par leurs grands talens, et si cela était rigidement observé, nous verrions les maisons beaucoup plus tranquilles et plus stables qu'elles ne le sont ; car toutes les variations, tous les changemens que nous éprouvons dans nos places, sont notre propre ouvrage, et nous devons n'en accuser que nous-mêmes, à moins que nous ne soyons remerciés pour manque de talent, ce qui est tout différent. Mais pourquoi voulons-nous qu'il soit dans la volonté des maîtres d'aimer à changer leur monde, puisqu'ils ne peuvent se passer de notre service ? Le tort est donc tout de notre côté ; et du moment que nous ferons nos devoirs en temps et heure, que nous serons honnêtes envers ceux qui nous payent, certes, avec une telle conduite, nous serons estimés, considérés des maîtres, et il ne tiendra qu'à nous de rester auprès d'eux tant qu'il nous plaira.

Votre raison est fort bonne, me dit un de ces messieurs ;

OBSERVATIONS DIVERSES.

mais il faudrait pour cela que les maîtres fussent plus justes à notre égard, et qu'ils ne nous confondîssent pas avec les autres serviteurs de leurs maisons. Vous savez bien vous-même qu'il faut passer de longs apprentissages et de longues années dans des travaux pénibles pour devenir bon cuisinier; au lieu que, pour faire le service de la chambre, de l'antichambre et de l'écurie, il ne faut que quelques mois; car tout homme qui a un peu d'usage peut faire ce métier; au lieu que pour être homme de bouche, il faut avoir des connaissances réelles.

Il faudrait encore que les maîtres perdissent une autre mauvaise habitude qui est contraire à leur intérêt; c'est de confieer les dépenses de cuisine à des hommes qui n'y connaissent rien, et quand bien même ils y connaîtraient quelque chose, le service n'en sera pas mieux fait pour cela. Vous en avez dit la véritable cause dans la revue de votre troisième grand bal; et lorsque les maîtres quitteront cette habitude qui leur fait éloigner d'eux ceux qu'ils chargent de préparer leurs repas, ou plutôt les friandises que leur sensualité aime tant, alors ils trouveront une amélioration dans leurs dépenses et feront meilleure chère; quand les maîtres auront pour nous ces bons procédés, alors nous nous piquerons d'honneur d'être ong-temps leurs cuisiniers.

Allons, monsieur, je désire que vos souhaits se réalisent, et je crois qu'en y mettant un peu de bonne volonté de part et d'autre, tout cela irait beaucoup mieux, et les maîtres sur-tout y gagneraient infiniment.

Mais revenons à nos jeunes gens. Je sais que nous avons de certains chefs égoïstes qui s'emparent de tous les profits, et cela quelquefois dispose les jeunes gens à cabaler contre eux; mais si, au contraire, les chefs étaient assez justes pour se contenter de leurs bénéfices, qui se composent des suifs seulement, en laissant avec intégrité les graisses et les levures de lard à leurs aides, de même en abandonnant aux garçons de cuisine les viandes des sauces et les fonds de marmite; par ce désintéressement, leur monde leur serait plus attaché, les estimerait davantage, et apporterait tout le zèle nécessaire pour les seconder dans leurs travaux.

Mais sans avoir l'envie d'être cabaleur, moi-même étant aide dans une des premières maisons de la capitale, je fus contraint d'abandonner à mon chef la moitié de mes profits pour avoir la paix, ou plutôt pour ne pas m'exposer à sortir de la maison ou à le faire chasser par des cabales; mais ce stratagême honteux est indigne de l'homme d'honneur.

Je ne considérais qu'une chose : du talent! du talent! me disais-je secrètement; et plus tard viendra l'argent. En effet, je crois avoir plus gagné en me comportant ainsi, que si j'avais quitté le premier talent de Paris.

Mais vous, jeunes gens, qui avez l'amour de votre art; vous qui voulez devenir justement réputés parfaits, ne vous éblouissez pas sur vos succès; le temps vous fera voir combien l'envie et la méchanceté des hommes cherchent à vous arrêter dans votre marche; car les grands talens ont bien des difficultés à vaincre pour s'applanir le sentier de la renommée. La médiocrité n'en a pas; l'homme industrieux est même quelquefois la victime de la calomnieuse jalousie; et si, trop jeunes, vous montrez une conception facile, des idées justes et réfléchies, bientôt vous en serez punis. Les envieux chercheront à vous nuire auprès des personnes dans lesquelles vous croirez trouver des appuis, des protecteurs zélés; on vous fera passer dans le monde sous des rapports grossiers, lorsque vous ne serez réellement occupés que de votre état. C'est alors que ces méchans diront que vous êtes suffisans, orgueilleux et même pédans; enfin, que vous dirais-je? tout ce que leur perfide audace est capable d'inventer pour nuire à l'homme qui a du mérite. Mais croyez-moi, ayez du courage et de la persévérance; ne vous rebutez pas dans vos recherches scientifiques; bannissez toute idée chimérique, et espérez tout du temps; car c'est une faiblesse que d'être sensible à ces lâches propos. Ne comptez jamais sur personne; soyez sûr de vous-mêmes; du talent, de la probité, et tout ira bien. Si jamais vous rencontrez un ami qui vous oblige avec désintéressement, trouvez-vous heureux d'avoir connu un tel homme; car l'intérêt seul fait agir. Voilà l'esprit du jour.

Pensée à l'Amitié.

Qu'il me soit permis ici de donner quelques détails sur un évènement malheureux, qui doit servir de leçon à tous les jeunes gens qui se vouent à la cuisine.

Souvenir affreux! Oh! pensée déchirante!.... Mes yeux se remplissent de larmes à ce cruel souvenir. Ami trop infortuné! tu fus la victime de ton imprudence extrême, et tu laissas à tous ceux qui t'ont connu l'éternel regret de ta fin malheureuse!

Ce fut en 1810; mon ami était premier aide de cuisine et chef des voyages, dans une grande maison de la capitale. Ce fut un jour qu'il devait servir des petits pois: ces petits pois étaient conservés dans une bouteille. Pour les avoir, il eut la témérité de faire sauter le gouleau d'un coup du dos de son grand couteau. Le gouleau casse un peu plus bas en faisant quelques petits éclats de verre. Alors notre jeune homme voit le triste resultat de sa légèreté; il veut avoir une autre bouteille; tous ses camarades lui dirent que ce serait plus sage, que de s'exposer à de grandes réprimandes.

Mais peut-on fuir son malheur? Les petits pois sont étalés sur une serviette : on les trie un à un, et aucun indice de verre n'est aperçu.

Enfin il se décide à les servir, sans prévenir le chef de son imprudence.

Mais, hélas! quel terrible contre-temps! La première fois que son maître en porte à sa bouche, il s'y trouve un petit éclat de verre plat et mince, de la largeur d'un petit pois. Le maître surpris, réprimande le contrôleur.

Le contrôleur, furieux, descend à la cuisine, et traite sans pitié le malheureux jeune homme; il l'accuse d'avoir tenté d'empoisonner son maître : il lui ordonne de quitter, et de se retirer pour jamais. Ces mots, prononcés avec colère, avaient anéanti mon pauvre ami. La confusion, la crainte et l'effroi s'emparent de lui; ses jambes tremblantes le soutiennent à peine. Enfin il quitte ses funestes travaux; il arrive chez le suisse, la mort sur les lèvres, et là, il tombe évanoui. Tous les soins lui sont prodigués; on le rappelle à la vie : ses camarades, d'une voix unanime, lui dirent que son maître était bon et généreux, et que dans quelques jours on le rappellerait auprès d'eux.

Mais le coup mortel avait frappé l'infortuné au cœur : il se fit conduire à l'hospice Beaujon, où il mourut quelques jours après, à la fleur de sa jeunesse.

Puisse ce fatal exemple éviter à l'avenir de semblables malheurs !

Observations sur les pâtissiers de boutique.

Eh bien, Messieurs! vous le voyez, quoiqu'en butte à vos injures, j'ai pourtant conçu l'idée de travailler pour vos intérêts. Mon intention fut positive, et je pensais mûrement qu'un tel ouvrage pourrait, à l'avenir, rendre des services importans aux maîtres pâtissiers de deuxième et troisième classe (quoique ceux de première classe en feront également leur profit). Enfin, je veux les rendre familiers avec les beautés de l'état dont votre orgueil prétend les exclure. C'est moi qui opérerai cet heureux changement; et grâce à mon zèle, je vais faire revivre un grand nombre de boutiques qui végètent et languissent dans l'oubli. Certes, si les maîtres de ces maisons sentent cette grande vérité, ils verront qu'il est pour eux de la plus haute importance qu'ils sortent de l'obscurité où leur manque de science les a plongés; et s'ils veulent réellement s'occuper de leur état, ils trouveront dans mon Ouvrage des conseils salutaires. S'ils apportent des soins et de l'attention dans leurs nouveaux travaux, ils verront bientôt une amélioration dans leur commerce; leurs maisons deviendront florissantes, les gourmands trouvant désormais chez eux toutes sortes de bonnes friandises qu'ils envoyent chercher d'un bout de Paris à l'autre, et qu'ils payent au centuple; encore quelquefois l'objet désiré n'a-t-il pas la

OBSERVATIONS DIVERSES.

fraîcheur du jour; alors ils préféreront leurs maisons. Je sais fort bien que tous les hommes ne pourront pas arriver à la perfection; mais au moins le nombre des bonnes boutiques sera plus grand, les boutiques de deuxième classe ressembleront beaucoup à celles de première, et la troisième classe disparaîtra tout-à-fait.

Voilà, Messieurs, mes véritables sentimens; et si je suis secondé par mes confrères, je dois opérer les plus grands changemens dans mon état (1). Il faudra aussi, pour le bien de la chose, que les gastronomes se persuadent bien que pour être servis selon leurs désirs, ils doivent commander à temps; ils se trouveront dédommagés de cette complaisance, par les soins que les pâtissiers apporteront pour les bien servir. Tout le monde y gagnera; l'amateur mangera de bonne pâtisserie chaude, qui ne sera plus réchauffée à l'avenir, et le maître pâtissier deviendra capable de mieux faire de jour en jour.

AVIS AUX MAITRES PATISSIERS;
Moyens infaillibles pour la destruction des bêtes noires.

J'imaginai plusieurs moyens pour tâcher de diminuer le grand nombre de ces vilaines bêtes qui habitaient le dessous de mon four; car lorsque onze heures ou minuit arrivaient, la voûte de dessous le four en était toute noire. Ces importuns insectes allaient par bandes visiter tous les coins de la maison, et finissaient par s'y fixer : cela devenait fort désagréable; enfin après m'être bien tourmenté l'imagination, je trouvais une idée qui réussit au-delà de mon espérance. Je me rappelai qu'un jour nous avions trouvé dans un pot à confiture (qui était vide et très-propre) une de ces bêtes noires vivante. Elle était là comme en prison, sans pouvoir en sortir; ses pattes ne pouvaient s'attacher sur l'émail du pot de faïance, ce qui me fit faire la réflexion qu'en leur donnant un peu d'a-

---

(1) Il est facile de s'en convaincre par le volume de recettes plus ou moins succulentes les unes que les autres, et plus ou moins coûteuses.

morce, nous pourrions bien en prendre. A cet effet, je fis mettre des parures d'abaisses de pâte d'office dans vingt pots à confitures, et les plaçai sous le four, à six pouces à peu près de distance les uns des autres. Je fis poser le bord des pots sur le mur de la voûte, afin que les bêtes pussent facilement communiquer du mur dans les pots. Cela me réussit à merveille. Le lendemain matin, je fis retirer les pots. Le premier nous étonna tous; il était au quart plein de ces bêtes, et chaque pot que l'on retirait ressemblait beaucoup au premier. Je fis mettre de l'eau chaude dans une terrine, dans laquelle nous renversâmes les pots. Je fus curieux d'en savoir le nombre. Mon garçon de cuisine en compta 1,215. Nous avons constamment continué ce stratagême; et chaque jour nous en prenions plus ou moins, sans cependant avoir rencontré un jour semblable au premier. C'est ainsi que, peu à peu, je me suis débarrassé de ces importuns, et que bientôt on n'en rencontra plus.

Long-temps après, je pris une mère qui portait encore son œuf après elle : son mâle l'avait accompagné dans son précipice.

Je fus contens de la rencontre. Je leur donnai de quoi se nourrir, et les laissai ensemble. Elles furent placées dans leur prison, sous le four, et chaque jour je les visitais. Au bout de deux jours, l'œuf fut détaché; mais il n'était point éclos. Le père, après dix jours de captivité, fut mangé par sa chère compagne (1); et trois jours après, elle termina sa carrière.

Je voulus savoir combien ces laids mauricauds resteraient de temps sans prendre de nourriture; j'en mis un seul dans un pot : il vécut quatorze jours. J'ai observé que depuis le mois d'avril jusqu'au mois de septembre, les femelles avaient toujours donné des petits en très-grande quantité.

---

(1) Cette femelle avait l'ame bien noire pour avoir préféré sacrifier son mâle plutôt que d'avoir enduré avec lui les angoisses de la faim et du désespoir. Un si bon mâle méritait une compagne plus sensible et plus aimante; mais, comme dit le proverbe, être trop bon, le loup vous mange.

OBSERVATIONS DIVERSES.

Observations sur la levure.

Lorsque je fis mon petit voyage à Dusseldorff, comme chef pâtissier du prince, je m'étais imaginé d'y faire, comme à Paris, des brioches, des babas et diverses grosses pièces de fonds; je m'étais trompé. Il en fut bien autrement; point de levure, et impossible de s'en procurer dans le pays. M. Lange (fameux traiteur de Bruxelles) nous en envoya deux bouteilles seulement vers la fin du voyage, qui dura trois mois et demi. C'est alors que j'aurais été très-heureux de connaître cette manière de conserver la levure; j'en eusse fait ma provision avant de quitter Paris.

Les jeunes gens qui sont jaloux de faire leur état dans de semblables voyages, me sauront gré de leur offrir cette recette, puisqu'elle peut, à l'avenir, éviter ces sortes de contrariétés; car il est toujours flatteur pour nous de pouvoir offrir à nos maîtres quelques bonnes friandises qui puissent leur faire oublier qu'ils sont éloignés de la capitale.

Moyen de conserver la levure.

Battez une certaine quantité de levure, jusqu'à ce qu'elle soit claire. Etendez-en une couche mince dans un plat de bois propre et sec. Renversez-le afin de préserver la levure de la poussière, mais non pas de l'air qui doit la sécher. Quand cette première couche est sèche, mettez-en une autre, et ainsi de suite, jusqu'à ce qu'il y en ait huit centimètres (trois pouces) d'épaisseur. On peut alors la conserver fort long-temps et en bon état dans des boîtes d'étain. Quand on en a besoin pour les détrempes, on en coupe un morceau qu'on fait fondre dans de l'eau tiède, et qu'on emploie comme la levure fraîche (1).

J'ai répété cette expérience chez moi; et au bout de six mois, j'ai employé cette levure avec la même réussite que la levure du jour, en la mettant cependant un peu plus forte de poids.

---

(1) *Art de faire le pain*, par Edlin; traduit de l'anglais.

DIXIEME PARTIE.

Il existe un autre moyen plus facile encore que le précédent, puisque l'on peut soi-même se procurer de la levure : voici comment :

Moyen de faire la levure avec des pommes de terre.

Faites cuire des pommes de terre farineuses jusqu'à ce qu'elles soient bien molles. Pressez, écrasez-les, et versez-y assez d'eau chaude pour leur donner la consistance de la levure de bière ordinaire. Ajoutez pour chaque demi-kilogramme (une livre) de pommes de terre, six décagramme (deux onces) de mélasse ; et quand le tout est chaud, ajoutez-y pour chaque demi-kilogramme de pommes de terre deux grandes cuillerées à soupe de bière. Gardez le tout chaudement, jusqu'à ce qu'il ait cessé de fermenter, et en vingt-quatre heures, il sera prêt à être mis en usage. Un demi-kilogramme de pommes de terre produit environ un litre (une pinte) de levure, et elle se conserve trois mois. Cette levure remplit si bien le but, qu'on ne peut distinguer le pain qui en contient de celui qui est fait avec la levure de bière (1).

Je crois rendre service à mon état, en donnant la méthode de faire le pain d'après les procédés de M. Edlin.

Les hommes de bouche qui voyagent avec des maîtres amateurs de bonne chère, pourront désormais, à l'aide de cette méthode, se procurer du pain frais tous les jours. Cependant nous pourrons en user ainsi toutes les fois que notre service de cuisine n'en souffrira en aucune manière. Or, quand nous habiterons une campagne éloignée, ou que les boulangers de province nous donneront du pain de mauvaise manipulation, c'est alors que nous serons heureux de pouvoir offrir à ceux que nous sommes spécialement chargés de bien faire vivre, du pain qui ne le céderait en rien à celui de nos boulangers de Paris. Cela serait fort aimable pour les maîtres, j'en conviens, mais peut être fort déplaisant pour nous ; car le même homme ne peut être à la fois cuisinier et boulanger ; mais il doit en

---

(1) Edlin.

OBSERVATIONS DIVERSES. 421

charger son aide et le surveiller dans l'opération, à moins que ce ne soit un aide-pâtissier; alors celui-là doit être l'homme de la chose.

Lors de notre voyage à Dusseldorff, M. Robert (contrôleur du prince) fut contraint de faire venir un boulanger de Paris, attendu que le pain du pays était du plus mauvais goût, manquant d'apprêt et de cuisson, par conséquent d'une mauvaise digestion. Mais notre boulanger arriva ; bientôt la table du prince fut servie avec du pain à la française, et tout le monde fut content. Cette circonstance me fit faire la réflexion que mon devoir était de donner à mes confrères les moyens de faire eux-mêmes de bon pain dans tous les pays où ils pourraient séjourner quelque temps. Cela serait, je pense, de la plus haute importance; car notre bonne cuisine n'est plus goûtée du moment que nous avons de mauvais pain. Il n'est point d'équivoque, notre palais est sans goût, et nous ne sommes plus sensuels lorsqu'il faut manger pour vivre, et non pour savourer les mets exquis qui nous sont servis. Alors les délices de la table n'ont plus aucun charme qui puisse flatter la sensualité de nos grands gourmands. Revenons à notre opération.

Méthode ordinaire de faire le pain.

Mettez un demi-boisseau de farine (ou six livres) sur le tour. Faites une fontaine au milieu, dans laquelle vous mettez un demi-quarteron de levure. Faites votre détrempe à l'eau tiède; faites en sorte qu'elle soit de la consistance de la pâte à brioche, et travaillez bien votre pâte, en y joignant deux onces de sel fin délayé dans un peu d'eau tiède. Couvrez et mettez-la chaudement pour qu'elle puisse fermenter et lever. La bonté du pain dépend des soins donnés à cette partie de l'opération. Après avoir laissé la pâte en cet état une heure ou deux, selon la saison, vous la pétrissez de nouveau, la couvrez et la laissez encore deux heures dans cet état. Pendant ce temps, chauffez le four lorsque vous l'avez nettoyé, divisez la pâte en huit parties égales, et formez-en des pains de la forme que vous croyez la plus agréable. Placez-les dans le four le plus promptement possible. Lorsqu'ils sont cuits, vous frottez la croûte avec un peu de beurre; cela leur donne une belle couleur jaune (1).

Pain français en rouleau.

Mettez sur le tour à pâte (car nous ne connaissons d'autre pétrin que celui-là) un demi-boisseau (six livres) de farine tamisée. Pétrissez-la avec deux pintes de lait, trois quarts de beurre tiède, une demi-livre de levure et deux onces de sel. Quand le tout est mêlé, pétrissez-le avec une quantité suffisante d'eau chaude. Le tout bien travaillé, couvrez la pâte, et laissez-la deux heures pour l'épreuve; ensuite moulez-la en rouleau que vous placez sur des plaques ou plafonds étamés, et laissez-les sur le four ou dans une étuve chaleur molle, afin qu'ils puissent s'apprêter; une heure après, placez-les dans un four très-chaud pendant vingt minutes. Râpez-les lorsqu'ils sont cuits. On peut les mettre de préférence sur du papier fort et beurré : ils n'en font que plus d'effet en les cuisant, ce qui les rend infiniment plus légers (2).

Pain à la terrine ou à la grecque.

Mettez dans une grande terrine de bois ou dans une terrine ordinaire, un demi-boisseau de belle farine. Faites en sorte que le vase et la farine soient un peu chauds (mettez sur le four ou à l'étuve une heure avant de faire le pain), et mettez trois onces de levure et une quantité d'eau et de lait suffisante, pour que votre pâte soit mollette (ajoutez deux onces de sel) comme le solilemne. Étant bien travaillée, tenez-la couverte pendant trois heures sur le four ou dans une étuve, et coupez-la en huit pains, que vous mettez dans des terrines beurrées. Mettez de

---

(1) Edlin.   (2) Idem.

suite au four très-chaud. Quand le pain est à peu près cuit, ôtez-le des terrines, et placez-le sur des plaques ou plafonds pendant quelques minutes, afin que la croûte puisse prendre couleur; ensuite enveloppez-le de flanelle. Lorsque vos pains sont froids, vous les chapelez.

Le pain préparé de la sorte est beaucoup plus léger que celui des boulangers, et lorsqu'il est coupé, il a la figure d'une ruche. Il importe de remarquer que la pâte doit être aussi travaillée et aussi molle que celle du solilemne (1).

Observation sur le riz.

Le riz vient principalement de la Chine et de la Caroline méridionale; il se sème après l'équinoxe du printemps. Il réussit dans les terrains bas et marécageux, et doit être semé dans des sillons éloignés de douze pouces; il demande à être submergé par cinq ou six pouces d'eau à quatre ou cinq reprises différentes. Quand il est mûr, la paille jaunit, et on le moisonne avec une faucille en septembre; puis on le soigne à tous égards, comme le froment ou l'orge.

Ce graminé est l'aliment principal de la moitié du globe; seul il nourrit plus d'hommes que toutes les autres substances prises collectivement (2).

Observation sur les pommes de terre.

C'est à l'amiral Drake que nous devons cette précieuse découverte: il observa ce végétal en 1578, dans les îles situées à l'ouest du détroit de Magellan; il en apporta dans sa patrie; mais pendant à-peu-près un siècle, on ne le cultiva qu'en Irlande, et il n'y a pas au-delà de 70 à 80 ans, qu'on l'a introduit dans les jardins potagers de ce pays. L'introduction générale de cette plante dans la culture en grand, est une des améliorations qui fait le plus grand honneur au génie et à l'industrie du siècle présent.

---

(1) Edlin.   (2) Idem.

Manière de procéder pour obtenir la farine de pommes de terre.

Lavez et brossez quinze livres de pommes de terre farineuses (ce qui donnera deux livres de farine). Vous les râpez au-dessus d'un vase large, profond et plein d'eau. Ce travail fini, vous changez l'eau ; et, au bout de trois heures (ce qui ôtera le goût terreux de la pomme de terre), vous la lavez de suite à deux eaux différentes ; vous l'égouttez sur un tamis de soie, et la mettez sécher sur le four ou dans l'étuve. Si vous en avez besoin de suite, vous pouvez la faire sécher sur un plafond que vous mettez quelques minutes dans le four, ou bien dans une casserole que vous posez sur des cendres chaudes. Bientôt vous obtenez de la farine très-blanche et d'un goût agréable : avant de vous en servir, vous la passez au tamis de soie (1).

Remarque. Un jour que j'étais pressé d'avoir de cette farine pour faire un soufflé, j'en fis à la hâte, et en quelques minutes j'eus de quoi marquer mon soufflé. Je desséchai bien mon appareil, et j'obtins le même résultat que si ma farine eût été séchée avant de m'en servir : mon soufflé fut beau et bon. Cette recette peut être d'une grande utilité dans les voyages, et pour les personnes qui habitent des campagnes où on ne peut s'en procurer ; mais, à Paris, ce serait une folie de s'en occuper, attendu la modicité du prix de cette fécule.

Fragmens et observations sur les truffes et truffiers.

Voici quelques détails qui pourront nous donner une juste idée des truffes-comestibles, que nous employons presque tous sans savoir comment ce végétal se reproduit.

L'auteur s'explique ainsi sur ce sujet intéressant :

« J'ai dit (p. 59) que je regardais la truffe-comestible
« comme un végétal vivipare ; que ce ne sont pas, à pro-
« prement parler, des graines que l'on voit dans les cellules
« de sa chair réticulée, mais de petites truffes toutes for-

---

(1) Edlin.

« mées, attendu qu'elles ont la même forme et la même
« couleur que celles qui leur ont donné naissance; qu'elles
« ont aussi comme elles leur surface relevée de petites émi-
« nences taillées en pointe; que, pour parvenir à leur ac-
« croissement complet, elles ne se développent pas comme
« graines, mais qu'elles croissent par une simple extension
« des parties comme fœtus. C'est par les petites pointes
« dont leur surface est hérissée, lesquelles se prolongent
« en filets courts qui font l'office d'autant de cordons om-
« bilicaux, qu'elles tirent de la mère-truffe les sucs néces-
« saires à leur accroissement; ce sont ces mêmes filets qui,
« lorsque la mère-truffe est détruite, s'implantent immédia-
« tement dans la terre, et y remplissent les fonctions de
« racines. Ces jeunes truffes, parvenues à la grosseur d'un
« pois, conservent encore visiblement ces petits filets; ce
« n'est qu'avec l'âge qu'ils disparaissent.

« C'est particulièrement dans les forêts plantées de chê-
« nes et de châtaigniers, que se plaît la truffe-comestible;
« c'est aussi dans les terrains graveleux, dans les terres lé-
« gères en général, qu'on la rencontre le plus ordinaire-
« ment. Elle est commune dans les provinces méridionales
« de la France, et particulièrement dans le Languedoc, la
« Provence, le Dauphiné, l'Angoumois, le Périgord, la
« Guienne. On en trouve aussi de fort bonnes en Bour-
« gogne, en Lorraine, en Franche-Comté, dans la Cham-
« pagne, et il est probable qu'on en pourrait trouver dans
« toute la France. »

« La truffe-comestible est ordinairement recouverte de
« trois à quatre pouces de terre; quelquefois cependant
« elle se trouve jusqu'à quinze pouces de profondeur, et
« quelquefois aussi elle est presque à fleur de terre. L'odeur
« pénétrante qui s'exhale de cette espèce de truffe et de ses
« variétés, fait qu'on se sert avec succès, pour les décou-
« vrir, de petits roquets stylés à ce genre de chasse, ou
« d'un porc qu'on mène en laisse. Les bons chercheurs de
« truffes reconnaissent aussi les truffiers à certaines cre-
« vasses qui se trouvent à la terre; d'autres, plus attentifs
« encore, les découvrent au moyen d'un insecte ailé qui

« voltige dans leur voisinage ; ils regardent ce signe comme
« certain, quand la terre, au-dessus de laquelle rôdent des
« essaims de ces insectes, est dépouillée de végétaux.

« Cette truffe varie beaucoup dans ses dimensions. Ce-
« pendant, quoiqu'elle soit fort pesante en raison de son
« volume, il est rare que son poids soit de plus de sept à
« huit onces. Nous trouvons les truffes d'un poids extraor-
« dinaire, quand elles pèsent jusqu'à une livre ; et il y a
« encore loin de celles-là à celles qui, au rapport de Haller,
« d'après Bresl et Keisler, pesaient quatorze livres.

Rapprochement. « Au premier coup-d'œil on pourrait
« confondre la truffe-comestible noire avec la truffe mus-
« quée ; mais cette dernière a sa surface lisse et sa chair
« mollasse. On pourrait aussi trouver quelques rapports
« entre la variété de la truffe-comestible, qui est d'une cou-
« leur cendrée, et la truffe blanche ; mais outre que la
« truffe blanche a une base radicale, sa surface n'est jamais
« relevée d'éminences prismatiques.

Usages. « On fait un fréquent usage de la truffe-comes-
« tible comme assaisonnement, et même comme aliment.
« On mange les truffes au court-bouillon, au vin de Cham-
« pagne ; en potages, en ragoûts gras et maigre, en pâtés,
« en tourtes. On en fait des crêmes, et les grands amateurs
« de truffes les préfèrent cuites sous la cendre et sans ap-
« prêt. Plus les truffes sont mûres, c'est-à-dire, plus leur
« chair est marbrée, plus elles ont de parfum, et plus elles
« sont agréables au goût. Celles de certaines provinces sont
« aussi plus estimées ; elles sont de meilleur goût, elles ont
« plus de parfum, ce qui paraît dépendre de la nature du
« sol. »

La truffe restaure, fortifie l'estomac, et excite les ardeurs
de Vénus.

Ce fragment m'est tombé entre les mains sans que j'aie
jamais pu en savoir davantage. Je fis des recherches dans
quelques maisons de librairie ; mais il me fut impossible de
me procurer cet ouvrage. C'est ce qui me fait regretter de
ne pouvoir en dire davantage sur ce végétal important, qui

OBSERVATIONS DIVERSES.

rend si souvent notre bonne cuisine savoureuse et agréable au palais, et qui par son fumet aimable et délicieux, est estimé des Lucullus modernes.

Procédé pour clarifier le miel, par M. Fouques, chimiste, employé dans le midi de la France, pour l'enseignement de la fabrication de sucre avec des matières indigènes.

Prenez miel (six livres); eau (une livre douze onces); craie réduite en poudre (deux onces quatre gros); charbon pulvérisé, lavé et desséché (cinq onces); trois blancs d'œufs battus dans trois onces d'eau par chaque livre de miel.

On met le miel, l'eau et la craie dans une bassine de cuivre, dont la capacité doit être d'un tiers plus grande que le volume de mélange. On le fait bouillir pendant deux minutes; ensuite on jette le charbon dans la liqueur, on le mêle avec une cuillère, et on continue l'ébullition pendant deux autres minutes. Alors on retire la bassine du feu, on laisse refroidir la liqueur pendant à-peu-près un quart d'heure, et on la passe par une étamine, en ayant soin de remettre sur l'étamine les premières portions qui filtrent, par la raison qu'elles entraînent toujours avec elles un peu de charbon. Cette liqueur, ainsi filtrée, donne un sirop convenablement cuit.

Une portion de sirop reste sur l'étamine adhérente au charbon, à la craie et au blanc d'œuf; on l'en sépare par l'un des deux procédés suivans :

Premier procédé.

On verse de l'eau bouillante sur les matières jusqu'à ce qu'elles n'aient plus de saveur sucrée; on réunit toutes les eaux du lavage, et on les fait évaporer à grand feu jusqu'à consistance de sirop. Ce sirop ainsi cuit, contracte une saveur de sucre d'orge, et ne doit point être mêlé par cette raison avec le premier.

Deuxième procédé.

On verse à deux reprises, sur les matières précédentes, autant d'eau bouillante qu'on en emploie pour purifier la quantité de matière sur laquelle on a opéré ; on la laisse filtrer et égoutter ; on soumet le résidu à la presse ; on réunit toutes les eaux, et l'on s'en sert pour une autre clarification.

Observations. 1° Le sirop fait par le procédé qu'on vient d'indiquer, est d'autant meilleur, que le miel dont on se sert est de qualité supérieure. Celui qu'on obtient avec le miel du Gatinois, et à plus forte raison avec celui de Narbonne, ressemble beaucoup au sirop de sucre. Celui qu'on obtient avec le miel de Bretagne n'est pas bon.

2° Avant de se servir de l'étamine lorsqu'elle est neuve, il est nécessaire de la laver à plusieurs reprises avec de l'eau chaude ; autrement elle communiquerait une saveur désagréable au sirop, parce que dans cet état elle contient toujours un peu de savon.

3° Il faut que le charbon qu'on emploie soit bien pilé, lavé et desséché, sans cela l'opération ne réussirait qu'en partie (1).

La récolte annuelle et périodique de la ruche pyramidale, lorsqu'elle est parvenue à quarante pouces d'élévation sur seize de diamètre, est de quatre-vingt-dix à cent livres de miel, et quatre livres de cire.

Observations. Il paraît, selon le même auteur, que le miel était le sucre de nos pères. Avant la découverte de l'Amérique, et sous les premières dynasties, le produit des abeilles a formé la branche la plus considérable des revenus de l'Etat. Le grand abeiller de la France, c'est-à-dire le ministre pour la police et la recette générale des produits considérables de cette riche partie de l'économie rurale, était toujours l'un des plus importans personnages de la Monarchie.

---

(1) *Voyez* la *Ruche pyramidale*, par M. P. Ducouédic.

OBSERVATIONS DIVERSES.

REMARQUES CURIEUSES SUR LA GLACE (1).

Pendant l'hiver de 1740, qui fut très-rigoureux, sur-tout en Russie où le froid surpassa celui de 1709, on construisit à Saint-Pétersbourg un palais de glace de cinquante-deux pieds et demi de longueur, sur seize de largeur et vingt de hauteur, sans que le poids des parties supérieures et du comble qui était aussi de glace, parût endommager le moins du monde le pied de l'édifice. La Néva, où la glace avait deux ou trois pieds d'épaisseur, en avait fourni les matériaux.

Les blocs de glace qu'on en tirait étaient d'abord taillés avec soin, embellis d'ornemens, et posés ensuite selon toutes les règles de l'architecture. Il y avait au-devant du bâtiment six canons de glace, faits sur le tour avec leurs affûts et leurs roues, pareillement de glace, et deux mortiers à bombes dans les mêmes proportions que ceux de fonte. Les canons étaient de ceux de trois livres de poudre de charge, ce qui répond au moins à six livres de balle; mais on ne les chargeait que d'un quarteron de poudre, après quoi on y faisait couler un boulet d'étoupe, et même quelquefois de fer. L'épreuve d'un de ces canons fut faite un jour en présence de toute la cour; le boulet perça une planche de deux pouces d'épaisseur à soixante pas d'éloignement.

Seconde remarque. Plusieurs anciens n'ont pas cru que la mer pût se geler; mais la mer Baltique et la mer Blanche se gèlent presque tous les ans, et les mers plus septentrionales se gèlent tous les hivers. Le Zuiderzée même se gèle souvent en Hollande.

Waffer rapporte que près de la terre de feu, il a rencontré plusieurs glaces flottantes très-élevées qu'il prit d'abord pour des îles. Quelques-unes, dit-il, paraissaient avoir une lieue ou deux de long, et la plus grosse de toutes lui parut avoir quatre ou cinq cents pieds de haut (2).

---

(1) Extrait du *Manuel physique*, par M. Jean-Ferapie Dufien.
(2) *Voyez* le Voyage de Waffer, imprimé à la suite de ceux de Dampierre, tom. IV, pag. 304.

Ces remarques, me dira-t-on, n'ont aucun rapport avec la pâtisserie. Cela est vrai; mais c'est par curiosité que je les rapporte; cependant elles s'y rattachent, si l'on veut, sous le rapport du grand usage que nous faisons de la glace durant l'été, et même l'hiver, pour la congélation de nos entremets de crême, de fruits, de liqueurs spiritueuses, et pour faciliter le travail de la pâtisserie pendant les chaleurs de l'été.

ARTICLE SUPPLÉMENTAIRE.

Je crois devoir consigner dans ce volume un extraordinaire que M. Lasne, cuisinier célèbre, a commandé à l'Hôtel-de-Ville en 1808. Nous avons servi 6,000 plats; nous avons employé 6 bœufs, 75 veaux, 250 moutons, 8,000 dindons, 2,000 poulets gras, 1,000 poulardes, 1,000 perdreaux, 1,000 brochets, 1,000 carpes, 1,000 pâtés froids, 500 babas, 500 biscuits, 500 jambons, 500 langues fourrées et saucissons, 18,000 bouteilles de vin de Mâcon, et 145 pièces de vin.

FIN DU DEUXIÈME ET DERNIER VOLUME.

TABLE

DES CHAPITRES ET DES SOMMAIRES

CONTENUS DANS CE VOLUME.

SIXIÈME PARTIE,

CONCERNANT LES ENTRÉES FROIDES.

Chapitre Ier. Observations sur le froid.	Page 1
Chap. II. Traité de l'aspic.	6
Chap. III. Traité du beurre de Montpellier.	8
Beurre de Montpellier aux écrevisses.	9
Chap. IV. Traité des sauces magnonnaises.	id.
Sauces magnonnaises blanches.	id.
Second procédé pour faire la magnonnaise blanche.	11
Sauce magnonnaise à la ravigotte.	id.
provençale.	id.
Chap. V. Magnonnaise de filets de soles dans une bordure de gelée.	13
Sujets de la planche XXXIII.	id.
Salade de filets de soles.	14
Chap. VI. Aspic de blancs de volaille garni d'une macédoine.	15
de crêtes et rognons de coq, garni d'une blanquette de volaille.	16
Petits aspics à la moderne.	17
Atelets de crêtes et rognons à la gelée.	18
d'aspic garni de blancs de volaille et de truffes.	id.
d'aspic garni de blancs de volaille à l'écarlate.	id.
Chap. VII. Des galantines de volaille et de gibier.	19
Galantine de poularde à la gelée.	id.
de perdreaux rouges aux truffes.	22
Faisans en galantine à la parisienne.	23
Chap. VIII. Des salades et magnonnaises de volaille.	id.
Salade de poulets à la Reine.	id.

TABLE DES CHAPITRES.

Magnonnaise de volaille à la gelée.	Page 25
Salade de volaille à la magnonnaise.	26
Sautés de poulets en salade à la magnonnaise.	id.
à l'écarlate, sauce magnonnaise.	27
aux truffes, magnonnaise.	id.
aux truffes à la gelée.	id.
Sautés de poularde à la macédoine, sauce magnonnaise.	28
Chap. IX. Des chauds-froids de volaille et de gibier.	id.
Salmi chaud-froid de perdreaux à la gelée.	id.
aux truffes à la gelée.	30
Filets de bécasses aux truffes à la gelée.	id.
Chaud-froid de poulets à la gelée.	31
aux truffes.	32
Observations sur les chauds-froids.	33
Chap. X. Des entrées de veau, de bœuf et de mouton à la gelée.	id.
Noix de veau à la gelée.	id.
au beurre de Montpellier.	35
au beurre d'écrevisses.	id.
à la Périgord.	id.
Cotelettes de veau à la gelée.	36
à la Belle-vue.	37
à la magnonnaise.	id.
Salade de cervelles de veau.	38
au beurre de Montpellier.	id.
Cervelles de veau à la gelée.	39
Balotines d'agneau en galantine à la gelée.	id.
Filets de mouton à la gelée.	40
Cotelettes de mouton à la gelée.	id.
Langues de mouton à la magnonnaise.	41
au beurre de Montpellier.	id.
au beurre de Montpellier aux écrevisses.	42
Côte de bœuf à la gelée.	id.
Filets de bœuf à la gelée.	43
Chap. XI. Des croustades à la moderne.	id.
Croustade de pain garnie d'une escalope de levreaux chaud-froid.	id.
Chap. XII. Des pains de foies gras, de volaille et de gibier.	45
Chap. XIII. Observations sur la décoration des aspics.	47

Sujets de la planche XXXIV. Page 47

Chap. XIV. La darne de saumon au beurre de Montpellier. 48
Darne de saumon à la magnonnaise. 49
Chap. XV. Truites à la magnonnaise. 50
Perches historiées à la magnonnaise. id.
Chap. XVI. Galantine d'anguilles en bastion à la gelée. 51
       en forme de volute. id.
Anguille en galantine à la magnonnaise. 52
Galantine d'anguilles en arcade au beurre de Montpellier aux écrevisses. id.
Chap. XVII. Des entremets froids de légumes et racines. 53

Sujets de la planche XXXV. id.

Buisson d'asperges en croustade. id.
Culs d'artichauts à la magnounaise. 54
Pyramide de salsifis à l'huile. 55
Macédoine à l'huile et en croustade. id.
Culs d'artichauts à la gelée. 57
    à l'écarlate. id.
Salade à la parisienne. 58
Croustade garnie de chou-fleurs et de haricots verts. 59
Chou-fleurs à la magnonnaise et à la gelée. id.
Buisson de haricots verts à l'huile et en croustade. 60
Chap. XVIII. Longe de veau à la gelée. id.

Sujets de la planche XXXVI. id.

La dinde en galantine à la gelée. 61
Jambons de Bayonne à la gelée. id.
Chap. XIX. Observations sur les socles en général. 62

Sujets de la planche XXXVII. id.

Traité du sain-doux. 64 et 66
Chap. XX. *Sujets de la planche XXXVIII.* 68
Chap. XXI. *Sujets de la planche XXXIX.* 69
Chap. XXII. *Sujets de la planche XL.* 70
Chap. XXIII. *Sujets de la planche XLI.* 71
Chap. XXIV. *Sujets des planches XLII, XLIII, XLIV, XLV.* 73

TABLE DES CHAPITRES

Chap. XXV. *Sujets de la planche XLVI.* — Page 74
Bordures des entrées froides. — id.

Chap. XXVI. *Sujets de la planche XLVII.* — 76
Des bordures de beurre ou de racines. — id.

Chap. XXVII. *Sujets de la planche XLVIII.* — 77
Des Bordures de pain et de pâte. — id.

Chap. XXVIII. *Sujets de la planche XLIX.* — 80
Des atelets pour les Godard et les Chambord. — id.

SEPTIÈME PARTIE,

COMPRENANT LES ENTREMETS DE DOUCEUR.

Chap. Ier. De la clarification du sucre et de la colle de poisson. — 83
Observations préliminaires. — id.

Sujets de la planche L. — id.

Clarification du sucre. — 86
Moyens de clarifier la colle blanche en peu de temps. — id.
Gelée de violettes printanières. — 87
    printanière à la rose. — 89
    de fleur d'orange nouvelle. — id.
    de fleur d'orange au caramel. — id.
    de fleur d'orange au vin de Champagne rosé. — 90
Chap. II. Des gelées de fruits. — id.
Gelée de fraises. — id.
    de groseilles rouges. — 91
    de cerises. — id.
    des quatre fruits. — id.
    de verjus. — 92
    de raisin muscat. — id.
    d'épine-vinettes. — id.
    de grenades. — id.
    d'abricots. — 93
    d'ananas. — id.
    d'oranges de Malte. — id.
    d'oranges en écorce. — id.
    d'oranges à la Belle-vue. — 94

ET DES SOMMAIRES.

Gelée d'oranges en rubans. Page 95
    d'oranges en petits paniers. 96
    de citrons. id.
    de bigarade. 97
    de vanille au caramel. id.
    au café Moka. id.
    au thé Heysven-skine. 98
    d'essence d'angélique verte. id.
    d'essence de menthe. id.
    au parfait-amour. 99
    au punch. id.
    au zeste d'orange. id.
    au zeste de cédrat. 100
    au zeste de citron bergamotte. id.
    au zeste de bigarade. id.
    aux quatre zestes. 101

CHAP. III. Des gelées de vin et de liqueurs. id.
Gelée de vin de Champagne rosé. id.
    de marasquin. id.

CHAP. IV. Des macédoines de fruits transparens. 102
Macédoine de fruits rouges à la gelée de fraises. id.
    de fruits à la gelée de verjus. 104
    de pommes à la gelée d'épine-vinettes. id.
    d'oranges à la gelée de cédrat. 105
    d'hiver de fruits à l'eau-de-vie. id.

CHAP. V. Des gelées fouettées. 106
Manière de procéder. id.

CHAP. VI. Blancs-mangers ordinaires. 108
    au cédrat. 109
    à la vanille. 110
    au café Moka. id.
    au chocolat. 111
    aux pistaches. id.
    aux avelines. 112
    aux fraises. 113
    sans colle et sans glace. id.

CHAP. VII. Fromage bavarois aux noix vertes. 114
    aux avelines. 115
    aux amandes amères. id.
    aux pistaches. 116

TABLE DES CHAPITRES

Fromage bavarois au parfait amour.	Page 116
à l'essence de menthe.	id.
à l'anis étoilé.	117
au Moka.	id.
au café à l'eau.	id.
au chocolat.	118
au cacao.	id.
au thé.	id.
au caramel.	119
à la fleur d'orange grillée.	id.
à la fleur d'orange pralinée.	id.
aux macarons amers.	120
à la vanille.	id.
au zeste de cédrat.	121

Chap. VIII. Des fromages bavarois printaniers. id.
Fromage bavarois aux violettes. id.
  aux roses. id.
  à l'œillet. id.
  à la fleur d'orange nouvelle. 122

Chap. IX. Des fromages aux fruits. id.
Fromage bavarois aux fraises. id.
  aux framboises. 123
  aux groseilles rouges. id.
  aux quatre fruits. id.
  aux abricots. id.
  aux prunes de mirabelles. 124
  à l'ananas. id.
  au melon. 125
  au marasquin. id.
  au punch. id.

Chap. X. Des crêmes françaises. 126
Crême au café Moka. id.
  au café à l'eau. 127
  au cacao. id.
  au chocolat. 128
  au thé Heysven-skine. id.
  à la fleur d'orange. id.
  à la fleur d'orange grillée. id.
  au caramel anisé. 129
  aux macarons amers. id.
  aux pistaches. 129

Crême aux avelines.	Page 130
à la vanille.	id.
à la fleur d'orange nouvelle.	131
au parfait-amour.	id.
aux quatre zestes.	id.
à l'orange.	132
au cédrat.	id.
aux fraises.	id.
aux abricots.	133
au marasquin.	134
à la crême fouttée.	id.
CHAP. XI. Des crêmes au bain marie.	135
Crême (au bain marie) à la vanille.	id.
au chocolat.	136
au cacao.	137
au café Moka.	id.
au café à l'eau.	id.
au thé au caramel.	138
au caramel à la vanille.	id.
au caramel anisé.	id.
au caramel à la fleur d'orange.	id.
au caramel.	139
aux macarons amers.	id.
au parfait-amour.	140
au cédrat.	id.
à la fleur d'orange grillée.	id.
au marasquin.	id.
aux pistaches.	141
aux avelines.	id.
CHAP. XII. Des crêmes-plombières.	142
Crême-plombière au marasquin.	id.
aux fraises.	143
à la marmelade d'abricots.	id.
CHAP. XIII. Des crêmes glacées.	144
Crême glacée au citron.	id.
CHAP. XIV. Des crêmes fouettées.	146
Crême fouettée au marasquin.	id.
au Moka.	id.
au café à l'eau.	147
au chocolat.	id
à la vanille.	id.

TABLE DES CHAPITRES

Crême fouettée à l'orange.	Page 147
aux quatre zestes.	id.
aux fraises.	148
à la rose.	id.
à la fleur d'orange pralinée.	id.
au caramel.	id.
printanière.	149
aux pistaches.	id.
Chap. XV. Des crêmes-pâtissières.	150
Crême au cédrat.	id.
au chocolat.	id.
au café Moka.	151
aux avelines pralinées.	id.
à la vanille.	id.
aux pistaches.	152
au raisin de Corinthe.	id.
à la moelle.	153
Chap. XVI. Observations sur les suédoises de pommes.	id.
Sujets de la planche LI.	id.
Suédoise formant le pont à colonnes.	154
formant la double cascade.	156
de pêches.	158
Chap. XVII. Des pommes méringuées.	159
Sujets de la planche LII.	id.
Pommes méringuées en forme de hérisson.	id.
méringuées à la parisienne.	161
au raisin de Corinthe.	162
au gros sucre et aux pistaches.	id.
glacées méringuées.	163
Autre manière de méringuer.	164
Chap. XVIII. Des pommes au beurre et glacées.	165
Pommes au beurre.	id.
au beurre glacées au caramel.	id.
au beurre à la minute.	166
au beurre et à la gelée de pommes.	167
au beurre et à la crême.	168
Chap. XIX. Des pommes en croustade.	169
Pommes transparentes en croustade.	id.
en croustade et glacées au caramel.	id.

ET DES SOMMAIRES. 439

Pommes en suédoise et en croustade. Page 170
Chap. XX. Poudings anglo-français. id.
Poudings aux pommes d'api. id.
  de pommes de rainette au raisin muscat. 173
  de pommes à la crême. id.
  de pommes aux pistaches. id.
  de pommes en caisse confites. 174
  aux abricots. id.
  aux prunes de mirabelle. id.
  aux fraises. 175
  aux cerises de Montmorenci. id.
  aux groseilles vertes et roses. id.
Chap. XXI. Des poudings anglo-français. 176
Poudings à la moelle. id.
  au raisin de Corinthe et au cédrat. 178
  à la parisienne. id.
  aux marrons et au rum. 179
  au riz à l'orange. id.
  français. 180
  au cédrat et en timbale. id.
Chap. XXII. Pâtés de fruits ou tartes à l'anglaise. 181
Pâté de pommes au raisin muscat. id.
  aux abricots. 182
  anglo-français. id.
Chap. XXIII. Pommes au riz historiées. 183

Sujets de la planche LIII. id.

Manière de préparer le riz. 184
Pommes au riz en dôme couronné d'une coupe. id.
Corbeille de riz garnie de petits fruits formée de pommes. 185
Turban de pommes au riz. 186
Pommes au riz en gradin. id.
Les trois pyramides de pommes au riz. 187
Pommes d'api au riz ornées de feuilles de biscuits aux pistaches. id.
Casserole de riz garnie d'un ananas formé de pommes. 188
Pommes au riz couronnées d'une crête de riz. id.
Chap. XXIV. Des pommes au riz glacées, méringuées. 189
Pommes au riz en croustade et méringuées. id.
  au riz en timbale glacée. 190
  au riz à la vanille et aux macarons. id.

TABLE DES CHAPITRES

Pommes au riz, au beurre et au raisin de Corinthe. Page	190
Gâteau de riz historié et glacé à froid.	191
de riz au caramel.	id.
Riz à la turque.	192
à l'indienne.	id.
à la française.	id.
à l'anglaise.	193
Chap. XXV. Des entremets de friture.	id.
Sujets de la planche LIV.	id.
Pâte à frire ordinaire.	194
à la provençale.	id.
Chap. XXVI. Croquettes de marrons et autres.	id.
Croquettes de pommes de terre à la vanille.	196
de riz aux pistaches.	id.
de riz au café.	id.
de nouilles au cédrat.	197
Chap. XXVII. Des crêmes frites à la parisienne.	198
Crême frite au chocolat.	id.
frite à la pâtissière.	199
Chap. XXVIII. Des cannelons frits en général.	id.
Cannelons frits à la marmelade d'abricots.	id.
frits aux fraises.	200
frits à la crême de Pithiviers.	201
frits à la pâte d'amandes d'avelines.	id.
à la pâte d'amandes de pistaches.	id.
à la parisienne.	202
à la parisienne au chocolat.	id.
Chap. XXIX. Des beignets à la Dauphine.	id.
Beignets garnis de fraises.	203
d'abricots.	id.
de prunes.	204
de cerises.	id.
de raisin de Corinthe.	id.
de pommes d'api.	205
de crême.	id.
Chap. XXX. Des beignets de fruits en général.	id.
Beignets de pommes en gimblettes glacées aux pistaches.	id.
de pêches au gros sucre.	206
d'oranges de Malte.	id.
Chap. XXXI. Des beignets anglo-français.	207

ET DES SOMMAIRES. 441

Beignets français de fruits à l'eau-de-vie.	Page 208
Chap. XXXII. Des beignets soufflés.	id.
Beignets soufflés à la vanille.	id.
Grand beignet soufflé et seringué.	209
Petits diablotins de blanc-manger aux avelines.	id.
Les diablotins en canuelons.	210
Beignets de blanc-manger en gimblettes.	id.
en gimblettes glacées au caramel.	211
Chap. XXXIII. Pannequets glacés en couronne.	id.
Pannequets méringués à la Royale.	212
Chap. XXXIV. *Sujets de la planche LV.*	214

HUITIÈME PARTIE.

COMPRENANT LE PETIT FOUR ET LES CONFITURES.

Chapitre Ier. Observations préliminaires.	217
Chap. II. Traité des biscuits en général.	218
Biscuits à la cuillère.	id.
de fécule en tourtière.	219
de fécule à la vanille.	id.
aux amandes.	220
en caisse.	id.
à la crême.	221
glacés au chocolat.	id.
glacés à l'orange.	222
de couleur marbrée pour les rochers.	223
Chap. III. Croquettes à la parisienne.	224
Croquignoles à la Reine.	225
à la Chartres.	id.
aux pralines.	226
aux avelines.	id.
à la française.	227
Gimblettes à l'orange.	id.
Chap. IV. Petites biscottes aux anis.	228
Biscottes aux pistaches.	229
Chap. V. Petites dents-de-loup aux anis de Verdun.	id.
Croquettes aux anis de Verdun.	230
Chap. VI. Petites méringues moelleuses et à la crême.	id.
Petites méringues aux pistaches.	id.
moelleuses au cédrat et au gros sucre.	231

TABLE DES CHAPITRES

Chap. VII. Méringues à l'italienne.	Page 232.
Chap. VIII. Petites bouchées de dames.	233
Bouchées de dames glacées au chocolat.	id.
de Monsieur.	234
Chap. IX. Traité des massepins.	235
Massepins moelleux.	id.
moelleux glacés à la rose et au gros sucre.	236
moelleux panachés.	237
à l'italienne.	id.
seringués soufflés.	238
seringués ordinaires.	239
Chap. X. Traité des petits soufflés.	240
Petits soufflés à la rose.	id.
au chocolat.	id.
au safran.	241
printanier.	id.
aux avelines.	id.
à la fleur d'orange pralinée.	242
à la vanille.	id.
au citron.	id.
au gros sucre.	id.
aux pistaches.	id.
au raisin de Corinthe.	id.
Petits fours aux pistaches.	243
Chap. XI. Petits soufflés à la française.	244
Chap. XII. Petits biscuits soufflés.	id.
Petits biscuits soufflés à la fleur d'orange.	id.
aux avelines.	245
aux pistaches.	id.
Chap. XIII. Avelines glacées à la Royale.	246
Amandes soufflées à la Royale.	id.
Noix vertes glacées à la Royale.	id.
Pistaches glacées à la Royale.	247
Chap. XIV. Macarons soufflés.	id.
Macarons soufflés aux amandes amères.	id.
au chocolat et au gros sucre.	248
aux avelines et au gros sucre.	id.
aux noix vertes.	249
Chap. XV. Macarons aux avelines et aux amandes amères.	id.
Macarons aux avelines.	250
aux amandes amères.	251

ET DES SOMMAIRES. 443

Fleur d'orange pralinée à la pâtissière. Page 252
Chap. XVI. Traité des confitures. 253
Manière de clarifier le sucre. 254
Première cuisson ; sucre au lissé. 255
Deuxième cuisson ; sucre au perlé. id.
Troisième cuisson ; sucre au soufflé. id.
Quatrième cuisson ; sucre à la plume. id.
Cinquième cuisson ; sucre au cassé. id.
Sixième cuisson ; sucre au caramel. 256
Marmelade d'abricots. id.
Autre procédé de cette marmelade. 257
Manière de confire les cerises. id.
Procédé pour confire le verjus. 258
Verjus transparent. id.
Marmelade de verjus. id.
Manière de confire les framboises. 259
Gelée de groseilles roses framboisées. id.
        blanches. 260
        violettes. id.
        de Bar. 261
        d'épine-vinettes. id.
        de coings. id.
        de pommes. 262

NEUVIÈME PARTIE,

COMPRENANT LES PIÈCES MONTÉES DU GENRE PITTORESQUE.

Chap. Ier. Observation préliminaire. 263
Manière de préparer la pâte d'office de couleur. 265
Manière de préparer la pâte d'amandes. 266
Chap. II. Le grand cabinet chinois, pl. LVI. 267
L'ermitage sur un rocher, pl. LVII. 268
Le pavillon turc, pl. LVIII. id.
Le berceau parisien, pl. LIX. id.
La fontaine française, pl. LX. 269
Le temple antique sur un rocher, pl. LXI. id.
Le Belvédère égyptien, pl. LXII. 270
Le pavillon rustique, pl. LXIII. id.
La grande rotonde, pl. LXIV. id.
Le pavillon français, pl. LXV. 271
La chaumière chinoise, pl. LXVI. id.

La tente à la française, pl. LXVII. — Page 271
La grande cascade égyptienne, pl. LXVIII. — 272
Le pavillon vénitien, pl. LXIX. — id.
Le pavillon indien, pl. LXX. — id.
Manière de préparer le pastillage. — 273
Moyen de dorer le pastillage. — 174
Autre procédé pour dorer le pastillage. — 175
Manière de bronzer le pastillage. — id.
Manière de couler et dorer la cire. — 276
Manière de couler les planches de soufre. — id.

DIXIÈME PARTIE.

TRAITÉ DES MENUS.

Chap. Ier. Observation sur la manière d'écrire les menus. — 283
Premier menu pour le printemps, 24 couverts. — 285
Deuxième menu pour le printemps, 25 couverts. — 287
Troisième menu pour le printemps, 40 couverts. — 288
Quatrième *idem*, 50 couverts. — 289
Cinquième *idem*, 26 couverts. — 290
Sixième *idem*, 15 couverts. — 291
Septième *idem*, 12 couverts. — 292
Huitième *idem*, 8 couverts. — id.
Neuvième *idem*, 12 couverts. — id.
Dixième, *idem*, 8 couverts. — id.

Chap. II. Premier menu pour l'été, 20 couverts. — id.
Deuxième *idem*, 36 couverts. — 294
Troisième *idem*, 40 couverts. — 295
Quatrième *idem*, 60 couverts. — 296
Cinquième *idem*, 36 couverts. — 298
Septième *idem*, 15 couverts. — 299
Huitième *idem*, 8 couverts. — 300
Neuvième *idem*, 15 couverts. — id.
Dixième *idem*, 8 couverts. — 301

Chap. III. Premier menu pour l'automne, 24 couverts. — id.
Deuxième *idem*, 36 couverts. — 302
Troisième *idem*, 40 couverts. — 303
Quatrième *idem*, 60 couverts. — 304
Cinquième *idem*, 20 couverts. — 306
Sixième *idem*, 15 couverts. — id.

ET DES SOMMAIRES.

Septième *idem*, 12 couverts. Page 307
Huitième *idem*, 8 couverts. id.
Neuvième *idem*, 12 couverts. 308
Dixième *idem*, 12 couverts. id.
Chap. IV. Premier menu pour l'hiver, 20 couverts. 309
Deuxième *idem*, 36 couverts. id.
Troisième *idem*, 60 couverts. 310
Quatrième *idem*, 40 couverts. 312
Cinquième *idem*, 24 couverts. 313
Sixième *idem*, 12 couverts. 314
Septième *idem*, 15 couverts. id.
Huitième *idem*, 8 couverts. 315
Neuvième *idem*, 10 couverts. id.
Dixième *idem*, 10 couverts. 316
Chap. V. Menu pour le printemps, 80 couverts. 317
   l'été, 80 couverts. 320
   l'automne, 80 couverts. 322
   l'hiver, 90 couverts. 324
Chap. VI. Premier salon, quatre tables. 328
Deuxième salon, quatre tables. 329
Troisième salon, quatre tables. 330
Salon vert, quatre tables. 331
Salon doré, quatre tables. 332
Salle des huissiers, quatre tables. 333
Salon argenté, table de 40 couverts en ambigu. 334
Chap. VII. Traité des menus en maigre. 335
Premier menu, 20 couverts. id.
Deuxième *idem*, 40 couverts. 336
Troisième *idem*, 60 couverts. 337
Quatrième *idem*, 15 couverts. 338
Cinquième *idem*, 15 couverts. 339
Chap. VIII. Coup-d'œil sur le service des tables à la russe. 340
Premier menu, 12 personnes. 341
Deuxième menu, 40 personnes. 243
Troisième *idem*, 40 couverts. id.
Quatrième *idem*, 15 couverts. 344
Cinquième *idem*, 12 couverts. id.
Chap. IX. Vocabulaire des mots pour l'orthographe des menus. 347

TABLE DES CHAPITRES

Chap. X. Des grosses pièces et relevés. Page 348
Chap. XI. Des entrées de boucherie. 350
Chap. XII. Des croquettes et des atelets. 352
Chap. XIII. Des entrées de volaille et de gibier. 353
Chap. XIV. Des entrées de foies gras et de farces à quenelles. 356
Chap. XV. Des entrées de four et des chartreuses. id.
Chap. XVI. Des entrées de poisson en général. 359
Chap. XVII. Des plats de rôt. 363
Chap. XVIII. Des grosses pièces d'entremets. 364
Chap. XIX. Des pièces montées. 365
Chap. XX. Des entremets de légumes. id.
Chap. XXI. Des entremets d'œufs et autres. 367
Chap. XXII. Des entremets de sucre. id.
Chap. XXIII. Des entremets de pâtisserie. 370
Chap. XXIV. Revue critique des grands bals de 1810 et 1811, suivie d'observations et remarques diverses, 374
Des menus de la pâtisserie de ces grands bals. id.
Premier menu. id.
Deuxième menu. 376
Troisième menu. id.
Quatrième menu. 377
Cinquième et dernier menu. id.
Menu particulier pour un thé. 378
Chap. XXV. Premier grand bal. 379
Chap. XXVI. Deuxième grand bal. 380
Chap. XXVII. Troisième grand bal. 383
Chap. XXVIII. Quatrième grand bal. 387
Cinquième et dernier grand bal. 389
Chap. XXIX. Observations sur les grands bals. 390
Chap. XXX. Essai sur mes extras de pâtisserie. 396
Remarques et observations sur les hommes qui se donnent pour maîtres-d'hôtel-contrôleurs. 406
Avis aux jeunes gens. 409
Pensée à l'amitié. 415
Observations sur les pâtissiers de boutique. 416
Avis aux maîtres pâtissiers, ou moyens infaillibles pour la destruction des bêtes noires. 417
Observations sur la levure. 419
Moyen de conserver la levure. id.

ET DES SOMMAIRES. 447

Moyen de faire la levure avec des pommes de terre. Page 420
Méthode ordinaire de faire le pain. 422
Pain français en rouleau. *id.*
Pain à la terrine ou à la grecque. 423
Observations sur le riz. *id.*
Observations sur les pommes de terre. 424
Manière de procéder pour obtenir la farine de pommes de terre. *id.*
Fragmens et observations sur les truffes et truffières. 425
Procédé pour clarifier le miel. 427
Remarques curieuses sur la glace. 429

FIN DE LA TABLE DU DEUXIÈME ET DERNIER VOLUME.

ERRATA.

Pag. lig.

- 6, 11, fin, *lisez* fini.
- *Id.* 22, trois, *lisez* deux.
- 20, 6, longe, *lisez* langue.
- 21, 3, grosse, *lisez* grasse.
- 26, 33, sautez, *lisez* saucez.
- 29, 2, un autre, *lisez* ou autre.
- 61, 10, grosse, *lisez* grasse.
- 62, 7, n⁰ˢ 3, 4, 5 et 6, *lisez* n⁰ˢ 1, 2, 3 et 4.
- 78, 33, de ces, *lisez* ces.
- 91, 1, blanches, *lisez* rouges.
- 116, 21, reste, *lisez* zeste.
- 117, 32, moulez, *lisez* moudrez.
- 119, 14, délier, *lisez* lier.
- 173, 6, de la pomme de rainette, *lisez* de trente pommes de rainette.
- 194, 27, quatre, *lisez* quarante.
- 212, 4, rouve, *lisez* trouve.
- 225, 31, croquettes, *lisez* croquignoles.
- *Id.* 36, près, *lisez* après.
- 235, 21, si elle ne s'y attache pas, *lisez* si elle s'y attache.
- 240, 6, avec un œuf, *lisez* avec un blanc d'œuf.
- 246, 20, quatre onces douces, *lisez* quatre onces d'amandes douces.
- 251, 35, poser, *lisez* passer.
- 261, 30, puits, *lisez* pots.
- 268, 13, feuilletage, *lisez* feuillages.
- 286, 3, parties, *lisez* pièces.
- 294, 9, macarons, *lisez* macaroni.
- 295, 3, le turbot, *lisez* le turban.
- 334, 1, salon doré, *lisez* salon argenté.
- 309, 24, au macaroni, *lisez* aux macarons.
- 335, 35, dans la dixième, *lisez* dans la sixième.
- 338, 27, 2ᵉ *colonne*, ba.... *lisez* bardés (dans quelques exemplaires).
- 346, 13, le, *lisez* ce.
- 351, 7, du veau, *lisez* de veau.